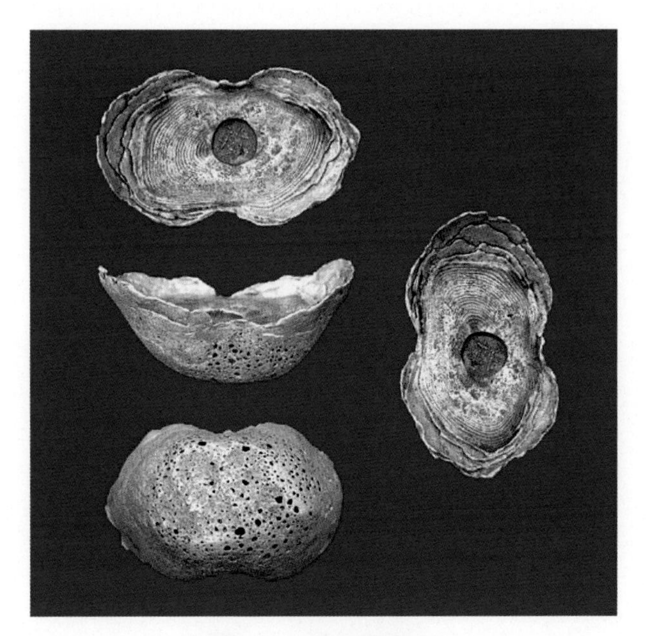

圖一　明代銀錠

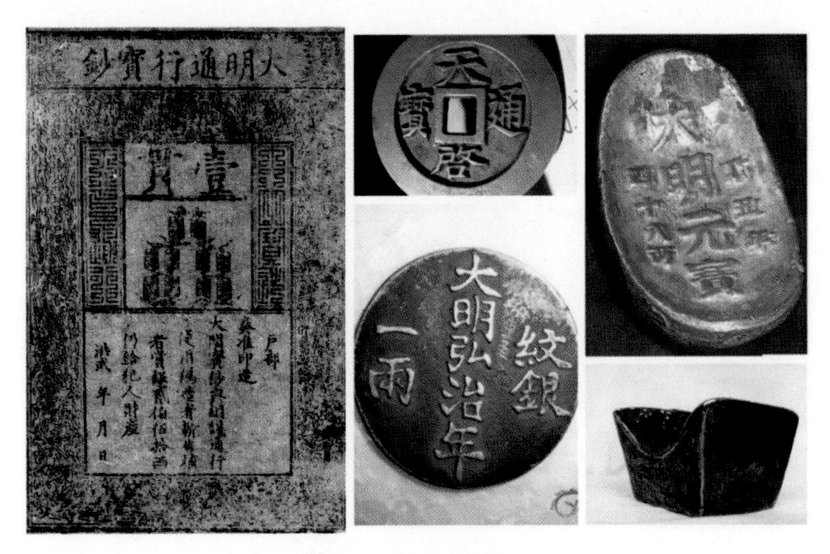

圖二　明代貨幣

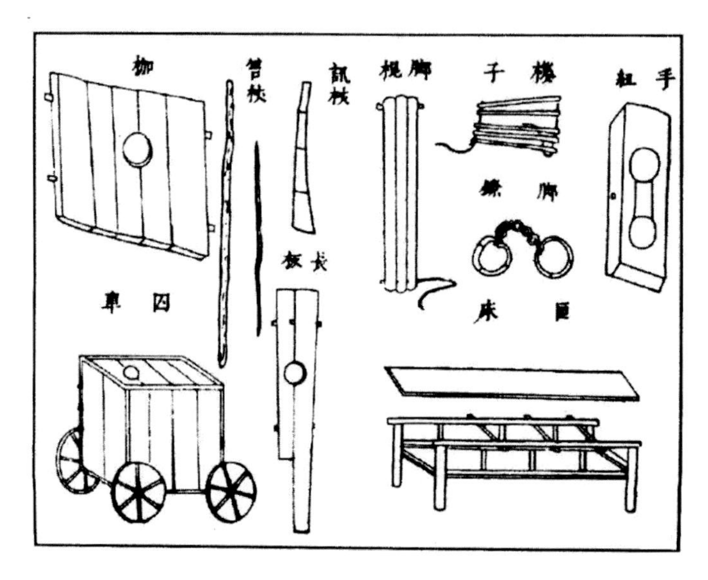

圖三　明代刑具

圖四　南京發現刑具「石骰子」

圖五　明代名妓薛素素

圖六　古代妓女

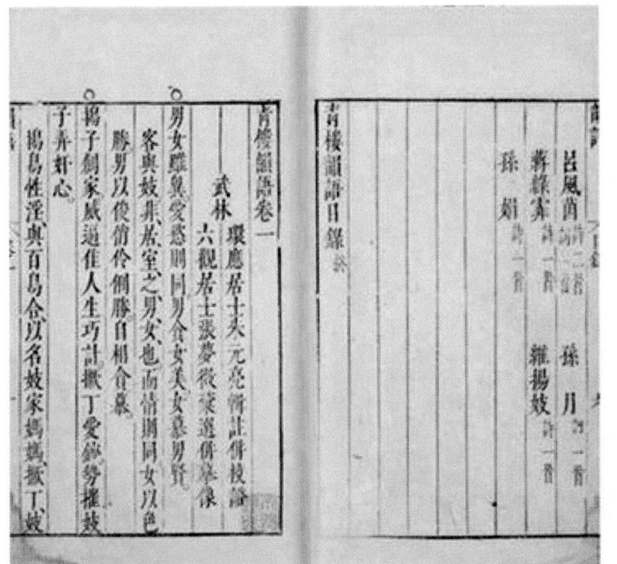

呂鳳茵 詩二首 孫月 詩一首
蔣綠峯 詩一首 羅揚妓 詩一首
孫娟 詩一首

青樓韻語目錄 終

青樓韻語卷一

武林 環應居士朱元亮輯註併校論
六觀居士張夢徵彙選併摹像

男女雖異，愛慾則同。男貪女美，女慕男賢。
客與妓非，為室之男女也，而情則同。女以色
勝，男以俊俏伶俐勝，自相合慕。
鴇子創家，威逼佳人生巧計；撇丁愛鈔，勢擾妓
子弄奸心。
鴇鳥性淫，與百鳥合，以名妓家媽媽；撇丁，妓

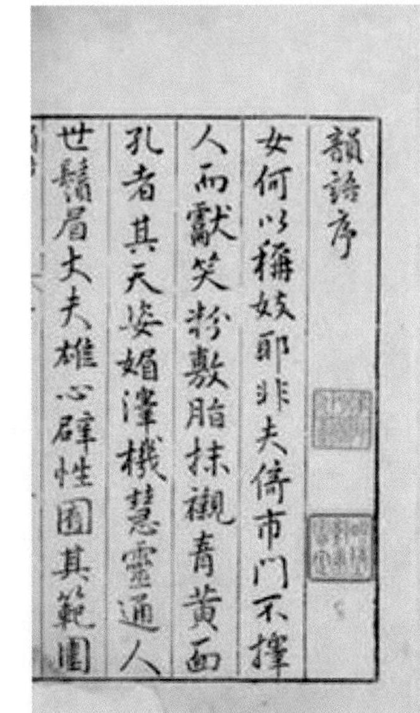

韻語序

女何以稱妓耶？非夫倚市门不擇
人而獻笑，粉敷脂抹，襯青黃面
孔者，其天姿媚澤，機慧靈通，人
世鬚眉丈夫，雄心辟性，囿其範圍

圖七　明代嫖妓指南《青樓韻語》內頁及插圖

圖八　明代商喜四仙拱壽圖

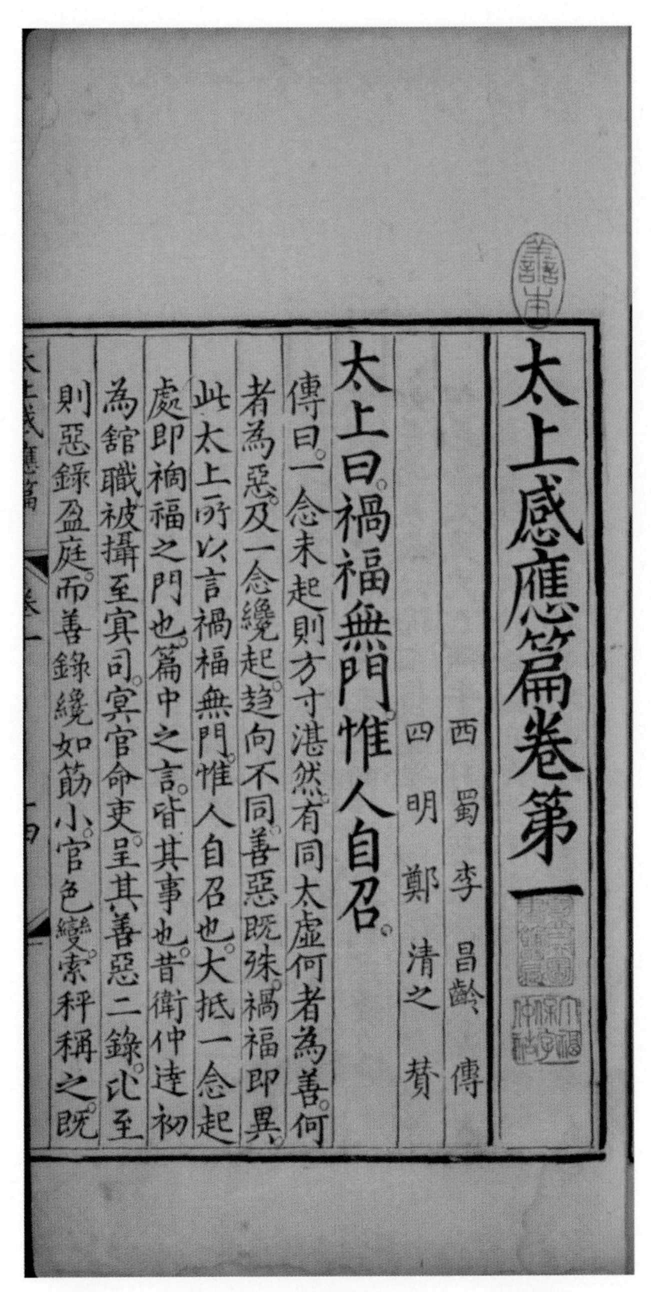
太上感應篇卷第一

西蜀李昌齡傳

四明鄭清之賛

太上曰禍福無門惟人自召

傳曰一念未起則方寸湛然有同太虛何者為善何者為惡及一念纔起趨向不同善惡既殊禍福即異此太上所以言禍福無門惟人自召也大抵一念起處即禍福之門也篇中之言皆其事也昔衛仲達初為館職被攝至冥司冥官命吏呈其善惡二錄比至則惡錄盈庭而善錄纔如筯小官色變索秤稱之既

圖九　明代流行宗教書籍《太上感應篇》

圖十　寶頂山六道輪回石彫

新亞文商學術叢刊

虛構與史實
——從話本「三言」看明代社會
（增修版）

楊永漢　著

總序

上世紀中葉，中國學術發展處於極其複雜的環境，新舊思想產生抗拒，卻又漸漸融和。學術研究方式惶惑於東西方模式，傳統與新式的路口中。一九四九年始，一群國內著名學者移遷香港，推展教育及學術，成就了北學南來的局面。錢穆先生的「新亞群組」就是其中一員，網羅頂尖兒的學者共同奮進，延續學術命脈。在錢穆先生等學者帶動及包融下，香港成為繼承中華文化及發展新儒學重要地方。

新亞書院及新亞研究所在港先後成立（1949及1953），研究所現址在土瓜灣農圃道是由國際著名的耶魯大學，及福特基金募捐所得。六十年代，新亞書院加入中文大學，成為了香港中文大學奠基的一員。一九七三年，成立新亞中學，同屬於新亞文化教育會之下的教育機構，目的是通過重組，以保持均衡而有聯繫性的中學至研究所教育的組織。

加入中大後，錢穆先生發覺中文大學的辦學理念與新亞書院創校的目的分歧甚大。遂於一九六三年，辭任中大新亞書院院長之職。一九八三年成立本院「新亞文商書院」，繼續以書院模式營運大學教育。在院教授老師，傳授知識道德，除耳提面命外，對同學的道德行為，心理發展，事業發展，承繼傳統文化等各方面均有所關顧。

本院出版《新亞文商學術叢刊》就是要保存不偏不倚的純學術研究刊物，舉凡有關中國文化、思想、經濟、歷史、文學、哲學、社會狀態發展與研究等，持平而具突破創新，有一定的學術水平者，本院因應院方財政狀況，資助及協助其著作出版。

二十一世紀，面對新的局面，資訊發達，對傳統學術研究帶來挑戰。

本院期望，能協助致力於學術研究，為中華文化出力，繼承新亞先賢的學術傳統，開拓未來發展道路的學者，建立園地，集中發表其學術成就，並方便學者透過此平臺，互相交流。所有出版書籍，均需要有學者專家推薦，院方才列入叢刊系列出版，以確保叢刊書籍的學術水平。

新亞文商書院院長

楊永漢

二〇二〇年冬

增修版自序

二零零六年本書首次出版，適值金榮華老師、邱燮友老師到港評審博士學位。筆者雖然鄙陋，但高人在前，仍厚顏捧書求教，希望兩位老師斧正。幾天後，邱老師致電本人，鼓勵我繼續努力，因為跨科研究是很難得的；最感激的是金榮華老師，他是臨上機回臺前致電給我，說我走對了路，從這路向發展，應有成就。當時真感激萬分，已有重整此書的念頭。

數年前的香港書展，萬卷樓總經理梁錦興先生來港參加，並與我談起再版事情，感激萬分，萬卷樓承諾再版拙著。據我所知，臺灣多所大學開設有關中國小說史的課程，都有推薦拙著為參考書籍。曾有內地出版社來郵，希望能出版簡體字版，筆者恐怕內容淺薄，需要修正，故不敢出版，聽來實在有點慚愧。當然，筆者仍冀望本書能夠流行，有益於學界，畢竟拙著受到學者一定程度的重視。由於筆者轉任行政工作，日常事務繁瑣，但仍堅持撰寫學術論文，期用數年時間，重整內容，盡量避免偏見或臆說，增訂再版。

初版的研究計劃本是有一章討論明代宗教思想的，可是執筆時，發覺自己對宗教所知甚少，最後放棄。其後就報讀了中文大學有關宗教的學位，希望加深認識，不至於下筆有誤，好待再版時補上。因此，今次再版就加了這一章，而且篇幅不少。

明代社會主要是佛教及道教思想作主導，中國社會是多神論的，我們的歷史偉人，往往被民間奉為神明，如諸葛亮、關公、岳飛，甚至對地方有建樹的賢者都被奉為城隍。此無非是傳統道德觀使然，要表達對道德偉人的一種尊重，進而奉之為神。另外，對這些未能竟功的名人，也可作出民眾心理的補償。從「三言」小說中，我們可以看到明代的宗教思想和發展，因果報應、輪回再世的思想流行於整個明代。明太祖刻意融和儒、釋、道三教，使傳統的道德標準深入民眾心裡。有學者認為是愚民政策，筆者卻認為在某程度上增加了社會的穩定性。因為宗教爭執，可以引發嚴重的後果，包括叛亂。

其餘有關經濟及女性兩篇，內容改動頗大。弗蘭克（A. G. Frank）的《白銀資本》有創新獨到的見解，學術界爭相討論。其重點是指出以歐洲為中心的歷史研究學者，錯誤地把十七世紀（1600）的全球經濟中心放在歐洲而非亞洲。弗蘭克更認為全球白銀流向中國是因為歐洲沒有足夠的實物交易與中國貿易，惟有以白銀購買。經濟部分，再版就加了弗蘭克的資料，並加強討論明代南方經濟發展的方向和現象。有一疑問，是從初版到再版仍然存在的，晚明南方是世界經濟中心，為何明中央政府沒有把握此優勢，增加國防收入？這裡我參考了黃仁宇、費正清（J. K. Fairbank）的分析，已在內文解釋明代的經濟狀況。

明代女性的地位及思維方式，我初版時已說對她們的所處的社會，多少帶點同情。其實，不同的位置，就有不同的思維模式與道德要求，我以「精神分裂」來形容當時社會對貞潔及妓女的態度。整個社會一方面視貞操為宗教，切不可玷辱，甚至以死堅持；另一方面，則女性性觀念卻似乎得到解放，小說在某程度上是讚賞尋求自由戀愛的愛侶，而且明代是產生大量的艷情小說的時代。從小說內容更觀察到，有性解放的意識存在，女性追求性的享受覺感。

妓女，幾乎是每個時代的產品，甚多才女廁身於妓女之行，如顧橫波、李香君、馬湘蘭等等，可謂色藝雙絕，迷倒不少名士。明代女性一章，內容加強了性觀念解放及性心理分析，用了弗洛伊德（S. Freud）的精神分析學派理論。當然，亦引用了其他著名心理學家研究結果作討論。

殉夫或殉情，被視為女性最高道德的表徵，筆者是反對的。可是，明代女性往往在心靈中深藏這種道德觀，包括妓女高三（高娃）為楊俊殉情而死及草場院妓女張氏為李天祥自繫而殉等都是值得留意的例子。究竟是為道德而殉情，抑或是為愛而殉情？真是「一彈再三歎」。其他妓女，如「秦淮八豔」的卞玉京、馬湘蘭、顧橫波、李香君、董小宛、寇白門、柳如是、陳圓圓等事蹟，每一位都可以成為傳奇故事的主角，實在令人大開眼界。

其他章節基本上也有改動，補充了不少原始資料和近人研究成果。筆者重新檢視已運用的原始資料及外國學者的研究成就，用以加強本書的可觀性。有關討論明代的政治及地方制度，除中國學者外，我加入弗蘭克、費正清（J. K. Fairbank）的見解；關於人類心理方面，加入了馬思勞（A. H. Marslow）、佛洛伊德（S. Freud）等研究成果作支持。明代的政制，相對於唐、宋，反而是倒退。皇帝權力膨脹幾至不能節制的地步，內閣的權鬥，更是驚心動魄。在「三言」的故事中，亦有言及。其次，論者多批評明代亡於科舉，倒不如說明代亡於「八股」，這是明皇室有意統一士人思想所致。直至清代取消科舉，也不能不承認科舉是較公平的選仕制度。

我要感謝恩師全漢昇教授，他帶領我進入歷史研究的門牆，令我能掌握運用明代第一手資料，使本書的確信度大增。全老師擔心我的論文、我的生活，我的前途，令我不知如何報答。尤其是老師好像不經意的，卻又處處關顧學生的發展和學術路向。感謝我的導師張海明教授及郭英德教授，他們鼓勵和協助我完成文學論文。每次到京，都與兩位老師論學，難忘他們的教導及一起在京的日子。

感謝內子梁綺芬女士，她對我撰寫論文是百分百的支持。我多次來回北京、臺北，搜集資料，討論內容，向前輩請益等等，都極力支持，她視我所有老師是長輩親人，尊敬及敬重，使我在煩擾的行政工作中，仍能安心完成著作。

還有張少坡修士，他是我學校的校長，人生的導師，終生的師長。每年新春，只要首見到張修士，內子一定向他敬茶，執媳婦之禮。他縱容我的教學方法，使我毫無困擾地與學生一起成長；他容許我除在中學教學外，特別在大學兼職，使我從沒有離開過研究工作，並鼓勵我多親近學者，很感激他給我很大的容忍與方便。經常提醒我謙虛待人，雖在高位，不可跋扈放肆，要視學生如子侄，這些善言，我將永記於心。本書初版，張修士竟然看畢全書，還點出我的錯字，斟酌文句。我答應他，如果再版，一定細心檢校。可惜，老師已息勞歸主，無法看到我的書再版，是本書的遺憾。

最後，特別感謝先母李月嬋女士，沒有她的愛與包容，我不可能會在學術界發展。數十年前，我選擇文學系，先母很不高興，害怕我將來生活艱難。可是，我堅持下去，母子都不高興。某次看書，發覺我數百本文史哲的書籍都用透明膠紙包好保護。我倚著母親問是不是她的傑作，母親說知我喜歡看書，她一定支持。每次回想起來，依舊淚盈眼睫。直至現在，偶然會在夢裡與母親共膳，有時好像仍生活在貧苦的環境，母親仍然為我烹弄美味菜式。母親離世後，我今生已沒法彌補不足的孝意和報答她的愛護。

最後，再次感謝呂玉姍編輯為本書作出仔細的校對，並與我斟酌用字。雖然筆者已盡力客觀分析及盡量搜羅不同的資料互證，畢竟本文仍有很多不足之處，一切紕漏與文責，均由筆者負責。

楊永漢

序於香港籃灣半島

二零二〇年仲秋

初版自序

首次看畢馮夢龍所編的「三言」已是二十多年前的事，除了一些特別感人的故事外，其他的故事只是印象模糊。後來看過余嘉錫先生的〈宋江三十六人考實〉及黃仁宇先生〈從「三言」看晚明商人〉等多篇從小說印證當代社會的文章，已萌撰寫一篇文史互證論文的意圖。

在新亞研究所就讀期間，追隨全漢昇老師，數年間，看了大量的明代原始資料及筆記小說，對明代社會有一清晰的輪廓。二零零一年，遇張海明師。在討論論文題目時，得到張老師的鼓勵，著手寫一篇有關明代小說及社會的論文，想藉此探討明代的生活狀況。正史甚少提及生活細節，而小說往往能反映出時代的生活模式。茲後，就以「三言」為主體，研究明代生活。重看「三言」，感覺有所不同，腦中出現大量要解決的問題，例如：為何明代女性有這樣的思維？為何有關商業故事總發生在南方？為何地方的官吏有這樣大的權力？等等。雖然這些問題甚多已被時賢作為研究題目，但從小說的內容去印證，似乎尚有發掘的空間。

明代商業發展迅速，已是不爭的事實，中外學者大多承認明代是當時全球經濟最繁盛的地區，如西方學者布魯克（1998）在其專著的導言認為明代是當時世界的中心，而不是歐洲；漢斯・布羅埃爾（1972）亦說中國憑藉著在絲綢、瓷器等各方面的製造業和出口，與任何國家貿易都是順差。明代中晚期的國民生產力急劇上升，形成南方繁榮富庶的環境。「牙行」在明代商業中，擔任舉足輕重的中介位置，是推動經濟的主力之一。當然，從明代筆記中可以看到部分牙行勾結地方官吏，壓榨遠來商賈，但相信這不是太普遍的現象；否則，明代的經濟發展不會如此的迅速。至於，明代是不是資本主義萌芽時期，又成為另一個議題。

明代的皇帝擁有絕對的權力，幾達至為所欲為的地步。所謂「絕對的權力，絕對的腐敗」，明代因此昏君特多。由於昏君的出現，朝臣之間你死我亡的鬥爭就不斷出現，尤其是閣臣之間的明爭暗鬥，更是腥風血雨。至於皇帝的家奴太監，更是鬥爭中的關鍵人物。

龔篤清在其《馮夢龍新論》從〈老門生三世報恩〉故事中引出明代的科舉情況，本文更參考了其他故事，對明代科舉作出較詳細的闡述及印證。除科舉制度外，司法制度亦是本文重點討論的議題。中華帝國幅員廣闊，有效的管治是需要完善的制度配合。從《大明律》所列的條文來看，司法制度是力求公正的，可惜事與願違，「三言」所載的故事甚多違背律法的規定。中國古代是這樣，相信現代也是這樣；無疑，這是歷代政府所面對的難題。

中國是男尊女卑的社會，《韓非子》已有記載殺害女嬰的風俗；唐代柳宗元，及「三言」的編者馮夢龍在治理地方時，竭力遏止殺女嬰的風俗，可見一斑。自古以來，中國甚多地方仍是存在生子則相賀，生女則殺之的民風。每每看到這些記錄，就為中國的女性而悲哀，也為中國人的無知而痛心。因此，本文在討論明代女性時，多少帶點同情，尤其是妓女。每一時代均有每一時代的道德觀，明代女性特重貞操，甚至視之為「宗教」。「人」往往受制於時代而不自知，明代女性似乎生活在無形的枷鎖中而不自知。究竟誰人能評定別人的道德？究竟我們要跟隨哪種道德？

文史互證的論文是筆者新的嘗試，其中紕漏在所難免。撰寫本文期間，除得到張海明老師的指導外，必須多謝郭英德老師及過常寶教授給我很多寶貴的意見。由於筆者的水平所限，本文紕漏之處在所難免，一切文責當由筆者自負。

最後，必須感謝我完全沒有受過教育的母親李月嬋女士；可想而知，她是如何辛酸的培育我。還有內子梁綺芬女士，在我整日不言不語翻查資料，思考問題時，仍然不惱不火的為我管炊調羹。

楊永漢

序於香江藍灣半島

二零零六年

目次

表目次

緒論

傳統中國學者多視小說為俗文學或民間文學，難登大雅之堂。逮至近世，經學者倡導，小說才歸入正統文學之途，其文學價值亦開始受到重視。

小說一辭，最早見於《莊子・外物篇》：「飾小說以干縣令，其於大達亦遠矣」[1]。所謂小說，內容包羅萬有，無論志怪、愛情、軼聞、時聞、政治、傳說等等都入於小說筆記類。《漢書・藝文志》將小說列於九流之外，很明顯，小說家被傳統學者逐出於正途之外。直至唐人小說出現，小說乃成為一劃時代的作品。唐人小說無論在藝術或思想上，都有超越前人之處，但仍然主要是以文言創作。若以白話文創作的小說，當可追溯至唐代變文。魯迅認為白話小說流行於宋代，但早於宋代已有白話故事出現。此論是根據敦煌千佛洞的發現，所發現的作品應當是創作於唐末五代人之手。這樣可推論：當唐人小說流行至一定時間，白話的創作繼而出現。

白話小說作品出現之後，宋代承其餘緒，發展成「話本」。所謂話本是指是指說話人用來做說書的底本，「話」是說故事的意思。說話的對象是普羅大眾，用字遣詞以淺易為主；而內容則以趣味為要。明代小說經宋、元兩代的孕育，在藝術及形式上已達至極高的水平。明代文人意識到用白話文創作的重要性，這種改變實在是中國文學史上的一大進步。「三言」（即《喻世明言》、《警世通言》及《醒世恆言》）就是這時期的產品，其所載作品，除有一定的藝術成就外，還充分反映出古代社會的生活狀態，尤其是宋、明兩代。

---

1 陳鼓應：《莊子今注今譯》（北京：中華書局，2001），頁707。

文學有一種功能就是反映現實，由童慶炳主編的《文學概論》指出文學具有社會性是基於下列三個環境因素：[2]

一、文學是語言的藝術，它是以語言作為媒介的。語言是為了社會上的交流而創造出來的，在約定俗成的語言規則中交流思想感情。儘管文學語言不盡同於日常用語，是經過藝術加工而讓讀者有美感或情感，但就本質而言，仍是社會性的。

二、文學的對象是人和人的生活。人是社會的人，生活包括了人的自然行為、社會活動、人際關係及內心活動等，都是廣義上的社會現實。在一定程度，文學是反映了現實。讀者可從作品中找到它賴以產生的文化背景和社會根基。

三、作家是社會的一員，他總是處於一定的社會生活，一定的社會關係中。他個人的社會地位，思想情感或隱或現地影響他對事物的評價，自覺或不自覺地代表著一定的利益集團和文化視野與讀者說話。

拉曼．塞爾登（Raman Selden）在其《文學批評理論——從柏拉圖到現在》（*The Theory of Criticism——from Plato to the Present*）指出：

>……「再現」某種物質或精神的、頭腦的或社會的東西，這種觀念似乎已經不證自明……。我們還是相信詞語能夠再現我們願意「當真」的事物或觀念，也就是把事物或觀念重新「呈現」給我們。[3]

---

2 童慶炳主編：《文學概論》（武漢：武漢大學出版社，1995），頁19-20。

3 〔英〕拉曼．塞爾登編，劉象愚等譯：《文學批評理論——從柏拉圖到現在》（北京：北京大學出版社，2000），第一篇，頁1。

上述兩位學者都指出文學在一定程度下能夠反映現實，無可否認，「三言」具有寫實的功能，亦受到一般學者贊同，如胡士瑩認為宋代的話本小說主要是採取現實主義的創作手法，是現實主義的作品，反映當代的社會狀況及人民生活情況。[4]當然，此理論同樣適用於「三言」。透過明代馮夢龍所編的「三言」去研究其所反映明代的社會現象、生活狀況、思想感情及道德標準等是有一定的價值的。

至於「三言」在文學史上的地位是非常重要的，李悔吾認為中國小說從文言發展到白話，「三言」具有特殊的意義。李氏說：

> 其一，由文言到白話，不僅增強了小說的表現力，更重要的是大大擴大了讀者面，提高了小說的社會功能與社會效益。其二，作品描寫的對象由封建士大夫轉向平民，尤其是市民，因而作品的思想觀點、美學情趣，都有很大的轉變。其三，奠定了短篇白話小說和長篇章回小說的基礎。[5]

白話小說的出現，不僅擴大了讀者的數目，而且更逐漸普及於平民百姓之間。作品所描寫的對象變得多樣化，從士大夫階層，以至販夫走卒，都有觸及，也能有效地、較全面地反映明代社會。「三言」的大部分故事都屬於寫實主義，而寫實主義的基本特徵約有三點[6]：

> 一、正視及忠於現實，反映人生，不迴避現實，無論是美是醜。
> 二、創作乃按照客觀世界固有的面貌，生活本身的邏輯，真實地、逼真地反映客觀的生活，描寫生活中已經存在和可能存在的事物。

4　胡士瑩：《宛春雜著》（浙江：文藝出版社，1984），頁59-60。

5　李悔吾：《中國小說史漫稿》（湖北：湖北教育出版社，2001），頁149-150。

6　童慶炳主編：《文學概論》，頁437-439。

三、創作原則在表現上，較多地採用寫實的方法，追求細節的真實，對生活進行精細的描寫，具有強烈的生活氣息和高度的逼真感；追求客觀性、真實性，面向現實，重再現，手法是寫實。

雖然寫實主義重視客觀，但無論如何，作家仍會滲入主觀態度。在創作過程中，寫實主義作家必須不直接表態，要從情節和場面中流露出來，要盡量做到客觀冷靜，不動聲色。福樓拜（Gustave Flaubert, 1821-1880，法國小說家）說：「藝術家不應該在他的作品裏露面，就像上帝不應該在生活裏露面一樣。」[7]無疑，「三言」故事能流露出明代社會的精神面貌。

寫實主義的文學作品必須具有真實感，令讀者置身其中，對所刻劃的環境、人物或內容，有強烈說服力。故巴爾札克（Honoré de Balzac, 1799-1850，法國小說家）指出：「小說在細節上不是真實的，它就毫無足取了。」[8]著名歷史學家黃仁宇亦說：

> 小說資料可能為歷史之助。因小說家敘述時事，必須牽涉其背景。此種鋪敘，多近於事實，而非預為吾人製造結論。[9]

又補充說：

> 三言非歷史著作，但其所包括中國十六、十七世紀間社會史及經濟史之資料豐碩。吾人以其所敘與其他資料題歷史背景對照，發覺其

7 王向峰：《現實主義的美學思考》，頁4。

8 十四院校《文學理論基礎》編寫組撰：《文學理論基礎》（上海：文藝出版社，1981），頁243。

9 黃仁宇：〈從「三言」看晚明商人〉，收在氏著《放寬歷史的視界》（臺北：允晨文化實業公司，2001），頁12。

所提供商人生活及商業組織之情況大都確切，且其敘述綿密，可以補助較正式堂皇歷史資料之不足。[10]

明代中晚期出現了文學的浪漫主義運動，其倡導者是李贄，其〈童心說〉就是為此運動的先鋒，對傳統道德作出強烈責難。〈童心說〉：

夫童心者，真心也；若以童心為不可，是以真心為不可也。夫童心者，絕假純真，最初一念之本心也。若夫失卻童心，便失卻真心……夫六經、《語》、《孟》，非其史官過為褒崇之詞，則其臣子極為讚美之語，又不然則其迂腐門徒、懵懂弟子，記憶師說，有頭無尾，得後遺前，隨其所見，筆之於書，後學不察，便為出自聖人之口也，決定目之為經矣，孰知其大半非聖人之言乎！縱出自聖人，要亦有為而發，不過因病發藥，隨時處方，以救此一等懵懂弟子、迂腐門徒云耳。[11]

李贄認為傳統儒家經典只是聖人隨機開導，因人而異的說法，絕不能以不可悖逆的態度對待。真正要表達的，是童子之心，因童子不會虛偽矯飾，只是後人不明聖人之意，只能以「懵懂」喻此等道學家或士人。此論實開批判傳統道學之先河，李贄與徐渭、湯顯祖、袁宏道等人互通聲氣，成為新的文學勢力。李贄認為人類能在合理能力之內，滿足欲望是應該的。能滿足人類欲望，不僅符合自然法則，對社會也有良好的效能，消滅了對放縱欲望的擔心與內疚。他們敢於批評傳統名教，痛斥偽道學家，自

10 同上註，頁36-37。

11 〔明〕李贄：〈童心說〉，收在陸學藝、王處輝主編：《中國社會思想史資料選輯——宋元明清卷》（廣西：人民出版社，2007），頁434。

居「異端」，推動浪漫運動。[12]加上王學的興起，直抒性情，解放思想的文學作品紛紛出現，如湯顯祖的《牡丹亭》，內容建構於「性」與「情」、吳承恩的《西遊記》，內容敢於反對固有勢力，反對皇權，講求率性。這些思想，其實也反映在「三言」的故事內。袁世碩認為：

> 中國十六世紀後半期文學上出現的這個浪漫主義運動，一方面固然是廣大勞動群眾的生活、鬥爭理想、要求反映，如《西遊記》中這個神話英雄形象的機智勇敢的性格，大無畏的精神氣質，足以與玉皇大帝抗衡的力量……。另一方面，也是更重要的方面，這個浪漫主義運動與明中葉社會經濟生活中的變化，新的經濟因素的萌芽，是分不開。[13]

經濟環境的改變，浪漫思想的出現，造成文學作品中的角色出現反宗教禁欲主義精神及要求個性解放。在〈「三言」與明代女性〉一章，有更詳細的分析。

本文就是冀望在「三言」故事的細節上，對比史籍、筆記、文集等的內容，研究出明代的生活、社會結構、商業活動、司法制度等等各方面的面貌，令到明代的整體輪廓，更加清晰。

「三言」的編輯者是馮夢龍，約生於明萬曆二年（1574），卒於清順治五年（1648）[14]，年齡約在七十三至七十五之間，正史無傳。明蘇州府

---

12 袁世碩：《文學史的明清小說研究》（濟南：齊魯書社，2000），頁147。

13 同上註，頁152。

14 五石：《馮夢龍之生平》考究馮氏生年當在萬曆二年（1574），因馮氏著作《中興偉略》及《中興實錄》時，末署「七十二老臣馮夢龍恭撰」。按唐王入閩在順治元年（1644），閏六月唐王即皇帝位，而《偉略》但書「王」，而不稱皇帝，作品當在是年六月前成書，即馮氏實生於萬曆二年（1574）。沈自晉《重訂南九宮十三調曲譜》中有〈和登子猶辭世原韻〉二律，而曲譜成於順治五年（1648）。馮氏《偉略》刻於日本正保三年，即順治三

吳縣人，或謂其為長州人，長州乃由吳縣分出，同屬蘇州府。據徐文助考究，馮夢龍除字猶龍外，甚多別號，包括：子猶、耳猶、龍子猶、隴西君、隴西可一居士、隴西居士、可一居士、可一主人、茂苑野史、江南詹詹外史氏、姑蘇詞奴及七一老人草莽臣等。[15]據《蘇州府志》卷八十一〈人物〉載：「馮夢龍，字猶龍，才情跌宕，詩文麗藻，尤明經學。崇禎時，以貢選壽寧知縣。」[16]

馮氏有兄弟各一人，兄馮夢桂，是著名畫家；弟，馮夢熊，是太學生。馮夢龍才情橫溢，學問淵博，著作甚豐，除編定「三言」外，其他著作包括有關經學《四書指月》、《春秋定旨》，有關史學《新列國志》，有關玄怪《平妖傳》，有關詞曲《太霞新奏》，有關愛情《情史》等。當國家處於危急存亡之秋時，馮卻放棄玩世不恭之心情，重回傳統知識份子保家衛國之行，為唐王策劃中興大計，為振奮人心先後著述《甲申紀事》、《中興偉略》及《中興實錄》等。然而，馮氏卻同時能寫出俗曲〈掛枝兒〉及《牌經》、《馬吊》等書，傳於妓院及浮薄子弟之間。由此可知，馮氏確是多才多藝，上至經史子集，下及走馬摴蒲，可謂「精通曉暢」，堪稱奇人。馮氏年少，即以豪飲多情，才捷風流聞於閭巷，據《堅瓠集・壬集》卷四記載：

> 馮猶龍先生偶與諸少年會飲，少年自恃英俊，傲氣淩人。猶龍覺之，擲色，每人請量，俱云不飲，猶龍飲大觥曰：「取全色。」連飲數觥……又飲數觥……。諸少年銜恨，……做就險令二聯，俟某作東，猶龍居第三，出以難之、令要花名人名回文，曰：「十姊

年（1646），依此推斷，馮夢龍當沒於七十五、六歲之間。見五石：《馮夢龍之生平》，收在朱一玄編《明清小說資料匯編》（天津：南開大學出版社，2012），頁905。

15 〔明〕馮夢龍編，徐文助校訂：《警世通言》（臺北：三民書局，2001），〈考證〉，頁1。

16 轉引自繆咏禾：《馮夢龍和三言》（臺北：國文天地，1993），頁2。

> 妹，十姊妹，二八佳人多姊妹，多姊妹，十姊妹。」過盆曰：「行不出，罰三大觥」……過猶龍，猶龍曰：「月月紅，月月紅，二八佳人經水通，經水通，月月紅。」諸少年作法自斃，俱三大觥，收令亦無，猶龍曰：「學生代收之。」曰：「並頭蓮，並頭蓮，二八佳人共枕眠，共枕眠，並頭蓮。」諸少年佩服。[17]

馮氏除豪飲外，其捷才更能折服鄉里少年，其所著《牌經》、《馬吊》更令玩世少年傾動。馮氏年少輕薄，但才情驚世，他與熊廷弼有一段因緣：

> 馮夢龍，亦其（熊廷弼）門下士也。夢龍文多游戲，〈掛枝兒〉小曲……浮薄子弟，靡然傾倒，至有復家破產者。其父兄群起訐之，事不可解。適熊公在告，夢龍泛舟西江，求緜解於熊……抵家後，熊飛書當路，而被訐之事已釋。蓋熊公固心愛龍猶子，惜其露才炫名，故示菲薄。而行李之窮，則假途以厚濟之；怨謗之集，則移書以潛消之。英豪舉動，其不令人易測如此。[18]

所謂「故示菲薄」，是給馮夢龍一點屈辱，如與馮用膳是「枯魚、焦腐二簋、粟飯一盂」，主要是挫其盛氣，然後再助馮解決問題。

他多次應舉而失敗，一如當時讀書人的風氣，流連青樓。《太霞新奏》卷七記載了馮氏三十首〈怨離詩〉，多是他涉足青樓之作。馮氏迷戀名妓侯慧卿的事情是據此而證實，相信馮氏不獨才華橫溢，且是性情中人。侯慧卿另聘，馮氏自此絕足青樓。他的癡情，可從他的〈怨離詩〉及

---

17 〔清〕褚人獲：《堅瓠集》（浙江：人民出版社影印栢香書屋校印本，1986）〈壬集〉，卷四，頁14。

18 〔清〕鈕琇〈觚剩續編〉卷二，〈人觚．英豪舉動〉，收在朱一玄編《明清小說資料匯編》（天津：南開大學出版社，2012），頁905。

《太霞新奏》卷十一略窺一二。〈怨離詩〉末章：

詩狂酒癖總休論，病裡時時晝掩門；
最是一年淒切處，鴛鴦塚上欲招魂。

《太霞新奏》卷十一，〈商調・黃鶯兒・端二憶別〉：

五月端二日，即去年失慧卿之日也。日遠日疏，即欲如去年之別，亦不可得，傷心哉！行吟小齋，忽成商調，安得大喉嚨人，順風唱入玉耳耶？噫！年年有端二，歲歲無慧卿，何必人言愁，我始欲愁也。[19]

慧卿的離開，可能是出於無奈，但就形成馮氏一種觀念：士人潦倒，敵不過有財有勢的商人。馮氏的才情，可試看他一首〈猫兒墜〉：「孤山歸路，車馬鬧斜陽。耳畔笙歌作暮腔，一痕微月柳梢（原文作稍，恐誤）黃。雙雙。好趁取夜色，樓臺對捧霞觴」[20]，馮氏所輯的「三言」不乏言情之作，故事的情節，也許部分是馮氏的心聲。

萬曆期間，馮夢龍與文人、詩友，結成文學團體「韻社」，成為其中活躍的成員。[21]「韻社」除結集讀書相聚論詩文外，對社會、政治及現實均採批判態度。馮氏晚年曾任地方知縣，據《壽寧府志》記載馮氏六十一歲時

---

19 〔明〕馮夢龍選輯：《太霞新奏》（明版，香月居主人輯本，有天啟年間顧曲散人序）卷十一，頁24〈端二・憶別有序〉。

20 同上註，頁25。

21 馮氏曾為「韻社」社長。龔篤清：《馮夢龍新論》（湖南：人民出版社，2002），頁3，〈註1〉引〔清〕錢謙益：《初學集》卷二十〈馮二丈猶龍七十壽詩〉及馮夢龍：《智囊・自序》的記載，證明馮氏是「韻社」成員。

任福建壽寧知縣，說他「政簡刑清，首尚文學，遇民以恩，待士有禮」[22]。

崇禎十七年（1644），李自成攻入北京，明朝滅亡。福王朱由崧在南京建立朝廷，史稱南明。此時，馮夢龍已是七十一歲的老人，他懷著傳統知識份子的情操，痛心疾首家國的衰亡，憤而撰寫《甲申紀聞》、《紳志略》、《錢法議》等作品，責難腐敗無能的官吏將帥，提出改革。可惜事與願違，南明福王只是沒落皇族，在垂死掙扎的邊緣仍拚盡一生去滿足自己的卑劣慾望，不思進取，坐以待斃。南京，最後亦斷送這種廢人的手中。

其後，馮夢龍加入唐王朱聿鍵的政府，並任職於福建。可惜，清順治三年（1646），魯王、唐王的政權亦被清朝消滅。馮夢龍何時離世，則沒有定論，一說身殉於福州，一說死於蘇州。

馮氏一生，雖然史傳沒有詳細的紀錄，但其性格轉變當在明亡前後。馮氏青少年時如一般紈袴子弟，流連花街柳巷，幾乎所有低級及通俗的玩意，無所不曉，無所不通。當然，這些經驗亦成為馮氏編著「三言」的好材料。明亡以後，矢志復國，以撰述喚起國民愛國之心，最後鬱鬱以終。我們可以相信，馮氏晚年應已收拾少年狂傲的性格，專心作一個好官。可惜明代滅亡，社會動盪，其為官的志願亦不能實踐。馮氏在南明及入清之後，在短短數年間，奮其餘勇，努力著作，欲以學問喚起後來者，驅逐胡人。至於馮夢龍所處的年代，可以從經濟發展、社會思想、晚明士人風氣三方面去認識。

馮夢龍生活的於江浙一帶，是明代最富裕的地區。明初已是課稅最重，土地兼併最嚴重的省份。據史載蘇、松、常三府號稱沃野，農民多棄本業，而逐末業，令至該區較其他地方更早進入商業化。明代的筆記對此情況有這樣的記載：

---

22 轉引自繆咏禾：《馮夢龍和三言》（臺北：萬卷樓圖書公司，1993），頁4。

「即士大夫家，多以紡織為業」[23]、「今去農而改業為工商者，三倍於前矣。昔日原無遊手之人。今去農而遊手趁食者，又十之二三矣。大抵以十分百姓而言之，已六七分去農」[24]、「江南大賈，強半無田，蓋利息薄而賦役重也。江右荊楚，五嶺之間，米賤田多，無人可耕，人亦不以田為貴，故人雖無甚貧，亦無甚富」[25]。

由此可見，江南地區資源豐富，交通方便，為商業發展提供了有利條件，亦令到工商業在此時期有驚人的增長。尤其是絲織業，發展迅速，到嘉靖時期，蘇州絲織業出現了機房的名稱，機房是指大型的織機廠房。其間還聘用機手，由此可知絲織業已由家庭手工業逐漸發展成獨立手工業作坊。經濟蓬勃，生活安定，商人地位提高，在一片昇平的現象中，文人流連坊間，沈醉於聲色之中，是可想而知的事。由於多接觸下層市民生活，馮氏就成為文學改革的中堅份子。

明政府特別推崇朱熹的思想，明初社會以朱熹的思想為主導，朱子對天理、人欲、善惡的詮釋如下：[26]

一、天理是三綱五常。朱子認為仁、義、禮、知是天理，君臣、父子、夫婦、朋友是天理；人具有四德及和善的人倫關係是最自然不過的事。

二、天理是善。既然仁義禮知是與生俱來，當然是善，倘於不當處產生側隱，便轉成姑息、殘忍，如此則變為惡。

三、天理是心的本然。「心之本然」是指心未有思慮之萌和遇物而感時的未發狀態。

23 〔明〕于慎行：《穀山筆塵》（北京：中華書局，1997）卷四〈相鑒〉，頁39。

24 〔明〕何良俊：《四友齋叢說》（北京：中華書局，1997）卷十三〈史九〉，頁112。

25 〔明〕謝肇淛：《五雜俎》（上海：上海書店，2001）卷四〈地部二〉，頁79。

26 張立文：《朱熹評傳》（南京：南京大學，1998），頁471-474。

四、人欲是惡。善惡原其初發，都是天理，只是有過有不及，所以有惡。

五、人欲是心的疾疢。心有一念的私和邪的表現，就是人欲，便是國家亂和危的根源。

六、人欲是嗜欲所迷。人會被嗜欲或物質欲望所迷惑與蒙蔽，而產生惡念。

儘管朱熹的思想受到政府的提倡，可是到了明仁宗以後，政治局勢出現了變化。仁宗建立了皇莊，其後歷任皇帝及權貴大臣均有仿效，所謂「去人欲、存天理」成為理論，而不是實踐。據史載：

> （弘治）畿內皇莊有五，共地萬二千八百餘頃；勳戚中官莊田三百三十有二，共地三萬三千餘頃。[27]

> 武宗即位，逾月即建皇莊七，其後增至三百餘處，諸王外戚求請及奪民田者無算。[28]

除廣占民田外，諸帝又盡情縱慾，如嘉靖時，道士陶仲文獻春藥而官至恭誠伯，地位與大學士相埒；士大夫之流如都御史盛端明、布政史參議顧可學等亦爭上春藥獻媚。至於神宗皇帝，更加是貪財好淫，荒怠政事。其聚斂財物，以達至天怒人怨；廣徵美女，姦淫男寵，自戕其身，稱之為「廢」帝，絕不為過。至此，朱熹所倡導「去人欲，存天理」，全用不上。地方豪紳，亦是巧取豪奪，搜刮民脂民膏，可謂無所不用其極。如首

---

27 〔清〕張廷玉等：《明史》（北京：中華書局排印本，1984）卷七十七〈食貨一〉，頁1887。

28 〔清〕張廷玉等：《明史》卷七十七〈食貨一〉，頁1887。

輔徐階占田四十萬畝，是放高利貸而奪得的。馮夢龍身處吳地，但流風所及，士大夫亦寡廉薄恥，以欺壓為事。

武宗時，王守仁提出「心即理」、「致良知」及「知行合一」三個命題，以抗衡朱熹學說。王氏直承孟子的「良知」、「良能」，認為人人心中早已有此「理」，不分賢愚貴賤，所以人人皆可以為聖人。良知是不假外求，因而推演「知」是良知的自我體認，「行」是良知的發用流行，都是「心的本體」，自然如此[29]。但王學發展至末流，未免過於感性，而偏於自我情緒的發洩，行為放縱而不知抑制。

同時，晚明另一位偏離主流的大思想家李贄，對中、晚明的思想發展影響深遠。李贄就曾經說過：「穿衣吃飯，即人倫物理；除卻穿衣吃飯，無倫物矣」[30]，認為平常的生活即人倫，沒有了生活即沒有了人倫。李氏更指出人生的欲望是最正常不過的，他說：

> 如好貨，如好色，如勤學，如進取，如多買田宅為兒孫謀，博求風水為兒孫福蔭，凡世間一切治生產業等事，皆其所共好而共習，共知而共言者，是真邇言也。[31]

李氏肯定了好色好貨與勤學進取的心理，均出於人的自然天性，無必要抑壓。所謂欲望，是動力的一種。他更進一步指出：

> 蓋聲色之來，發乎情性，由乎自然，是可以牽合矯強而致乎？故自然發於情性，則自然止乎禮儀，非情性之外復有禮儀可止也。惟矯強乃失之，故以自然之為美耳，又非於情性之外復有所謂自然而然

---

29 聶付生：《馮夢龍研究》（上海：學林出版社，2002），頁17-18。

30 〔明〕李贄：《焚書》（北京：中華書店，1974）卷一〈答鄧石陽〉，頁10。

31 〔明〕李贄：《焚書》卷一〈答鄧明府〉，頁110。

> 也……。有是格便有是調，皆情性自然之謂也。莫不有情，莫不有性，而可以一律求之哉？然則所謂自然者，非有意為自然而遂以為自然也。若有意為自然，則與矯強何異？[32]

所謂自然，無非與生俱來的種種性情，人欲是性情一種，所以人欲，亦是自然不過的事。我們在這裡可以看出，「三言」很多犯淫出軌的事情，作者都下筆留情，如王三巧兒，背夫與陳大郎私通，最後還是與蔣興哥重修舊好（《喻》一），與當時認為人欲無非人性一種有莫大關係，筆者深信馮夢龍亦受此思潮的影響。

顧亭林就此而譏諷晚明士人受王學影響「束書不觀，遊談無根」，又批評此等士人「置四海之困窮不言，而終日講危微精一之說」。同時期的黃宗羲在其〈留別海昌同學序〉中批評王學末流：

> 今之言心學者，則無事乎讀書窮理；言理學者，其所讀之書，不過經生之章句，其所窮之理，不過字義之從違。薄文苑為詞章，惜儒林於皓首，封己守殘，摘索不出一卷之內。……天崩地解，落然無與吾事，猶且說同道異，自附於所謂道學者。[33]

王學興起，逐漸世俗化，即一方面重新張揚傳統文化所摒棄的個性，如率性而行，直抒性靈，視禮教如無物；另一方面卻感性地膨脹欲望，沈湎聲色，樂此不疲[34]。東林黨的顧憲成就是想力矯頹風，重振朱子學理。晚明士人多受王守仁「心學」的影響，部分行為幾近於縱欲。我們可從晚

---

32 〔明〕李贄：《焚書》卷三〈讀律膚說〉，頁369。

33 〔清〕黃宗羲：〈留別海昌同學序〉，見《南雷文定》（北京大學藏清版，有康熙年間黃氏門人鄭梁序）卷一，頁28。

34 聶付生：《馮夢龍研究》，頁15-16。

明士人的生活與心態，可窺見馮夢龍所處的環境及其精神面貌的形成。

在文學發展方面，出現了袁宏道兄弟的「性靈說」及追求個性自由、反對傳統道德束縛的湯顯祖。適性與尊情就成為創作的本源，這當然會對傳統道德教化產生反響。尤其進入晚明，士人對欲望視為人性的一部分，逐漸遠離傳統道德及有傷風化。再加上經濟漸富裕，社會出現一批游食之人，據〔明〕何良俊《四友齋叢說》載：

> 松江近日有一諺語，蓋指年來風俗之薄，大率起於蘇州，波及松江。二郡接壤，習氣近也。諺曰：一清狂，圓頭扇骨揩得光浪蕩；二清狂，蕩口汗巾摺子擋；三清狂，回青碟子無肉放；四清狂，宜興茶壺藤紮當；五清狂，不出夜錢沿門蹭；六清狂，見了小官遞帖望；七清狂，剝雞骨董會攤浪；八清狂，棉綢直裰蓋在腳面上；九清狂，不知腔板再學魏良輔唱；十清狂，老兄小弟亂口降。此所謂遊手好閒之人，百姓之大蠹也。[35]

這些遊手好閒之徒，占農業人口百分之二十至三十，他們結黨成團，奢靡淫逸，嫖妓聚賭，漸成風氣。當時，朝廷有獻春藥的大臣，而民間則有春藥春宮圖等淫品公開販賣。所以，筆者一再強調，明代社會視貞潔為宗教，而另一方面又放縱欲望，視為人性解放，整個社會無疑是精神分裂。

晚明士人愛好聲色，嫖妓、聽戲，博戲、喝酒、飲茶等是他們生活的一部分，奔走於聲色犬馬之場中，視人生一大樂事。呂天成《曲品》評沈璟是「妙解音律，花、月堪主盟；雅好詞章，僧、妓時招佐酒。」又評顧大典是：「曲房侍姬如雲，清閟宮商如雪。」[36]等都充分顯示出文人的生活狀態。就如成名士人，亦樂此不疲，如張岱自謂：

---

35 〔明〕何良俊：《四友齋叢說》（北京：中華書局，1997）卷三十五〈正俗二〉，頁323。

36 轉引自聶付生：《馮夢龍研究》，頁7。

> 極愛繁華，好精舍，好美婢，好孌童，好鮮衣，好美食，好駿馬，好華燈，好煙火，好梨園，好鼓吹，好古董，好花鳥，兼以茶淫橘虐，書蠹詩魔。[37]

長洲知縣江盈科在其《雪濤閣外集》竟公然說「妻不如妾，妾不如婢，婢不如妓，妓不如偷」[38]。可以說，已將傳統道德視如無物。明末清初著名學者張潮的《幽夢影》，其內容亦隨處可見言山水、風月、美人、琴棋書畫、飲酒玩賞等事情。放縱欲望，幾成風氣，與傳統道德反向而行。色情小說橫流，戴不凡有如下的記載：

> 自《金瓶梅》出，而猥褻小說大興；以至「三言」、「二拍」，亦無不帶色情描寫。流風所及，及於戲曲；若崇禎間單本之《蕉帕記》（其中〈胡璉鬧釵〉一折，川劇、潮劇今猶演出），竟將明季杭州湖畔公開兜售春書春藥以及托名唐伯虎、仇十洲、周東村之春畫公然搬上舞臺。[39]

色情小說流行，風氣至清際仍不息，相信非常普及。《紅樓夢》二十三回載賈寶玉偷買飛燕、合德、武則天、楊貴妃的外傳，並放在床頂偷看可知。這情況的出現，張英聘解釋：

> 明中葉以後的小說，是從市民文化沃土中發展出來的。隨著經濟領域中新的經濟因素和資本主義萌芽的出現，市民文化日益壯大起來，晚明個性解放的思潮的出現，他們關注的中心從對人格至善之

37 〔明〕張岱：《琅嬛文集》（北京：故宮出版社，2012），卷五〈自為墓誌銘〉，頁229。

38 轉引自聶付生《馮夢龍研究》，頁33。

39 戴不凡：《小說見聞錄》（浙江：人民出版社，1990），頁290。

> 美的追求轉移到對充滿世俗氣息、嚴酷而又生動的現實人生的關懷。站在人性合理欲望的立場，那些描寫市井細民生活的傳奇故事以及市民對情色價值觀念、審美思想追求的作品成為小說創作的主流。[40]

個性解放，包括對傳統價值觀的質疑，同時也出現對追求性欲享受的重新思考：人類是否遵守聖人的訓彝而放棄合理的欲望追求？相信這一點，在中晚期的文人士族，以至平民百姓，也存著很大的問號。《金瓶梅》的出現，就是色情小說巔峰之作，直接影響清代作品《紅樓夢》，而兩者都在中國文學史上地位甚高。

娼妓的普及，在明朝建立的初期已很蓬勃，據〔加〕卜正民（Timothy Brook）描述：

> 在明王朝的前期，娼妓現象就已經很繁榮了，無需等到商品經濟充分發展。早在明代中期，根據大一點的省城有青樓數千，即使小城市也有數百。這一估測看起來似乎很誇張，但隨著城市數量的增長，而且通常城市居民中男性的比例遠遠超過女性，他們一貧如洗，無力成婚，在這種環境下，妓院的數量或許確實達到這個規模。[41]

卜正民分析城市發展蓬勃，男性數目急增，卻又大多未有能力成婚，

---

40 張英聘：《文學藝術與市民文學的興盛》，收在張顯清：《明代後期社會轉型研究》〈第八章〉（北京：中國社會科學出版社，2008），頁483。

41 〔加〕卜正民著、方駿、王秀麗等譯：《縱樂的困惑——明代的商業與文化》（廣西：廣西師範大學出版社，2016），頁231。原著：Brook, Timothy (1998), *The Confusions of Pleasure: Commerce and Culture in Ming Chin.* Published by agreement with Beverley Slopen Literary Agency.

青樓就因經濟發展及男性的性需索，應運而生。數目之多，卜正民認同為不是誇大之數，省城數千，小城數百。除狎妓外，明代士人不少戀慕男色。程宇昂有這樣的解釋：

> 讀書人科考、游幕、為宦時遠離家鄉，色藝雙美的妓女可以為他們消解些寂寞；士人一旦蹭蹬科場，抑或失意仕途，同是天涯淪落人的妓女可以為他們築構心靈的的驛站；若是進士及第，或者宦者衣錦還鄉，醇酒釀情，香茗怡神，清歌悅耳……，朝廷一旦取締官妓，即使士人身邊不乏妓女，狎妓不可避免地變得不光彩起來，狎妓行為成了一件冒險的事。……隨著男旦演員增多，這種風景隱約在目。[42]

程宇昂解釋政府禁狎妓，士人轉而戀男色，在明人筆記中，多有記載孌男童的記載，皇帝、士人皆有此好，如：

（一）英宗寵都督同知馬良

> 有都督同知馬良者，少以姿見幸於上，與同臥起，比自南城返正，益厚遇之，馴至極品，行幸必隨，如韓嫣、張放故事。一日以妻亡在告，久未入直……知良續婦，又知為陽武侯之妹，上怒曰：「奴薄心腸乃爾！」[43]

（二）武宗寵臧賢

> 優人臧賢被寵，能軒輊士夫。士夫或與善。賢因是請改牙牌，制如

42 程宇昂：《明清士人與男旦》（上海：古籍出版社，2012），頁29。
43 〔明〕沈德符：《萬曆野獲編》（北京：中華書局，1997）卷三〈英宗重夫婦〉，頁79。

郡僚，印文改方者。珪不可。召老優吏事者詰曰：爾優敢亂法！爾寵可常保否？即遺爾辱禍靡極矣！優乃戢，但與新之。[44]

（三）官員聚飲，徵召男童相狎

京師富家攬頭諸色之人亦伺節令，習儀於朝天宮、隆福寺諸處，輒設盛饌，托一二知己轉邀，席間出教坊子弟歌唱，內不檢者，私以比頑童為樂，富豪因以內交。……既而果有郎中黃暐等事發，……與頑童相狎，被緝事衙門訪出拿問，而西曹為之一玷！[45]

（四）飲宴令優人女妝娛賓

如弘治時，郎中顧謐在校尉張通家飲酒，令優人女粧為樂。事覺，即令冠帶閑住。今大縱矣。[46]

從上述諸紀錄來看，明代中期寵男色漸成為風氣，亦可以此推算明代放縱之風之熾熱。享受人生，上行下效，亦開明代衰落之步。馮夢龍生活於此時期，早期的孟浪，當可理解。明亡後，那種以天下為己任的大志卻又表露無遺，回歸到建立事功的途上。「三言」的整體中心思想是勸善，並強烈表現中國傳統道德價值，如忠心、信義、貞節等等。因此，我們可以相信，馮氏眼見朝政日壞，外族入侵，當經歷國家人事的大變後，摒棄放蕩的生活，重執中國士人的傳統道德價值。

馮夢龍無疑是一代文豪，著作甚豐，除話本「三言」(《喻世明言》或

---

44 〔明〕俞汝楫編：《禮部志稿》卷五十三〈尚書傅珪〉(欽定四庫全書本)，又見程宇昂：《明清士人與男旦》，頁56。

45 〔明〕陳洪謨：《治世餘聞》(北京：中華書局，1997) 下篇卷三，頁53-54。

46 〔明〕余繼登：《典故紀聞》(北京：中華書局，1997) 卷十六，頁292。

稱《古今小說》、《警世通言》、《醒世恆言》）外，其他如歷史演義《東周列國志》（舊題《墨憨齋新編列國志》）；長篇小說《皇明大儒王陽明先生出身靖亂錄》；民歌集《掛枝兒》、《山歌》；筆記故事《太平廣記鈔》、《古今譚概》、《智囊》（重刊時改名《智囊補》）、《情史》；戲曲《精忠旗》、《酒家傭》、《太霞新奏》、《雙雄記》、《萬事足》、《墨憨齋詞譜》；詩歌《七樂齋詩稿》、《中興偉略》；遊戲書《牌經十三篇》、《馬弔腳例》；地方志《壽寧縣志》等。根據容肇祖等的研究，還有《七樂齋稿》、《墨憨齋傳奇定本》、《增補三遂平妖傳》、《中興實錄》、《春秋衡庫》、《春秋指月》、《刊本春秋大全》、《四書指月》、《折梅箋》等，可謂學富五車。[47]

〔明〕凌濛初（1580-1644）[48]就是受馮夢龍的影響，寫下《拍案驚奇》及《二刻拍案驚奇》，《拍案驚奇・序》說：

> 獨龍子猶氏所輯（喻世）等諸言，頗存雅道，時著良規，一破今時陋習。而宋元舊種，亦被搜括殆盡。肆中人見其行世頗捷，意余當別有秘本，圖出而衡之。不知一二遺者，皆其溝中之斷蕪，略不足陳已。[49]

在《二刻拍案驚奇》亦說出凌濛初創作的意圖：

> 即空觀主人者，其人奇、其文奇，其遇亦奇。因取其抑塞磊落之

47 容肇祖等：〈明季吳中文豪〉收在朱一玄編：《明清小說資料匯編》（天津：南開大學出版社，2012），頁905。

48 凌蒙初，明文學家、戲曲家。字玄房，號初成，亦名凌波，一字波厈，別號即空觀主人，烏程（今浙江湖州）人，官至徐州通判。後為李自成軍圍困，嘔血而死。早年工詩文，後致力於小說、戲曲創作，《拍案驚奇》為其傳世之作。

49 〔明〕凌濛初著、劉本棟校注、繆天華校閱：《拍案驚奇》（臺北：三民書局，二版四刷，2018）〈拍案警奇序〉，頁4。

> 才，出緒餘以為傳奇，又降而為演義，此拍案驚奇之所以兩刻也。其所捃摭大都真切可據，而間及神天鬼怪。故如史遷紀事，摹寫逼真。而龍之踞腹，蛇之當道，鬼神之理，遠而非無，不妨點綴域外之觀，以破俗儒之隅見耳。若夫妖艷風流一種，集中亦所必存，唯污衊世界之談，則戛戛乎其務去。[50]

馮夢龍輯「三言」故事，一定有他的懷抱。凌濛初希望繼承馮氏創作之意，透過小說的吸引情節與行文，宣揚道德行為，內容涉及鬼神、因果報應，甚至妖艷風流一種，亦可採摭，以達宣揚之效。

本文的撰寫過程，是先檢查當代學者透過「三言」小說研究明代社會的論文或專著，然後再從「三言」的故事中找出問題，作為研究對象，如黃仁宇以正史資料印證「三言」所述的經濟狀況；余英時以小說的內容分析明代儒士與商人的關係等都是重點參考的著作，以明代原始資料與小說互證，得出的現象，應有一定真實性，甚至反映當時的實在情況。

小說內容，必先考證於正史，旁及明代筆記小說。當發現有異同的地方，則廣泛翻閱近人成果以求證，如「三言」所載經濟地區多為南方省縣，如此，則「南方經濟發展應該是勝過北方」，就成為探究議題。江南諸地若內河漕運便利，承平日子，定必呈發達現象。尤其是晚明，商業上為適應與海外交流，其法制、商業團體結構、金融等等各方面必須配合，若墨守成規，則經濟發展無從突破。

明代的政治架構、地方體制、社會觀念、經濟活動、宗教思想等等都從「三言」的故事清晰地表露出來。本文將印證於《明史》、《明實錄》、《大明律》、《皇明經世文編》、《明會典》、《明會要》及明代各家筆記小說

---

50 〔明〕凌濛初著、徐文助校注、繆天華校閱：《二刻拍案驚奇》（臺北：三民書局，三版，2020）〈二刻拍案警奇序〉，頁1-2。

等原始資料，再參考近人研究成果如全漢昇老師、黃仁宇、傅衣淩、吳晗、費正清、余英時、譚正璧、胡士瑩等諸先生的著作，與「三言」內容互相印證。原始資料中，尤其是以《大明律》所列律例，可清楚印證地方官吏執法的情況，最為突出。又例如黃仁宇指出「三言」所記載的明代商業活動基本上未有資本主義的特性等。

在探究小說中所表述的明代經濟狀況，可以肯定的，明代南方經濟發展的迅速，遠超前代。這些經濟發展的實例，都顯示在「三言」的故事中。故余英時對「三言」、「兩拍」的故事有特別的看法，他認為：

> 馮夢龍（1574-1646）、凌濛初（1580-1644）所編的「三言」、「兩拍」中往往取材於當時的商人生活。其中有些關於商人的故事，如《醒世恆言》中的〈施潤澤灘闕遇友〉和〈徐老僕義憤成家〉或可在方志中證實其歷史背景的真實性，或竟實有其人。[51]

黃仁宇亦曾這樣形容「三言」有關商業的故事，認為可補正史之不足[52]。故事的完整性，人物性格之鮮明，時代環境的真確性，都使讀者進入明代的商業世界。更在此世界中，窺看到經濟的發展，窮人或低下層人物，如何乘著經濟發展的巨浪，往前衝刺，而成就自己一代事業。當然，這些記載，並非百分百準確，黃氏有如下解說：

> （「三言」）其中敘有前代人物者，亦有承襲宋元話本者，但其觀點代表明末社會情形。其間若干資料，不能全部置信，如有涉及神鬼傳奇者，……有敘述唐宋，而其物價全用明末為準據者。[53]

---

51 余英時：《中國近世宗教倫理與商人精神》（臺北：聯經出版事業公司，2008），頁124。

52 參考註10。黃仁宇：〈從「三言」看晚明商人〉，收在氏著《放寬歷史的視界》，頁12。

53 黃仁宇：《放寬歷史的視界》，頁13。

上引文表示，即「三言」編者是以晚明的社會經濟環境作為題材的背景，就算故事內容是述及唐宋，基本上亦是以明末經濟背景作敘述，因此這些故事的經濟內容，不能算是唐宋的經濟狀況。當然，這些材料也不可能用作印證唐宋經濟的佐證。本文所涉及明代社會的層面非常廣泛，故特重「三言」所載故事內容的真確性及典型性，亦是本文取材的重點。無可否認，部分故事，與現實是不相符。如〈楊八老越國奇逢〉(《喻》十八）故事發生於元代，但背景很明顯是明代倭寇作亂。又〈施潤澤灘闕遇友〉(《醒》十八）記載的牙行千百餘，是誇張的記錄，《吳江縣志》記載當時應得五、六十家牙行。[54]

凡「三言」故事沒有述及的政治體制、地方變革、經濟狀況、選仕制度及司法制度等等，只簡單介紹，不會作詳細敘述。至於出現「三言」故事中的材料，則詳細敘述分析，盡量將明代的真實社會狀況，呈現眼前。

討論明代中央政治及地方政制，本文選取「三言」故事內的人物際遇，事情背景分析中央及地方政制對當局者的影響，繼之分析其時之政治氣候，印證正史記載的可靠性。太祖廢相以後，有如將官僚制度斬首，所有行政權交與皇帝獨裁，實在是明代中央政制發展呆滯之始。太祖只容納「聽話」的官僚，而不是能幹的大臣。至於地方政制，糧長制、里甲制及衛所制是明代特色之一，本文亦詳細分析。選仕制度中的科舉內容「八股文」，很明顯是遏抑文人思想發展的桎梏。可是，科舉制基本上是較公平的選拔制度。

討論明代的社會觀念時，如貞操觀念、宗教思想等，內容接近社會思想史，本文會同時選擇「三言」中明代以外各朝故事為例證。例如中國宗教，由道教創立，至佛教傳入中土，並沒有因為宗教矛盾而產生戰爭，湯一介認為儒、釋、道三家思想的「排他性」不強烈，而且思想理論上是自

54 同上註。

在包容性，其調和能力較其他宗教為強。[55]敘述一種觀念的產生和伸延，必須與前代互證。再如「妓女」，相信每一個朝代，妓女的遭遇大多是屈辱的。其次，主編者所選的故事，亦可反映當代的社會觀念。

至於明代整體的社會及經濟發展，黃仁宇認為是內向和非競爭性的國家：

> 他（朱元璋）決心固守中國「內地」，不再向外發展以避免額外之枝節。他以朝代創業人的地位，傳示於他的子孫，聲稱明軍「永不征伐」的國家凡十五國……。當倭寇侵擾海岸的時候，朱元璋為著息事寧人，將沿岸一帶之中國居民後撤，時令明朝臣民一律不許泛海。[56]

雖然如此，明代對外仍然維持著有限度的商業活動。一般是藉著朝貢，與明政府及民間貿易，所以朝貢活動，已被後世學者認為是有貿易的色彩，並不單純是臣服明朝而無償的貢獻財物或珍品。晁中辰分析了朝貢的實況：

> 貢使所帶的物品，分貢品和私物二種。貢品由貢使代表其國王奉獻給中國皇帝，中國皇帝則對其大加賞賜。……朱元璋一開始就確定「厚往薄來」的原則。……永樂時，還制定了詳細的賞賜條例：除對國王、王妃的賜品外，對貢使團成員皆按級行賞。「三品四品，人鈔百五十錠，錦一疋，苧絲三表里。八品九品，鈔兒十錠，苧絲

---

55 湯一介：〈論儒、釋、道「三教歸一」問題〉，收在張廣保、楊浩主編：《儒釋道三家關係──研究論文選粹》（北京：華夏出版社，2016），頁47。

56 黃仁宇：《中國大歷史》（臺北：聯經出版事業公司，2000），頁211。

> 一表里。……」[57]

其次還有私物，這些私物可以給明廷出價收買，部分可自行貿易。[58]根據這樣的分析，每次朝貢，可謂是「有賺無賠」的交易。明代中晚期，不經意地成為世界貿易重心，大量白銀流入中國，協助及晚明清初的經濟發展。

「三言」的故事非常廣泛，幾可說包羅萬有，寧宗一指出：

> 馮夢龍的「三言」堪稱中國中世紀封建社會的百科全書。這一百二十篇故事的題材極為廣闊，幾乎涉及了當時社會上各階層，反映了生活的各個側面，特別是對於城市市民生活，有著更多的精彩的描繪。其中有寫男女愛情的作品；有揭露官僚地主罪惡的作品；有寫訴訟案件的作品；有寫朋友之間友誼的作品；有寫文士風流韻事的作品。[59]

由於「三言」故事的豐富，上至中央權鬥，下至販夫走卒，旁及宗教經濟，生活制度等等，足以反映明代社會的縮影寫照，使之更立體呈現讀者眼前。

筆者看畢「三言」共一百二十回的故事，先後對照不同版本，其中以臺灣三民書局所出版「三言」排印本最適合，除有考證以外，對一些特有名詞皆有註釋，本文就以此版本作為主要研究依據，徐文助校注《喻世明言》，臺北：三民書局，一九九八年；徐文助校訂《警世通言》，臺北：三

---

57 晁中辰：《明代海外貿易研究》（北京：故宮出版社，2010），頁48。

58 同上註，頁49。

59 寧宗一：《「三言」和「二拍」》，收在中華書局編輯部編：《古典小說十講》（北京：中華書局，1999），頁87。

民書局，二〇〇一年；廖吉郎校訂《醒世恆言》，臺北：三民書局，一九九五年。除此以外，也參考了世界書局出版的「珍本宋明話本叢刊」，對某些內容，反覆對證。

本文在引用「三言」原文資料時，由於參考不同的版本，故只列出卷數，不列頁數及註腳參考資料，而在卷目後用括號指明出處。例如《喻世明言》卷一〈蔣興哥重會珍珠衫〉，將會以〈蔣興哥重會珍珠衫〉(《喻》一）表示，往後篇章，再次引用時只寫卷數，不書卷目，如（《喻》一）；引用《警世通言》及《醒世恆言》的內容時，也是同一準則，只列《警》及《醒》，再加卷數，如（《警》一)、(《醒》一)。

列表最能將事情一目了然，本文先將一百二十回的故事內容及主要人物的背景、故事內容列表排出，然後看其突出之處。其他如經濟地區、人物出身、行為活動、宗教思想等，能量化的，都盡量列表表達。

本書歷代紀元，先寫中國歷朝紀元方式，括號內記西元紀元，如洪武元年（1368），用以方便讀者。另外，為方便讀者，引用資料的數字紀錄，複雜的數據大部分以中西式數字並記，尤其是較大額的記錄。由於《十三經》的內容十分普及，故本文在引用《十三經》或先秦文獻正文內容時，由於流行版本普及，故只引章目或卷數，不列出版項，如引用註解或參考後人註釋箋注版本等，則列明作者、出版項、卷目及頁數。若引用網上資料時，會列明瀏覽日期，因部分網站可能已註銷，希讀者留意。部分非常普及的學術網站，則不列瀏覽日期，如《維基文庫》、《中國哲學書電子化計劃》等。

第一章
文獻綜述

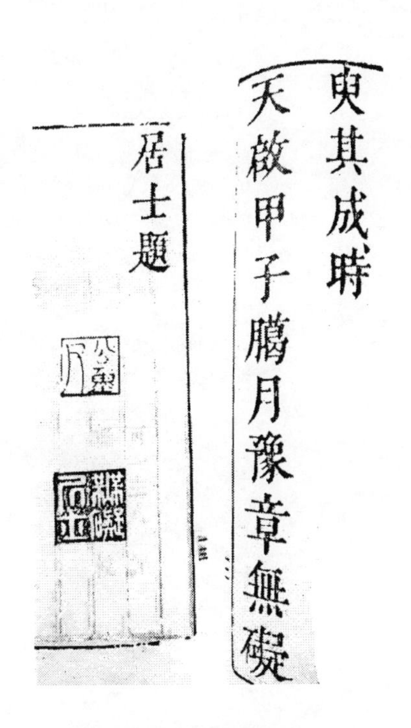
與其成時
天啟甲子臘月豫章無礙
居士題

警世通言無礙居士題辭

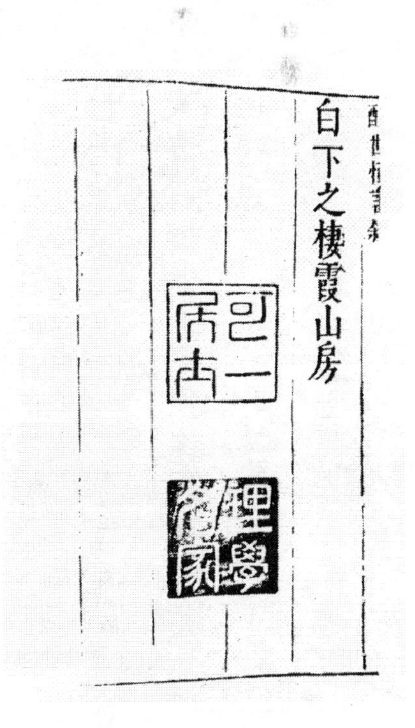
白下之棲霞山房

醒世恆言可一居士序

第一章
文獻綜述

第一節　「三言」的版本

「三言」是研究中國白話短篇小說的重要資料，也是研究明代社會狀況的輔助材料，其在文學及歷史的價值相當之高。「三言」的刊刻時間在天啟年間，但其完整的刻本在國內始終不流行，只流傳著一些卷數不全的殘本。據徐文助說，完整的刻本要到西元一九五七年，由耶魯大學李田意博士到日本攝得「三言」的全本，並交世界書局出版，學界才有機會對「三言」作出更深入的研究。[1]

至於「三言」的次序，根據李氏所攝的日本內閣文庫版本，《喻世明言》原稱《全像古今小說》，即《古今小說》，書前署有「天許齋藏板」，並有「本齋購得古今名人演義一百二十種，先以三分之一為初刻云。」數語[2]。據此，則《古今小說》應是初刻本。葉敬池本《醒世恆言》扉頁有以下的識語：

> 本坊重價購求古今通俗演義一百二十種，初刻為《喻世明言》，二刻為《警世通言》，海內均奉為鄴架珍玩矣。茲三刻為《醒世恆言》，種種典實，事事奇觀，總取木鐸醒世之意，並前刻共成完壁云。[3]

1　徐文助〈引言〉，見馮夢龍：《喻世明言》（臺北：三民書局，1998版），頁1。

2　〔明〕馮夢龍：《古今小說》（臺北：世界書局，珍本宋明話本叢刊本）。

3　〔明〕馮夢龍：《醒世恆言》（臺北：世界書局，珍本宋明話本叢刊本）。

若以兩段識語作比較，出版書肆名稱雖然不同，但據其用語，可推知《古今小說》為初刻，而《警世通言》及《醒世恆言》為續刻本。「三言」名稱的由來，徐文助有如下的考證：

> 在《醒世恆言》之前，《古今小說》的書肆廣告和綠天館主人的序文，以及《警世通言》的書肆廣告和無礙居士的序文，都沒有提到《喻世明言》的名稱，到了葉敬池刊刻《醒世恆言》時，其廣告和可一居士的序文才正式提到《喻世明言》等三言，可見「三言」名稱的起始，也就是「古今小說」改為「喻世明言」，是遲至葉敬池刻《醒世恆言》時才做的。[4]

「三言」之名稱當在葉敬池刊本後出現。至於「三言」的成書先後，據鹽谷溫研究，《喻世明言》（即《古今小說》）先《警世通言》成書，兩書約在天啟元年（1620）至四年（1624）完成；《醒世恆言》則成書於天啟七年（1627）[5]。

第二節　「三言」與話本

胡士瑩認為「話本」的出現，最早可追溯到先秦時期。胡氏說：

> 在上古時代，講說故事和神話，往往是在勞動之餘進行，並非專業性活動。隨著生產力提高和社會生產發展，人民講述的技巧也逐漸豐富。人與自然界的鬥爭，部落聯盟之間的鬥爭，也為故事創作提

4　徐文助〈引言〉，見馮夢龍：《喻世明言》，頁5。

5　鹽谷溫：《明的小說「三言」》見魯迅著、郭豫適導讀：《中國小說史略》（上海：古籍出版社，2001），頁145。

> 供了豐沛的生活源泉。……往往成為在人民中間進行說故事的能手，都被迫成為剝削者取樂的工具。而那些被迫到帝王宮廷去供笑樂的人，當然是其中具有更高才能的人。[6]

先秦時期，因生產力提高，部分民眾可通過「說故事」來養活自己，通常是有殘障的人士，如瞽、聾、侏儒等。唐、宋人稱此技能為「說話」，而宋代稱為「說書」，所據的故事大綱或內容，稱為「話本」。由於「三言」受到宋代「話本」的影響，故此，必須先了解「話本」的來源。據魯迅的解說：

> 宋一代文人之為志怪，既平實而乏文彩，其傳奇，又多托往事而避近聞，擬古而遠不逮，更無獨創之可言矣。然在市井間，則別有藝文興起。即以俚語著書，敘述故事，謂之'平話'，即今所謂'白話小說'者是也。[7]

又說：

> 然用白話作書者，實不始於宋。清光緒中，敦煌千佛洞之藏經始顯露，大抵運入英法，中國亦拾其餘藏京師圖書館；書為宋初所藏，多佛經，而內有俗文體之故事數種，蓋唐末五代人鈔，如《唐太宗入冥記》，《孝子董永傳》，《秋胡小說》則在倫敦博物館，《伍員入吳故事》則在中國某氏……。以意度之，則俗文之興，當由二端，一為娛心，一為勸善？而尤以勸善為大宗……亦尚有俗文《維摩》

6　胡士瑩：《話本小說概論》（北京：商務印書館，2011），頁11。

7　魯迅著、郭豫适導讀：《中國小說史略》（上海：古籍出版社，2001），頁71。

《法華》等經及《釋迦八相成道記》《目連入地獄故事》也。[8]

白話小說的出現，基本上是由唐代變文逐漸發展而成的。由變文而宋代話本，其後再演變成擬話本，即短篇小說。甚麼是「話本」？是指說話人用來做說書的底本，「話」是故事的意思。說話的對象是普羅大眾，用字遣詞以淺易為主，而內容則以趣味為要。中國的古籍中早已有說話人記錄，如《周禮》所記的「瞽」，《史記》所寫的優或侏儒等都有「說話」的技能。魏晉時期，記載了曹植能「誦俳優小說數千言」[9]，而《文心雕龍》亦有「排調」一門，足見說書已廣泛發展。隋唐的「說話」只局限於士大夫之間的交流，尚未普及至平民百姓。[10]

「說話」到宋代時十分流行，很多宋代的典籍和筆記都有這種技藝的記載，如孟元老《東京夢華錄》、徐夢莘《三朝北盟會編》、吳自牧《夢粱錄》及周密《武林舊事》等。說話人的故事原先是口耳相傳，發展至一定時間，內容程節及用字遣辭已相當豐富，有人將之記錄，用於師弟間參考。這個底本就成為「話本」，本非文學創作，只是職業上的需要，但漸漸卻成為了文學作品。

魯迅在其《宋民間之所謂小說及其後來》一文中分析「說話」有三種來源：一是小說為雜戲中之一種，二是由於市人之口述，三是在慶祝及齋會時用之。[11]到明代才有話本的集子出現，經考究最早的集子是〔明〕洪楩輯《清平山堂話本》，現在流行的版本是程毅中校注、〔明〕洪楩輯的《清平山堂話本校注》（北京：中華書局，2012）。洪楩，字子美，錢塘

---

8 魯迅著、郭豫适導讀：《中國小說史略》，頁71。

9 〔晉〕陳壽著，（劉宋）裴松之注，盧弼集解：《三國志．魏書》（臺北：藝文印書館影印本）卷二十一引裴松之注，頁16，總頁538。

10 李悔吾：《中國小說史漫稿》（湖北：教育出版社，2001），頁151。

11 轉引自胡從經：《中國小說史學長編》（香港：中華書局，1999），頁326。

人，約生活於嘉靖、隆慶之間，書香世代。丁申《武林書錄》，對洪楩有簡單的記載：

> 楩，字子美，蔭詹事府主簿，承先世之遺，縹緗積益，餘事校刊，既精且多。迄今流傳者如《路史》，見於《天祿琳琅》，稱其校印頗佳，深於嗜古。《文選》見於《平津館鑒賞記》，田叔禾序稱其得宋本重刊，校讎精緻，逾於他刻，且文雅有足稱者。[12]

現在較流行版本是程毅中校注的《清平山堂話本校注》（北京：中華書局，2012），前三卷、《雨窗集》上下卷（下卷已佚）、《欹枕集》上下卷，實存六卷。內容有文言創作，亦有白話創作，題材非常廣泛，民間傳說、恩怨情仇、俠義神怪都是創作的題材。學者均認為，沒有《清平山堂話本》，就沒有後來的「三言」。程毅中更借助「三言」的內容用辭，去校注《清平山堂話本》。

由「說話」逐漸發展到「話本」的出現，無疑是由聽覺藝術，逐漸變為文學作品。「話本」的涵義應是說話人的故事底本，別稱「話文」。「話本」其後被稱為「小說」，當在刊行給大眾觀賞之後。這亦顯示了原先只供說話人運用的底本，逐漸變成可供大眾閱讀的短篇小說。

宋代話本可分為四家，但眾說紛紜。胡士瑩先生綜合近代學者的研究成果，大致有下列各種的主張：[13]

> 一、王國維《宋元戲曲史》分為：小說、說經、說參請、說史書；

---

12 轉引自〔明〕洪楩輯、程毅中校注：《清平山堂話本校注》（北京：中華書局，2012），頁4。

13 胡士瑩：《宛春雜著》（浙江：文藝出版社，1984），頁29-31。

二、魯迅《中國小說史略》分為：小說、談經（說經、說參）、講史書（說史）、合生；

三、魯迅又據《武林舊事》分為：演史、說經諢經、小說、說諢話；

四、孫楷第《宋朝說話人的家數問題》分為：小說（銀字兒）、說經（說參請、說諢經、彈唱因緣）、講史書、合生（商謎、說諢話）；

五、譚正璧《中國文學進化史》及《文學概論講話》分為：小說、談經、講史書、商謎；

六、譚正璧《中國小說發達史》分為：小說、說鐵騎兒、說經、說參請；

七、趙景深《中國小說論集》及《南宋說話人四家》分為：小說、說經、講史、說諢話；

八、陳汝衡《說書小史》分為：銀字兒、說公案、說經、講史書；

九、嚴敦易《水滸傳的演變》分為：小說、說經、講史書、合生；

十、王古魯《南宋說話人四家的分法》分為：銀字兒（煙粉、靈怪、傳奇、說公案）、說鐵騎兒、說經（說參請）、講史書；

十一、胡士瑩總結各家所說，認為四家的分法應該分為：小說、說鐵騎兒、說經（說參請、說諢經）、講史書。

無論四家之說怎樣眾說紛紜，但說話人所本的故事內容幾無所不包：小說、講經、演史及說鐵騎兒；內容分別是談論古今、煙粉靈怪、公案等事、演說佛書、講歷代書中文傳興廢及戰事等內容。[14]四家內容大致是：

---

14 四家之分，除胡士瑩：《宛春雜著》（浙江：文藝出版社，1984）外，尚可參考譚正璧：《話本與古劇》（上海：古典文學出版社，1957）及寧宗一：《中國小說學通論》，頁373-380，第三章〈宋元說話的四家數〉。

一、小說（即銀字兒）——煙粉、靈怪、傳奇、說公案，皆是朴刀杆棒及發跡變泰之事。

二、說鐵騎兒——士馬金鼓之事。

三、說經——演說佛書；說參請——賓主參禪悟道等事；說諢經。

四、講史書——講說前代書史文傳興廢爭戰事。

張錦池認為胡士瑩的四家內容是「大同小異」，大同是小說、講史、說經三種各占一位；小異是第四位應屬何種內容？意見分歧。有主張合生，或主張合生、商謎，或主張合生、商謎外，加說諢話。或否定以上各說，把公案、說鐵騎另立一門。總之，尚無定論。[15]

歸納上列的敘述及「話本」的內容，可知其出現原因主要有：一、「說話」乃職業一種，「話本」則師弟相傳，甚至以為秘本；二、「說話」流行，文人可以此創作謀生；三、由於「說話」是大眾娛樂之一，有心人想藉此傳播忠孝節義及因果報應思想，用以勸善。

由於「話本」對大眾的影響力逐漸增強，受到文人重視及推廣，令到明代的短篇及長篇白話小說較前代繁榮，齊裕焜在其《明代文學史》有如下的分析[16]：

一、明初高度專制的中央集權，文人的言論和寫作均受到箝制，於是通過傳奇故事抒發內心的牢騷和苦悶。

二、文人多有「以文為戲」的文學觀。創作傳奇小說一是自我消遣，一是為了自我表現。

三、娛人娛己的同時，作品會在文人之間流傳。

---

15 張錦池：《中國古典小說心解》（黑龍江：人民出版社，2000），頁35。

16 轉引自鄧紹基、史鐵良：《明代文學研究》（北京：北京出版社，2001），頁473-474。

胡士瑩《話本小說概論》對「話」、「話本」及「說話」有詳細的考論，指出三者的共通與分別，此處不贅述。世界書局將「三言」列入「珍本宋明話本叢刊」，編者認為「三言」屬話本一類。明顯地，「三言」是短篇小說的結集，亦是宋元話本的延續和發展而成的一種文學體裁。經過文人的潤飾和整理創作而成，它具有話本的特質，但卻流行於各階層，反映了當時市民的生活。在文學史上，稱這種體裁為「擬話本」[17]或「話本小說」。[18]浦江清說：

> 沒有宋元話本，就沒有後來明代的擬話本小說、長篇的章回小說；沒有這些無名氏文人，就不可能產生施耐庵、羅貫中這樣偉大的小說家。宋元話本的重要地位即在於此。[19]

《清平山堂話本》的作品，不少影響擬話本的內容，此話本集的源流，據程毅中解說：

> 《清平山堂話本》原名《六家小說》，是明代嘉靖年間洪楩清平山堂編印的。據晚明祁承㸁《澹生堂藏書目》卷七小說家記異門著錄，分別題名為《雨窗集》、《長燈集》、《隨航集》、《欹枕集》、《解閑集》，每集十卷，共六十卷。清人顧修《彙刻書目初編》著錄相同。從六集各具書名看來，稱為「六家小說」是比較合理。但田汝成《西湖遊覽志》（嘉惠堂本）卷二湖心亭條引作《六十家小說》，

17 李悔吾：《中國小說漫稿》（湖北：教育出版社，2001），頁169。

18 寧宗一：《中國小說學通論》（安徽：教育出版社，1995），頁407。

19 〔明〕洪楩輯、程毅中校注：《清平山堂話本校注》（北京：中華書局，2012），頁1〈前言〉。

《趙定宇書目》著錄亦作《六十家小說》。[20]

即《清平山堂話本》有《六家小說》及《六十家小說》之稱，實同一作品。

「三言」部分故事是來自《清平山堂話本》，例如《清平山堂話本》卷三〈五戒禪師私紅蓮記〉，演成《喻世明言》卷二十九〈月明和尚度柳翠〉及卷三十〈明悟禪師趕五戒〉；卷三〈刎頸鴛鴦會〉，演成《警世通言》卷三十八〈蔣淑真刎頸鴛鴦會〉；又如《欹枕集上》〈羊角哀死戰荊軻〉，演成《喻世明言》卷七〈羊角哀捨命全交〉等。

由話本發展至話本小說，寧宗一將之分為三個階段[21]：

一、說話藝術是話本小說形成的源頭，話本小說的全部藝術特徵，可以追溯到這裡，包括藝人的表演的和場上的氣氛；

二、早期話本階段，是說書人的底本，經過一定的整理而出版身兼底本及閱讀兩種功能，稱「小說話本」；

三、「話本小說」出現。

「話本」每篇多以「話說」、「卻說」、「話分兩頭」等作始，流行於宋代。「話本」還有「入話」的特質，是指說書的人當聽眾未齊全時，以引子作開場，一般是故事，或者是詩詞。

「三言」受到宋代「話本」的影響，帶有話本的特質，如《喻世明言》第一卷〈蔣興哥重會珍珠衫〉即以〈西江月〉一詞作始：

仕至千鍾非貴，年過七十常稀。浮名身後有誰知？萬事空花遊戲。
休逞少年狂蕩，莫貪花酒便宜。脫離煩惱是和非，隨分安閒得意。

---

20 〔明〕洪楩輯、程毅中校注：《清平山堂話本校注》，頁2〈前言〉。

21 寧宗一：《中國小說學通論》，頁407。

又如《警世通言》第一卷〈俞伯牙摔琴謝知音〉先引絕詩一首：

> 浪說曾分鮑叔金，誰人辨得伯牙琴？於今交道奸如鬼，湖海空懸一片心。

繼而說出管仲與鮑叔牙的友誼作入話，才轉入正題說出俞伯牙與鍾子期，並以「話說春秋戰國時，有一名公，姓俞名瑞，字伯牙……」作始[22]。又如《醒世恆言》第一卷〈兩縣令競義婚孤女〉同樣是以絕詩作引子：

> 風水人間不可無，也須陰騭兩相扶。時人不解蒼天意，枉使身心著意圖。

亦是以「話說近代浙江衢州府，有一人……」[23]作為故事開始的首句。據上述三例來看，「三言」與宋代「話本」的體例是一致的。

「話本小說」流行於明代，主要是明代的城市經濟已發展一定的繁榮地步，說書藝術仍保持著強勢；加上明代中晚期社會思潮產生了變革，一群思想較激進的文人提出反傳統的論調，鼓勵發展通俗文藝，如李贄、馮夢龍等，皆親自整理舊籍，提出新觀念。明代印刷業繁榮，亦是「話本小說」流行原因之一。

第三節　古代文獻

「三言」故事涉及明代多方面的情況，本書盡可能採用明代的文獻紀錄、筆記小說互相印證，以說明明代小說內容與實況的差距。當中出現一

22 〔明〕馮夢龍《警世通言》（臺北：三民書局，2001），卷1，頁1。

23 〔明〕馮夢龍《醒世恆言》（臺北：三民書局，1995），卷1，頁1。

大問題，就是「小說內容較真確，還是當代紀錄較真確」的問題。所以本書又搜集明代有關的個案印證，例如〈施潤澤灘闕遇友〉(《醒》十八）記載盛澤鎮的繁榮是「這蘇州府吳江縣離城七十里，有個鄉鎮，地名盛澤。鎮上居民稠廣，土俗淳樸，俱以蠶桑為業。男女勤謹，絡緯機杼之聲，通宵徹夜。那市上兩岸綢絲牙行，約有千百餘家，遠近村坊織成綢疋，俱到此上市。」據黃仁宇研究結果，盛澤鎮不可能出現過千的牙行，以五、六十所牙行較合理。

又如明代律法，不笞女童，但〈赫大卿遺恨鴛鴦縧〉(《醒十五》）載：「喝叫皂隸將空照、靜真各責五十，東房女童各責三十，兩個香公各打二十，都打的皮開肉綻，鮮血淋漓。打罷，知縣舉筆定罪。……東房二女童，減等，杖八十，官賣。兩個香公，知情不舉，俱問杖罪」。這明顯與律法不協調，但在甚多小說中都記載了主審官員隨便向疑犯用刑的事例，相信這可能在明代社會是普遍發生的事情。

有關明代社會狀態，本書採摭大量一手原始資料作引證，常引用的包括〔清〕張廷玉等《明史》(中華書局排印本)、〔明〕申時行等修《明會典》(萬曆朝重修本，北京：中華書局，2007)、〔明〕陳子龍編《皇明經世文編》(中華書局影印明刊本)、〔清〕谷應泰《明史紀事本末》(臺北：三民書局，1962)、黃彰健校《明實錄》(臺北：中央研究院史語所校印明抄本)、懷效鋒點校《大明律》(遼寧：遼瀋書社，1990)、〔清〕夏燮《明通鑑》(臺北：宏業出版社，1977)、〔明〕顧炎武《天下郡國利病書》(臺北：臺灣商務印書館，四部叢刊本重印上海涵芬樓影印崑山圖書館本)、《日知錄集釋》、〔明〕畢自嚴《度支奏議》(臺灣中央研究院藏明版本)、〔清〕龍文彬《明會要》(臺北：世界書局，1963）及明清筆記小說（等等，不細敘，可參考「參考書目」。有關中國傳統文化的傳承變化，更參考了《十三經》及先秦至清代多位思想家的著作。

至於有關宗教思想方面，本書除選取中國思想家的著作，如莊子、墨子、管子等外，更博引不同的宗教著作，如《太平經》有楊寄林譯注：《太平經今注今譯》(河北：人民出版社，2002)、《抱朴子》有王明：《抱朴子內篇校釋》增訂本，(北京：中華書局，2002）及李中華註譯：《新譯抱朴子》(臺北：三民書局，2018）及佛教、道教著名經典，如《楞嚴經》、《四十二章經》、《太上感應篇》等等。網上已流傳整套《大藏經》及《道藏》全文，如：

《漢文大藏經》，網址：https://deerpark.app/
《大正大藏經》，網址：https://cbetaonline.dila.edu.tw/zh/
《道藏經》(如《正統道藏》，網址：www.taolibrary.com/category95.aspx
《道教學術資訊網站》，網址：www.ctcwri.idv.tw/CTCW-MTS/CMTS000.htm）

上列網址，給了筆者很大方便檢索有關資料。引用古代文獻時，筆者會參考不同版本的記載，如《史記》，本文曾引用中華書局排印本及日人瀧川資言的《史記會注考證》;《日知錄》則參考清版本及流行排印本；《天下郡國利病書》則採用上海涵芬樓的版本及網上版本；《抱朴子》則採用三民書局的《新譯抱朴子》、王明《抱朴子內篇校釋》及〔明〕正統《道藏》收錄的《抱朴子》;《太平經》則較特別，原書一百七十卷，〔明〕正統《道藏》所錄只存五十七卷，近人王明根據《道藏殘本》及《太平經鈔》，輯成《太平經合校》(北京：中華書局，1960）出版。本文盡可能參考不同的版本，除參考以上文獻外，亦引用網上資料佐證。筆者引用的資料及不同的版本，也盡量錄在註釋中，希望有助於讀者理解資料來源，對有興趣研究者，有所幫助。

其次，本書盡可能參考明清兩代有關明代社會的筆記小說，多達數十種之多，其中常引用的包括《穀山筆麈》、《廣志繹》、《寓圃雜記》、《萬曆野獲編》、《宛署雜記》、《三垣筆記》、《典故紀聞》、《四友齋叢說》、《春明夢餘錄》、《幽夢影》、《五雜俎》、《松窗夢語》、《治世餘聞》、《繼世紀聞》、《菽園雜記》、《雙槐歲鈔》、《七修類稿》等等著作，讀者可參考書末「參考書目」。

第四節　近人學術研究成果

近代學者透過白話小說去研究當世社會者，著名的有余嘉錫討論《水滸傳》人物的〈宋江三十六人考實〉[24]，錢杏村（筆名阿英）〈《西湖二集》所反映的明代社會〉[25]、黃仁宇〈從「三言」看晚明商人〉[26]、胡士瑩〈論宋代話本小說的現實主義〉[27]、龐德新《從話本及擬話本所見之宋代兩京市民生活》[28]及李文治〈《水滸傳》與晚明社會〉[29]等。

錢杏村透過《西湖二集》的內容，說出明末社會的政治腐敗，官吏貪污，民不聊生，明確指出崇禎時期已達至無可挽救的地步。《西湖二集》作者周清原借南宋史實，洪武盛世，以嘻笑怒罵的筆法攻擊當時政治現實。黃仁宇利用「三言」的內容述說十六、十七世紀的社會狀況及經濟情形，與史料互參，發覺「三言」所提供商人生活及商業組織之情況大都確切，可補史料的不足。龐德新直接引用「三言」所載，參之正史及宋代筆

24 余嘉錫：《余嘉錫論學集著》，〈宋江三十六人考實〉（臺北：河洛圖書出版社，1976），頁325-417。

25 收在阿英：《說小說》（上海：古籍出版社，2000），頁1-13。

26 收在黃仁宇：《放寬歷史的視界》（臺北：允晨文化實業公司，2001），頁8-39。

27 收在胡士瑩：《宛春雜著》（浙江：文藝出版社，1984），頁59-92。

28 龐德新：《從話本及擬本所見宋代兩京市民生活》（香港：龍門書店，1974）。

29 李文治：〈《水滸傳》與晚明社會〉，收在《李文治集》（北京：中國社會科學出版社，2000），頁367-374。

記記錄，說明宋代市民生活的真實情況。李文治以北宋末年的官僚與社會狀況，反映出晚明同樣出現北宋末年的狀況，表示出晚明的朝政失敗，貪污舞弊，籠罩整個政府，層層疊疊的貪污，是明代由盛轉衰的標誌。

研究「三言」故事的源流，有譚正璧的《話本與古劇》（1956初版）一書，考究宋元話本的存佚問題，並對「三言」的本事源流作一探討及追尋。孫楷第先有〈三言兩拍源流考〉（載於《北平圖書館館刊》，5卷2號，1931），其後寫成《小說旁證》（成稿於1935，其後經作者增補修訂，於2000年再版），其書搜羅自六朝至清代的「雜書小記傳奇記異之編」，參照互證「三言」的故事本源。趙景深先後著有〈喻世明言的來源和影響〉、〈警世通言的來源和影響〉及〈醒世恆言的來源和影響〉三文收在趙著《中國小說叢考》[30]。

一九五九年，譚正璧完成《三言兩拍資料》（原書於1963年打成紙型而未遑印刷，1980年由中華書局出版），「三言」各書已錄有四十卷之數。二○一二年由上海古籍出版社重新排印出版，易名《三言兩拍源流考》。其內容所輯資料，包括本事來源、本事影響及有關該篇的引述、介紹、評論或考證等，依年代先後排列，是研究「三言」的巨製。

胡士瑩《話本小說概論》共十八章，由先秦「說話」開始介紹及討論，一直說清代的「說書」、「擬話本」及「章回小說」。其中第十二章及第十四章，專討論「三言兩拍」題材、思想、藝術成就等[31]。

至於對作者馮夢龍的研究，早期有容肇祖先生的〈〔明〕馮夢龍的生平及其著述〉及〈續考〉兩篇[32]；後期有繆咏禾《馮夢龍和三言》[33]、聶付

---

30 趙景深：《中國小說叢考》（山東：齊魯書社，1980）。

31 胡士瑩：《話本小說概論》（北京：中華書局，1980；北京：商務印書館，2011年重新排印再版）。

32 此兩篇論文原載於《嶺南學報》卷2，第1期及第3期，1931及1932年。

33 繆咏禾：《馮夢龍和三言》（臺北：萬卷樓圖書公司，1993）。

生《馮夢龍研究》[34]、龔篤清《馮夢龍新論》[35]及陸樹侖《馮夢龍研究》[36]。繆書對馮夢龍生平的考究並不深入，反而對「三言」內容所表達的思想有較詳細的闡述。聶書分上下兩篇，上篇論馮夢龍，內容及於其社會環境、人生經歷思想、成就等；下篇則討論馮氏的作品，除「三言」外，更有論及其他作品，如《新列國志》、《雙雄記》和《萬事足》等。龔書是由十七篇有關馮夢龍生平，作品等所組成，內容較廣闊。至於譚正壁《三言兩拍資料》（上海：古籍出版社，1980年），更是研究「三言」必備的參考書籍。史學家謝國楨所選編《明代社會經濟史料選編》（福州：人民出版社，1980年初版，2004年由牛建強校勘再版）對本文的撰寫有很大的幫助。其他有關明代社會史的書籍甚多，不一一枚舉。

有關研究明清小說的專著，有汪玢玲及陶路[37]的《俚韻驚塵──「三言」與民俗文化》將大部分「三言」的故事作出評點，有獨到之處。熊秉真、余安邦編：《情欲明清──遂欲編》（臺北：麥田出版社，2004），本書採集不同作者的論文組成，如黃克武〈不褻不笑：明清諧謔世界中的身體與情欲〉、熊秉真〈閨情婉約：明清仕女天地中的母與女〉、高桂惠〈未盡之事：明清小說「續書」的赤子情懷〉等，部分論文的見解與筆者頗接近。情欲是與生俱來，但受到社會道德及律法的要求，抑壓著內心的情緒，一旦破滅了底線，正面來說是情欲的解放；負面來說，是性欲的沉淪。本書有專章討論。

研究「三言二拍」的碩博論文及期刊均不少，本書曾引用或參考的專著、論文，如王鴻泰《「三言兩拍」的精神史研究》（臺北：臺灣大學文史叢刊，1994年）、郭靜薇《三言獄訟故事研究》（新北：輔仁大學碩士論

34 聶付生：《馮夢龍研究》（上海：學林出版社，2002）。
35 龔篤清：《馮夢龍新論》（湖南：人民出版社，2002）。
36 陸樹侖《馮夢龍研究》（上海：復旦大學，1987）。
37 汪玢玲、陶路：《俚韻驚塵──「三言」與民俗文化》（黑龍江：人民出版社，2003年）。

文，1990年）、柳之青《三言人物研究》（臺灣師範大學碩士論文，1991年）等。研究小說史的學者，多有「三言」的論文，如孫遜《明清小說論稿》（上海：古籍出版社，1986年），白海珍、汪帆《文化精神與小說觀念——中西小說觀念的比較》（河北：人民出版社，1989年）、苟波《「三言二拍」中的仙蹤道影》（網上論文）等。其他不少曾參考的論文期刊，若沒有運用，則不列出，避免掠美。

至於「三言」的版本及卷數，徐文助及廖吉郎考證頗詳盡[38]。自「三言」足本出版後，學者的研究才能更深入，更全面。

第五節　「三言」內容分類

「三言」的故事內容可說是包羅萬有，要認識清楚其內容，可先作分類。依《喻世明言》四十卷的內容約可分為十五類、《警世通言》可分為十四類、《醒世恆言》可分為十二類。當然，部分故事可同時屬不同類別，本分類是以故事內容側重點為分類考量，一卷之內容，分入兩類以上：

表一　《喻世明言》故事內容分類

類別	卷數
1. 善惡相報	1、20、22、32、34
2. 艷遇私情	4、23、27、35、38
3. 富貴遭遇	5、6、11、15、39
4. 義氣知己	7、8、16、19、25
5. 奇人異士	9、12、14、33、36
6. 輪迴報應	29、30、37

38 三文見於臺北三民書局出版「三言」首章。

類別	卷數
7. 神鬼相鬥	13、24
8. 發跡變泰	21
9. 色債殞身	2
10.妓女從良	17
11.玩物喪志	26
12.浪子回頭	3
13.否極泰來	18
14.忠孝節義	10、28、40
15.古事今判	31

資料來源：徐文助《喻世明言‧引言》，頁8-9，次序經筆者修改。

表二　《警世通言》故事內容分類

類別	卷數
1. 知音難求	1
2. 覺悟真理	2
3. 文士鬥智	3、9
4. 善惡相報	4、5、12、18、25
5. 際遇奇逢	6、24
6. 神仙怪異	7、8、10、14、16、19、20、27、28、30、36、39、40
7. 冤仇得雪	11、13、15、37
8. 否極泰來	17
9. 忠義氣節	21
10.姻緣諧合	22、23、26、29

類別	卷數
12.名妓愛情	24、31、32
13.好淫致禍	33、35、38
14.遭棄殉愛	34

表三　《醒世恆言》故事內容分類

類別	卷數
1. 姻緣諧合	1、3、7、8、9、11、14、19、21、25、28、32
2. 忠孝節義	2、10、35
3. 神仙狐鬼	4、6、22、26、31、38、40
4. 善惡相報	5、18、30
5. 覺悟大道	12、37
6. 佛廟姦邪	13、39
7. 好淫致禍	15、23、24
8. 因姦毀家	16
9. 改過遷善	17
10.冤仇得雪	20、27、29、36
11.戲言冤死	33
12.因財喪命	34

根據「三言」故事的內容及結局，又可歸納為五大類：

一、男子戒淫，女子重貞節，雖然有逆境，最終結果美滿；

二、善有善報，惡有惡報的因果關係，惡人一時得逞，最後是失敗收場；

三、堅守中國傳統道德標準，忠信孝義等，不貪財、持正義，作為表揚對象，其人必有善果；

四、神仙精怪故事，多是邪不能勝正，另外，故事發展往往是巧合加上彷彿冥冥中有主宰或命運。

五、奇情故事，內容曲折吸引，娛樂性較強。

從上列分類來看，「三言」的內容所涉甚廣，幾乎遍及社會各階層，其中更有神仙佛道的故事。三本小說俱有其偏重的內容，《喻世明言》關於善惡相報的有六卷，艷遇私情、富貴奇遇及義氣知己各四卷。《警世通言》有關神仙怪異竟有十三卷之多占總卷數百分之四十以上，明顯地通過鬼神之說去抑惡揚善。《醒世恆言》有關婚姻諧合的故事占十二卷，占總卷數百分之四十，由此可知，本書的主要內容是偏重姻緣離合。總結來說，「三言」的故事大都傾向勸善，有傳統道德的宣揚效應。

第二章

「三言」所反映的明代經濟

〈施潤澤灘闕遇友〉

〈徐老僕義憤成家〉

第二章
「三言」所反映的明代經濟

第一節　儒、商身分的互動

中國傳統上對商人帶著歧視，甚至賤視。歷代均有制度限制商人的活動，避免財富過分聚積，影響統治。然而，先秦時期對商人歧視並沒有後世那麼嚴重，甚至可說是重視。西周末年，商人地位已逐漸提高，幽王時，庶人富有，已可接受封爵。鄭桓公察知周代將滅，與商人訂盟，建立鄭國。據《史記》所載，曾協助治國，由商人晉身貴族者，比比皆是，如管仲、范蠡、呂不韋等。部分故事更是膾炙人口，如鄭商人弦高一方面以四張熟牛皮、十二頭牛犒賞意圖侵略的秦國軍隊，一方面通知鄭國政府防備，令到秦軍無功而還等[1]。管仲治齊，更以商業為強國根本，《管子．輕重乙》載：

> 為諸侯之商賈立客舍，一乘者有食，三乘者有芻菽，五乘者有伍養，天下之商賈歸齊若流水[2]。

春秋戰國時期，由於戰爭的需要，商賈的地位受到重視，甚至影響王權繼承，如呂不韋之於嬴政。抑商政策最早出現秦國的商鞅，商鞅只重視外事，即戰爭；內事，即農業。至秦統一天下，更欲「上農除末，黔首是

1　李宗侗：《春秋左傳今註今譯》（臺北：臺灣商務印書館，1976），僖公三十三年，頁405。

2　〔唐〕房玄齡注、〔明〕劉績補注：《管子》（上海：古籍出版社，2015），卷二十四，〈輕重乙〉，頁463。

富」。為了實踐此政策始皇定立兩項措施，一是「徙天下豪富於咸陽十二萬戶」[3]；二是「發諸尚逋亡人、贅婿、賈人略取陸梁地，為桂林、象郡、南海，以適遣戍」[4]。

將商賈的地位等同於逃犯，列入賤類。自是以後，中國社會逐漸形成士、商對立的情形。士人多不願與商人為伍，而商人入仕更是困難重重。

明代商人的身分有一定的標準根據，據《明會典》卷十九載洪武十八年（1386）：

> 各處民，凡成丁者務各守本業。出入鄰里，必欲互知。其有游民及稱商賈，雖有引，若錢不盈萬文，鈔不及十貫，俱送所在官司遷發化外。[5]

很明顯，明初亦是推行抑商政策，主要是經元末混戰，國家需要休養生息。所謂「商引」是政府發給商人的憑證，載明貨物詳情，無商引者當目為游民。至於稅率，明建國前徵收的「官店錢」是十五稅一，建國後則為二十稅一，不久又放寬至三十稅一。課稅一般是按實物抽稅，縣有稅課局，由京師課稅局管理。

據「三言」的記載，商人的身分，有出自繼承祖業，如〈李秀卿義結黃貞女〉（《喻》二十八）中的李秀卿及黃善聰、〈楊八老越國奇逢〉（《喻》十八）的楊八老、〈范巨卿雞黍生死交〉（《喻》十六）的范巨卿、〈蔣興哥重會珍珠衫〉（《喻》一）等等都是祖上經商。亦有農民，轉賣土

---

3 〔漢〕司馬遷著、〔日〕瀧川資言考證：《史記會注考證》（臺北：中新書局，1977）卷六，〈秦始皇本紀〉，總頁112。

4 〔漢〕司馬遷著、〔日〕瀧川資言考證：《史記會注考證》卷六，〈秦始皇本紀〉，總頁116。

5 〔明〕申時行等修：《明會典》（萬曆重修本，北京：中華書局，2007），頁129。

地，從事商業，如〈桂員外途窮懺悔〉(《警》二十五)的桂富五、〈徐老僕義憤成家〉(《醒》三十五)的徐老僕等。

雖然明政府有意抑商，但明代海外貿易空前繁盛，商人因此而致富者，屢見於史籍。顧炎武《天下郡國利病書》解釋明代蘇州傾向經商的原因是「農事之獲，利倍而勞最，愚懦之民為之。工之獲，利二而勞多，雕巧之民為之。商賈之獲，利三而勞輕，心計之民為之。販鹽之獲利五而無勞，豪猾之民為之」[6]。如此，則經商致富，成為明代平民普遍認同的途徑。《徐老僕義憤成家》(《醒》三十五)的阿寄取得資本後，第一件事就是想到用資金經商；除卻經商，難以致富。

明代商人仍屢受官吏的欺凌，據《明清徽商資料選編》記載商人受欺的事情，茲舉數則事例以證明。萬曆期間，大賈程思山挾輜重到洛陽，資財竟被寧王所侵吞。有朱承甫父子往淮楚一帶販鹽，卻被中涓銜命辜榷所魚肉[7]。從上述資料可知，明代商人仍隨時受到官吏的榨取，可是，商人一旦為官，其地位亦被接受。〔漢〕桑弘羊推出入粟補官的政策，商人可捐資補官，此例於明清兩代極為普遍，亦成為商人避免剝削的途徑之一。

士、商地位似乎是對立，可是在明代，出現了一特別情況，尤其是中晚明時期，兩者身分互動。余英時在其〈士商互動與儒學轉向〉一文指出明代人口增加，科舉名額卻未相應地增加，形成入仕的機會下降[8]。因此，十六世紀已有「士而成功也十之一，賈而成功也十之九」[9]的論調。據余英時的研究在正德十年至十五年（1515-1520）間，蘇州地區的生員名額及

6　〔明〕顧炎武：《天下郡國利病書》(臺北：臺灣商務印書館，四部叢刊本，重印上海涵芬樓影印崑山圖書館本)，〈蘇州府〉。又見網址：(中國哲學書電子化計劃)〈https://ctext.org/wiki.pl?if=gb&res=478756〉，瀏覽日期：2019年10月1日。

7　轉引自田兆元、田亮：《商賈史》(上海：文藝出版社，1997)，頁71。

8　見余英時：《現代儒學的回顧與展望》(北京：生活・讀書・新知三聯書店，2004)，頁187-252。

9　《豐南志》第五冊《百歲翁狀》，轉引自余英時：《現代儒學的回顧與展望》，頁190。

貢、舉兩途三年總數之間的比例是一千五百名生員中，只有五十人成為貢生或舉人[10]。如此，則士人入仕的機會率是三十分之一，可謂微乎其微；這亦可解釋到馮夢龍及其摯友董遐周[11]屢試不第的原因。由於這個主因，亦為了謀生，「棄儒就商」蔚然成為風氣。「三言」之中，不少主角是商人，亦不無道理，如〈蔣興哥重會珍珠衫〉（《喻》一）的蔣興哥、陳大郎，〈李秀卿義結黃貞女〉（《喻》二十八）的李秀卿、黃善聰，〈劉小官雌雄兄弟〉（《醒》十）的劉方、劉奇，〈施潤澤灘闕遇友〉（《醒》十八）的施潤澤等。

在〈范巨卿雞黍生死交〉（《喻》十六）（以東漢為背景，然事例是明朝）說范式世本商賈，最近放棄經商，到洛陽應舉。〈旌陽宮鐵樹鎮妖〉（《警》四十）載慎郎乃金陵人氏，自幼通經典，但功名之途淹滯，轉身成為南北奔走的商客。又〈楊八老越國奇逢〉（事例為明代倭寇入侵時期）載楊八老因功名不就，然後廢學從商，重理祖業。即儒、商的地位更換，當事人亦不引以為憾。棄商而就舉業，自古有之，然廢舉業而從商，在中晚明應是普遍的事情。據晚明另一小說，〔明〕陸人龍《型世言》[12]亦反映了這種現象，如該書二十三回載：

> 一個秀才與貢生何等煩難？不料銀子作禍，一竅不通，才丟去鋤頭匾挑，有了一百三十兩，便衣冠拜客，就是生員；身子還在那廂經

---

10 余英時：《現代儒學的回顧與展望》，頁191。

11 董遐周，字然明，浙江烏程人。出身官宦之家，書香世代。祖父董份，官至禮部尚書。父董道醇，萬曆進士。其人落落寡合，生計最拙。

12 據余英時解釋，《型世言》是明人陸人龍編著，約刊於崇禎辛未（1631）年前後。韓國漢城大學奎章閣藏有孤本，一九九二年由臺灣中央研究院影印出版。陸人龍，字君翼，浙江錢塘人，生卒年不詳，除《型世言》外，又著有《新鐫出像通俗演義遼海丹忠錄》八卷四十回。為明末出版家陸雲龍之弟，雲龍字雨侯，號崢霄館主人、翠娛閣主人。

商，有了六百，門前便高釘貢員匾額，扯上兩面大旗。[13]

上述所引內容反映了士人與商人的身分已變得模糊，儒生會轉而經商；同時，商人卻可利用財富進入士人之列出仕。余英時先生更找出例證證明十六世紀的商人子弟有從「附學生員」到「歲貢」入國子監的入仕之途[14]。又如《徐老僕義憤成家》（《醒》三十五）載徐老僕阿寄販賣漆料及秈米，卒令徐家致富，當廣置田地之後，即為徐氏兄弟納個監生且可優免若干田役。從上述的例子可知道明代在士、商之間確實起了變化。總結余英時的論文，可歸納幾點：

一、明中葉以後，商人可入仕。士商合流，商人社會地位亦有所改變，例如唐寅便是出身商人世家；

二、士人與商人交往，甚至成為深交，已被社會接受，但商人對官吏的專制橫行多採敬而遠之的態度；

三、士人替商人寫墓誌銘，諛墓取酬，風氣普遍；

四、商業昌盛，令商人寧守末業，不願進仕途，連皇族、官吏亦爭相營商；

五、商人精神生活，逐漸士大夫化；

六、社會思想產生改變，有義、利之辨，並認為「奢侈」不為過，儒家思想有宗教化的傾向。

余英時所列的狀況，可從「三言」內的故事印證。〈李秀卿義結黃貞女〉（《喻》二十八）記黃善聰女扮男裝與李秀卿結為兄弟，且共同經商。

---

13 〔明〕陸人龍：《型世言》（臺北：中央研究院影印韓國漢城大學奎章閣藏有孤本，2004年初，二刷），頁1027。

14 余英時：《現代儒學的回顧與展望》，頁195-196。

李得悉實況後，向黃善聰提親，卻被拒絕。此事逐漸驚動地方官吏，甚至朝中李太監也參與其中。最後李太監認李秀卿為義子，向黃女提親，卒成好事。此故事無疑反映了明代對商人的歧視已減低，李秀卿為太監義子後，更受到其他官員尊重。當然，可以說眾官是害怕李太監的勢力，但無可否認，即使為商人，一旦與官宦扯上關係，亦有其社會地位。

在余英時另一本著作《中國近世宗教倫理與商人精神》引清代沈垚〈費席山先生七十雙壽序〉中分析宋以來的商人社會功能，有以下的分析[15]：

> 一、宋以後的士多出於商人家庭，以致士與商的界線已不能清楚地劃分。
>
> 二、由於商業在中國社會上的比重日益增加，有才智的人便漸漸被商界吸引了過去。又由於商人擁有財富，許多有關社會公益的事業也逐步從士大夫的手中轉移到商人的身上。

余英時並認為發展至明、清之際，士人產生寧可「與其不治生產而乞不義之財，毋寧求田問舍而卻非禮之饋」[16] 的思維模式。這正好反映出明代商業繁榮，士人願意棄舉業而樂經商的情況。

然而，商人或富人在某一程度下，仍然受到官員的欺壓。在〈陸五漢硬留合色鞋〉（《醒》十六）的張藎及〈盧太學詩酒傲公侯〉（《醒》二十九）的盧柟，二人都是擁有巨富的讀書人。張藎祖上是大富之家，雖然曾上學，但父母雙亡後，就過著浮浪的生活，終日流連風月場中。盧柟更是監生，屢試不第，藉祖上貲資，成為地方豪富。盧所結交的都是官宦中人，甚至知縣汪岑也極力攀附。

---

15 余英時：《中國近世宗教倫理與商人精神》（臺北：聯經出版事業公司，2008），頁98。

16 〔清〕錢大昕：《十駕齋養新錄》（臺北：世界書局，1977）卷十八，〈治生〉，頁437。

可是，從另一角度看，官吏枉法，仍可令富人敗家。就如盧柟因幾次屈辱汪岑，最後汪岑竟可構機誣陷盧柟。盧柟雖得陸祖光洗脫罪名，但家道已中落，無復前觀。另一個故事更反映出商人不欲與官吏為敵，〈蘇知縣羅衫再合〉（《警》十一）的蘇知縣被拋下江中，死裡逃生，遇見徽商陶公。當蘇知縣說出他是乘坐山東王尚書的船而出事時，陶公即支吾以對，不欲參與其事。最後，蘇知縣只得要求一教席，維持生計，至於尋求昭雪冤屈，更無可問津。從上述兩個故事仍可知道商人地位雖然提高，但始終不欲與官吏對抗，招致不必要的煩惱。這當然是法制內的事情，官權過大影響所致。

明朝大臣，亦多有以官員聲望，涉商漁利，如十六世紀末宣大山西總督王崇古之弟及翰林學士張四維之父，均為大鹽商。[17]至於士人從商，或多或少帶著儒家色彩，仍然流露出儒家的價值觀，這亦是後世令人有點嚮往的「儒商」精神。

明清之際，士人與商人出現了微妙的關係。首先是商幫的出現，王士性《廣志繹》記載：

> 天下馬頭，物所出所聚處。蘇、杭之幣，淮陰之糧，維揚之鹽，臨清、濟寧之貨，徐州之車羸，京師城隍，燈市之骨董，無錫之米，建陽之書，浮梁之瓷，寧、臺之鮝，香山之番舶，廣陵之姬，溫州之漆器。[18]

所謂「馬頭」，就是各地出產著名貨品集中在某處出售，形成一種勢力。漸漸成為商幫，這些商幫，在明中晚期已廣為人知，范金民認為商幫是地

---

17 黃仁宇：《放寬歷史的視界》，頁15。

18 〔明〕王士性：《廣志繹》（北京：中華書局，1997），頁5。

域商人集團，但只是一個相對概念，地域範圍大小不拘，因經營地域遠近，人數多少，勢力大小，行業特色而定，域中有幫，業中有幫，幫中有幫。[19]范氏對這些商幫有一清晰的介紹：

> 不少商幫在明代中後期已廣為人知，很有名氣了。成化年間（1465-1487），刑部主事蘇州人周瑄說，洞庭西山人到外地經商的很多，不到楚南，即到冀北，蹤跡天下，常常有十年不歸省。正德（1506-1521）時，大學士李東陽說，洞庭人「散而商于四方，蹤跡所至，殆遍天下。」天啟（1621-1627）時，小說家馮夢龍的《醒世恆言》卷七〈錢秀才錯占鳳凰儔〉中載：「話說兩山之人，善於貨殖，八方四路，去為商為賈，所以江湖上有個口號，叫做『鑽天洞庭』。」嘉靖（1522-1566）時古文大家崑山人歸有光說，天下都會所在，連屋列肆，乘堅策肥，被綺縠，擁趙女，鳴琴跕屣，大多是新安商。萬曆《歙志》卷三形容當時徽商的活躍程度稱，「九州四海，盡皆歙客」。萬曆（1573-1620）時，浙江龍游縣，「賈挾資以出，守為恆業，即秦、晉、滇、蜀，萬里視若比舍，……『遍地龍遊』。」[20]

范氏將晚明約一百五十五年的商幫發展，作了簡介，成化至天啟年間的洞庭西山商人影響幾遍天下。晚明的徽商，浙江的龍游縣商人等，具一定的商業影響力。商人的地位日漸提高，文人名高，商人金多，互相擁戴，亦漸成風氣。明清兩代不少名士大家，為商人寫過不少諂諛文章，也不必迴避。

---

19 范金民：〈商業文化與明清地方文化〉，收在鄭培凱主編：《明代政治與文化變遷》（香港：城市大學出版社，2006），頁64。

20 范金民：〈商業文化與明清地方文化〉，收在鄭培凱主編：《明代政治與文化變遷》，頁65-66。

第二節　主要貿易地區——南方經濟的發展

一　經濟活躍區

「三言」的故事很多是與商人有關，而商人的貿易地區多在南方。明人對此亦有記錄，《廣志繹》載：

> 浙西繁華，人性纖巧，雅文物，喜飾鞶帨，多巨室大豪，若家僮千百者，鮮衣怒馬，非市井小民之利矣。浙東俗敦樸，人性儉嗇椎魯，尚古淳風，重節概，鮮富商大賈。……杭州省會，百貨所聚，其餘各郡邑所出，則湖之絲，嘉之絹，紹之茶，寧之海錯，處之磁，嚴之漆，衢之橘，溫之漆器，金之酒，皆以地得名。[21]

上述引文已將江南著名的出產作一概介。至於「三言」所記的貿易地區及貨品，可從下表得知：

表四　「三言」所載貿易地區及商品

卷目	商人姓名	貿易地區	商品
蔣興哥重會珍珠衫（《喻》一）	蔣興哥 陳大郎	襄陽／湖廣／廣東／蘇州	珍珠、玳瑁、蘇木、沉香、米荳
李秀卿義結黃貞女（《喻》二十八）	黃善聰 李秀卿	南京／江北	線香、雜貨
呂大郎還金完骨肉（《警》五）	呂玉	江南常州無錫縣／太倉嘉定／山西	棉花、布疋

21　〔明〕王士性：《廣志繹》（北京：中華書局，1997）卷四〈江南諸省〉，頁67。

卷目	商人姓名	貿易地區	商品
玉堂春落難逢夫（《警》二十四）	沈洪	北京／山西	販馬
錢秀才錯占鳳凰儔（《醒》七）	高贊	湖廣	糧食
劉小官雌雄兄弟（《醒》十）	劉方 劉奇	河西務鎮	坐商，販布
施潤澤灘闕遇友（《醒》十八）	施復 朱恩	蘇州府吳江縣	機戶，販布，販賣蠶絲、桑葉
張廷秀逃生救父（《醒》二十）	褚衛	江南	販布
徐老僕義憤成家（《醒》三十五）	阿寄	浙江嚴州府淳安縣／蘇州／杭州／興化	漆料、秈米
蔡瑞虹忍辱報仇（《醒》三十六）	卞福	湖廣荊襄一帶水路	糧食、回頭貨（雜貨）

從上表可知，除沈洪販馬及劉小官兄弟只涉及北方外，其他貿易地區基本上與南方縣鎮有關，約八成（80%）的貿易故事都在南方發生。河西務是出入京都的水路要道，歷代設有鈔關、驛站、武備等各種衙門曾多達十三個，最高官階為正三品。明隆慶六年（1572），河西務始建磚城，因其繁華而有「京東第一鎮」和「津門首驛」之稱。從數字上來看，顯示出南方經濟較北方頻繁。當然我們可以理解，馮夢龍本身是南方人，其採摭的故事以南方為重亦不足為奇。中國經濟南移，自安史之亂而始，已成定論，但從小說印證經濟重心不斷南移的理論，「三言」可謂明證之一。經濟南移的因素，除政治上北方混亂，外族入侵外，亦與北方氣候變化有關。

北宋建國於五代之後，其時北方仍有軍事力量強大的契丹族遼國，西北有黨夏所建的西夏，地方尚有殘餘的軍閥勢力。北宋要取得經濟發展以穩固國基，惟有向南方開發。當時的南方，可謂沃野千里，物產豐富，據載[22]：

> 兩浙——「吳中地沃而物夥，稼則刈麥種禾，一歲再熟，稻有早晚」。
>
> 淮南——「土地膏沃，有茶、鹽、絲、帛之利」。
>
> 荊湖——「土宜穀稻，賦入稍多」。
>
> 福建——「民安土樂業，川源浸灌，田疇膏沃，無凶年之憂」。

兩浙麥禾種植，一歲可得兩造；淮南地區則出產茶、鹽、絲、帛；荊湖、福建地區，土地適宜耕種。相信這環境情況，發展至明朝，應沒有大分別。

歸納〈表四〉買賣貨品內容，主要是三大類：布疋、糧食、雜貨。相信雜貨的比率應較前兩者為少，以布疋為最龐大。日本學者斯波義信指出明代中期商業發展迅速，農業及工業與之配合而得到往前推進。[23]以寧波為例，當時以「南幫」或「南號」為號召的貿易商，在寧波入口木材、鐵、銅、進口木、麻布、染料、藥材、胡椒、糖、乾果、香和雜物等，分散至其他地方。再從南方各港輸出長江中下游的絲、棉、紡織品、陶瓷器及海產品。以「北幫」或「北號」著名的北方貿易商向寧波輸入豆類、豆餅（植棉肥料）、牛骨、豬油、藥材、染料、乾魚、乾果等，再向北方輸出稻米、糖、海產品、藥材、棉織品、紙張、毛竹、木材、雜貨等[24]。上列貿易貨品，相信大致是流行於沿岸城市。從「三言」故事所載，經濟活

---

22 見於朱長文：《吳郡圖經讀記》上及《宋史・地理志》卷八十九，轉引自張家駒：《兩宋經濟重心移》（湖北：人民出版社，1957），頁8-9。

23 〔日〕斯波義信：〈寧波及其腹地〉，收在〔美〕施堅雅主編、葉光庭等譯：《中華帝國晚期的城市》（北京：中華書局，2002第2次版），頁478。

24 〔日〕斯波義信：〈寧波及其腹地〉，收在〔美〕施堅雅主編、葉光庭等譯：《中華帝國晚期的城市》，頁478。

躍區地包括湖廣、蘇杭、浙江等傳統經濟區域，所載貿易貨品又大致與斯波義信研究成果相同。至於絲織品的輸出，更是震撼地球經濟，據弗蘭克（A. G. Frank）轉引一段紀錄：

> 一個名叫波特洛（Botero）的人指出，從中國輸出的絲綢數量……。每年有一千英擔絲綢從這裡輸出到葡屬印度群島，輸出到菲律賓。他們載滿了15艘大船。輸往日本的絲綢，不計其數。[25]

據耶穌會傳教士的紀錄，十七世紀晚期（清初）的上海，有二十萬紡織工人，六十萬提供紗線的紡紗工人。[26]以此數據推算，晚明時期，亦應接近此數目。中晚明有如此盛況，除對外貿易外，善於經商亦是南方人的特點，在〈錢秀才錯占鳳凰儔〉(《醒》七）中說：

> 兩山之人，善於貨殖，八方四路，去為商為賈。所以江湖上有個口號，叫做「鑽天洞庭」。內中單表西洞庭有個富家，姓高，名贊，少年慣走湖廣，販賣糧食。後來家道殷實了，開起兩個解庫（當鋪)，托著四個夥計掌管，自己只在家中受用。

商業有所成，即以「解庫」作後援。又如〈蔣興哥重會珍珠衫〉（《喻》一）說興哥聞得「上有天堂，下有蘇杭」，興哥因而要到蘇杭一行。所謂「上有天堂，下有蘇杭」，不獨是指風景秀美而言，亦當指當地經濟富裕，生活安定，窮乏之人不多而得名。

---

25 〔德〕安德烈·貢德·弗蘭克（A. G. Frank)、劉北城譯：《白銀資本》(北京：中央編譯出版社，2000)，頁163。

26 〔德〕安德烈·貢德·弗蘭克（A. G. Frank)、劉北城譯：《白銀資本》，頁164轉引自「Ho Chuimei, 1994:201」。

至於商業與紡織業的鼎盛情況，可從〈施潤澤灘闕遇友〉（《醒》十八）窺見當時貿易的繁榮：

> 這蘇州府吳江縣離城七十里，有個鄉鎮，地名盛澤。鎮上居民稠廣，土俗淳樸，俱以蠶桑為業。男女勤謹，絡緯機杼之聲，通宵徹夜。那市上兩岸綢絲牙行，約有千百餘家，遠近村坊織成綢疋，俱到此上市。四方商賈來收買的，蜂攢蟻集，挨擠不開，路途無佇足之隙。乃出產錦繡之鄉，積聚綾羅之地。江南養蠶所在甚多，惟此鎮處最盛。有幾句口號為證：東風二月暖洋洋，江南處處蠶桑忙。蠶欲溫和桑欲乾，明如良玉發奇光。繰成萬縷千絲長，大筐小筐隨絡床。美人抽繹沾唾香，一經一緯機杼張。咿咿軋軋諧宮商，花開錦簇成疋量。莫憂入口無餐糧，朝來鎮上添遠商。

尤其是最末一首詩，直能道出家家戶戶都以紡織為業的境況，「莫憂入口無餐糧，朝來鎮上添遠商」，更說出經濟發展迅速，生活無憂的實情。更可證實「上有天堂，下有蘇杭」的緣由。農曆二月，到處都是趕忙桑蠶，大筐小筐待織的絲放滿絡床，而掌握機杼者大都是女性。據史載江南女子紡織的情況是「女子七八歲以上即能紡絮，十二三歲即能織布」[27]，而家有女兒則「生女五六歲即教以紡棉花，十歲學織布」[28]。由此可知，江南女子自少便懂得紡織技巧，成為家中經濟來源之一。〈趙春兒重旺曹家莊〉（《警》三十一）中的趙春兒因丈夫不善營生，只與隨身侍婢翠葉紡績度日，除了能維持家計，到最後，丈夫覺悟前非，希望奮發，趙春兒仍能有餘資供給丈夫作補官之用。

---

27 〔明〕尹會一：〈敬陳農商四務疏〉，收在《皇朝經世文編》卷三十六，見李伯重：《江南的早期工業化》（北京：社會科學文獻出版社，2000），頁49。

28 道光《金澤小志》卷一，見李伯重：《江南的早期工業化》，頁49。

蘇杭自來是富庶之地，多以商業貿易為生，「杭州之奢侈，錢氏時已然，南宋更靡，有自來矣。城中人不事耕種，小民仰給經紀」。[29]

上引文極言盛澤鎮之盛，其實此鎮最初亦只不過是一個小村落。盛澤鎮是江南有名的產絲區，當時已有「湖絲遍天下」之稱。環繞著太湖區的著名產絲區，除盛澤鎮外，還有王江涇鎮、震澤鎮、濮院鎮、烏青鎮、長安鎮、臨平鎮、南潯鎮、雙林鎮、菱湖鎮等多個名區。故事中的盛澤鎮是由一個普通的村落，逐漸成為商賈雲集的市鎮，足以見證明代商業發展的流程。明初的盛澤鎮只有五十六家人戶，發展至嘉靖時期，居民增至百家左右；此時，亦由村落成為市。其後，由於盛澤鎮「以綾綢為業」，貿易日漸繁忙，竟至「每日中為市，舟楫塞港，街道肩摩」。明末清初，盛澤鎮已為過萬戶的大鎮，更是綾綢的集散地，據康熙《吳江縣志》卷十六載：「富商大賈數千里輦萬金而來，摩肩聯袂，如一都會」。[30]根據故事內容，其背景當發生明代中後期，由於明代的商業政策及社會對商人的概念改變，令到商業在嘉靖期間發展至高峰[31]，而盛澤鎮更是由村落發展成類似都會的大鎮；無疑，盛澤鎮是明代商業發展的見證和實例。

由於經濟發展迅速，有勢力者可占先機，如《水東日記》記〈西湖俗謠〉云：

> 杭州西湖傍近，編竹節水，可專菱芡之利，而惟時有勢力者可得之。故杭州人有俗謠云：「十里湖光十里笆，編笆盡是富人家。待他十載功名盡，只見湖光不見笆」。[32]

---

29 〔明〕葉權：《賢博編》（北京：中華書局，1997），頁9。

30 見王毓銓主編：《中國經濟史——明代經濟卷》（北京：經濟日報，2000），頁936。

31 程似錦：〈談《醒世恆言》的成書及其中兩卷所反映的明代社會〉轉引自朱倩如：《明人的居家生活》（宜蘭：明史研究小組，2003），頁33。

32 〔明〕葉盛：《水東日記》（北京：中華書局，1997）卷十四，頁147。

南方小鎮，轉變成大城市，其實貨品不獨是轉賣至國內其他地方，最大的推動力，實是海外貿易。

二 人口增長

人口的消長情況最足證明經濟重心南移，而宋代的人口變化是中國史上的轉捩點。東南戶數在西漢元始五年（西元5年）占全國戶數百分之十，〔唐〕開元二十八年（740）占全國戶數百分之四十，到〔宋〕元豐八年（1085）已達至百分之五十。[33]商稅方面，熙寧時南方的收入是全國百分五十六。[34]上述的數據顯示出自宋代開始，南方的經歷逐漸開展，至明代時，商業發展已超越北方。其次，從人口的狀況，可知其發展梗概，可是，明代人口的確數，往往成史家的疑團，無從確定。

表五 近代學者對明代人口數目的估計

學者姓名	年代	口數	資料來源
梁方仲	洪武十四年（1381）	59,873,305	〈明代戶口田地及田賦統計〉，收在《梁方仲文集：明清賦稅與社會經濟》，北京：中華書局，2008，頁7。
梁方仲	洪武二十四年（1391）	56,774,561	〈明代戶口田地及田賦統計〉，收在《梁方仲文集：明清賦稅與社會經濟》，北京：中華書局，2008，頁7。
趙文林、謝淑君	洪武二十四年（1391）	61,967,943	《中國人口史》，北京：人民出版社，1988，頁364。

33 張家駒：《兩宋經濟重心的南移》（武漢：湖北人民出版社，1957），頁31。

34 張家駒：《兩宋經濟重心的南移》，頁33。

學者姓名	年代	口數	資料來源
梁方仲	永樂二十二年（1424）	52,468,152	〈明代戶口田地及田賦統計〉，收在《梁方仲文集：明清賦稅與社會經濟》，頁10。
梁方仲	正統十四年（1449）	53,171,070	〈明代戶口田地及田賦統計〉，收在《梁方仲文集：明清賦稅與社會經濟》，頁13。
梁方仲	成化二十二年（1486）	65,442,680	〈明代戶口田地及田賦統計〉，收在《梁方仲文集：明清賦稅與社會經濟》，頁16。
趙文林、謝淑君	弘治四年（1491）	81,001,517	《中國人口史》，北京：人民出版社，1988，頁364。
梁方仲	弘治十七年（1504）	60,105,835	〈明代戶口田地及田賦統計〉，收在《梁方仲文集：明清賦稅與社會經濟》，頁19。
梁方仲	正德十五年（1520）	60,606,220	〈明代戶口田地及田賦統計〉，收在《梁方仲文集：明清賦稅與社會經濟》，頁21。
梁方仲	嘉靖四十一年（1562）	63,654,248	〈明代戶口田地及田賦統計〉，收在《梁方仲文集：明清賦稅與社會經濟》，頁22。
葛劍雄	萬曆二十八年（1600）	約197,000,000	《中國人口發展史》，福州：人民出版社，1991，頁241。
〔英〕安格斯·麥迪森	萬曆二十八年（1600）	160,000,000	《世界經濟千年史》，北京：北京大學出版社，2003，頁27。
費正清	萬曆二十八年（1600）	150,000,000	轉引自（德）安德烈·貢德·弗蘭克（A. G. Frank）、劉北城譯《白銀資本》，北京：中央編譯出版社，2000，頁159。

學者姓名	年代	口數	資料來源
梁方仲	萬曆三十年（1602）	56,305,050	〈明代戶口田地及田賦統計〉，收在《梁方仲文集》，北京：中華書局，2008，頁24，。
趙文林、謝淑君	天啟六年（1626）	99,873,000	《中國人口史》，北京：人民出版社，1988，頁376。
曹樹基	天啟十年（1630）	192,510,000	《中國人口史》（第四卷），復旦大學出版社，2000，頁452。
曹樹基	崇禎十七年（1644）	152,470,000	《中國人口史》（第四卷），復旦大學出版社，2000，頁452。

從〈表五〉資料來看，分歧十分之大，傳統學者認為明代人口約在五千至七千萬（5,000萬至7,000萬）之間，梁方仲先生根據原始資料記載，由洪武二十四年（1391）始，往後二百多年，人口沒有顯著增加，因此表內梁方仲有關人口數字只列到嘉靖四十一年（1562），往後的數字沒太大變化，不引用。故此，近代學者多採懷疑態度，其他所列部分數據，是現代學者研究的結果，實際不止此數目。由一五六二年至一六〇〇年，兩代學者考究的口數，可相差三倍，實在懷疑明代的官方紀錄。筆者偏向趙文林、謝淑君的數據，因其數據主要是參考明代紀錄而作出推算。二氏指出，根據紀錄，北方人口自洪武十八年（1386）之後不斷上升，應與現實相符；反之，江南一帶，卻從洪武十三年（1381）年至萬曆六年（1578）大幅下降，減幅約達百分之四十至五十（45%-50%），如浙江，從一千（1,000）萬，下降至五百一十五萬（515萬）、兩廣，從九百二十三萬（923萬），降至七百六十萬（760萬）[35]。數據完全與現實不符，因此，趙、謝根據長江以北及西南布政使司轄區的增幅，作出推算，而得上列結

35 趙文林、謝淑君：《中國人口史》（北京：人民出版社，1988），頁361-362。

果。天啟六年（1626）的數據，是根據弘治四年（1491）較確實的數據，以「第二亞波段人口峰值」的推算，約升百分之八點五八一八（8.5818%）而得出[36]，數字包括吉林、黑龍江、西藏等未入明代版圖的地區。若以弘治四年（1491）的人口作準則，全國行政區人口是八千一百萬一千五百一十七（81,001,517）人，而南方（南京、浙江、福建、江西、湖廣、廣東、廣西）人口數字是五千六百零八萬五千六百七十三人（56,085,673人），占全國人口總數百分之七十（70%）[37]。若以人口增幅來看，南方的發展較北方較迅速得多。

大量人口隨著工商業發展，而流動至市鎮。江南地區人口激增，如南京，明末時人口估計由五十萬至一百萬之間，揚州八十萬、蕪湖二十多萬。以吳江震澤鎮為例，元末只居民數十家，發展至弘治以後，居民增至千家。其他如秀水濮院鎮、新城鎮、烏程烏鎮、南潯鎮等，居民均達萬餘家。[38]農民離開農村，流向市鎮成為生產者，都屬「遷業」者，即放棄傳統農耕而改業。

〈施潤澤灘闕遇友〉（《醒》十八）載施復於盛澤鎮見商賈之盛，牙行達千餘家（黃仁宇考究此數，認為不準確，但小說內容帶有誇張，亦無可厚非），此處人口變化極大，除上文曾提到盛澤鎮由明初小村，發展至清初成為過萬戶的大鎮外，以吳江縣其他市鎮為例，由明初的人口疏落，至中晚明以後，激增人口數十倍之多，如嚴墓市、梅堰市、新杭市等，由小村落的數十戶人家，變成五百戶以上，甚至過千戶的村市。鎮的人口更是動輒上千戶，如平望鎮，居民千家；黎里鎮，居民二千餘家；同里鎮，居民二千餘家；震澤鎮，居民千餘家等[39]，人口都是以倍數增長。

---

36 同上註，頁376。

37 同上註，頁364。

38 同上註，頁55〈表1-1〉。

39 萬明主編：《晚明社會變遷問題研究》（北京：商務印書館，2005），頁55〈表1-1〉。

弗蘭克根據資料推斷，明代經濟發展蓬勃，人口應迅速增長，自弘治十三年（1500）約一億人，發展至清乾隆十五年（1750）當有二億零七百萬（2.07億）人（兩個數字均為保守估計）[40]。南京人口應超過一百萬人，而北京亦在六十萬人之上。發展至清嘉慶五年（1800），人口倘包括廣州及佛山一帶，則人口超過一百五十萬人，全歐洲城市的總人數也不及此數。於此，可從人口的增長看見經濟蓬勃的狀況。

第三節　水路運輸

經濟發展需要有足夠配套配合方能順利開展，而交通運輸就是經濟發展的命脈。誠如黃仁宇分析，水路交通順暢，是南方經濟發展迅速原因之一。然而，中國人有一種鄙視商人的基因，商人自覺獲取利益是剝削他人勞動成果，使商業運作成為社會發展的附屬品。[41]大部分的地方紀錄，多是作者描寫風景、公共建築、名士和民間傳說，甚少涉及水路貿易、貨品內容及交易程序等等。但從可參考的資料中，晚明的水路貿易，大致如下：

> 南方所產幾種重要產品，包括絲織品、瓷器、棉布、和木料，構成區域間貿易的龍頭商品，主要就是通過漕河運輸到北方去的；其他南方產品，比如紙張、漆器、桐油、染料、皮革、有色金屬和乾果，也是如此。[42]

上列記載，大致與「三言」內容的商品吻合。從閩、粵、滬等南方地

40 〔德〕安德烈·貢德·弗蘭克（A. G. Frank）、劉北城譯：《白銀資本》（北京：中央編譯出版社，2000），頁159。

41 黃仁宇的見解，見氏著：《明代的漕運1368-1644》（臺北：聯經出版事業公司，2013），頁174。

42 黃仁宇：《明代的漕運1368-1644》，頁175。

區入口的商品，也隨漕運輸往北方，如胡椒、蘇方等。在「三言」中經常出現以水上運輸為生的船戶，如〈宋小官團圓破氈笠〉（《警》二十二）：

> 那劉順泉雙名有才，積祖駕一只大船，攬載客貨，往各省交卸。趁得好些水腳銀兩，一個十全的家業，團團都做在船上。就是這只船本也值幾百金，渾身是香楠木打造的。江南一水之地，多有這行生理。

運輸業的發展，是推動貿易高速增長的主因，在〈蔡瑞虹忍辱報仇〉（《醒》三十六）有如下的記載：

> 原來大凡吳、楚之地作宦的，都在臨清張家灣雇船，從水路而行，或徑赴任所，或從家鄉而轉，但從其便。那一路都是下水，又快又穩。況帶著家小，若沒有勘合腳力，陸路一發不便了。每常有下路糧船運糧到京，交納過後，那空船回去，就攬這行生意，假充座船，請得個官員坐艙，那船頭便去包攬他人貨物，圖個免稅之利。這也是個舊規。

又〈蘇知縣羅衫再合〉（《警》十一）：

> 原來坐船有個規矩，但是順便回家，不論客貨私貨，都裝載得滿滿的，卻去攬一位官人乘坐，借其名號，免他一路稅課，不要那官人的船錢，反出幾十兩銀子送他，為孝順之禮，謂之坐艙錢。

為了逃避課稅，免費載送一位官員，兼且送上銀子，稱為「坐艙錢」。官員不用路費，且得銀兩，而船戶又可免去稅課。「三言」重複記載此事，相信這種情況在明代是非常普遍。當然，其實這是漏稅的一種，而且是官民合謀。晚明時御史祁彪佳由漕河南行，同行三艘商船均免除一切商稅[43]，相信這種借官宦之名而逃避稅項，是非常普遍的事情。

還有，部分船家包高官船隻，裝載客人，運輸貨物。〈蘇知縣羅衫再合〉（《警》十一）記載儀真縣徐能久攬山東王尚書府中一只大客船，裝載客人，南來北往，每年納還船租銀兩，並且僱用一班水手協助船務。

這類船家，一般利潤較薄，據《士商類要》等書記載，當時價錢的情況是：從揚州關搭小船至瓜洲，船價三文；由瓜洲南門渡大江至鎮江馬頭，船價二文；杭州府官塘至鎮江，每二十里二文等。可知船戶收入不豐，倘租賃船隻，更要每年繳納租金，則所入更少[44]。然而，所用為大船，裝載貨物，且僱有船工，行程愈遠，則利潤愈高。〈蘇知縣羅衫再合〉（《警》十一）的徐能及〈蔡瑞虹忍辱報仇〉（《醒》三十六）的陳小四都是僱著一班水手，不約而同的就是二人的水手都是「凶惡之徒，專在河路上謀劫客商。」當然，部分船隻，不以運輸為主業，伺機行劫，亦應是常理之內，但憑運輸而獲利者，亦有不少例子，如浚縣有劉三才募船夫杜希言駕船遠赴天津，又有南京采石某大姓，家中多舟，募水手撐駕，以是獲利。[45]

商賈賃船運貨，選擇船主是一大困難。據記載江西湖口至廣東及廣信府玉山、江西南昌至浙江、杭州至鎮江等船主都是善良安分的[46]，而南京至北京的水路、淮安至河南汴城，有船戶刁難客商，甚至謀財害命。「三言」中〈蘇知縣羅衫再合〉（《警》十一）載：

43 黃仁宇：《放寬歷史的視界》，頁20。

44 見王毓銓主編：《中國經濟通史——明代經濟卷》，頁883。

45 同上註，頁883。

46 同上註，頁884。

> 又有一房家人，叫做姚大。時常攬了載，約莫有些油水看得入眼時，半夜三更悄地將船移動，到僻靜去處，把客人謀害，劫了財帛。如此十餘年，徐能也做了些家事。

故事中的徐能就是五壩上街居民。其次，〈蔡瑞虹忍辱報仇〉（《醒》三十六）中的蔡瑞虹一家亦是被船盜陳小四等謀害。在船上謀財害命的事相信是屢見不鮮，如褚華《滬城備考》卷六〈雜記〉載：

> 萬曆癸未，邑有新安布商，持銀六百兩，寄載於田莊船，將往周浦，其銀子為舟子所窺，黑夜中，三人共謀，縛客於鐵錨，沉之黃浦，而瓜分所有焉。[47]

內容所記，幾與「三言」所載故事無異。無疑，此一情節足以反映明代水上運輸的部分狀況。由於乘船有風險，遇著「賊船」，則可能人貨兩失。故此，一般客商運貨會找「埠頭」協助，又稱「舟牙」。此類舟牙都是有抵業人戶充應，並經政府審查批准。客商僱定船戶後，就要訂立契約，船主要承諾某處交卸貨物，不得有失。當時的契約格式，仍保存於《天下通行文林聚寶萬卷星羅》中，其格式如下：

> ____處船戶姓____，今得______保委，就____處河將自己船只攬載得______人財并行李幾擔，至處河下交卸。議定每擔水腳銀若干？其銀沿路批借，候載到頭結算湊足。所載貨物，須管小心搭蓋，不許上漏下濕。或遇盤灘剝淺，如有疏虞，自舡戶甘認，照依地頭賣價，盡數賠還無辭。恐後無憑，立此文書為照[48]

47 李剛：《陝西商幫史》（陝西：西北大學出版社），頁182。

48 見王毓銓主編：《中國經濟史——明代經濟卷》，頁885。

水路運輸對整體經濟發展影響甚大，黃仁宇舉例說：

> 每一個跡象都表明，坐落在漕河沿線的城市與市鎮因商業發展而大大受益。在揚州，最初來自其他省份的居民占該地總人口的1/20；其中大多數為商人，來自徽州和山西。在15世紀和16世紀，淮安人口的增長，從城牆內延伸到城牆外，不得不在舊城之外建造新城。到明王朝統治末期，淮安城繳納門攤稅的零售商多達22種。[49]

其他如徐州、濟寧州、張秋鎮等都因坐落在沿漕運線上，發展迅速。張秋鎮在漕河河道與黃河交叉的十字路口上，鄰近的產品均集中此地輸出，如來自臨清、任城、兗州府等[50]。

第四節　南方紡織業發展

從〈表四〉可看出貿易商品主要是以棉、布疋、絲綢及糧食為主，其餘則及於名貴貨品或雜貨。明自立國已極重視開發東南地區，尤其是國家賦稅重地蘇、松諸府。據《明史・食貨志》載：「浙西官、民田視他方倍蓰，畝稅有二三石者。大抵蘇最重，松、嘉、湖次之，常、杭又次之。」[51]這稅率是較一般官田高出數十倍，其他官、民田稅率是五升三合五勺，民田減二升。[52]

---

49 黃仁宇：《明代的漕運1368-1644》，頁176。

50 黃仁宇：《明代的漕運1368-1644》，頁177。

51 〔清〕張廷玉等：《明史》卷七八〈食貨志二〉，頁1896。

52 歷來論者皆以為蘇松地區賦稅特重是基於兩個原因：一是朱元璋遷怒蘇松豪民曾助張士誠，故稅特重以示懲罰；二是蘇松諸府土地肥沃，地方能承受較重的賦稅。據史料記載單是蘇州一府七縣墾田約當全國1/88弱，而賦稅竟是全國1/10弱。據《日知錄集釋》（上海：古籍出版社影印清道光十四年家刻本，1985）卷十記載洪武中全國的夏稅秋糧是總姑勿論其賦稅是否特重，但蘇、松、嘉、湖等區自唐、宋以來已國家財政收入主要來源之一。北宋名臣范仲淹曾言「蘇、常、湖、秀，膏腴千里，國之倉庾也」[53]，並分析當時水利建設的重要性，國家糧餉，率仰於東南地區，故宋時已有「蘇湖熟，天下足」的諺語[54]。近人綜合史料，以蘇州、松江、常州三府作例，顯示出東南地區在經濟上的特殊性。洪武二十六年（1393），三府人口是四百三十五萬零四百八十（4,350,480）人，占全國總人口百分之七（7%）；田土有二十二萬九千五百六十一（229,561）頃，占全國總田數百分之二點七（2.7%）；稅糧是四百六十八萬三千二百二十二（4,683,222）石，占全國百分之十五點九（15.9%）。此情況，至萬曆六年（1578）時，基本沒大變化，相差不到百分之一（1%）。由於此地區的水患頻仍，而經濟效益又特重，歷代均特別著重水利建設，如弘治七年（1494）命工部侍郎徐貫等人往蘇、松諸府治水患[55]；嘉靖十年（1531）七月巡按蘇松處御史胡體乾疏獻六策，建議設專官任事，以責其成等[56]，可見得政府重視此地區稅收的程度。由於東南諸府出產豐富，自然成為客商搜購糧食轉售他方的重地。

江南的棉紡業與絲織業發展空前迅速，據〔明〕陳威、顧清[57]《松江

2,943萬餘石。顧炎武：《天下郡國利病書》第四冊，〈蘇州上〉，頁43載正統以來數字為「2,940萬餘石」)，而蘇州一府所納是2,809,000餘石，占全國賦稅9.7之多。周良霄在其〈明代蘇松地區的官田與重稅問題〉言之甚詳，周文收在《明代社會經濟史論集》第二集（香港：崇文書店，1975)，頁130-142。

53 徐光啟著、石聲漢校注、石定枎訂補：《農政全書校注》（北京：中華書局，2020）卷一三〈東南水利上〉，頁380。

54 顧炎武：《天下郡國利病書》（臺北：臺灣商務印書館，四部叢刊本，重印上海涵芬樓影印崑山圖書館本)，第四冊，〈蘇州上〉，頁43載：「諺有曰：蘇松熟，天下足」。

55 《明孝宗實錄》卷九十，頁1658，〈弘治七年丙午〉條。

56 《明世宗實錄》卷一百二十八，頁3045-3046，〈嘉靖十年七月壬子〉條載疏治之策：「一曰開洩水之川、二曰浚容水之湖、三曰殺上流之勢、四曰決不流之壑、五曰排潮漲之沙、六曰立治田之規。」

57 〔明〕顧清（1460-1528)，字士廉，號東江，直隸松江府華亭縣（今上海市松江區))

府志》載婦女多以棉紡維持家計：

> 俗務紡織，他技不多，而精線綾三梭，布、漆紗、方巾、剪絨毯，皆為天下第一。……紡織不止鄉落，雖城市中亦然。里媼抱綿紗入市，易木棉花以歸，明旦復抱紗以出，無頃刻間，織者率日成一疋，有通宵不寐者。田家收穫輸官償債外，未卒歲，室廬已空，其衣食全在此。[58]

上述記載說出不止一般鄉村的婦女以綿紡幫補家計，連城市中人亦以紡織為業。若單靠田間出產維持生計及賦稅，未年終，已家廬空虛。因此，紡織是維持正常生活的普遍現象。這裡可說明兩點：一是紡織的回報較高，因此大量婦女參與這項工作；二是紡織是廣泛流行，包括鄉村和城市。在「三言」故事中，亦屢見不鮮，如〈趙春兒重旺曹家莊〉(《警》三十一)、〈施潤澤灘闕遇友〉(《醒》十八)。

經濟發展蓬勃，故有學者認為明代是資本主義萌芽的時期，這議題在本書結論中有較詳細討論。據學者估計，明代後期松江棉布產量約二千萬疋，松江以外地區約五百萬疋，即江南地區年產棉二千五百萬疋。扣除本銷棉布，江南地區每年對外輸出約一千五百至二千萬疋，即總產量的百分之六十至百分之八十（60%-80%）為外銷，不可謂不高。因此，江南人民的生活水平是全國最高的。然而，上述的數字未必為確實的數目。晚明江南人口總數約二千萬人，以一家五口計，則江南戶口約四百萬戶。[59]根據

人。弘治五年（1492）舉鄉試第一。弘治六年（1493）成癸丑科二甲第一名進士（傳臚），改翰林院庶吉士，授編修。官至南京禮部右侍郎。正德七年（1512）顧清應當時任松江知府陳威之聘，纂有正德《松江府志》三十二卷，共有三十二目，又附目十七。

58 〔明〕陳威、顧清纂修：《正德松江府志》（正德年間刊本，有顧清序）卷四〈風俗〉，頁12。

59 李伯重：《江南的早期工業化（1550-1850）》，頁38-39。

上列戶口數目，即每戶平均出棉六點二五疋（6.25匹）。這樣的字出產數字，未足以使江南成為全國最富庶的地方。江南婦女一年約可織布二十九疋，只要其中有一百七十萬婦女從事紡織工作，則每年可產五千萬疋。如果推算正確，江南紡織業成為東南方經濟命脈所在。[60]如此，則晚明江南地區自然成為全國棉布疋的集散地。四方商賈雲集，經濟自然較其他地區蓬勃。

棉紡業牽動整個南方的經濟，下表《明實錄・穆宗實錄》記載了有關晚明棉材料及製成品的收入增加的幅度，說明棉紡業的增長速度。

表六　《穆宗實錄》所載隆慶元年（1567）至五年（1571）明政府有關絲、絹、棉材料及製成品的收入

年號（宣德）	絲	絹	棉	棉花絨	布	資料來源
元年（1567）	36,943斤	160,199疋	192,937兩	123,314斤	312,845疋	卷15，頁11
二年（1568）	73,886斤	320,398疋	385,874斤	246,628斤	625,690疋	卷27，頁12
三年（1569）	73,886斤	130,398疋	385,874斤	246,628斤	625,690疋	卷40，頁11
四年（1570）	73,886斤	320,398疋	385,874兩	246,628斤	625,690疋	卷52，頁11
五年（1571）	73,886斤	320,398疋	385,874兩	246,628斤	625,690疋	卷64，頁14

備註：上表「棉」項一欄的重量單位乃照原書所記列出，很明顯「斤、兩」之間出現錯誤，其他資料記載「斤」多為「兩」，但數字才是參考的重點。「資料來源」欄所載頁數乃原典數字。

資料來源：轉引自王偉漢：《明代植棉》（香港：新亞研究所，未刊稿）

從上表可以看出，從隆慶元年（1567）至五年（1571）的短短五年間，無論絲、絹、棉、棉花絨及布的收入均增加百分之百。

60 江南棉業的發展，其速度相當驚人，清代中期已每年產10,000疋，而技術亦不斷改良，據徐新吾《中國土布史》調查：十九世紀末葉常熟農家織布機每臺平均每月工作十三至十五天，一年有一六八天。二十世紀初期的江陰農村及上海郊區，每臺機每日可織布一疋，即一個農家婦女，每年可以織兩百疋布左右。見李伯重前引書，頁41，註3。

除棉紡業外，絲織業亦是江南紡織業的支柱。據吳承明估計晚明民間的絲織機約為官營織機的三倍。當時官營織機有三千五百（3500）臺，即官民合共有機一萬四千（14,000）臺[61]。由絲織業衍生的其他工業亦推動了江南的經濟發展，絲織業生產的主要環節有紡經、絡緯、練槌、染色、牽經、接頭和絲織。中間如何分工，史料所記有異，但染色一項，相信另有工序，不能在同一織坊完成。

農家男女老幼多從事紡織，已是明清兩代江南經濟發展的特色。傳統上的男耕女織，將紡織作為副業的生活，似乎不適用於江南。據嘉靖《昆山縣志》卷一〈風俗〉載：「至於麻縷機織之事，則男子素習，婦人或不如也。」崇禎《常熟縣志》卷二〈風俗〉載：「農事盡力，於耕隙則男女紡績，無游手游食之習。」嘉靖《上海縣志》卷一〈風俗〉：「鎮市男子亦曉女紅」等[62]資料顯示，江南男子亦多以紡織為生。

李伯重歸納明清江南工業的發展，提出三個特點：一是從事工業生產的農村家庭，未脫離農業生產，即仍然有耕作；二是農村工業區多位於城市附近；三是某些農村工業產品需到城市加工，商人會提供資金改良產品，分銷到其他地方[63]。這裡要注意的是第三點，「三言」所載販布商人往往是由江南買貨而到他鄉出售，如〈呂大郎還金完骨肉〉（《警》五）中的呂玉往山西脫售絨貨、〈蔡瑞虹忍辱報仇〉（《醒》三十六）中所載幾個歹徒李癩子、白滿等劫船後隨山西客人販貨等都反映出當時商人的經商情況。可惜，「三言」故事沒有提及對外貿易，單是內銷，未能反映明代海外貿易的狀況。南方出現前所未有的經濟盛況，相信絕對與海外貿易有關。

上文已提及，從江南外銷的絲棉織品占全區出產百分之六十至百分之八十（60%-80%），從中國輸出的絲綢數量，每年就有一千英擔絲綢輸出

61 許滌新、吳承明：《中國資本主義萌芽》（北京：人民出版社，1985），頁368、370。

62 三項資料轉引自李伯重：《江南的早期工業化》，頁72-73。

63 李伯重：《江南的早期工業化》，頁85。

到葡屬印度群島、菲律賓，載滿了十五艘大船。輸往日本的絲綢，更加是不計其數。弗蘭克已指出這種貿易不平衡現象，歐洲需要東方的絲綢、瓷器、茶葉等貨物，而西方沒有足夠的貨物輸出東方，惟有以白銀補上。J.C.范勒爾（1955：126）估計自十五世紀至十六世紀，東南亞大約有四百八十艘重量在二百至四百噸的貨船，其中約有一百一十五艘是航運於中國與印度地區[64]。

十九世紀初，中國沿海省份出海的船隊，已遍及日本、菲律賓、梭羅、蘇拉威西、西里伯斯、摩鹿加、婆羅洲、爪哇、蘇門答臘、新加坡、廖內、馬本西亞半島東岸、暹羅、交趾支那、柬埔寨及東京灣[65]。而且，貿易控制權主要是落在中國人手裡，很多貿易都在各處的「唐城」進行，其後形成華僑的聚居點。所以，弗蘭克強調「最西方地區與最東方地區的長期貿易赤字，使得白銀主要向東流動」[66]，這結論幾乎是他的論文重點的所在。

除絲織制品外，瓷器亦是另一主要出口貨物。姑略言其狀況，以證明代經濟蓬勃。南京的陶瓷廠，每年可生產一百萬件瓷器。其中有為專門為出口歐洲而設計的，瓷器繪有宮廷圖案；出口伊斯蘭國家的瓷器則繪有雅緻的抽象圖案。有學者認為明代工業產量占世界三分之二。中外學術界公正的指出當時中國已具有占全球財富總量的三分之一的經濟實力，國內生產總值約占全球百分之三十[67]。除絲織品外，陶器亦帶動國內及海外貿易。另一以陶業為中心的景德鎮，其工業晝夜不停，〔明〕王世懋有如下的記載：

---

64 轉引自〔德〕安德烈・貢德・弗蘭克（A. G. Frank）、劉北城譯：《白銀資本》，頁148。

65 〔德〕安德烈・貢德・弗蘭克（A. G. Frank）、劉北城譯：《白銀資本》，頁149。

66 〔德〕安德烈・貢德・弗蘭克（A. G. Frank）、劉北城譯：《白銀資本》，頁107。

67 Zhang Qiang：〈大明帝國的GDP及其崩潰──以史為鑑，可知興亡（2003）〉。網址：〈https:// dennysu.blogspot.com/2010/05/gdp.html〉，瀏覽日期：2019年12月14日。

江西饒州府浮梁縣，離縣二十里為景德鎮，官窯設焉。天下窯器所聚，其民富繁富，甲於一省。余嘗，以分守督運至其地，萬杵之聲殷地，火光燭天，夜令人不能寢。戲目之曰：四時雷電鎮。[68]

王世懋的記載，黃仁宇已作分析，實況未必如是，但相信亦相當熱鬧。紡織工業發展迅速，海外貿易繁盛，南方經濟繁榮，可想而知。我們可以從「三言」的記載看到明代的經濟受紡織業影響的情況。

表七 「三言」所載從事紡織業狀況

卷目	故事內容	狀況
〈新橋市韓五賣春情〉（《喻》三）	那市上有個富戶吳防禦，媽媽潘氏，止生一子，名喚吳山，娶妻余氏，生得四歲一個孩兒。防禦門首開個絲綿鋪，家中放債積穀。……家中收下的絲綿，發到鋪中賣與在城機戶。	零售／批發
〈徐老僕義憤成家〉（《醒》三十五）	就是我的婆子，平昔又勤於紡織，亦可少助薪水之費。	家庭小型紡織
〈施潤澤灘闕遇友〉（《醒》十八）	說這蘇州府吳江縣離城七十里，有個鄉鎮，地名盛澤。鎮上居民稠廣，土俗淳樸，俱以蠶桑為業。男女勤謹，絡緯機杼之聲，通宵徹夜。那市上兩岸綢絲牙行，約有千百餘家，遠近村坊織成綢疋，俱到此上市。	貿易批發
〈施潤澤灘闕遇友〉（《醒》十八）	自此之後，施復每年養蠶，大有利息，漸漸活動。那育蠶有十體、二光、八宜等法，三稀、五廣之忌。第	養蠶賣絲

68 〔明〕王世懋：《二酉委譚摘錄》，轉引自傅衣凌《明清時代商人及商業資本／明代江南市民經濟試探》（北京：中華書局，2007），頁17。

卷目	故事內容	狀況
	一要擇蠶種。蠶種好，做成繭小而明厚堅細，可以繅絲。如蠶種不好，但堪為綿纊，不能繅絲，其利便差數倍。第二要時運。有造化的，就蠶種不好，一般做成絲繭；若造化低的，好蠶種，也要變做綿繭。北蠶三眠，南蠶俱是四眠。眠起飼葉，各要及時。又蠶性畏寒怕熱，惟溫和為得候。晝夜之間，分為四時，朝暮類春秋，正晝如夏，深夜如冬，故調護最難。江南有謠云：做天莫做四月天，蠶要溫和麥要寒。秧要日時麻要雨，采桑娘子要晴幹。	
〈白玉娘忍苦成夫〉（《醒》十九）	明早起來，和氏限他一日紡績。玉娘頭也不抬，不到晚都做完了，交與和氏，和氏暗暗稱奇。又限他夜中趲趕多少。玉娘也不推辭，直紡到曉，一連數日如此，毫無厭倦之意。……日夜辛勤紡織。約有一年，玉娘估計積成布疋，比身價已有二倍。	家庭小型紡織
〈十五貫戲言成巧禍〉（宋本作《錯斬崔寧》）（《醒》三十三）	小人（崔寧）是村裏人，因往城中賣了絲帳，討得些錢。……小人昨晚入城，賣得幾貫絲錢在這裏。	買賣絲織品，小本經營
〈趙春兒重旺曹家莊〉（《警》三十一）	「我今後自和翠葉紡績度日，我也不要你養活，你也莫纏我。」春兒自此日為始，就吃了長齋，朝暮紡績自食。	家庭小型自紡
〈喬彥傑一妾破家〉（《警》三十三）	這喬俊看來有三五萬貫資本，專一在長安崇德收絲，往東京賣了，販棗	貿易，大宗買賣

卷目	故事內容	狀況
	子，胡桃、雜貨回家來賣，一年有半年不在家。	

〈新橋市韓五賣春情〉(《喻》三）及〈喬彥傑一妾破家〉(《警》三十三）故事背景雖然發生在宋朝，亦可當作參考，絲織商業自來是主要商品之一。吳氏家族，當是大型絲綢買賣商人，除自己門市外，且發放到城內機戶發賣。另外，又兼放貸業務。此放貸業應不止借給急需人士，應同時發貸於做生意的小型商戶。從喬俊的故事知道，喬俊是大商家，貿易額亦很大。

〈施潤澤灘闕遇友〉(《醒》十八）載施復於盛澤鎮起家事。先說盛澤鎮絲織買賣的盛況，商賈雲集。其後，施復自組機坊，養蠶賣絲，大有利息。最後逐漸擴大業務。

南方一般家庭可憑一、兩臺絲機，養活一家，如〈趙春兒重旺曹家莊〉(《警》三十一），與婢女翠葉紡績維持家計及〈徐老僕義憤成家〉(《醒》三十五）的婆子，懂得紡織，已可持家。根據上表的記載，我們可得到下列的結論：

（一）紡織業發展迅速而且蓬勃，可短時間內致富；

（二）家庭式紡織工業流行，而且只需一機一杼，回報可維持一家生計。

陳學文引用文獻記載，估計出一家養蠶桑的收入，較種稻高出二、三倍利潤。徐忠獻《吳興掌故集》：「大約良地一畝，可得桑八十個，計其一歲墾鋤壅培之費，大約不過二兩，而其利倍之。」[69]估計每畝可產八、九十個，當在一千六至一千八斤（1,600-1,800斤）之間，折合現在市斤約二

69　〔明〕徐忠獻：《吳興掌故集》卷十三〈物產〉，轉引自陳學文：《明清社會經濟史研究》（臺北：稻禾出版社，1991），頁26。

千零四點二至二千二百五十四點七一市斤（2,004.2-2,254.71市斤）之間。[70]

表八　南方米、桑、蠶出產折銀比較表

項目	產量	折銀值
米	產米三石，折今市畝為675.78市斤；四石折為901.05市斤；五石折1126.32市斤	三～五兩
桑	產桑八十個，每個二十斤，折今市畝2004.2市斤；九十個折為2254.71市斤；一百個折為2505.3市斤	
蠶	一筐蠶吃八個，十筐吃八十個，抵一畝桑產量。一筐收12.5斤，收絲一斤	一兩

資料來源：陳學文：《明清社會經濟史研究》，頁27。

一畝桑田可出產八十至一百個，一筐蠶吃八個，即一畝約可養十筐蠶，即收入約十兩，較種稻米高出二、三倍利潤。杭、嘉、湖的蠶桑業占有極其重要的地位，是明清時期的重要產區，也造就了絲織業專業市鎮的出現，絲織品交易非常蓬勃。形成一個女子，足以養活一家人的現象。

黃仁宇作了一個推測，每年銷售總量即使未超過一百萬兩銀子，也應接近此數。買方來自全國各地，主要來自山西、陝西、北京和前線地區。[71]北方省份為了完成向前線衛所供應的份額，而採用直接向南方購買，沿漕河送往前線。《木棉譜序》有概括的解釋：

> 北土廣樹藝而昧於織，南土精於織紝而寡於藝，故棉則方舟而鬻於南布則方舟而鬻於北。[72]

70 陳學文：《明清社會經濟史研究》，頁26引《沈氏農書》計算方式。

71 黃仁宇是根據明代各筆記記錄作出推測，見氏著《明代的漕運1368-1644》，頁178。

72 〔明〕王象晉：《木棉譜序》，轉引自黃仁宇《明代的漕運1368-1644》，頁179。

據有限的資料，互相印證於「三言」的故事，我們可見到明代紡織貿易其中的真實面貌。

第五節 商人與牙行關係——互惠互利

一 家族式經商及轉農為商

〈蔣興哥重會珍珠衫〉(《喻》一)的故事內容更展示出明代的家族式的商業運作。蔣興哥的父親蔣世澤因妻子羅氏早逝，被逼著與九歲的蔣興哥從湖廣襄陽到廣東做買賣。內文載：

> 話中單表一人，姓蔣，名德，小字興哥，乃湖廣襄陽府棗陽縣人氏。父親叫做蔣世澤，從小走熟廣東，做客買賣。因為喪了妻房羅氏，止遺下這興哥，年方九歲，別無男女。這蔣世澤割捨不下，又絕不得廣東的衣食道路，千思百計，無可奈何，只得帶那九歲的孩子同行作伴，就教他學些乖巧。原來羅家也是走廣東的，蔣家只走得一代，羅家到走過三代了。那邊客店牙行，都與羅家世代相識，如自己親眷一般。這蔣世澤做客，起頭也還是丈人羅公領他走起的。

〈李秀卿義結黃貞女〉(《喻》二十八)記述黃善聰女扮男裝，與李秀卿結拜，共同經商。同樣是繼承祖業，李秀卿自幼跟隨父親經商；而黃老實又將女兒打扮成男裝，冒充舅甥行商：

> 是大明朝弘治年間的故事。南京應天府上元縣有個黃公，以販線香為業，兼賣些雜貨，慣走江北一帶地方。……幼女名善聰。……黃

> 老實又要往江北賣香生理。思想女兒在家，孤身無伴……若不做買賣，撇了這走熟的道路，又那裏尋幾貫錢鈔養家度日？左思右想，去住兩難。香貨俱已定下，只有這女兒沒安頓處。一連想了數日，忽然想著道：「有計了！我在客邊沒人作伴，何不將女假充男子，帶將出去？且待年長，再作區處。……我如今只說是張家外甥，帶出來學做生理，使人不疑。」（《喻》二十八）

以上述兩卷內容可知，明代父子舅甥相繼祖業經商，當是常見的事。其他如〈楊八老越國奇逢〉（《喻》十八）記楊乃世代在閩廣為商：

> 一日，楊八老對李氏商議道：「我年近三旬，讀書不就，家事日漸消乏。祖上原在閩、廣為商，我欲湊些資本，買辦貨物，往漳州商販，圖幾分利息，以為贍家之資。」

〈閒雲庵阮三償冤債〉（《喻》四，敘宋事，事例當為明代）記阮氏兄弟與父專在兩京商販：

> 話說這兔演巷內，有個年少才郎，姓阮，名華，排行第三，喚做阮三郎。他哥哥阮大與父母專在兩京商販，阮二專一管家。

從上引文可知管理業務，亦是由家族成員負責。〈范巨卿雞黍生死交〉（《喻》十六，本事是漢朝，背景卻為明代）等都明確顯示明代商業承傳，多為祖業：

> 乃是楚州山陽人氏，姓范，名式，字巨卿，年四十歲。世本商賈，幼亡父母，有妻小。近棄商賈，來洛陽應舉。

亦有出身農民，轉賣土地，從事商業，如〈桂員外途窮懺悔〉(《警》二十五)的桂富五：

> 桂富五初時不肯說，被再三盤詰，只得吐實道：「某祖遺有屋一所，田百畝，自耕自食，盡可糊口。不幸惑於人言，謂農夫利薄，商販利厚，將薄產抵借李平章府中本銀三百兩，販紗緞往燕京。豈料運蹇時乖，連走幾遍，本利俱耗。」

〈徐老僕義憤成家〉(《醒》三十五)的徐老僕更是棄農從商致富：

> 阿寄道：「那牛馬每年耕種雇倩，不過有得數兩利息，還要賠個人餵養跟隨。若論老奴，年紀雖有，精力未衰，路還走得，苦也受得。那經商道業，雖不曾做，也都明白。……待老奴出去做些生意，一年幾轉，其利豈不勝似馬牛數倍！」

二　客商的扶手——牙行

牙行自古已出現，是買賣雙方的仲介機構，交易成功，收取佣金，又稱牙人、牙會、經紀、駔儈等，實皆可稱之為「牙行」。《明會典》卷一六四〈戶律二〉載：

> 凡城市鄉村，諸色牙行，及船埠頭，並選有抵業人戶充應，官給印信文簿，附寫客商船戶，住貫姓名，路引字號，物貨數目，每月赴官查照。[73]

---

73 申時行等修：《明會典》，卷一六四〈律例五・戶律二〉，頁846。

上述的牙行遍布全國，可把持物價，上下其手，但亦可平衡物價，令交易較公平。以山東為例，嘉靖年間，萊蕪縣十七個集市共有牙人二百餘人，負責斛斗秤尺，「故貿易平，而爭者鮮少」。[74]故明律對牙行設例限制：

凡買賣諸物，兩不和同，而把持行市，專取其利，及販鬻之徒，通同牙行，共為姦計，賣物以賤為貴，買物以貴為賤者，杖八十。[75]

上列記載是明初牙行設立的情況，能否伸延至明末仍是這樣運作管制，是另一問題。明太祖曾禁私官牙，卻又規定依照物品等級交納「免牙錢」。到永樂時，官牙、私牙並存，仍然需繳納「免牙錢」。到明中葉，牙行出現跋扈的情況：

州為小民害者，舊時棍徒……私立牙店，曰行𦡗，貧民持物入市，如花布米麥之類，不許自交易，橫主價值，肆意勒索，曰用錢，今則離市鎮幾里外，令群不逞要諸路，曰白賴。[76]

牙行在商業中處於非常重要的地位，在「三言」的故事中，貿易過程幾乎無牙行不行。先看「三言」中記載有關牙行的資料：

---

74 《萊蕪縣志》卷二〈市集〉，轉引自張顯清主編：《明代後期社會轉型研究》（北京：中國社會科學出版社，2008），頁166。

75 同上註。

76 劉日重、左雲鵬：〈對「牙人」「牙行」的初步探討〉，收在《明清資本主義萌芽研究論文集》（臺北：谷風出版社，1987），頁242。

(一)〈蔣興哥重會珍珠衫〉(《喻》一)

> 原來羅家也是走廣東的，蔣家只走得一代，羅家到走過三代了。那邊客店牙行，都與羅家世代相識，如自己親眷一般。這蔣世澤做客，起頭也還是丈人羅公領他走起的。

(二)〈蔣興哥重會珍珠衫〉(《喻》一)

> 一路遇了順風，不兩月行到蘇州府楓橋地面。那楓橋是柴米牙行聚處，少不得投個主家脫貨，不在話下。

(三)〈施潤澤灘闕遇友〉(《醒》十八)

> 那市上兩岸綢絲牙行，約有千百餘家，遠近村坊織成綢疋，俱到此上市。四方商賈來收買的，蜂攢蟻集，挨擠不開，路途無佇足之隙。

(四)〈徐老僕義憤成家〉(《醒》三十五)記載徐老僕阿寄欲販賣漆料，亦先到牙行與人混熟，套交情，才能順利出貨

> 原來採漆之處，原有個牙行，阿寄就行家住下。那販漆的客人，卻也甚多，都是挨次兒打發。阿寄想道：「若慢慢的挨去，可不耽擱了日子，又費去盤纏！」心生一計，捉個空扯主人家到一村店中，買三杯請他，說道：「我是個小販子，本錢短少，守日子不起的。望主人家看鄉里分上，怎地設法先打發我去。那一次來，大大再整個東道請你！」

經營規模較大及販運時間與距離較長的貿易，更需要牙行的協助。他們是出產者及販運者中間的橋樑，特別是南方絲織貿易繁華的時期。張顯清指出：

> 絲織品市場的絲行（莊），綢行（莊），即為牙行。他們從分散的農戶和機戶那裡收購蠶絲和綢緞，然後成批量賣給客商，客商再將其運往外地銷售。[77]

經營模式有坐商、客商之分，坐商是相對客商而言，坐商有固定的出售貨物的地點，如《劉小官雌雄兄弟》（《醒》十）記劉方、劉奇在河西務鎮主持酒店，兼販布及〈錢秀才錯占鳳凰儔〉（《醒》七）的高贊慣走江湖，販賣糧食，後來家道漸豐，開起兩個解庫，自己在家受用等都是坐商的經營模式。

客商是指經常旅行的商人，他們到各處買賣貨品，如蔣興哥往來襄陽、湖廣、廣東、蘇州一帶買賣珍珠、玳瑁、蘇木、沉香諸貨；李秀卿、黃善聰二人來回南京、江北販賣線香、雜貨。由於客商要四處奔走，因此與同牙行的關係一般是較親近。蔣世澤與蔣興哥兩代在廣東經商，已取得一定的信譽。其妻家羅氏更是三代在廣東經商，廣東的客店牙行，與羅家親如家眷。所謂牙行，由牙商組成。據黃仁宇先生解釋牙商的地位，對客商而言為「主人」。兩者之間關係極深厚，有超經濟之情誼。例如客商生病，牙商之為主人，通常加以照顧。蔣興哥重理祖業，亦是得到當地牙商的照拂。兼且明律規定牙商不得操縱市場，更有平定價格的任務。[78]牙行還會負責替往來客商僱用車船、騾馬、人夫等，甚至協助興建貨棧、榻房、倉庫、開設旅館、客店等。功能非常廣泛，可稱是商人的扶手，沒有牙行，容易失足。萬曆期間，廣州設「三十六行」，代政府收取貿易商稅，功能不可忽視。

---

77 張顯清主編：《明代後期社會轉型研究》，頁166。

78 黃仁宇：《放寬歷史的視界》（臺北：允晨文化實業公司，民90〔2001〕），頁30。

客商之中，以來自徽州及陝西的最著名。在「三言」的故事中，每敘述富商，往往強調這人是祖籍徽州的，如〈呂大郎還金完骨肉〉（《警》五）載：

> 到第五個年頭，呂玉別了王氏，又去做經紀。……在下姓陳，祖貫徽州，今在揚州閘上開個糧食鋪子。

又如〈宋小官團圓破氈笠〉（《警》二十二）：

> 聞得徽州有鹽商求嗣，新建陳州娘娘廟于蘇州閶門之外，香火甚盛，祈禱不絕。

原來徽州有「商賈之鄉」的稱譽，徽商在中國商業發展史占有很重要的地位。萬曆《歙志・貨殖》載：

> 今邑之人眾幾於漢一大郡，所產穀粟不能供百分之一，安得不出而糊其口於四方也。諺語以賈為生意，不賈則無望，奈何不亟亟也。[79]

上述資料指出，由於徽州地理環境關係，出產不足以供應本土生活，因而出外謀生。徽商的普遍心理狀態是尊崇理學，即重視儒家思想，有別於其他商幫。由於在這種人文環境中生長，徽商對族群及宗族有較強烈的歸屬感，這使到徽商的凝聚力增大，因而構成互相信賴的貿易集團。張顯清主編的《明代後期社會轉型研究》指出：

---

79 唐力行：《明清以來徽州區域社會經濟研究》（安徽：安徽大學出版社，2001），頁71。

> 明後期，在全國先後出現了一些各具特色的商人群體，即「商幫」。商幫是以地域為中心，以血緣、鄉誼和同業為紐帶，以「以眾為幫」為目的，以會館為聯絡場所的自發性商人團體。[80]

徽商善於經商，是「十大商幫」之一。試舉一例說明：明末徽商汪氏於蘇州開設布號「益美號」，每年銷售布疋以百萬計。其成功原因是給縫工小利，使其讚賞益美號所出布疋，令到其號建立信譽，而該號亦對布疋質素作出監控，令其所售棉布二百年不衰[81]。徽商之特出，與其環境有關：

> 徽州地處皖南崇山峻嶺之中，素有「七山半水半分田，兩分道路和莊園」之稱。雖然人多地少，但物產豐富，交通便利。這裡盛產竹木、茶葉、陶土；手工業品紙、墨、筆、硯及漆器遠近聞名；水路密布，「上接閩廣，下連蘇杭」，「四出無不至」。這種地理和經濟環境既對人口眾多、糧食不足的徽州人離土經商提出了要求，也為其經商提供了人力資源和商品資源。[82]

從徽商的貿易情況知道，「三言」未能反映另一個現象：明中晚期紡織業的出產動輒每年以數千萬疋計，這樣龐大的出產其實不只內銷，更有外銷網絡，徽商就是當中的表表者。據〔明〕嚴從簡《殊域周咨錄》載徽商汪直與葉宗滿、徐惟學等人合夥造船，販賣硫磺、絲綿等違禁品往日本、暹羅、西洋諸國等地，五、六年來致富不貲[83]。

「三言」又提到陝西客商，〈宋小官團圓破氈笠〉（《警》二十二）敘

---

80 張顯清主編：《明代後期社會轉型研究》（北京：中國社會科學出版社，2008），頁154-155。

81 許仲元：《三異筆談》卷三〈布利〉條，見李伯重《江南的早期工業化》，頁82。

82 張顯清主編：《明代後期社會轉型研究》，頁155。

83 唐力行：《明清以來徽州區域社會經濟研究》，頁139。

宋金得財物後，遇到路經客船，訛稱自己是陝西錢金，隨叔父走湖廣為商，為強賊所劫，財物藏於廟內，要求眾人協助。而眾人卻奉承陝西客有錢，湊出銀子，買酒買肉，結宋金壓驚。從此故事知道，明代陝西商客多被認為是有錢客商。究其原因如下[84]：

一、朝廷要解決西北邊部隊軍裝旗仗對布疋的需要，陝西商人到江南購布是直接原因，明前期的鹽法「開中法」，他們已是主要商人；

二、明政府為鼓勵農業，賦稅以實物為徵，亦推動陝西商人購買布疋繳稅；

三、明政府在陝西推行「布馬交易」，又為陝西南人赴江南購布提供商機；

四、江南地區棉布質優貨全，而蘇、松、嘉、杭更是全國棉布主要供應地。

嘉靖年間，嚴世蕃品評天下富豪，「家資五十萬兩以上者為頭等，全國共十七家，其中除王公權貴外，有山西省商人三家，徽州商人二家。聚集在揚州的鹽商，資本最雄厚的是徽商，其次是晉商和陝商。」[85]又據《閱世編》載：「（秦晉）富商巨賈，操重資而來市者，白銀動以數萬計，多或數十萬兩」[86]往江南購布，由此可知，大量資金流向江南，亦造就了江南的繁盛經濟。所以故事中的商人見宋金自稱來自陝西，則態度奉承。

江南絲織發展極為迅速，大型機房逐漸出現。傳統家庭式手工業的貿易模式難以適應商業發展的速度，牙行就成為產品生產者與客商的仲介

---

84 李剛：《陝西商幫史》（陝西：西北大學出版社，1997），頁178-179。

85 張顯清主編：《明代後期社會轉型研究》，頁159。

86 〔清〕葉夢珠：《閱世編》（上海：古籍出版社，1981）卷七〈食貨五〉，頁157-158。

人，其地位——從「三言」故事顯示——極之重要。牙行一方面要招攬生產絲綢的生產戶，一方面卻要接待四方而來購買絲料的商人。牙行本身具有雄厚的資本，其力量幾可操控市場價格。由於明代晚期商業繁盛，政府利用行會、牙行徵稅。政府推行此政策是因為商業的迅速發展，行政改革不能與之協調，惟有依靠行會、牙行代行。

「行」的名稱最早出現於唐朝，源自市肆各行各業的分類。由於經濟的發展，各行各業的人數眾多，同行中所產生共通的問題需要互相協調，並取得處理問題的共識。相信「行」最初不是官方組織，只是工商業者集合一起，共同處理問題，甚至訂立行內規條，逐漸發展成具有影響力的工商業組織。〔明〕沈榜《宛署雜記》有兩則對明代的鋪行的記載：

> 蓋鋪居之民，各行不同，因以名之。國初悉城內外居民，因其里巷多少，編為排甲，而以其所貨注之籍。遇各衙門有大典禮，則按籍給值役使，而互易之，其名曰行戶。或一排之中，一行之物，總以一人答應，歲終踐更，其名當行，然實未有徵銀之例。後因各行不便，乃議徵行銀。其法計生理豐約，徵銀在官。每遇有事，官中召商徑自買辦。……行之既久，上下間隔。官府不時之需，取辦倉猝而求之不至，且行銀不敷，多至誤事。當事者或以賈禍，不得已復稍諉之行戶，漸至不論事大小，俱概及之。於是行戶始群然告匱云。[87]

各行注籍之後，本是「按籍給值役使」，發展至後來，改為徵銀，而徵銀的工作又交給鋪行代理。如此，則行會的影響力漸大。萬曆十年（1582）順天府尹張國彥及戶部尚書張學顏曾上疏討論行會代收稅所出現的問題：

---

87 〔明〕沈榜：《宛署雜記》（北京：中華書局，1982），卷十三〈鋪行〉，頁103。

> 今查得宛、大二縣，原編一百三十行，除本多利重如典當等項一百行，仍行照舊納銀，如遇逃故消乏，許其告首查實豁免外，將網邊行、針篦雜糧行、碾子行……，共三十二行，仰祈皇上特賜寬恤，斷自本年六月初一日，以後免其納銀。其他如賣餅、肩挑、背負、販易雜貨等項，看守九門各官，不許勒索抽分。……務要兩平交易，當時全給絲銀，不許遲延短少，如差出番皂，不持印票，或指一取十，或將鋪行該日者買脫，不該該日者妄索，及將殷富鋪戶人等假以人命、盜情羅織，挾求財物，許被害之人赴巡視御史法司稟治。[88]

順天府內三十二行均受到胥吏的騷擾及無理苛索，戶部尚書及府尹不得不上疏要求「免其納銀」。從上述兩項資料可知，鋪行有著半官方職責的身分。一方面要替政府徵銀，而另一方面又受到胥吏的敲詐。

據江蘇嘉靖《天長縣志》載：

> 本縣游手者眾，鎮市僅四處，而所謂經紀者，乃千餘人，皆不力稼穡，衣食於市，物價之低昂，惟在其口，而民之貿易，必與之金，甚至一肩之草，一籃之魚，皆分其值而後售，此天下之所未聞也。[89]

這些所謂「經紀」即牙役，他們能控制價格，任意取值，可以說橫行霸道。當中必然有官府或地方勢豪作依附。

行會能控制城市工商業者，而牙行多依行會意願為事。最後，牙行，可壟斷交易，甚至聯同官吏，侵吞客商。〔明〕葉權《賢博編》載：

---

88 〔明〕沈榜：《宛署雜記》卷十三〈鋪行〉，頁108。

89 嘉靖《天長縣志》卷三〈風俗〉，見王毓銓主編：《中國經濟通史——明代經濟史》，頁725。

> 今天下大馬頭，若荊州、樟樹、蕪湖、上新河、楓橋、南濠、湖州市、瓜州、正陽、臨清等處，最為商貨輳集之所，其牙行經紀主人，率賺客錢。架高擁美，乘肥衣輕，揮金如糞土，以炫耀人目，使之投之。孤商拚命出數千里，遠來賣發，主人但以酒食餌之，甚至兩家爭扯，強要安落。貨一入手，無不侵用，以之結交官府，令商無所控訴，致貧困不能歸鄉里。[90]

除上述欺詐強索外，部分牙行甚至搶劫農民，據崇禎《太倉州志》卷五〈流俗〉載：

> 州為小民害者，舊時棍徒……私立牙店，曰仁霸。貧民持物入市，如花布米麥之類，不許自交易，橫立價值，肆意勒索，曰傭錢。今則離市鎮幾里外，令群不逞要諸路，曰白賴。鄉人持物，不論買賣與否攙攫去，曰至某店領價。鄉人且柰何，則隨往，有候至日暮半價者，有徒手哭歸者，有饑餒嗟怨被毆傷者……。[91]

〔明〕顧起元《客座贅言》記載：

> 嘉靖中，鄧玉堂，家復成橋旁。饒資財，交結諸貴人，相引為聲勢。畜虎棍數十人，遇江上賈舶至者，令其黨假充諸色人給事賈人所，或為縫紉，或為禱祠，因得賈人鄉里姓氏，與其祖父諸名字，寫偽卷怵之曰：「某年而祖父游金陵，負我金若干」，賈人多錯愕不能辨。……間有識其詐者，輒鉤致於家，置水牢中，其人悶絕，輒

90 〔明〕葉權：《賢博編》（北京：中華書局，1997），頁22。

91 轉引自王毓銓主編：《中國經濟通史──明代經濟卷》，頁724。

償所負以求解。有訟者，請托抑其辭不行，或訟者反被重刑而去，南都莫可如何？[92]

總括上述資料，可知道行會、牙行在中晚明有幾種特別的社會現象：

（一）各行原供政府役使，不須繳納稅銀，但漸漸改制，行會、牙行代政府徵收稅銀；

（二）非厚利行會反被胥吏苛索；

（三）牙行必須有官府或勢豪作支持；

（四）牙役多游手之民，仗勢欺凌。

然而，在考慮牙行的地位時，會發現幾處矛盾點：一是從〈蔣興哥重會珍珠衫〉（《喻》一）知道蔣興哥幾代得牙行照顧，甚至所收帳項，亦寄存於牙行中人，中間必定有極之信任的關係。試看內文記載他們的交誼：「這些客店牙行見了蔣世澤，那一遍不動問羅家消息，好生牽掛。今番見蔣世澤帶個孩子到來，問知是羅家小官人，且是生得十分清秀，應對聰明，想著他祖父三輩交情，如今又是第四輩了，那一個不歡喜！」（《喻》一）可是，從上引幾種資料得知牙行不獨欺壓客商，甚至聯同官府騙財，與〈《喻》一〉所記大異其趣。

二是〈施潤澤灘闕遇友〉（《醒》十八）記載單是盛澤一鎮，已有千餘牙行，所僱用牙役當在萬數。倘若牙役如此猖獗，則南方經濟斷無理由高速增長。四方客商自當望而卻步，可是，蘇杭一帶俱是客商雲集之處，盛澤一鎮，已儼如都會，其經濟之盛，必然帶動其他社會運作，諸如茶樓酒肆，旅館青樓等。當日繁榮景象，歷然在目。當然，《太倉州志》、《客座贅言》、《賢博編》所載當然是作者所見所聞，故事的真確性很高，但相信

92　〔明〕顧起元：《客座贅言》（北京：中華書局，1997）卷八〈陳侍御〉，頁256。

作者所敘述的事情，並不是非常普遍的現象。由於牙行可以得到可觀利潤，私充牙行必然出現，故《大明律》有此一條，〈私充牙行埠頭〉：

> 凡城市鄉村，諸色牙行，及船埠頭，並選有抵業人戶充應。官給印信文簿，附寫容商船戶，住貫姓名，路引字號，物貨數目，每月赴官查照。私充者，杖六十，所得牙錢，入官。官牙埠頭容隱者，笞五十，革去。[93]

對把持行市的人，亦與重罰，《大明律》〈把持行市〉條：

> 凡買賣諸物，兩不和同，而把持行市，專取其利，及販鬻之徒，通同牙行，共為姦計，賣物以賤為貴，買物以貴為賤者，杖八十。若見人有所買賣，在傍高下比價，以相惑亂而取利者，笞四十。若已得利物，計贓重者，准竊盜論，免刺。[94]

《閱世編》的一則記載，可歸納出結果：「牙行奉布商如王侯，而爭布商如對壘，牙行非借勢要之家不能立也。」[95]為甚麼牙行奉布商如王侯？布商攜帶雄厚資金到南方買布，特別是秦、晉、徽等商幫，牙行身為「仲介人」，倘若串成生意，必然得到可觀的利潤。由於利之所在，爾虞我詐，巧取豪奪便出現。產品主人與遠來客商互不相識，如何做成生意？牙行就有此節上發揮功能。就因為如此，一個可信的牙行是非常重的，蔣興哥、李秀卿、黃貞娘等人都是祖上與牙行有交易，互相信賴依靠，構成自然貿易機制。劉日重及左雲鵬曾就「牙人」、「牙行」的影響，作了以下

93 懷效鋒點校：《大明律》卷十〈戶律・市廛〉，頁83。

94 懷效鋒點校：《大明律》卷十〈戶律・市廛〉，頁84。

95 〔清〕葉夢珠：《閱世編》卷七〈食貨〉，頁158。

的分析：

> 牙人的產生，屬於古老的經濟範疇，即交換關係帶有偶然性時，他是既需要又受人尊敬的。但在商品貨幣經濟有了發展的時候，便成了自由買賣的障礙，……。[96]

牙人作為仲介人，有他們的存在價值，相信在經濟發展迅速的地方，他們協助產戶及買商達成貿易協議，推動商業，而他們亦獲利甚厚。基本上，這些牙人及牙行不需大量資金，只要人事暢通，熟識行情，便可獲利。劉、左兩位學者認為當貨幣經濟發展到一定程度，仲介人就成為商品產戶與買家的障礙。筆者認為此情況應在貨幣發展到「信用時代」才顯著出現，但終明之世，未發展至信用時期。

第六節　貨幣與資本運用——經商致富

安德烈·貢德·弗蘭克在其《白銀資本》一書指出，明代中晚期（十六世紀以後二百多年）的中國南方是世界的經濟中心。弗蘭克更指出，十九世紀以前，歐洲無論在經濟或政治上都談不上「稱霸」[97]。彼時全球白銀總產量約十二萬噸，輸入中國的白銀約三至四萬噸以上，亦有學者估計超過一半以上的白銀是運到中國，而此數量足以令明政府製造超過三億兩以上的白銀。明代於正統後才開始以白銀為稅收貨幣。至嘉靖、萬曆，及張居正的「一條鞭法」改革，官民才普遍以白銀為交易貨幣。及至清朝康、雍、乾盛世的出現，已流通全國，都是與此有關。

---

96 劉日重、左雲鵬：〈對「牙人」「牙行」的初步探討〉，頁243。

97 〔德〕安德烈·貢德·弗蘭克（A. G. Frank）、劉北城譯：《白銀資本》，頁27。

一　貨幣——白銀

明初推行寶鈔，然而寶鈔沒有「準備金」作為支持，一開始幾乎已注定是失敗。根據《太祖實錄》紀錄，西元一三九〇年內已發寶鈔六十九次，用於不同的事情上。此年所發寶鈔值九千五百萬（95,000,000）貫，而寶鈔收入額值是二億三十八萬二千九百九十（20,382,990）貫，多出約七千五百萬（75,000,000）貫。此數為全國二年半的田賦總值，如此，豈有不失敗之理。[98]

其次，鼓鑄銅幣又難實行，因為銅錢經常流出海外，當銅價高於錢幣時，民間又會熔錢為銅。可想而知，單單貨幣，已是政府頭痛的事。故白銀流入中國，一定程度上協助中國發展經濟。

「三言」各故事屢次提及商業交易是以白銀為主要貨幣，如〈蔣興哥重會珍珠衫〉〈《喻》一〉中的陳大郎湊了二、三千金作貿易資本，以三、四百兩銀作買珠寶的本錢等，其他故事凡有關買賣的幾乎全以白銀作為貿易媒介。

首先，讀者要清楚，白銀成為貨幣並不是中央有意識推行的，而是由下而上的改變。明代賦稅折銀，並不是始於正統，大規模的貨幣化，應是成化、弘治時期，逐漸推展至全國。白銀貨幣化，當以「一條鞭法」為標誌。貨幣化的過程並不是由中央向全國頒發，而是以「從民便」開始。據萬明研究，明代白銀貨幣化開始於江南，田賦折銀逐漸增多，主要是用於交通不便、運輸困難的地方；有折銀兩救災、有稅糧折銀的情況。[99]雖然中央不斷申明本色徵收糧稅，可是，發展至成化期間，已可看到，白銀貨幣已破壞了原來的制度。到正德初年，各地京運納銀解京召商上納得到准

98　黃仁宇：《放寬歷史的視界》，頁10-11。

99　萬明主編：《晚明社會變遷問題研究》（北京：商務印書館，2005），頁149。

許，是京糧白銀化的具體過程。[100]費正清（J. K. Fairbank）認為白銀流通，卻未能成為通行貨幣：

> 不幸的是，從日本和美洲流入的白銀並未帶給中國白銀通貨。銅錢和銀子一併通用，形成類似複本位的制度。人們日常交易都用銅錢，……。拿白銀來鑄幣以維持通貨穩定是不可能的，因為明朝政府從未有過鑄銀幣的打算。用一塊銀子繳稅並不是計畫決定的，而是因為其他通貨都不管用了，逼不得已才用銀子。純銀塊的流通非常不便，因為各地用的「兩」，單位大小不同。有時候，一個城市同時通行二十種不同的銀兩……。流通中的每錠銀子還要秤，要驗純度。這些條件造成銀兩單位雜亂，兌換方式繁多，操作錢的人可從中取利，而且可以支配想投資做計畫生產事業的人[101]

費正清指出，明政府無意以白銀作為流通貨幣，而民間卻無可奈何的以白銀為交易媒介。這樣，容易造成兌換混亂，負責白銀交易的中間人可從中取利，造成投資者的風險。

討論商業發展，貨幣是重要一環，德國歷史學家 Bruno Hildebrand 將貨幣發展過程分為三期：自然經濟時代（以物換物時代）、貨幣時代（金屬作交易媒介時代）、信用時代（先用信用進行貨物的交換，最後以同一物或等價物清算）[102]。明清小說在敘述宋以前的故事時，往往有一個謬誤，就是一切交易都是以白銀為主，例如〈莊子休鼓盆成大道〉（《警》二）載：「老蒼頭收了二十兩銀子，回復楚王孫」。其實中國貨幣的流通，

100 同上註，頁149-150。

101 〔美〕費正清（Fairbank, J. K.）、薛絢譯：《費正清論中國：中國新史》（臺北：正中書局，1998），頁139-140。

102 見全漢昇師：〈中古自然經濟〉，收在《中國經濟史研究上冊》（香港：新亞研究所，1976），頁2。

從漢末以後，產生激劇的變動，全漢昇師解釋說：

> 錢幣的使用日漸減少，而實物貨幣的流通則日盛一日。這種當作貨幣來使用的實物，以穀、米、麥、粟等農產品，及縑、絹、布、帛、綾、綵、練、褐、綿、繒等布帛類為最多。……自漢末以後，至安史之亂左右，一共五百多年之久，實物貨幣在中國各地的市場上都占有相當雄厚的勢力。[103]

唐末至北宋中葉，商業發展迅速，錢幣的使用殷切，宋真宗時（997-1022），四川開始發行交子（紙幣），而白銀亦同時成為為貿易媒介。自宋至明的幾百年間，白銀被作為貨幣使用，但並不是暢通無阻。當紙幣濫發時，銀的價值就上升，政府便會禁止民間以白銀作貨幣。由於穩定貨幣是政府的要務，因此一旦發現偽幣贗品，則嚴加追辦，如〈陸五漢硬留合色鞋〉（《醒》十六）記載一件發現假銀的處理方法：

> 原來本縣庫上錢糧收了幾錠假銀，知縣相公暗差做公的在外緝訪。這兜肚裏銀子，不知是何人掉下的，那錠樣正與庫上的相同。因此被做公的拿了，解上縣堂。知縣相公一見了這錠樣，認定是造假銀的光棍，不容分訴，一上打了三十毛板，將強得利送入監裏，要他賠補庫上這幾錠銀子。三日一比較，強得利無可奈何，只得將田產變價上庫。又央人情在知縣相公處說明這兩錠銀子的來歷。知縣相公聽了分上，饒了他罪名，釋放寧家。共破費了百外銀子，一個小小家當，弄得七零八落。被里中做下幾句口號，傳做笑話。(《醒》十六）

103 全漢昇師：〈中古自然經濟〉，收在《中國經濟史研究上冊》，頁60。

上述案件，其實知縣已知道被告是冤枉，但必須填回所失數額，不管是否有冤，先斷罪，再追款。從這點可知，明政府對發現偽幣是傾向嚴辦。明中葉以後，中國可以長期用白銀作貨幣，原因並不是銀的出產增加，而人口急劇上升。倘若沒有足夠的金屬貨幣作貿易媒介，明代的商業不可能如此快速增長，因為以物換物妨礙了大規模的買賣。因此，銀的全面應用，起了重要性的作用。

明初，政府禁止以白銀為貨幣，並推出「大明寶鈔」作應用貨幣。可惜，大明寶鈔的價值不斷下降，洪武八年（1375）發行，到洪武二十七年（1394）已較發行時貶值百分之八十四至九十五（84%-95%）。[104]至明中葉，其價值不及原來的萬分之一，幾同於廢紙。民間在此情況下，唯有暗自以白銀為交易貨幣。最後明政府亦不得不取消白銀禁令，容許其作流通貨幣。

根據宋、明政府銀課的收入估計，自十世紀末葉以後，中國銀的產量沒有增加，反而有下降的趨勢。從明代的銀課收入，足以反映明代銀礦的出產量的不足。明代的銀課收入主要是來自銀礦的開採，從十四世紀九十年代（洪武二十三年，西元1390年以後）開始約一百三十年間，最初的三分之一有增加，而最後的三分之二卻減少。由宋代發展至明代，白銀在宋及明代購買絹和白米的價值起了變化，白銀的購買力增加一倍左右，其購買力增強，顯示出產減少。

明初發行寶鈔，面值一貫，即一千文（行使價約值銅五十至一百六十〔50至160〕文之間。其價值不斷下跌，一百二十年後，其價值不及原來千分之一；一百六十年後，不及萬分之一。據此，明政府雖然明令不准使用白銀，但人民為保護自身利益，自然藐視此法令。故到宣德三年（1428）停發新鈔。其後，正統元年（1436），准許民間以銀代米，交納

104 全漢昇師：〈明清間美洲白銀的輸入中國〉，收在《中國經濟史論叢第一冊》（香港：新亞研究所，1972），頁435。

稅收，稱「金花銀」。銀的法定地位被確定。

然而，在明的貨幣中，銀的流通較銅重要得多。原因是銅的出產量減少，鑄造成本又高，行使價值卻低。銅的鑄造額不能滿足商業需要，銀就成為主要貨幣。其後明代改革中推行的開中法及一條鞭法均是以銀為收納貨幣。

明人普遍以白銀為主要貨幣時，白銀有兩大途徑輸入中國。一是嘉靖年間（1522-1566），日本銀礦產量增加，通過中、日的走私貿易，不少白銀流入中國；二是嘉靖四十四年（1565），西班牙人以西屬美洲為基地，占據菲律賓。自此以後，西班牙政府每年派遣兩三艘大帆船，橫渡太平洋來往於墨西哥阿卡普魯可（Acapulco）和菲律賓馬尼拉（Manila）之間。[105]而菲律賓又與中國貿易，通過此媒介，大量白銀流向中國。

自十六世紀開始，美洲銀礦的產量非常豐富，單是秘魯的波多西（Potosi）已占全球銀產量百分之六十強。根據西班牙政府的統計，由一五〇三至一六六〇年，由美洲運往西班牙的白銀共一百六十八億八千六百八十一萬五千三百零三（16,886,815,303）公分[106]，黃金約一億八千一百三十三萬三千一百八十（181,333,180）公分，不包括走私數字。大量的白銀流入西班牙，促使西班牙在十七世紀的首十年，其物價的漲幅已是過去一百年的三、四倍。[107]西班牙的物價遠較他國為高，而銀的購買力相對地低。美洲所發現白銀不獨令歐洲產生變化，遠至中國，亦受到影響。

下列兩項資料，可知道美洲銀產量的概況[108]：

---

105 全漢昇師：〈明清間美洲白銀的輸入中國〉，收在《中國經濟史論叢第一冊》，頁435。

106 此公分屬重量單位，是萬國權度通制，民初行公制時通用單位，公斤以下有公兩、公錢、公分、公釐、公毫等，皆以十進。

107 全漢昇師：〈美洲白銀與十八世紀中國物價革命的關係〉，收在《中國經濟史論叢下冊》，頁475。

108 全漢昇師：〈美洲白銀與十八世紀中國物價革命的關係〉，收在《中國經濟史論叢下冊》，頁475。

（一）十六至十七世紀，西班牙在秘魯南部（Upper Peru）的波多西（Potosi）開採銀礦，每星期達二萬五千至四千（25,000-40,000）西班牙銀元（pesos）。自嘉靖二十七至三十年（1548-1551）間，西班牙皇室所以銀課約三百萬（3,000,000）篤卡（ducados）。每篤卡約值中國一銀元。

（二）據 Phil. Isl.原書記載，西班牙皇室每年銀課收入約為一百五十萬（1,500,000）西元。

由上述資料推斷，明代中葉的銀產量與秘魯相較是一大一小。這些白銀隨著美洲與菲律賓之間的貿易而流入菲島，透過中菲貿易再流入中國。由於大宗的貿易多以生絲和絲織品為主，中國商人乘勢輸出大量絲貨而換回大量白銀，其數額足以使白銀成為主要流通貨幣。自菲輸華的銀子，初時約十萬西班牙銀元（西元），到了十六世紀末葉已增加至一百萬西元以上，而且每年遞增。到十七世紀前半，每年已增至二百多萬西元。由此可斷言，明代能以白銀為主要貨幣是因為有大量白銀流入的緣故。美洲白銀的發現，實在幫助了中國商業的急速發展，張居正的一條鞭法亦藉此全面推行，相信身處明代的馮夢龍亦茫然不知。

弗蘭克指出明代周邊的國家所謂「納貢」，其實是商業活動，此結論已得大部分學者認同，亦驗證於史實。中國成為中心點，以中國為中心的國際秩序亦同時出現。弗蘭克說：

> 整個多邊貿易平衡體系，包括印度和東南亞因遜於中國的產業優勢，而扮演的輔助角色，起了一種磁石的作用，使中國成為世界的終極「秘窖」。[109]

---

109 〔德〕安德烈・貢德・弗蘭克（A. G. Frank）、劉北城譯：《白銀資本》，頁166。

「秘窖」是指白銀秘窖。然而，商旅（使團），包括歐洲人要購買中國的貨品，亦必須付出白銀。中國是中心點，其價格訂定，足以影響亞洲，甚至世界的價格。中國相對於世界的貿易總是順差，因此，白銀流入中國是必然，而且只會不斷增加。南方經濟發展迅速，馬克思（1996：60、59）指出，自一六〇〇年（萬曆二十七年）始，每年流入寧波、廣州的華南及沿岸地區的白銀就達到約二十萬公斤。[110]

白銀的價值亦因不斷的輸入而貶值，一六〇〇年（萬曆二十七年）左右，黃金與白銀的比值是1：8，至中末期，比值是1：10；但發展至十八世紀末是1：20[111]。貶幅可謂驚人。

至於有多少白銀流入中國，弗蘭克（Frank）引用很多學者的數據，茲舉二人作參考：里德認為從一六〇一至一六四〇年（萬曆二十八年至崇禎十三年），東亞共獲約六千（6,000）噸白銀，其中四千五百（4,500）噸出自日本；巴雷特估計，從一六〇〇至一八〇〇年（明萬曆二十七年至清嘉慶五年），亞洲至少經歐洲得到美洲白銀三萬二千（32,000）噸，加上來自馬尼拉及日本的白銀，總數不在四萬五千（45,000）噸之下。綜合估計，從十七世紀至十八世紀，中國占有全球白銀產量約三分之一到四分之一之間（1/3-1/4）[112]。

白銀大量流入中國，依正常的發展，人口、生產與貨幣均有增長，通貨膨脹自然出現，然而，十七世紀中期以後，除短暫的米價飛漲外，大部分時期都於低通信貨膨脹，甚至下降。這情況出現，可解釋為產出和流出速度的增長吸收了貨幣供應的增長，其次是可能有大量白銀被囤積。

白銀被囤積，屢見於「三言」的故事內容：

---

110 〔德〕安德烈．貢德．弗蘭克（A. G. Frank）、劉北城譯：《白銀資本》，頁224-225。

111 〔德〕安德烈．貢德．弗蘭克（A. G. Frank）、劉北城譯：《白銀資本》，頁192。

112 〔德〕安德烈．貢德．弗蘭克（A. G. Frank）、劉北城譯：《白銀資本》，頁210。

(一)〈滕大尹鬼斷家私〉(《喻》十) 載倪太守死前，將金銀埋於左壁，以俟其幼子得機緣到取

老夫官居五馬，壽逾八旬。死在旦夕，亦無所恨。但孽子善述，方年周歲，急未成立。嫡善繼素缺孝友，日後恐為所戕。新置大宅二所及一切田戶，悉以授繼。惟左偏舊小屋，可分與述。此屋雖小，室中左壁理銀五千，作五罈；右壁理銀五千，金一千，作六罈，可以准田園之額。後有賢明有司主斷者，述兒奉酬白金三百兩。八十一翁倪守謙親筆。年月日花押。

(二)〈宋小官團圓破氈笠〉(《警》二十二) 的宋金在土地廟發現八箱珠寶

宋金走到前山一看，並無人煙，但見槍、刀、戈，戟，遍插林間。宋金心疑不決，放膽前去，見一所敗落土地廟，廟中有大箱八隻，封鎖甚固，上用松茅遮蓋。宋金暗想：「此必大盜所藏，佈置槍刀，乃惑人之計。來歷雖則不明，取之無礙。」

(三)〈趙春兒重旺曹家莊〉(《警》三十一) 載私下儲存大量金銀

叫再取鋤頭來，將十五年常坐下績麻去處，一個小矮凳兒搬開了，教可成再鋤下去，鋤出一大瓷罈，內中都是黃白之物，不下千金。

(四)〈施潤澤灘闕遇友〉(《醒》十八) 施復新修家居，發現銀兩

且說施復新居房子，別屋都好，惟有廳堂攤塌壞了，看看要倒，只得興工改造。……便將手去一攀，這石隨手而起。拿開石看時，到喫一驚。下面雪白的一大堆銀子，其錠大小不一。上面有幾個一樣大的，腰間都束著紅絨，其色甚是鮮明。……把房門閉上，將銀收藏，約有二千餘金。紅絨束的，止有八錠，每錠准三兩。」

（五）〈桂員外途窮懺悔〉（《警》二十五）於祖房天花板發現白銀

還從岳父之言，要將家私什物權移到支家，先拆卸祖父臥房裝摺，往支處修理。於乃祖房內天花板上得一小匣，重重封固，還開看之，別無他物，只有帳簿一本，內開某處埋銀若干，某處若干，如此數處，末寫「九十翁公明親筆」。還喜甚，納諸袖中，分付眾人且莫拆動，即詣支翁家商議。支翁看了帳簿道：「既如此，不必遷居了！」乃隨婿到彼先發臥房檻下左柱磉邊，簿上載內藏銀二千兩，果然不謬。遂將銀一百四十兩與牛公子贖房。公子執定前言，勒掯不許。……誰知藏鏹充然，一天平兌足二百八十兩，公子沒理得講，只得收了銀子，推說文契偶尋不出，再過一日送還。

又載樹根下藏銀兩：

二更人靜，兩口兒（桂氏夫婦）兩把鋤頭，照樹根下竅穴開將下去，約有三尺深，發起小方磚一塊，磚下磁壇三個，壇口鋪著米，都爛了，撥開米下邊，都是白物。原來銀子埋在土中，得了米便不走。夫妻二人叫聲慚愧，四隻手將銀子搬盡，不動那磁壇，依舊蓋磚掩土。二人回到房中，看那東西，約一千五百金。

出現上述將金銀藏於土壁地底的原因，資金沒有出路，加上錢莊的發展尚未成熟，存戶毫無保障所致。積存金銀於錢莊，一旦倒閉，則血本無歸。

第二種囤積是貪污，據牛建強分析《明史》的循吏數目，正德以前的循吏比例是百分之九十，此後驟減，平庸貪官遽增[113]。此後貪官所積存金銀，數量非常龐大，如嚴嵩被籍沒，得金器二萬四千零四兩九錢六分（24,204.96兩）、銀器二百零二萬六千八百三十六兩二錢（2,026,836.2兩）。兩者折合為銀，則值二百一十四萬七千八百六十一（2,147,861）兩，較嘉靖二十八年（1549）太倉歲入還要多[114]。籍沒張居正時，折合金銀為銀數，值三十九萬八千八百二十二（398,822）兩[115]。李自成入京後，制定追贓標準：「內閣十萬金，京卿、錦衣七萬、或五、三萬，給事、御史、吏部、翰林五萬至一萬有差，部曹數千，勳戚無定數。」[116]幾乎已假定所有官員貪污，其中閣臣周延儒更是貪名遠播。以至推斷，流入私藏的金銀數目，大得無法推算。當然可以影響整個社會的發展，包括通貨膨脹。

「三言」亦常提及貪官污吏，如〈盧太學詩酒傲公侯〉（《醒》二十九）的濬縣知縣汪岑，貪婪無比，冤屈盧柟成死罪；〈沈小霞相會出師表〉（《喻》四十）的解差張千、李萬收了沈小霞丈人的銀兩、孟氏的金釵，仍欲中途殺掉沈小霞。貪官衙蠹私藏的白銀，應是非常龐大。

整體而言，商人購貨，是以通有無，各地物資價格不同，其差額，則為其利潤，如〈徐老僕義憤成家〉（《醒》三十五）的阿寄，則是「興化米三石一兩，杭州石一兩二錢」，價錢相距三倍半以上。然而，在明的貨幣中，銀的流通較銅重要得多。原因是銅的出產量減少，鑄造成本又高，行使價值卻低。銅的鑄造額不能滿足商業需要，銀就成為主要貨幣。其後明代改革中推行的開中法及一條鞭法均是以銀為收納貨幣。張顯清總結明後期貨幣的特點[117]：

---

113 牛建強：《明代中後期社會變遷研究》（臺北：文津出版社，1997），頁175。

114 牛建強：《明代中後期社會變遷研究》，頁186。

115 牛建強：《明代中後期社會變遷研究》，頁187。

116 〔清〕張廷玉等：《明史》卷二五三，〈魏藻德傳〉，頁6549。

117 張顯清主編：《明代後期社會轉型研究》，〈導論〉，頁7。

1. 賦役貨幣化，貨幣以銀為本位。一條鞭法的實施是國家賦役完成由徵收實物和僉派勞役向徵收貨幣轉變的標誌。
2. 白銀流通量和儲存量巨增，「金令司天，錢神卓地」，金錢關係滲透到社會生活和政治生活的各個方面，貨幣權力空前增大，超經濟強制和封建宗法關係日趨鬆弛。
3. 從事貨幣兌換、匯兌和保存的貨幣經營業應運而起，它們已具有近代金融業的某些因素。
4. 信用借貸需求旺盛，貨幣持有者紛紛將一部分貨幣投向放貸經營，形成巨額生息資本。借貸利率下降趨勢的出現、農業生產性借貸的增多、生息資本與商業資本的結合、部分生息資本向手工業資本的轉移，都是信用借貸出現的新現象。

上列四項現象均見於「三言」故事內，惟第4項，借貸放息是非常流行，但轉向手工業發展的詳細情況例子不多，幾則放貸與賒帳都是與廣大商業資金有關。

二　致富途徑

〈李秀卿義結黃貞女〉（《喻》二十八）李、黃二人的工作的分配是一人在南京販貨，一人在廬州發貨討帳。依此經商模式能夠成功，其實全在於信用。貨品與資本的流通乃建基於相互的信任，缺少制度及法規管制，因此經營的規模難以擴大，正好反映明代小本經營的模式。至於徐老僕小本經營而致富，亦正好體驗經商之道，及晚明經濟發展的迅速。

「三言」中有兩個故事，一是藉牙行致富，一是以紡織致富。此兩例子，正好反映當時的情況。〈徐老僕義憤成家〉（《醒》三十五）記載徐老僕阿寄取得主家十三兩銀子後，開始經商，最後竟以致富：

> 那經商道業，雖不曾做，也都明白。三娘急急收拾些本錢，待老奴出去做些生意，一年幾轉，其利豈不勝似馬牛數倍！就是我的婆子，平昔又勤於紡織，亦可少助薪水之費。那田產莫管好歹，把來放租與人，討幾擔穀子，做了樁主。三娘同姐兒們，也做些活計，將就度日，不要動那資本。營運數年，怕不掙起個事業？

上述的記載反映了三個概念：一是農業是沒法發跡的；二是只有商業一年可有幾倍利潤；三是得了利潤後，就得發展紡織及購買田地放租，而此概念正與現實情況相符。

農業生產就算是大豐收，利潤亦不會以倍數增長，若是雙位數字增長，已是不得了的豐收；相反，發展商業，則可能獲得意想不到的收成。南方的紡織業既然可以獲厚利，自然推動投資者的參與。至於購買田地，亦正好反映了農民心態及中國人傳統「家」的觀念。

看看阿寄如何實踐他的想法。他知道販漆是有利潤的，但又短於資金。阿寄先到漆料牙行結交，與牙行中人混熟後，再央求協助取漆料，當中應涉及賒賬。即阿寄央得牙行出面，不需實數購買漆料，待漆料售畢，再行完數。牙行中人，基於是同鄉，就幫了一把。亦可看見當地的批發商沒有囤備生漆，牙商可代阿寄向不同批發商收購。而故事特別提到阿寄可以賒帳，即表示一般交易是見錢取貨。此情況亦與當時的記載切合，如陳繼儒〈布稅議〉記：「凡數千里外，裝重貲而來販布者，曰標商，領各商之貲收布者曰莊戶。鄉人轉售於莊，莊轉售於標。」[118]雖然所記是布的貿易，但相信亦適用於其他行業，銀貨即時交收簡單貿易方式。

阿寄一發市，就得到利潤。他知道杭州較近出漆之地，回報較低。當資金充足，遂就僱船往較遠的蘇州販貨。正遇上蘇州缺漆，見他的貨到，

---

118 黃仁宇：《放寬歷史的視界》（臺北：允晨文化實業公司，2001），頁17。

猶如寶貝一般，不勾三日，賣個乾淨。一色都是見銀，並無一毫賒帳。除去盤纏使用，足足賺了一倍以上利潤。其後阿寄熟識販漆的途徑，竟有五、六倍利息。黃仁宇對此有一番解釋：

> 阿寄來自浙江淳安，蘇州乃其新到之處，文中暗示，雖在此情形之下，通常賒欠為無可避免。又蘇州在十六世紀為中國重要商業中心，油漆又為工業重要原料，其供應仍有此小販式之客商不時湊應，殊堪注重。[119]

阿寄並無賒帳，可算是幸運，亦可能生漆需求甚殷，人人以現銀交易，以增加貨源。而故事又說杭州漆價較賤，俱往遠處去了，杭州反而缺貨，前後文似有矛盾。

在蘇州販漆完畢，即糴六十多擔秈米，載到杭州出賣。這一來一回的生意，獲利甚厚。加上阿寄看準何處歉收，則運米往售。如此，阿寄則逐漸成為富商。試看看阿寄的生意經營手法：

> 阿寄此番不在蘇杭發賣，徑到興化地方，利息比這兩處又好。賣完了貨，卻聽得那邊米價一兩三擔，斗斛又大。想起杭州見今荒歉，前次糴客販的去，尚賺了錢，今在出處販去，怕不有一兩個對合。遂裝上一大載米至杭州，准糴了一兩二錢一石，斗斛上多來，恰好頂著船錢使用。那時到山中收漆，便是大客人了，主人家好不奉承。一來是顏氏命中合該造化，二來也虧阿寄經營伶俐，凡販的貨物，定獲厚利。一連做了幾帳，長有二千餘金。（《醒》三十五）

---

119 黃仁宇：《放寬歷史的視界》，頁18。

阿寄販漆蘇州，並不知蘇州缺貨；於杭州、興化販米則看準歉收。當時興化米三石一兩，杭州石一兩二錢，相距三倍半以上，似乎不大可能；倘若所載屬實，產區與消耗區之間的資訊並不暢通。

獲取厚利後，阿寄回鄉用一千五百兩替主家置一千畝田地並莊房，即一點五兩一畝田地，並供少主讀書。文末所載仍脫離不了傳統的資金運用模式，即購買不動產——田地。

另外一例是載於〈施潤澤灘闕遇友〉(《醒》十八)，當時紡織業的盛況，正好與白銀大量流入中國同時，主人公施復就是乘此風勢而發跡：

> 且說嘉靖年間(1522-1566)，這盛澤鎮上有一人，姓施，名復，渾家喻氏，夫妻兩口，別無男女。家中開張綢機，每年養幾筐蠶兒，妻絡夫織，甚好過活。這鎮上都是溫飽之家，織下綢疋，必積至十來疋，最少也有五、六疋，方才上市。那大戶人家積得多的便不上市，都是牙行引客商上門來買。施復是個小戶兒，本錢少，織得三四疋，便去上市出脫。(《醒》十八)

上述的情況說出盛澤鎮幾全民紡織，即每戶除農作外，都會以紡織作為副業或主業。牙行引客看貨，以大戶人家為主，小戶則需要自己將貨出售。通常是拿到市集的小型批發店，當中有店主及客商。布主拿出綢疋，先讓主人喝價，然後與客商討價還價。所賣的數量相信只在數疋至十數疋之內，若過此數，當有牙商為中間人。還有一項，可看見小本經營的困難，就是當施復執別人遺下的兩錠銀兩時有兩種想法：一是如果是富商遺下，只是九牛一毛，倘是一般客商遺下，他遠來經商，無本而還，實在不忍；二是小經紀做成生意而遺下，他可能如自己一樣，要用這些銀兩養家。施復的想法可證明兩錠銀兩可以令人傾家，則此等個體戶或小客商是小本經營，其本金可能已是其全副身家。當此時，應有大量農民或游民借資經商，亦可想像，工業與商業發展初期，部分人已「富起來」誘使其他人進工業及商業的門檻。前文曾提過盛澤鎮牙行成行成市，當日應是大商家、小客商、個體戶、牙行中人充滿整個市鎮，熱鬧情況，躍然紙上。施復曾計劃如何發展自己的事業：

> 如今家中見開這張機，盡勾日用了。有了這銀子，再添上一張機，一月出得多少綢，有許多利息。這項銀子，譬如沒得，再不要動他。積上一年，共該若干，到來年再添上一張，一年又有多少利息。算到十年之外，便有千金之富。(《醒》十八)

施復計劃是先儲足銀兩購買另一部新織機，再儲錢，再購新機。這樣一張張的添上去，必成大富。原來施復的想法不是癡人說夢話，張瀚《松窗夢語》曾記其先祖發跡的事情：

> 因罷酤酒業，購機一張……每一下機，人爭鬻之，計獲利當五之一。……積兩旬，復增一機，後增至二十餘。商賈所貨者，常滿戶外，尚不能應。自是家業大饒，後四祖繼業，各富至數萬金。[120]

張瀚祖先是從成化年間（1465-1487）開始發跡，歷四代不衰，且每房擁貲過萬金，不可謂不鉅。一張機一般需要二、三人操作，二十餘機則需要六、七十人操作。家庭成員不足此數，則需要聘請傭工。家庭成員有限，傭工則無限，可以致富者，是跳出家庭工業而進入大規模生產的模式。故張瀚解釋三吳致富者，多與其家族興起類似，「余總覽市利，大都東南之利莫大於羅、綢、絹、綺，而三吳為最」。[121]

---

120 〔明〕張瀚：《松窗夢語》(北京：中華書局，1997) 卷六，頁119。

121 〔明〕張瀚：《松窗夢語》卷四，頁85。

其他如張瀚先祖起家情況相似的，有蘇州的潘壁成，據《萬曆野獲編》載潘的致富是「起機房織手，至名守謙者始至大富、致百萬」[122]。施復最初家中只有一張機，每年養幾筐蠶，夫婦同力，幾年間增至三、四張機，家中已是饒裕。不上十年，其家已積千金家財，買了大宅，並起了有三四十張機的機房。施復的遭遇，正好反映工業發展的過程，對外貿易的興旺，只要因風起航，多能致富。

三　賒帳與放貸

至於「三言」的故事，在處理資金上，通常是賒帳和放貸。故事甚多主角於經商成功後，將資金購置田產，或經營典當及放貸收息。如〈宋小官團圓破氈笠〉（《警》二十二）的宋金，致富後，即開張典鋪，購置田產。又如〈滕大尹鬼斷家私〉〈《喻》十〉的倪太守，退休後則「凡收租放債之事，件件關心」，亦是以放貸為主要謀生事業。典當放貸的記載，在「三言」故事中，屢見不鮮，如〈杜十娘怒沉百寶箱〉（《警》三十二）的李公子，「在院中鬬得衣衫藍縷，銀子到手，未免在解庫中取贖幾件穿著」；〈張廷秀逃生救父〉（《醒》二十）中「將平日積些小本錢，看看用盡，連衣服都解當來吃在肚裡」；〈賣油郎獨占花魁〉（《醒》三）的秦郎，「到典鋪裡買了一件現成半新半舊紬衣」等，都說明典當業之普及。典當店是屬坐商之類，是非生產性的商業活動，另外，更是開了二手市場，流通各類貨品。明末借貸，一般利息在百分之二以上[123]。估計經商借貸，當以此息率為依據。

在「三言」經常在地裡掘到金銀，上文已提及此現象，如〈施潤澤灘

---

122 〔明〕沈德符：《萬曆野獲編》（北京：中華書局，1997）卷二十八，〈守土吏狎妓〉條，頁713。

123 彭信威：《中國貨幣史》，頁474，轉引自黃仁宇：《放寬歷史的視界》，頁23。

闕遇友〉（《醒》十八）兩次在地獲金、滕大尹鬼斷家私（《喻》十）中的倪守謙將大量金銀埋藏於地下，其實都顯示出資金沒有出路，又沒有類似現代銀行的機構可以託付的緣故。

前節曾提及貨幣發展時期，其中一期是「信用時代」。當貿易的金額非常龐大時，集資、信貸的需求自然增大。負責此功能的機構，就是現代的「銀行」，但清以前，中國並沒有「銀行」一詞的出現。古代如何處理貿易時所需的大量資金？《舊唐書・德宗紀》曾記載建中三年（782）於長安東、西市有為商人「積錢貨、貯粟麥」的「僦柜」出現。唐代的大商賈必須在長安貯有大量的資金，為的是方便商業交易。發展至宋代，此類「僦柜」並不流行，主要原因是宋代已出現紙幣，而且，宋代的茶引、鹽引可當作資金運用。

明代的發展如何？彭信威《中國貨幣史》認為明代萬曆期間已有錢莊出現。彭氏所根據的是《隔影簾花》第三十六回的一節記錄：「……在河下開了酒飯店，又賣青布，開錢莊，極是方便」。可是，葉世昌《從錢鋪到錢莊的產生》中指出《隔影簾花》不是明人作品，內容是根據清人丁耀亢《續金瓶梅》改寫。如此，則彭氏的引證未必成立。韓大成《明代城市研究》一書根據明人所繪的《南都繁會圖卷》中，發現有「錢莊」一種，這應是最早出現「錢莊」一詞的文物。[124]可是，在「三言」各故事中，未出現過「錢莊」一詞。可以推算，錢莊必定在明末清初才流行，否則馮氏在編纂「三言」故事時，有關商業發展的內容沒有理由全不提及錢莊。

徽商之間為解決大量資金的運用，而發展出「會票」。據《豆棚閒話》載有徽商汪興哥者，不到一月，花掉萬兩金錢，要尋個親戚寫個「會票」來接應[125]。至於「三言」的故事，在處理資金上，通常是賒帳和放

124 陳明光：《錢莊史》（上海：文藝出版社，1997），頁1，註1。
125 見上註，頁14。

貨。下列的例子都是完成貿易後，不能立即完錢，需要等待一段時間才收取其餘負額：

（一）〈呂大郎還金完骨肉〉（《警》五）

何期中途遇了個大本錢的布商，談論之間，知道呂玉買賣中通透，拉他同往山西脫貨，就帶絨貨轉來發賣，於中有些用錢相謝。呂玉貪了蠅頭微利，隨著去了。及至到了山西，發貨之後，遇著連歲荒歉，討賒帳不起，不得脫身。

（二）〈蔣興哥重會珍珠衫〉（《喻》一）

興哥一日間想起父親存日廣東生理，如今耽擱三年有餘了，那邊還放下許多客帳，不曾取得。夜間與渾家商議，欲要去走一遭。

（三）〈徐老僕義憤成家〉（《醒》三十五）

遇缺漆之時，見他的貨到，猶如寶貝一般，不勾三日，賣個乾淨。一色都是現銀，並無一毫賒帳。

據上列三項資料，呂玉是將貨物提到山西發售。貨物先交與坐商發賣，若干時候到取貨款。可惜遇荒歉，帳討不回。呂玉賒出貨物，當然會有單據，可惜，在欠缺還錢能力的時候，呂玉的債是毫無保障。這些欠帳的商戶，相信是以零售為主。

客商所賒欠的帳稱為「客帳」，這些客帳並非預先有籌劃的信用貸款，而是付款人臨時短缺資金，先記在帳上，後來挨戶取回。所欠的年期並沒有特別規定，就蔣興哥到廣東結帳，是三年後的事。中間有沒有計算利息？就文意來看，似乎不算利息的。

賒帳應在貨物不能完全賣出，暫寄商店內。阿寄能完全收現銀，主要是客人搶貨；反過來說，倘若滯銷，則有可能賒帳。

放貸應先將有價值的東西抵頭，所謂「抵頭」是借主倘不能還債，則取其有價值的東西發賣，一般是田產。明末的利息，一般在月息百分之二（2%）以上，而年息則達百分之三十（30%）以上。[126]放貸的回報十分可觀，看看明人如何看待放債：

> 那敗子借債，有幾般不便宜處：第一，折色短少，不能足數，遇狠心的，還要搭些貨物；第二，利錢最重；第三，利上起利，過了一年十個月，只倒換一張文書，並不催取，誰知本重利多，便有銅斗家計，不夠他盤算；第四，居中的人還要扣些謝禮，他把中人就自看做一半債主，狐假虎威，需索不休；第五，寫借票時，只揀上好美產，要他寫做抵頭，既寫之後，這產業就不許你賣與他人。及至准算與他，又要減你的價錢；准算過，便有幾兩贏餘，要他找絕，他又東扭西捏，朝三暮四，沒有得爽利與你。有此五件不便宜處，所以往往破家。（《警》三十一）

至於放貸收息（連典當業）的例子有：

（一）〈滕大尹鬼斷家私〉（《喻》十）

倪守謙罷官鰥居時，以收租放債為生。

（二）〈趙春兒重旺曹家莊〉（《警》三十一）

專一穿花街，串柳巷，吃風月酒，用脂粉錢，真個滿面春風，揮金

---

126 彭信威：《中國貨幣史》，頁474，轉引自黃仁宇《放寬歷史的視界》，頁23。

如土，人都喚他做「曹呆子」。太公知他浪費，禁約不住，只不把錢與他用。他就瞞了父親，背地將田產各處抵借銀子。

（三）〈玉堂春落難逢夫〉（《警》二十四）

王爺（瓊）暗想：有幾兩俸銀，都借在他人名下，一時取討不及。

又載：

王定討帳，不覺三月有餘，三萬銀帳，都收完了。公子把底帳扣算，分厘不欠。

（四）〈錢秀才錯占鳳凰儔〉（《醒》七）

西洞庭山有個富家，姓高名贊，少年慣走湖廣，販賣糧食，後來家道殷實了，開起兩個解庫，托四個伙計掌管，自己只在家中受用。

（五）〈宋小官團圓破氈笠〉（《警》二十二）

就於南京儀鳳門內買下一所大宅，改造廳堂園亭，置辦日用家火，極其華整。門前開張典鋪，又置買田莊數處，家僮數十房，出色管事者千人。

從上述故事推斷，明代兼營放高利貸者多為徽商、江西商人及山陝商人。萬曆《休寧縣志．輿地志．風俗》載休寧的居民「邑中土不給食，大都以貨殖為恆產，商賈之最大者曰舉鹺，次則權子母輕重而息之」[127]，表

127 劉秋根：《明清高利貸資本》（北京：社會科學文獻出版社，2000），頁29。

示休寧人除為鹽商外，則多以放息為生。當時徽商的放貸範圍及於南直隸、浙江、江淮、杭州、溫州、台州、河南、北京、山東等[128]，幾乎所有商業城市都有徽商的放貸業務。

江西在廣東放債的情況是非常普遍，據霍韜《渭崖文集》卷四載：「多江西客民在地方放債，害民激變」[129]，又郭子章《郭青螺遺書》卷十二：「豫章人挾子母錢，入虔入粵，逐什一之利，，趾相錯也」[130]。

明政府規定，放息每月不得過三分，年月雖多，亦不過一本一利，但相信實際的情況應不是如此。上文曾指出放貸的利息每年在百分之三十（30%）以上，如此高息仍有大量商人往借貸，則顯示商業的回報定高於每年百分之三十（30%）以上；否則放貸業不會如此興旺。從阿寄的發跡看出回報最高竟達五、六倍以上，當然此數字可能有點誇張或帶點幸運（《醒》三十五），但小規模，高利潤表露無遺。就因為這樣，放貸者往往安心借與商人。當然，當中必然有風險存在，但以整體東南經濟發展的趨勢來看，放貸無疑是高回報行業。

至於典當業，亦屬放貸一種，但必須有抵押物。明末以典當業致富者，最著名的是常熟汲古閣主人毛晉。毛晉利用典當所得利錢，印書出賣，成為中國出版史上的鉅子。

《天下郡國利病書》載萬曆耿橘〈平洋策〉言「商賈獲利三而勞輕，心計之民為之；販鹽之獲利五而無勞，豪猾之民為之。」[131]耿橘指出商人獲利是本金的三倍，估計是一年之中或一次貿易所獲利。各地貨品價格可能相差很遠，商人以此獲利，亦符合商業「以通有無」的原則。

上例的倪守謙及王瓊，一個為官，一個致仕，都是以放債作為投資。

---

128 同上註，頁29-31，表1。

129 同上註，頁32。

130 同上註，頁32。

131 〔明〕顧炎武：《天下郡國利病書》，〈蘇州府〉。

相信官員以此為業，因有勢力在後，追討債項時較為方便。商人年輕時，在外經營，奔波勞碌，中老年時，稍有成就，多畏行旅之艱苦，為子孫計，將資本改投本地放債，亦可理解，如上述高贊的例子（《醒》七）。由此可推算，放債及典當業的主人多是富商或權貴為之。

在「三言」的故事中，論及經濟發展的都涉及商業。商人的出現及貿易的繁盛應是由東南經濟蓬勃而帶動起來，商品除本銷外，最重要的是海外貿易。「三言」的故事內甚少提及海外貿易，相信負責收集貨品的人員是以中國人居多，貨物籌集後，僱大船出海，故一般文士未必清楚其中交收狀況，因而沒有記載。據全師漢昇先生考究中國貨品是透過呂宋一帶的東南亞國家與葡萄牙及西班牙商人交易，有學者甚至認為此海上路線是海上絲綢之路。由於商業的繁榮，導致西班牙、葡萄牙、日本的白銀大量流入中國，令到明政府有足夠的白銀數量進行經濟改革，更使之成為流通貨幣。

明中晚期，未有出現通貨膨脹，除人口與經濟發展配合外，銀行機制未成熟及貪污囤積金銀，令通脹減慢，的確是有點出乎意料之外。但這樣的結果，令人感慨，晚明政府危在旦夕時，幾乎整個朝廷都陷於貪污舞弊中。

黃仁宇認為明代商人仍不能脫離傳統的交易模式，全部重點為現金交易。小生產戶更是即織即賣，中間並沒有仲介人，商人直接與小生產戶交易（見《萬曆十五年・自序》）。但工業發展，已從家庭式轉向大型工業，將勞動人口集中於工業，已然出現於南方。

牙行協條買賣，貨品價格清晰。牙人是貿易仲介人其誠信至為重要。在「三言」故事中，行為差劣的牙人不多見，但據明人筆記所載，又的確有欺詐商人，上下其手的情況出現。若以牙行發展迅速的情況來推斷，牙行的功能，應遠超其傷害商人的價值。

根據弗蘭克的研究，外國的商業發展，直接影響中國，已是無可否認的事實。而中國是世界貿易中心，貨品價格，又直接影響全球物價，貿易產生互動，於此可見。中國人移民到其他亞洲地區，基本上是主導了中國貨品的買賣，使到白銀湧向中國，弗蘭克稱之為白銀「秘窖」。明代中晚期的南方，清代康、雍、乾的三朝盛世均與白銀大量的流入拉上關係。中國貨物運到外國，而白銀流入中國，中外歷史亦因此而產生互動。鴉片戰爭後，白銀外流，清政府開始不振，以至亡國。中國出現慘痛的一世紀，這些都與商業有關。商業影響國運，亦可見一斑。

弗蘭克的《白銀資本》認為十六世紀全球的經濟是以中國為重心，逐漸向西方移動。據學者保守估計，此時中國的公民生產總值（GPD）占全球百分之三十（30%）以上，亦有學者認為遠超這估計。部分以歐洲為中心的西方學者取笑中國的無知，認為自己是地球的中心，弗蘭克說了句公道話，當時，世界的確是以中國為中心，而此中心是影響全球經濟發展的。現代中國，擁有大量資源及人力，相信二十一世紀以後，這經濟重心逐漸重回東方。

第三章

「三言」所反映的明代中央政治

〈沈小霞相會出師表〉

〈蔣興哥重會珍珠衫〉

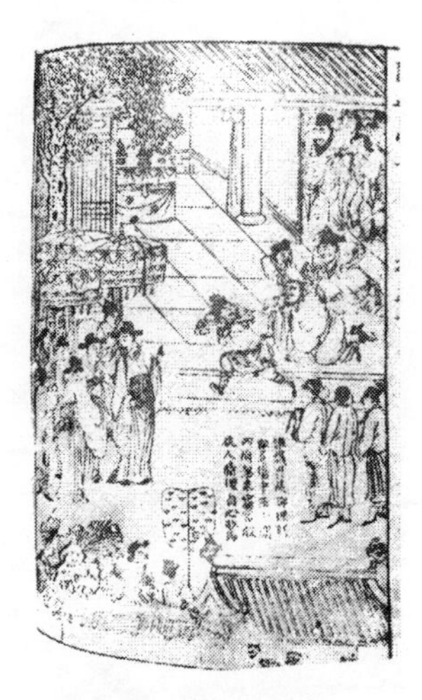

〈張廷秀逃生救父〉

第三章
「三言」所反映的明代中央政治

第一節　不是宰相的宰相——首輔的權力鬥爭

洪武十二年（1379）發生胡惟庸事件，令明太祖廢除實施自秦漢以來的宰相制度。是年占城貢使來明，胡惟庸、汪廣洋等匿而不奏，後被太監所揭發。朱元璋大怒之下，盡囚諸臣，窮詰主者，最後殺掉汪廣洋。十三年（1380），涂節自首，告發胡惟庸謀反。胡惟庸，定遠人，洪武六年（1373）主中書省，行為飛揚跋扈，與名臣李善長是姻親，據《明史·胡惟庸傳》載惟庸是：

> 生殺黜陟，或不奏徑行。內外諸司上封事，必先取閱，害己者，輒匿不以聞。四方躁進之徒及功臣武夫失職者，爭走其門，饋遺金帛、名馬、玩好，不可勝數[1]。

謀反事發，牽連甚廣，朱元璋實行瓜抄蔓誅，殺三萬多人。並下令廢中書省，提高六部職權，直接由皇帝指揮，要達至「權不專於一司，事不留於壅蔽」[2]。《南雍志》曾記下太祖的說話：

> 設相之後，臣張君之威福，亂自秦起。宰相權重，指鹿為馬。自秦

1　〔清〕張廷玉等：《明史》卷三百八〈胡惟庸傳〉，頁7906。

2　《明太祖實錄》卷一二九，頁2049，洪武十三年（1380）〈正月己亥〉條。

> 而下，人人君天下者，皆不鑒秦設相之患，相從而命之，往往病及於國君者，其故在擅專威福。[3]

事隔十年，洪武二十三年（1390）再殺李善長全家。這一次腥風血雨的屠殺，埋下了廢相的主因，亦造就了皇權無上的局面。建國之君，通常精力過人，有巨大氣魄，故此，太祖、成祖駕御群臣得心應手，據估計太祖每日睡眠不足四小時。可是，後來者力有不逮，往往憚於政事，政權就委於內閣或太監之手，造成明代無休止的權力爭奪戰。

朱元璋廢相之後，設立四輔官以代相權，設殿閣學士以備諮詢之用，並無實權。《萬曆野獲編》載：「本朝以大臣入閣預機務，此平章之遺，而銜稱殿閣大學士。」[4]太祖廢相後，以四輔官代之：

> 十三年（1380）正月，誅丞相胡惟庸，遂罷中書省。（其官屬盡革，惟存中書舍人。）九月，置四輔官，以儒士王本等為之。（置四輔官，告太廟，以王本、杜佑、龔斆為春官，杜斆、趙民望、吳源為夏官，兼太子賓客。秋、冬官缺，以本等攝之。一月內分司上中下三旬。位列公、侯、都督之次。）尋亦罷。[5]

又仿宋制，設立殿閣學士，以備顧問，代替宰相之位：

> 十五年（1382），仿宋制，置華蓋殿、武英殿、文淵閣、東閣諸大學士，（禮部尚書邵質為華蓋，檢討吳伯宗為武英，翰林學士宋訥

---

3 〔明〕黃佐《南雍志》（又作《南廱志》（浙西蔡綸於光緒元年購得明版，頁首有朱述之跋語）卷十〈謨訓考〉，頁12。

4 〔明〕沈德符：《萬曆野獲篇》卷七〈內閣．丞相〉，頁180。

5 〔清〕張廷玉等：《明史》卷七十二〈職官一〉，頁1733。

> 為文淵，典籍吳沉為東閣。）又置文華殿大學士，（徵耆儒鮑恂、余詮、張長年等為之，）以輔導太子。秩皆正五品。二十八（1395）年敕諭群臣：「國家罷丞相，設府、部、院、寺以分理庶務，立法至為詳善。以後嗣君，其毋得議置丞相。臣下有奏請設立者，論以極刑。」[6]

又記載權力轉移之情況：

> 內閣輔臣，俱係職詞林，至今上任視事仍在翰苑，凡文移俱以翰林院印行之。人謂詞臣偏重為非是，未知太祖時故事也。洪武十四年（1381）十月，命法司論囚擬律奏聞，從翰林春坊會批平允，然後復奏論決，是生殺大事主於詞臣矣。至十二月，又命翰林、編修、檢討、典籍，左右春坊、司直、正字等官，考駁諸司奏啟以聞，如平允，則序銜曰：「翰林院兼平駁諸司文章事某官」，列名書之以進，則唐、宋平章參政之任又兼之矣。十五年廢四輔官，遂設華蓋等殿閣大學士，以邵質等為之。二十三年（1390）止稱學士，而任事如故也。[7]

國家大事，交殿閣學士討論後，匯報由皇帝決定。內閣之形已成，至成祖朱棣入繼大統，簡選解縉、胡廣、楊榮等人直文淵閣，參預機務。《明史・職官志》記：

> 成祖即位，特簡解縉、胡廣、楊榮等直文淵閣，參預機務。閣臣之

---

6 同上註。

7 〔明〕沈德符：《萬曆野獲編》卷十〈詞林・翰林權重〉，頁251。

預機務自此始。然其時入閣皆編、檢、講讀之官，不置官屬，不得專制諸司。諸司奏事，亦不得相關白。[8]

永樂期間，內閣人數在三至七人之間。永樂二十一年（1423），閣臣楊榮、金幼孜遷文淵閣大學士兼翰林學士，楊士奇遷左春坊大學士，均為正五品。官位不高，但封賜「亦與尚書同」銜，權力開始被確定。仁宗即位，恢復太祖時的殿閣學士，還創置謹身殿大學士。至正統三年（1438），楊士奇、楊榮以少師身分兼謹身殿大學士，楊溥以少保兼武英殿大學士，仍領兵部、工部、禮部尚書。三人地位之尊崇，一時無兩。《明會典》記載了這段發展過程：

翰林院……制誥文冊文翰等事。洪武十四年（1381）、改正五品衙門。革承旨、直學士、待制、應奉、檢閱、典簿。設孔目、五經博士、侍書、待詔、檢討。十八年（1385）、定設學士、侍讀學士、侍講學士為正官。孔目為首領官。侍讀、侍講、五經博士、典籍、侍書、待詔為屬官。修撰、編修、檢討為史官。又有秘書監、弘文館……永樂（1403-1424）初……直文淵閣、參預機務、謂之入閣辦事。後漸升至學士、及大學士。洪熙（1424-1425）中、又添設謹身殿大學士。（今為建極殿大學士）有加尚書、至三少者。後又有以他官兼學士、大學士、入閣者。……自宣德（1425-1435）中特賜、凡機密文字、鈐封進至御前開拆。其餘公務行移各衙門、皆用翰林院印。而各衙門章奏文移、亦止曰行翰林院。後閣臣又奏於本院設公座、於是內閣翰林稱同官。[9]

8 〔清〕張廷玉等：《明史》卷七十二〈職官一〉，頁1734。
9 〔明〕申時行等修：《明會典》卷二二一〈翰林院〉，頁1096。

洪武設翰林院諸官，以備顧問，至永樂（1403-1424）時，已經可以參與機務，稱入閣辦事。洪熙（1424-1425）期間，內閣大臣已有加官至尚書、三少等職銜，成為百官首領。宣德（1425-1435）期間，已可密封文字呈交皇帝，公文亦直用翰林院印。自武宗以後，閣臣權力漸受尊崇，首輔已儼如宰相。數十年間，已由顧問地位，轉為位極人臣的「宰相」，只是不能稱之為「宰相」。陳捷先對此轉變情況，有如下的分析：

> 明代仁宣兩朝，因為大學士都是皇帝的師傅，如楊士奇、楊榮等人受帝王的特別崇敬，累加官到師保、尚書，讓他們參決大政，內閣大學士的權位就日漸提高了。宣德三年（1428），皇帝又命令內外章奏先集中於內閣，由閣臣閱覽後，條擬意見在一「小票」（小紙條）上，連同奏章一起進呈皇帝裁斷，是為「條旨」，內閣之掌實際政權自此開始。[10]

皇帝取得「條旨」後，會加上皇帝的朱砂批示，稱「票旨」。一般「票旨」很少改變「閣票」的意見。這樣，丞相主政的模式似乎又再出現。誠如黃仁宇對此制的看法，是有相權而無相稱：

> 本朝在開國之初曾經設立過丞相的職位，但前後三人都為太祖洪武皇帝所殺，並下令從此不再設置，以後有敢於建議復設丞相者，全家處死。經過一個時期，內閣大學士在某種程度上就行使了丞相的職權。但從制度上來說，這種做法實有曖昧不明之處。[11]

內閣人眾，必須有首者總其成。成祖時，解縉為首輔，發展至後來以

10　陳捷先：《明清史》（臺北：三民書局，2016），頁94。

11　黃仁宇：《萬曆十五年》（北京：中華書局，1997），頁17。

資歷定首輔、次輔之位，如世宗時李時為首輔、夏言次之，鼎臣又次之。簡選閣臣的方式有廷推及奉特旨[12]。所謂特旨，是由皇帝親自選拔入閣，永樂期間的解縉、黃淮、楊士奇、胡廣等人便是此例。廷推又稱會推，即由九卿會同科道官共同推選閣臣，提出名單，由皇帝圈定。此法無疑是較開放，但在任閣臣絕對有影響力，如張居正請增閣臣，推禮部尚書馬自強、吏部右侍郎申時行入閣，就無人敢有異議[13]。

嚴嵩之掌權，要追溯至世宗即位。世宗時，張璁以議興獻王禮（史稱大禮議[14]），於嘉靖五年（1526）任兵部右侍郎，翌年入閣，八年（1529）為首輔。嘉靖十四年（1535）張致仕，不復出，李時繼為首輔。十七年（1538），李時卒，夏言為首輔。

夏言與嚴嵩是同鄉，科第且先於夏言，但嚴嵩對夏言卻是「必稱先達，事言甚謹」[15]。嚴嵩，字惟中，江西分宜人，舉弘治十八年（1506）進士，早年讀書鈐山十年，為詩古文辭，頗著清譽。然而，此人卻虛偽待人，逢迎高位，不知廉恥。嘉靖十六年（1537），世宗欲祀獻皇帝明堂，且配上帝。嵩掌禮部，群臣反對。嵩亦阻止，後發覺世宗堅持，嵩竟一反前言，極力支持。世宗篤信道教，嵩則屢上青詞以邀寵，時稱「醮祀青詞，非嵩無當帝意」[16]。嵩處心積慮，行為卑鄙，亦不以為恥，據《嘉靖以來首輔傳》載：

---

12 〔清〕張廷玉等：《明史》卷七十一〈選舉三〉，頁1716。

13 〔清〕張廷玉等：《明史》卷二一三〈張居正傳〉，頁5648。

14 所謂「大禮議」是指世宗入攝大統，即位後第五天建議禮官集議崇祀其父興獻王的典禮，期望以尊崇其父而確立自己為皇帝的認受性。閣臣楊廷和等堅持世宗不得稱親生父母，而要尊孝宗為父親。世宗無奈，時張璁上〈大禮疏〉提出不同於閣臣的觀點，後張被排擠至南京任刑部主事。

15 〔清〕張廷玉等：《明史》卷一九六〈夏言傳〉，頁5196。

16 同前書，卷三百八〈嚴嵩傳〉，頁7915。

上左右小璫來謁言者，言奴視之。其詣嵩，嵩必執手，延坐款之，密持黃金置其袖，以是爭好嵩而惡言。[17]

一個無恥小人的形象，歷歷在目。嚴嵩後來結合陸炳、崔元及內侍攻擊夏言，最後言以贊決陝西總督曾銑請復河套事失敗，而被推倒。嘉靖二十七年（1548）正月，言被盡奪官階，同年十月棄市。夏言雖驕橫，但遇事亦有所堅持，《嘉靖以來首輔傳》載：「雖以驕蹇得上惡然亦頗能持爭上嘗諭之欲退處西內使太子監國言時年六十答諭云臣全數已盡萬死不敢奉詔上為之止」[18]。至少，夏言直諫，能令皇帝改變初衷，不至於事事曲迎。

嵩於嘉靖二十三年（1544）及二十七年（1548）兩度為首輔，嵩經歷權鬥的此起彼落，知道自己的命運握於皇帝的手裡，自此曲意逢迎皇帝，戕害異己。這時，內閣權力已進一步加重，嚴嵩「乃儼然以丞相自居，凡府部題奏，先面白而後草奏，百官請命，奔走直房如市」[19]。嵩專權時期，貪污瀆職，賣官鬻爵，政府腐敗不堪。試看《沈小霞相會出師表》（《喻》四十）對嚴嵩的形容：

姓嚴，名嵩，號介溪，江西分宜人氏。以柔媚得幸，交通宦官，先意迎合，精勤齋醮，供奉青詞，由此驟致貴顯。為人外裝曲謹，內實猜刻。讒害了大學士夏言，自己代為首相，權尊勢重，朝野側目。兒子嚴世蕃，由官生直做得到工部侍郎。他為人更狠，但有些小人之才：博聞強記，能思善算。

其人「柔媚得幸，交通宦官，先意迎合，精勤齋醮，供奉青詞，由此驟致

17 〔明〕王世貞：《嘉靖以來首輔傳》（網址：《維基文庫》《四庫全書》影印本）卷三。

18 同上註。

19 〔清〕張廷玉等：《明史》卷三百九〈楊繼盛傳〉，頁5538。

貴顯。為人外裝曲謹，內實猜刻」，形容嚴嵩的攀附無恥，可謂入木三分。

《沈小霞相會出師表》(《喻》四十）述說明代錦衣衛經歷沈鍊得罪嚴世蕃，因而上表彈劾嚴嵩父子；可是反被嚴氏父子誣害，發去關外為民。沈鍊到達保安州（屬宣府），結識賈石，並得其照應。嚴嵩命其義子楊順到宣大補總督缺，卻被沈鍊作詩諷刺虛報戰功。地方發生白蓮教之亂，楊順借勢誣害沈鍊，問成死罪。白蓮教在世宗期間活動頻繁，如浙江湖州馬祖師起兵、河北張用傳聚眾萬餘、四川蔡伯貫謀反等[20]，都是中央一大心結，以此誣陷，容易成功。

其後更捉拿沈鍊兒子沈袞、沈褒，並死於杖下。楊順再緝拿沈小霞，其母孟氏則遠徙極邊。孟氏遠徙途中，用計避開差人謀害。八年後，嚴嵩失勢，被御史鄒應龍彈劾。嚴嵩回籍，世蕃判充軍。得沈鍊舊友馮主事幫助，沈鍊復舊官稱，沈襄則准貢。沈襄回保安州處理先父遺骨，重遇賈石，並重遇其父遺墨〈出師表〉。故事歷兩代恩怨，最終沈家沉冤得雪，復為朝廷所用。

嚴嵩掌權達二十一年之久，任首輔十五年，皆借帝意行事，世宗之時，外患連綿，有「南倭北虜」之言。加上世宗喜齋醮，用度不繼，已屢屢加賦，以奸貪固位。賢臣上疏批評者，往往死於嵩的權下，如楊繼盛、沈鍊等。沈鍊，《明史》有傳：

> 沈鍊，字純甫，會稽人。嘉靖十七年進士。除溧陽知縣……。父憂去，補清豐，入為錦衣衛經歷。鍊為人剛直，嫉惡如讎，然頗疏狂。每飲酒輒箕踞笑傲，旁若無人。錦衣帥陸炳善遇之。炳與嚴嵩父子交至深，以故鍊亦數從世蕃飲。世蕃以酒虐客，鍊心不平，輒為反之，世蕃憚不敢較。[21]

---

20 陳捷先：《明清史》，頁60。

21 〔清〕張廷玉等：《明史》卷二百九〈沈鍊傳〉，頁5533。

這裡與「三言」所記十分接近：

> 因他生性伉直，不肯阿奉上官，左遷錦衣衛經歷。一到京師，看見嚴家贓穢狼籍，心中甚怒。忽一日值公宴，見嚴世蕃倨傲之狀，已自九分不像意。飲至中間，只見嚴世蕃狂呼亂叫，旁若無人；索巨觥飛酒，飲不盡者罰之。這巨觥約容酒斗餘，兩坐客懼世蕃威勢，沒人敢不吃。……馬給事再三告免，世蕃不依。……世蕃自去下席，親手揪了他的耳朵，將巨觥灌之。……沈鍊一肚子不平之氣，忽然揎袖而起，搶那巨觥在手……也揪了世蕃的耳朵灌去。(《喻》四十)

嚴嵩掌權時的社會及政治環境已墮落至難以忍受，據吳晗的形容：

> 嘉靖時的嚴嵩父子、趙文華、鄢懋卿等人，從上到下，都要弄錢，不擇手段。以知縣來說，附加在田賦上的各項常例（津貼知縣用費）就超過應得的薪俸多少倍；上京朝見，來回路費和送京的賄賂都要農民負擔。徐階是當時有名的宰相，是嚴嵩的對頭，但是，他家就是松江最大的富豪，最大的地主，也是最大的惡霸。[22]

沈鍊的狂傲勇猛，不畏權臣，可謂百代以後，讀之仍心生仰慕。當然，處於狐朋狗黨之世，這樣的行為，會得到慘烈的結果。另一位剛直忤權，膽敢逆流而上，拚死奏嚴嵩，力圖挽敗國於狂瀾中的是楊繼盛。嚴嵩希望籠絡楊繼盛，因此「驟貴之」[23]。誰知楊繼盛，心存感激，一歲四遷，思以報國，而報國的第一步是上疏劾嚴嵩，列嵩「十罪五奸」[24]。嘉

---

22 吳晗：《吳晗論明史》（北京：北京理工大學出版社，2016），頁657。

23 〔清〕張廷玉等：《明史》卷二百九〈楊繼盛傳〉，頁5538。

24 同上註，頁5538-5541。

靖四十一年（1562），御史鄒應龍上疏極言嚴嵩父子不法。〈沈小霞相會出師表〉（《喻》四十）：

> 有御史鄒應龍，看見機會可乘，遂劾奏：「嚴世蕃憑藉父勢，賣官鬻爵，許多惡跡，宜加顯戮。其父嚴嵩溺愛惡子，植黨蔽賢，宜亟賜休退，以清政本。」嘉靖爺見疏大喜！即升應龍為通政右參議。嚴世蕃下法司，擬成充軍之罪；嚴嵩回籍。未幾，又有江西巡按御史林潤，復奏嚴世蕃不赴軍伍，居家愈加暴橫，強占民間田產，畜養奸人，私通倭虜，謀為不軌。得旨，三法司提問，問官勘實覆奏。嚴世蕃即時處斬，抄沒家財；嚴嵩發養濟院終老。被害諸臣，盡行昭雪。

上引文看似嚴嵩伏法，乃群持正義而與之搏擊，誰知背後又是另一場權鬥。策動這次倒嚴行動的是徐階，徐階是夏言所推薦；因此嚴嵩並不信任徐階，階更是「階危甚，度未可與爭，乃謹事嵩，而益精治齋詞迎帝意」[25]。後來，世宗發覺嚴嵩握權日久，親信遍居要地，因此漸親徐階。階看準機會，授意鄒應龍、林潤疏劾嚴世蕃，並事先連結道士藍道行及內侍，在旁勸說世宗[26]。卒之，嚴嵩於嘉靖四十一（1562）被推倒，世蕃充軍，嚴嵩致仕。《萬曆野獲編》記載了閣臣的劇鬥與陰險：

> 嚴（嵩）之事貴溪（夏言），如子之奉嚴君，唯諾趨承，無復僚友之體。夏故淺人，遂視之如奴客。嚴雖深險，然華亭所籠絡，移鄉

25 〔清〕張廷玉等：《明史》卷二一三〈徐階傳〉，頁5633。

26 〔清〕張廷玉等：《明史》卷三百七〈陶仲文傳〉附〈藍道行傳〉，頁7899載：「（帝）問：『今天下何以不治？』道行故惡嚴嵩，假乩仙言嵩奸罪。帝問：『果爾，上仙何不殛之？』答曰：『留待皇帝自殛。』帝心動。」

貫，結婚姻，時時預其密謀。……嚴之殺夏，陰佑之者，陸炳、崔元也。嚴既逐，乃子世蕃，再以逃軍被重劾。時華亭尚猶疑……。徐始憬然悟，而棄市之旨下矣。……華亭謝事，高中元亦欲殺之。[27]

嚴嵩卑事夏言，奴顏服侍，最後誣陷夏言，一代名臣夏言，落得棄市的結果。徐階以「青詞」諂媚上位，逐漸入閣。徐階掌權後，亦要面對另一浪的權鬥。徐階盡除嚴嵩之政，逐嚴嵩，殺嚴世蕃。到徐階致仕，高拱亦欲置其死地，堂堂大臣，與棄市牢獄只一線之隔。可知首輔之位的爭奪戰，是一幕幕驚心動魄、你死我活的權力鬥爭。夏言、徐階、張居正亦算是史上能幹名臣，過的是提心吊膽的官宦生活。從另一角度看，忠義之士亦可能是權鬥中的棋子而已。「三言」另一故事提及內閣大臣專權是〈老門生三世報恩〉（《警》十八）：

卻說蒯遇時在禮科衙門直言敢諫，因奏疏裏面觸突了大學士劉吉，被吉尋他罪過，下於詔獄。那時刑部官員，一個個奉承劉吉，欲將蒯公置之死地。卻好天與其便，鮮于同在本部一力周旋看覷，所以蒯公不致吃虧。又替他糾合同年，在各衙門懇求方便，蒯公遂得從輕降處。

上文所提及的劉吉，字祐之，號約庵，保定博野人。正統進士，選庶吉士，授編修，進修撰。成化十一年（1475）以謹身殿大學士入閣，在閣十八年，無建樹，與萬安、劉珝同稱「紙糊三閣老」。據《明史》記載，萬安是「無學術，既柄用，惟日事請託，結諸閹為內援」[28]；劉珝則「珝

27 〔明〕沈德符：《萬曆野獲編》卷八〈內閣・計陷〉，頁210。
28 〔清〕張廷玉等：《明史》卷一六八〈萬安傳〉，頁4523。

稍優，顧喜談論，人目為狂躁」[29]。劉吉入孝宗朝，敢言，驅異己，屢興大獄。多次受彈劾不去，有「劉綿花」之稱。[30]憲宗時，內閣三人，竟分兩派互鬥。成化二十一年（1485），萬安聯同劉吉攻擊劉珝，使人攻訐與汪直私通，因而得罪憲宗，被迫致仕。權鬥如此，何暇重視政務。蒯遇忤逆權貴，得鮮于同各方周旋，始不至於身殉。

第二節　狐假虎威的奴才——宦官弄權

明太祖鑒於前朝宦官禍國，故於立國之後，明令宦官不得干政，據史載：：

> 內臣俱備使令，毋多人，古來若輩擅權，可為鑒戒，馭之之道，當使之畏法，勿令有功，有功則驕恣矣。[31]（《明史．太祖紀》）

> 嘗鑴鐵牌置宮門曰：「內臣不得干預政事，預者斬」。[32]（《明史．宦官傳》）

> 帝欲訪后族人官之，后謝曰：「爵祿私外家，非法。」力辭而止。[33]（《明史．后妃傳》載馬皇后言）

無論明太祖如何下決心防止宦官干政，可惜，後來的皇帝還是讓宦官

---

29 〔清〕張廷玉等：《明史》卷一六八〈劉珝傳傳〉，頁4526。

30 〔清〕張廷玉等：《明史》卷一六八〈劉吉傳〉，頁4527-4529。

31 〔清〕張廷玉等：《明史》卷二〈太祖紀二〉，頁23。

32 〔清〕張廷玉等：《明史》卷三百四〈宦官傳一〉，頁7765。

33 〔清〕張廷玉等：《明史》卷一一三〈后妃傳〉，頁3508。

專權。而明代宦禍之烈，與唐代不分軒輊。

成祖時已重用宦官，如永樂元年（1403）命李興等齎敕勞暹羅國王、三年（1406）命鄭等率兵二萬行賞西洋古里滿剌諸國、八年（1411）敕王安等監都潭清等軍，馬靖巡視甘肅、十八年（1421）於京師設東廠刺事。[34] 成祖之所以重用宦官，是由於成祖之得位，乃獲宦官的協助之故。《御批歷代輯覽》記載了宦官漸受重用的過程：

> 洪武中，設內官監，典簿掌文籍，以通書等，小內使為之。又設尚寶監，掌玉寶圖書，皆僅識字，不明其義。及永樂時，始令聽選教官入內教習。至是（宣德元年），開書堂於內府，改刑部主事劉翀為翰林修撰，專教小內使書。[35]

《明史》卷三百四亦有同樣的記載：

> 後宣宗設內書堂，選小內侍，令大學士陳山教習之，遂為定制。用是多通文墨，曉古今，逞其智巧，逢君作奸。數傳之後，勢成積重，始於王振，卒於魏忠賢。[36]

宦官的掌權，有其因果，黃仁宇曾分析：

> 一般人往往以為明代的宦官不過是宮中的普通賤役，干預政治只是由於後期皇帝的昏庸造成的反常現象，這是一種誤解。……但如果把所有宦官統統看成無能之輩，不過是阿諛見寵，因寵弄權，則不

34 〔清〕張廷玉等：《明史》卷七四〈職官三〉，頁1821。

35 龔德柏句讀《歷代通鑑輯覽》（影印清版，出版項缺）卷一百二，頁3360。

36 〔清〕張廷玉等：《明史》卷三百四〈宦官傳一〉，頁7766。

> 符事實。從創業之君洪武皇帝開始，就讓宦官參預政治，經常派遣他們作為自己的代表到外國詔諭其國王，派宦官到國內各地考察稅收的事情也屢見不鮮。中業以後，宦官作為皇帝的私人秘書已經是不可避免的趨勢。[37]

著名研究中國歷史的美國學者費正清（J. K. Fairbank）亦有近似的見解：

> 明太祖廢除宰相和中書省，等於將文官層僚斬了首，而文職工作必須由外廷的首長宰相領導（外廷指六部、監史臺，以及京中其他官署）。因此，明朝的皇帝不得不藉助於身邊的隨侍（內廷）來理事，進而變成行政、軍事、以及其他特殊事務都要靠太監去辦。到後來，宮中太監人數高達七萬。[38]

皇帝要批閱永無止境的奏章，頒布自己的政令等等，都需要有私人的秘書隨時協助，宦官就成為這職位的不二之選。客觀而論，宦官中亦不乏人材。《七修類稿》載明代宦官專權：

> 內官專權自古為然，本朝宣德前無也，正統間王振、天順間曹吉祥、成化，間汪直、弘治間李廣、正德間劉瑾，然年久害大惟王振也。[39]

---

37 黃仁宇：《萬曆十五年》，頁18-19。

38 〔美〕費正清、薛絢譯：《費正清論中國：中國新史》（臺北：正中書局，1998），頁135。原書：Fairbank, J. K. (1992) *China: A New History.* The Belknap Press of Harvard University Press.

39 〔明〕郎瑛：《七修類稿》（上海：上海書店，2009），頁119。

《明史》言禍患始於王振，〈鈍秀才一朝交泰〉（《警》十七）記其專威福，排異己的事情：

> 福建延平府將樂縣，有個宦家，姓馬，名萬群，官拜吏科給事中。因論太監王振專權誤國，削籍為民。……馬給事一個門生，又參了王振一本。王振疑心座主指使而然，再理前仇，密唆朝中心腹，尋馬萬群當初做有司時罪過，坐贓萬兩，著本處撫按追解。馬萬群本是個清官，聞知此信，一口氣得病數日身死。

王振可隨便安插罪名，令異己坐贓萬兩，逼至走投無路。在野群臣，亦害怕忤逆權閹，不敢與宦官的對頭為伍，如秀才馬德稱上京尋兩個相厚的年伯，一個是兵部尤侍郎，一個是左卿曹光祿。此二人亦因馬家是王振的仇家，不敢招呼，只送下小小程儀及寫了柬貼就辭了。馬德稱至「土木之變」時，景泰帝繼任，王振被抄家，並令曾參王振而被貶官員復職。馬德稱才復學復廩，追回田產（《警》十七）。至於王振的出身，據《明史．王振傳》載：

> 王振，蔚州人。少選入內書堂。侍英宗東宮，為局郎。……及英宗立，年少。振狡黠得帝歡，遂越金英等數人掌司禮監，導帝用重典御下，防大臣欺蔽。於是大臣下獄者不絕，而振得以市權。然是時，太皇太后賢，方委政內閣。閣臣楊士奇、楊榮、楊溥，皆累朝元老，振心憚之未敢逞。[40]

而《罪惟錄》所記與《明史》有出入：

40 〔清〕張廷玉等：《明史》卷三百四〈宦官一．王振傳〉，頁7772。

> （王振）始由儒士為教官，九年無功，當謫戍，詔無有子者許淨身入內。振遂自宮以進，授宮人書，宮人呼之王先生。[41]

以王振升遷之快，及英宗仰慕來推測，相信《罪惟錄》所記較合情理。當時三楊輔政，振無所作為，且虛偽待人，博得三楊的寵信。正統七年（1442），張太后及楊榮先後逝世，楊士奇又因其子殺人而「堅臥不出」，只剩下年老勢孤的楊溥。其實，王振於正統六年（1441）以自比周公，要求英宗以朝臣之禮待他[42]。

自此王振獨攬大權，除去太祖所立「內臣不得干預政事」的禁碑[43]。英宗傾心嚮慕王振，嘗以先生呼之，賞賜亦極豐厚。因此，王振的權力漸強，連公侯勛戚亦呼之「翁父」。王振與英宗有著微妙關係，自古帝皇絕無僅有的如此尊重宦官。王振以教習入宮，其出身已與別人不同，王振在輔助英宗時，相信往往是以老師的語氣教授英宗；加上王振曾浮沉在外，閱歷甚豐，所言所說，是深居宮內的皇帝無法知曉的，故此產生這種渴慕之情是理所當然的。至於王振如何弄權，據《明史．王振傳》載：「畏禍者爭附振免死，賕賂輳集。」[44]又《明史紀事本末》載：「在外方面，俱攫金進見。每當朝覲日，進見者以百金為恆，千金始得醉飽出。」[45]

王振貪污舞弊，整個朝廷的官員升遷都受其左右。倘若與之對抗，後果非常嚴重，如侍講學士劉球請削王振權力，被肢解；監察御史李鐸不願

---

41 〔清〕查繼佐：《罪惟錄》（浙江：古籍出版社，1986）卷二十九〈宦寺列傳．王振〉，頁2617。

42 〔清〕谷應泰：《明史紀事本末》（臺北：三民書局，1969）卷二十九〈王振用事〉，頁312-318。

43 《明史紀事本末》卷二十九〈王振用事〉，頁312-318。

44 〔清〕張廷玉等：《明史》卷三百四〈宦官一．王振傳〉，頁7773。

45 《明史紀事本末》卷二十九〈王振用事〉，頁312-318。

屈膝事王振，下獄戍邊；大理少卿薛瑄不禮王振，幾被陷死[46]。

王振之敗，敗在「土木之變」。正統十四年（1449）瓦剌太師也先因貢馬問題，與王振反目，七月大舉侵明。在眾多反對聲中，英宗仍相信王振，親自領軍五十萬出戰。未有充分準備及物資供應情況下，發動大規戰爭實在是十分不智。軍隊「未至大同，兵士已乏糧，僵尸滿路」[47]。最後導致英宗被擒，振被亂兵所殺，京師危在旦夕，幸于謙忠勇，轉危為安。王振的親屬及附從者的下場更悲慘。郕王（景帝）：

> 命臠王山於市，並振黨誅之，振族無少長皆斬。振擅權七年，籍其家，得金銀六十餘庫，玉盤百，珊瑚高六七尺者二十餘株，他珍玩無算[48]。

「三言」中述及另一個專權宦官是劉瑾，〈玉堂春落難逢夫〉（《警》二十四）：

> 姓王，名瓊，別號思竹；中乙丑科進士，累官至禮部尚書。因劉瑾擅權，劾了一本，聖旨發回原籍。不敢稽留，收拾轎馬和家眷起身。

王瓊，《明史》有傳：

> 王瓊，字德華，太原人。成化二十年進士。授工部主事，進郎中。出治漕河三年，臚其事為志。繼者按稽之，不爽毫髮，由是以敏練稱。改戶部，歷河南右布政使。正德元年擢右副都御史督漕運。明

46 〔清〕張廷玉等：《明史》卷三百四〈宦官一．王振傳〉，頁7772。

47 《明史紀事本末》卷三十二〈土木之變〉，頁331-336。

48 《明史紀事本末》卷二十九〈王振用事〉，頁312-318。

> 年入戶部右侍郎。……坐任戶部時邊臣借太倉銀未償，所司奏遲，尚書顧佐奪俸，而瓊改南京。已，復改戶部，八年進書。[49]

《明史》並沒有說明王瓊改調南京是否與劉瑾有關，但劉瑾已在朝廷用事。《明史．宦官一》記有關劉瑾的事：

> 劉瑾，興平人。本談氏子，依中官劉姓者以進，冒其姓。孝宗時，坐法當死，得免。已，得侍武宗東宮。武宗即位，掌鐘鼓司，……人號「八虎」，而瑾尤狡狠。[50]

當時，顧命大臣劉健、謝遷及戶部尚書韓文等謀除八虎。外廷知八虎誘帝游宴，司禮太監王岳聯結閣臣，欲除劉瑾等人。這一次倒劉失敗，反而造就了劉權傾朝野之勢。《明史》對這次鬥爭有如下的記錄：

> 王岳者，素謇直，與太監范亨、徐智心嫉八人，具以健（劉健）等語告帝，且言閣臣議是。健等方約（韓）文及諸九卿詰朝伏闕面爭，而吏部尚書焦芳馳白瑾。瑾大懼，夜率永成等伏帝前環泣。帝心動，瑾因曰：「害奴等者王岳。岳結閣臣欲制上出入，故先去所忌耳。且鷹犬何損萬幾。若司禮監得人，左班官安敢如是。」帝大怒，立命瑾掌司禮監，永成掌東廠，大用掌西廠。[51]

陳洪謨《繼世紀聞》亦有記載此事[52]，較《明史》詳細。事件發生在

---

49 〔清〕張廷玉等：《明史》卷一九八〈王瓊傳〉，頁5231-5232。

50 〔清〕張廷玉等：《明史》卷三百四〈宦官一．劉瑾傳〉，頁7786。

51 〔清〕張廷玉等：《明史》卷三百四〈宦官一．劉瑾傳〉，頁7787。

52 〔明〕陳洪謨：《繼世紀聞》（北京：中華書局，1997）卷一，頁70-71。

正德元年（1506）十月，即武宗即位不到一年的事情。可如此推斷，劉瑾在東宮服侍武宗，當武宗即位，八虎已急不及待的弄權，而司禮監王岳知道如果劉瑾一直得武宗的信任，自己的地位將不保。八虎誘帝游宴，且將皇莊增至三百餘所，令到「畿內大擾」，外廷大臣已頻頻勸諫。此是最好時機除去劉瑾等人，可惜，一個焦芳，歷史的發展就不同了。

正德二年（1507），列劉健、謝遷等五十人為奸黨，而焦芳則以吏部尚書兼文淵閣大學士入閣，與劉瑾表裡為奸。劉瑾又矯旨令內閣撰敕天下鎮守太監，得預刑名政事，自是內閣只依劉瑾意思行事。《明史紀事本末》記〈劉瑾用事〉：

> 後瑾竟自於私宅擬行……府部等衙門官稟公事，日候瑾門。自科道部屬以下皆長跪，大小官奉命出外，及還京者，朝見畢，必赴瑾見辭以為常。[53]

百官任事皆得往見劉瑾，時有「朱皇帝、劉皇帝」的稱呼。太監張永與劉瑾有隙，值寧夏安化王朱寘鐇以討劉瑾為藉口起兵。正德五年（1510），大學士楊一清總制軍務，張永為監軍，八月，張永回京獻俘，並奏瑾不法十七事。武宗連夜逮劉瑾，磔於市，族誅，劉瑾橫行不足五年而身歿。在這場權力遊戲中，最大主事人，其實是皇帝，劉瑾得武宗支持而任司禮太監，在毫無朕兆之下被武宗族誅。可算是一場遊戲一場夢，由此可見，朱元璋建立了皇帝專權的制度是如何的穩固。至於宦官弄權的氣焰，晚明的魏忠賢可謂達至巔峰，朱長祚的《玉鏡新譚》言之甚詳[54]。

---

53 《明史紀事本末》卷四十三〈劉瑾用事〉，頁437-456。

54 〔明〕朱長祚：《玉鏡新譚》（北京：中華書局，1997），記魏忠賢自稱祖爺、九千歲等號，其時魏氏包攬戰功，殘殺東林黨人，權力無出其右。

第三節　疲於奔命的戰爭──外患頻仍

明代有「北虜南倭」的外患，〈鈍秀才一朝交泰〉（《警》十七）記：

> 誰知正值北虜也先為寇，大掠人畜，陸總兵失機，扭解來京問罪，連尤侍郎都罷官去了。

故事中所說的「北虜也先」，就是發生在正統十四年（1449）的土木之變。也先屬於蒙古族瓦剌部。其先馬哈木於永樂朝被封為順寧王，馬哈木子脫懽，脫懽子也先。正統初，脫懽統一瓦剌、韃靼各部，立脫脫不花（成吉思汗後裔）為可汗，自為丞相，實掌大權。正統四年（1439）也先嗣位，稱太師淮王。也先乘明朝對麓川用兵，擴張勢力，連結西北蒙古諸衛[55]。正統十年（1445），也先發兵裹脅沙州、罕東及赤斤蒙古等，圍攻哈密衛，迫忠順王到瓦剌，多次向明求救，但得不到協助。最後，倒瓦塔失里到瓦剌，自此西陲又少了一道屏障。瓦剌對明的上貢，無疑是敲詐及劫掠，如正統四年（1439）瓦剌貢使團二千餘人，卻要求供應費三十萬兩，入內地後，更多行殺掠。

正統十四年（1449）的一場戰爭本可避免的，也先在貢使人數及馬價上與王振交惡。藉口明悔婚，發兵四路侵明。也先攻大同一路，塞外城堡，所至陷沒。其後的「土木之變」，令到皇位易位，影響至深。

也先其後殺脫脫不花，自立為「大元田盛大可汗」。景泰六年（1455），也先被阿剌知院所殺，瓦剌亦開始分裂。自是往後百年，韃靼各部落不斷騷擾遼東、宣府、大同、寧夏、甘肅及河套一帶。[56]

---

55 上述各事見〔清〕張廷玉等：《明史》卷三二八〈瓦剌傳〉，頁8497-8503。

56 上述各事見〔清〕張廷玉等：《明史》卷三二七〈韃靼傳〉，頁8463-8496及《明史紀事本末》卷五八〈議復河套〉，頁617-625。

百年之後，韃靼常侵襲明境，〈沈小霞相會出師表〉（《喻》四十）：

> 卻說楊順到任不多時，適遇大同韃虜俺答引眾入寇應州地方，連破了四十餘堡，擄去男婦無算。楊順不敢出兵救援，直待韃虜去後，方才遣兵調將，為追襲之計。

又說：

> 原來蕭芹是白蓮教的頭兒，向來出入虜地，慣以燒香惑眾，哄騙虜酋俺答，說自家有奇術，能咒人使人立死，喝城使城立頹。虜酋愚甚，被他哄動，尊為國師。其黨數百人，自為一營。俺答幾次入寇，都是蕭芹等為之嚮導，中國屢受其害。

「三言」故事往往涉及外族入侵導致家破人亡的事情，馮氏所選故事，或多或少想反映外族入侵對中國破壞的慘烈的情況。

嘉靖二十四年（1545）用於北方的軍費多達六百萬兩，但不見成效。總督曾銑於二十五年（1546）上疏請復河套「賊據河套，侵擾邊鄙將百年。孝宗欲復而不能，武宗欲征而不果，使吉囊據為巢穴」[57]。曾銑主張盡復河套，可惜，世宗昏聵，以「交結近侍律斬」[58]，殺死曾銑。後來，俺答入侵，世宗又以為俺答是討曾銑、夏言，卒殺了夏言，但俺答依舊入侵。

嘉靖二十九年（1550）俺答率軍犯大同，總兵張達及副總兵林椿戰死。宣府大同總兵仇鸞重賂俺答，令移寇他塞勿犯大同。八月，俺答長驅到通州，直抵北京城下，焚掠無算。[59]兵部尚書丁汝夔發覺禁軍僅四、五

57 〔清〕張廷玉等：《明史》卷二百四〈曾銑傳〉，頁5387。

58 〔清〕張廷玉等：《明史》卷二百四〈曾銑傳〉，頁5388。

59 〔清〕谷應泰：《明史紀事本末》卷五十九〈庚戌之變〉，頁627-635。

萬，老弱半之。於是徵務武舉諸生約四萬人守城，並命各地派兵入援。[60] 當時，明政府結集約五萬人，再加上各地援軍，糧食不足，數日只得數餅。明政府根本無應戰心理，只想以皮幣珠寶求和。最後，俺答騷擾京畿八日後，從古北口故道退去。

韃虜入侵大同，楊順不敢出戰〈《喻》四十〉；仇鸞重賂俺答，令其侵寇他方。這些只顧個人利益，平時作威作福，欺壓小民，依附權貴，不惜誣衊排擠異己。〈沈小霞相會出師表〉（《喻》四十）無疑將明代中葉，大臣無恥，邊將怕死的事情表露無遺；再加上軍事支出激增，明政府處於頹敗的狀態。幸好，中晚明時出現了一位「能相」張居正，令衰落中的皇朝，迴光反照，出現一時的安穩。

「南倭」是指倭寇，〈楊八老越國奇逢〉（故事背景是明代，《喻》十八）：

> 八老為討欠帳，行至州前，只見掛下榜文，上寫道：「近奉上司明文：倭寇生發，沿海搶劫。各州、縣地方，須用心巡警，以防沖犯。一應出入，俱要盤詰。城門晚開早閉。」

又記：

> 楊八老看見鄉村百姓，紛紛攘攘，都來城中逃難。傳說倭寇一路放火殺人，官軍不能禁禦。聲息至近，唬得八老魂不附體，進退兩難。

十四世紀初，日本進入南北分裂之局，諸侯互相攻伐，敗國者入海為盜，轉戰中國。此等海盜，稱之為「倭寇」。最初侵擾中國沿岸，從山東

---

60 〔清〕張廷玉等：《明史》卷二百四〈丁汝夔傳〉，頁5391。

到廣東。由於這樣，明太祖加強海防，並實施海禁，倭寇未成大禍。永樂時，容許日本進行貿易。永樂十七年（1419），倭寇曾大舉寇邊（約二千人），被劉榮大敗於遼東望海堝[61]。這是明初一次大勝，令倭寇不敢輕言入侵。

嘉靖以後，倭寇之禍，變得熾熱。原因有二：一是倭寇已聯絡沿岸海盜為內應，對中國方面的形勢較清楚；二是中國商品經濟發展逢蓬勃，大量商品需要市場，有商人冒險走私，與倭寇有頻繁的接觸。有學者認為，當時的徽商，就運用大船偷運貨品出洋，令倭寇熟識中國環境。嘉靖時著名的海盜有汪直、徐海等。

汪直的集團有巨型的海船，「乃更造巨艦，聯舫方一百二十步，容二千人，木為城、為樓櫓四門，其上可馳馬往來。」[62]嘉靖三十二年（1553）汪直勾結倭寇，大舉入侵中國，「連艦數百，蔽海而至。浙東、西，江南、北，濱海數千里，同時告警」[63]。據載單是昆山縣，「分掠村鎮，殺人萬計」，「燒房屋二萬餘間」，「各鄉村落凡三百五十里，境內房屋十去八九，男婦失四五」[64]。嘉靖三十四年（1555），徐海亦率和泉、肥前、肥後、津州等倭寇入侵崇德、湖州、嘉興、蘇州、常熟、崇明等地。看看「三言」如何記載倭寇的行為：

> 有幾個粗莽漢子，平昔間有些手脚的，拚著性命，將手中器械，上前迎敵。猶如火中投雪，風裏揚塵，被倭賊一刀一個，分明砍瓜切菜一般。唬得眾人一齊下跪，口中只叫饒命。原來倭寇逢著中國之

61 〔清〕張廷玉等：《明史》卷一五五〈劉榮傳〉，頁4251。

62 〔明〕胡宗憲：《籌海圖編》（網址：《維基文庫》《四庫全書》本）卷九〈擒獲王直嘉靖三十六年（1558）十一月〉條。

63 〔清〕張廷玉等：《明史》卷三二二〈日本傳〉，頁8352。

64 〔明〕歸有光：《昆山縣倭寇始末》，轉引自湯綱、南炳文《明史》。

> 人，也不盡數殺戮。擄得婦女，恣意姦淫；弄得不耐煩了，活活的放他去。也有有情的倭子，一般私有所贈。(《喻》十八）

其次尚有冒認倭寇行凶，或官兵妄殺平民求賞的事情。騷擾沿岸安寧數十年的倭患，最後，被戚繼光勦平。另一故事〈杜十娘怒沈百寶箱〉(《警》三十二）載：

> 萬曆二十年間，日本國關白作亂，侵犯朝鮮。朝鮮國王上表告急，天朝發兵泛海往救。有戶部官奏准，目今兵興之際，糧餉未充，暫開納粟入監之例。

從上引文得知，朝鮮乃中國保護國，遇有危難，多要求明政府協助處理。

嘉靖期的「北虜南倭」令明政府財政出現困難。嘉靖廿九年（1550）秋，由於俺答進犯京師，政府須興兵防禦，京師諸邊軍餉驟增至五百九十五萬（5,950,000）兩[65]。自此以後，京邊的歲月，多則五百萬，少則三百餘萬，而當時天下財賦歲入太倉者約二百萬兩以下，而以十分之三作為軍餉儲備，即六十餘萬兩[66]。然而自嘉靖廿年至卅六年（1551-1557），每年餉額均過三百萬兩[67]。明政府對外患無長遠的計劃，幾乎全處於被動的位

---

65 〔清〕張廷玉等：《明史》卷七十八〈食貨二〉，頁1901，載：「二十九年（嘉靖，西元1550），俺答犯京師，增兵設戍，餉額過倍。三十年（1551），京邊歲用至五百九十五萬，戶部尚書孫應奎蒿目無策，乃議於南畿、浙江等州縣增賦二十萬，加派於是始。」

66 同上註〈食貨二〉頁1901載：「京邊歲用，多者過五百萬，少者亦三百萬餘，歲入不能充歲出之半。由是度支為一切之法，其箕斂財賄、題增派、括贓贖、算稅契、折民社、提編、均傜、推廣事例興焉。」

67 梁方仲：《梁方仲經濟史論文集》（北京：中華書局，1989），頁259，〈明代十段錦法〉列嘉靖卅年至卅六年（1551-1557）京邊用之數表如下：

三十年	5,950,000兩
三十一年	5,310,000兩

置。戰事愈頻繁，軍費倍增，軍費的支出成明亡主因之一[68]。

加上嘉靖卅四年（1555），倭患漸熾於浙江沿海一帶，故又需於南畿浙閩的田賦加額外提編。其方法是以銀力差排編十均徭[69]。初時在應天、蘇、松等處的加派銀為三萬五千九百二十（35,920）兩，四十一年（1562）因水災減徵一萬八千九百三十（18,930）兩，四十二年（1563）將原加派派兵餉減三分之一，止徵銀二十九萬零六百（290,600）兩[70]。至四十四年（1565），南直隸巡按溫如璋條陳江南兵食事宜，奏請裁減加派數目，但裁減數目卻沒有記載。從上述資料可知，明政府為防禦南北兩地的外患而籌措的軍費，可謂疲於奔命。

三十二年	4,720,000兩
三十三年	4,550,000兩
三十四年	4,290,000兩
三十五年	3,860,000兩
三十六年	3,020,000兩

68 可參考拙著《論晚明遼餉的收支》（臺北：天工書局，1998）。

69 〔清〕張廷玉等：《明史》卷七十八〈食貨二・賦役〉，頁1902，載：「是時，東南被倭，南畿、浙、閩多額外提編，江南至四十萬。提編者，加派之名也。其法以銀力差排編十甲，如一甲不足，則提下甲補之。」

70 《世宗實錄》卷五二五，頁8565，〈嘉靖四十二年（1563）九月己丑〉條載：「巡撫應天周如斗言：江南自有倭患以來，應天、蘇松等處，加派兵餉銀435,900餘兩。今地方已寧，乞減三分之一，少甦民困。戶部覆，言加派兵餉原以濟急，事已宜罷，不但當減徵分數而已，請下酌議悉除之。報可。」

第四章

「三言」所反映明代的地方政制

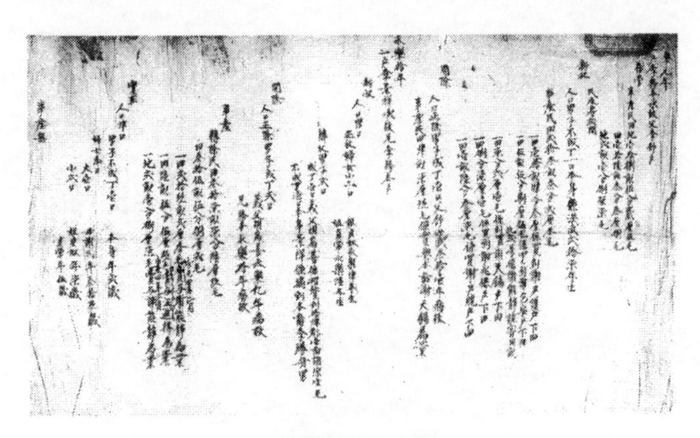

里甲徵稅紀錄

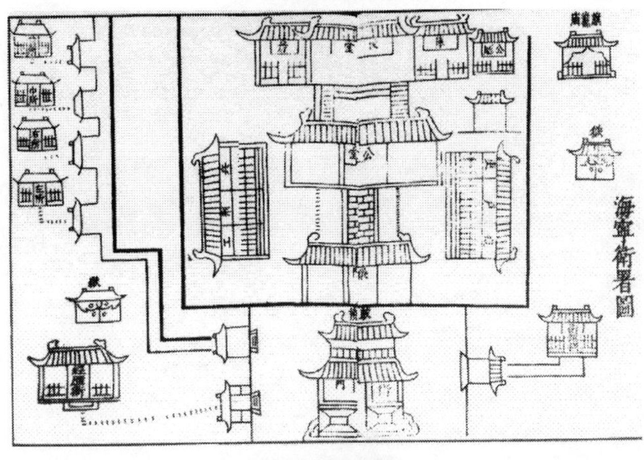

海寧衛署圖

第四章
「三言」所反映明代的地方政制

第一節　里甲制

〈滕大尹鬼斷家私〉（《喻》十）載：「本縣向奉上司明文，十家為甲。小人是甲首，叫做成大」，這裡顯示了明代的里甲制。〈蔣興哥重會珍珠衫〉（《喻》一）文中又提及宋家是箇大戶，有體面的，老兒曾當過里長。歷代雖然有里長這民間職位，但要算是「是箇大戶，有體面的」，應是明代的事情。元明兩代均推行里甲制，元代以五十戶為一社，以通曉農事，家有兼丁為社長，負責勸農事管民，調解糾紛等職。城坊有社長，鄉都有里正，主首催督差稅，輪流由富家充任。明承元制，於洪武十四年（1381）設里甲，據《明史・食貨志》載：

> 役曰里甲，曰均徭，曰雜泛，凡三等，以戶計曰甲役，以丁曰徭役，上命非時曰雜役。皆有力役，有雇役。府、州、縣驗丁口多寡，事產厚薄，以均適其力。[1]

> 迨造黃冊，以一百十戶為一里，里分十甲，曰里甲，以上中下戶為三等，五歲均役，十歲一更造。一歲中諸色雜目應役者，編第均之，銀、力從所便，曰均徭。他雜役，曰雜泛。[2]

1　〔清〕張廷玉等：《明史》卷七十八〈食貨志・賦役〉，頁1893。
2　〔清〕張廷玉等：《明史》卷七十八〈食貨志・賦役〉，頁1904。

顧炎武《天下郡國利病書》載：

> 詔天下十年一編黃冊，以一百一十戶為里。推丁糧多者十戶為長，餘百戶為十里，歲設里長一人，攝一里之事。十年而周，終而復始，曰排年。[3]

而《明太祖實錄》，記之則較為詳細：

> 以一百一十戶為里。一里之中，推丁糧多者十人為長，餘百戶為十甲，甲凡十人。歲役里長一人，甲首十人，管攝一里之事。城中曰坊，近城曰廂，鄉都曰里。凡十年一周，先後則各以丁糧多寡為次，每里編為一冊，冊之首總一圖。其里鰥、寡、孤、獨，不任役者，則帶管於一百一十戶之外，而列於圖後，名曰畸零。[4]

以一百一十戶為一里，其中十戶為里長，以丁糧多者充之。里甲制的設立主要是減少官吏欺壓，鼓勵民間自治，維持社會秩序，因此，曾任里長者，當有一定的社會地位和聲望。宋家以曾任里長為榮，亦可以理解。洪武二十三年（1390）對里長的選任有如下的記載：

> 其排年里甲，仍依原定次第應役。如有貧乏，則於百戶內選丁糧多者補充；事故絕者，以畸零內選湊。其上中下三等人戶，亦依原定編類，不許更改，因而分丁析戶，以避差徭。[5]

---

3 〔明〕顧炎武《天下郡國利病書》（臺北：臺灣商務印書館，四部叢刊本重印上海涵芬樓影印崑山圖書館本）〈蘇松〉，第六冊，頁18。

4 《明太祖實錄》卷一三五，頁2143-2144，〈洪武十四年（1381）春正月〉條。

5 《明太祖實錄》卷二〇三，頁3044，〈洪武二十三年（1390）八月丙寅〉條。

至於里甲制在明代的意義，可以這樣理解：田賦和一切徭役都是通過里甲來徵收；賦役的徵收是負責制，即一戶欠收，其餘九戶補足，負責者是現年的里長和甲首[6]。里甲的正役包括催徵本里錢糧，及拘傳本里本縣的民事罪犯和案件[7]。其他的所謂「雜泛」、「雜務」則包括經常性的公差任務，如庫子、倉夫、門子等；非經常性義務勞動，如修路、築城等。因此，貧窮的戶口，承擔里長之職，一旦遇到欠糧或歉收，則無法補足，必須富戶充任。滕大尹要訪求民事，就是找甲主成大；而成大則有義務報告他負責的里中一切事務，這正好反映里甲制的運作（事見《喻》十）。

梁方仲先生參考甚多地方志，發覺每縣對里甲制推行的記錄有出入，梁方仲先生得出結論：

> 總括言之，自明代開國後不久，各處大小各衙門及其附屬單位如倉、庫等等，都紛紛伸出手來向里甲方面索取人財物力的支應，里甲的負擔早已超出催徵錢糧和勾攝公事的力役範圍了。為了解決困難，明政府的籌款方法屢有變更，可是這些負擔都只落在那些想逃也逃不了的小戶的背上，大戶多半是逍遙於賦役之外的。[8]

《古今圖書集成．經濟匯編．食貨典》卷一五二載明末楊芳的〈賦役〉的內容總結了里甲制發展的流弊：

> 國朝之制：百十戶為里，丁糧多者為長。每戶十甲首，戶百。……圖分十里，輪年應役，十年而周。公賦、公旬（指役），皆里正董之。一年在官，九年在家，故其賦易供，而其民常逸。歷年漸久，

6　梁方仲著、劉志偉編：《梁方仲文集》（廣州：中山大學出版社，2004），頁233。

7　梁方仲著、劉志偉編：《梁方仲文集》，頁234。

8　梁方仲：〈論明代里甲法和均徭法的關係〉，收在《梁方仲文集》，頁237。

> 徵輸之制，名色繁多：曰額辦者，以物料為貢，有定額者也；曰雜辦者，藩司承部不時徵派，無定額者也。有定額者，民猶按畝輸之；無定額者，吏巧為名色，今日曰奉計部，明日曰奉繕部（工部營繕司），今日曰奉司文，明日曰奉部文，今日曰正編，明日曰加編。頭緒絲棼，里正茫然，莫知所措，則不得不多方應之。至於差役，其繁滋甚。見役里甲，賦錢於官：曰綱，曰辦銀。有司復攝之，令直日供應，無名之徵，紛然四出，即百緡不，以抵數。窮鄉小民，白首不識官府，雇人代直，月費數十金（指銀兩），里甲大苦；及編均傜，又復取盈，其最重者莫如：庫子、夫甲、廩保諸役。上司行部，使客下車，下程夫役之費，急於星火；而郡邑長吏諸饟幣，咄嗟立辦。大都：廩編一兩，費可百餘金；庫子編一兩，費可數百金。至兵役繁興，衙蠹蝟集，編派彌多，民不勝弊，破資鬻產，逃亡者相踵矣。[9]

上列一段紀錄，說明了里甲制的變化。最初是甲首十年一轉，應該不構成生活上嚴重的影響。實行了一段時間，里甲制難以發揮其職能，徵輸之制，名色繁多，有額辦、雜辦；又有定額、無定額等等，無非是設計苛索里甲。糧長、里長的地位下降，至永樂期間，已變為「歲更」，難再以丁糧最多的富戶擔任。宣德以後，改制為終生及世襲制，除非家族沒落，否則無可逃責告脫。最後導致里甲破家，甚至逃亡他方。

朱元璋定立此制的原意，發展到後來是受到嚴重破壞。除正常徵催及勾攝外，其餘的傜役更層出不窮，如均傜、驛傳、民壯等等相繼而至。當然，其中地方吏胥的剝削更是重要的一環。顧炎武《天下郡國利病書》有如下的記錄：

---

9 轉引自梁方仲：〈論明代里甲法和均傜法的關係〉，收在《梁方仲文集》，頁237-238。

明興以里甲籍民，猶古比閭族黨之義，而力徵則用宋法，差顧兼馬，迨後條鞭法，而民始稍甦。……里甲歲裁繁簡悉則，郵傳屢更，約束嚴，則縱恣盡戢。……彼家有力者，先操其贏以神通於里魁，胥吏之手，而上下之，所欲輕則富可貧；所欲重則貧可富。

顧氏解釋里甲的原意，可惜無論如何周詳，始終逃不過胥吏貪婪的手段。在定額中，胥吏較困難敲詐，但「無定額」就成為胥吏求財的淵藪。晚明時，三餉徵收用以抗遼，主要是以銀收納，其他如物料、力役，也有折銀繳納的情況出現。無疑，折銀代役是破壞了傳統的力役制度，但始終是最快捷有效的徵稅方法，尤其是國家正處於危急之時。由於徵稅的急迫與胥吏的恐嚇，最後，里甲制中的里長、甲首無法交足稅項，出現逃亡的情況。〈表九 正德年間江西袁州府與建昌府役目表〉舉江西一例，正好證明里甲所負責徭役的繁雜。

表九 正德年間江西袁州府與建昌府役目表

地區／役目	袁州府				建昌府			
	宜春	分宜	萍鄉	萬載	南成	南豐	新城	廣昌
皀隸	X	X	X	X	X	X	X	X
祇候	X	X	X	X				
弓兵	X	X	X	X	X	X	X	X
馬夫	X	X	X	X	X	X	X	X
門子	X	X	X	X	X	X	X	X
庫子	X	X	X	X	X	X	X	X
看倉老人	X	X	X	X				
斗級	X	X	X	X	X	X	X	X
禁子	X	X	X	X		X	X	

地區 役目	袁州府				建昌府			
	宜　春	分　宜	萍　鄉	萬　載	南　成	南　豐	新　城	廣　昌
膳　夫	X	X	X	X	X	X	X	X
防　夫	X	X		X		X		
管　夫	X	X						
巡　欄	X	X	X	X	X	X	X	X
鋪　司	X	X	X	X				
驛　司	X	X	X	X				
鋪　兵	X	X	X	X	X	X	X	X
齋　夫		X	X	X	X	X	X	X
渡　子		X	X	X		X	X	X
館　子					X			
解　戶					X	X	X	

資料來源：《正德袁州府志》，〈徭役〉，頁13-14；《正德建昌府志》卷四，〈徭役〉，頁28-30。轉引自張偉保：《明代江西役法之改革》（香港：新亞研究所碩士論文，未刊本），頁10。

備註：「X」代表該地設立的役目。

第二節　糧長與吏胥

一　糧長

〈張廷秀逃生救父〉（《醒》二十）記：

有一人姓張，名權，其祖上原是富家，報充了個糧長。那知就這糧長役內壞了人家，把房產陸續弄完。傳到張權父親，已是寸土不存，這役子還不能脫。

又載：

王員外因田產廣多，點了個白糧解戶。欲要包與人去，恐不了事，只得親往。隨便帶些玉器，到京發賣，一舉兩得。

上引文所指的是糧長制，顯示此制度的兩種特性：一是由富戶擔當糧長，王員外因田產多，負責解糧；二是張權祖上是糧長，因為要補貼逋欠的糧額，而家道中落。所謂「白糧解戶」是指正漕之外，蘇、松、常、嘉、湖五府輸運給內府白熟粳糯十七萬餘石，各府送糙粳米四萬餘石，這些實物稅項稱「白糧」，而負責解送的戶口稱「白糧解戶」。

至於糧長制，最早出現的地方是江浙一帶，洪武四年（1371）《明太祖實錄》載：

九月丁丑，上以郡縣吏每遇徵收賦稅，輒侵漁於民，乃命戶部有司料（科）民土田，以萬石為率，其中田土多者為糧長，督其鄉之賦稅。且謂廷臣曰：「此以良民治良民，必無侵漁之患矣。」[10]

此制是將納糧由數千石至一萬石的地區，劃為一區，設糧長一名，而擔當糧長者是該區田地最多的大戶。糧長是由政府委任的，其職責包括負責該區的的田糧徵收及解運。其後糧長的責任增多，往後的五六十年，其新增的職責包括擬訂田賦科則、編製魚鱗圖冊、申報災荒蠲免稅項、檢舉逃避賦役戶口及勸農力耕等工作。

10 《明太祖實錄》卷六十八，頁1279，〈洪武四年（1371）九月丁丑〉條。

朱元璋設立糧長制主要有下列原因[11]：

一、免除吏胥的侵吞——《皇明本紀》續集，第一冊載：

惟爾兩浙之民，歸附之後，民力未蘇。兼以貪官污吏害民肥己四載於茲。朕深憫焉。今既掃除姦蠹，更用善良，革舊弊而新治道，以厚吾民。其秋糧及沒官田租盡行蠲免。[12]

二、取締攬納戶——《大誥》第十九〈攬納戶虛買實收〉：

各處納糧納草人戶往往不量攬納之人有何底業，一概將糧草付與解來。豈知無籍之徒，將錢赴京，止買實收糧草，并不到倉。及至會計缺少，問出前情，其無籍之徒，惟死而已。糧草正戶，罰納十倍。[13]

三、利便官民——《大誥》第六十五〈設立糧長〉：

糧者（長）之設，本便於有司，便於細民。所以便於有司，且如一縣該糧十萬，上設糧長十人。正副不過二十人。依期辦足，勤勞在乎糧長，有司不過議差部糧官一員赴某處交納，甚是不勞心力。……便於細民之說，糧長就鄉聚糧，其升、合、斗、勺數石、數十石之家，比親赴州縣所在交納，其便甚矣。[14]

四、爭取地主階級支持皇權——洪武一朝，以糧長而為官如烏程嚴震

11 梁方仲：《明代糧長制度》（上海：世紀出版集團，2001），頁12-18。

12 轉引自梁方仲：《明代糧長制度》，頁12-13。

13 同上註，頁16。

14 同上註，頁17。

直，歲運糧萬石往京，特授通政司參議，後遷尚書；上海夏長文，以稅戶人材舉監察御史；歸安湯行（一作湯仲行）任吏部尚書等都足以證明太祖有意對地方勢力加以籠絡，增強其統治力。[15]。

張權的先祖是糧長，而明初的糧長具有不少的特權。洪武年間，糧長解糧往京，常得到朱元璋的接見，親受「訓諭」。倘糧長辦事得力或表現特出，甚至會獲委任為官。糧長在鄉里間，地位有如官員，一些地區的糧長甚至包攬地方事務，掌握裁判權；而糧長犯法，其懲罰又會較一般平民為輕。因此，明代初期大戶都以身為糧長為榮。糧長的身分可以世襲，稱為「永充制」，流行於洪武至宣德期間；自正德以後，由「輪充制」及「朋充制」等代替。

由於糧長具有一定的權力及地方的認受性，當地方有事時，百姓會要求糧長處理。糧長可評理，甚至可以處罰犯罪者，何良俊《四友齋叢說》記其父為糧長時受地方信賴：

> ……見先府君為糧長日，百姓皆怕見官府，有終身不識城市者，有事即質成於糧長，糧長即為處分，即人人稱平謝去。[16]

糧長漸掌權力，舞弊的情況漸漸加劇，中飽私囊，侵吞公款、榨取糧戶、超額徵收等層出不窮；甚至與地方官員吏胥勾結，上下其手，令糧長制最初的原意蕩然無存。宣德年間，糧長掌握巨額稅糧用作資本投資。因此，很多糧長是兼糧長、官僚、地主、商人於一身。何良俊就是嘉靖年間以貢生入國學，特授南京翰林院孔目，他的身分包括官員、糧長、地方士紳。[17]

---

15 同上註，頁21。

16 〔明〕何良俊：《四友齋叢說》（北京：中華書局，1997）卷十三〈史九〉，頁110。

17 〔明〕何良俊：《四友齋叢說》卷十三〈史九〉，頁110。

明代初年，首都為南京，兩浙、兩廣一帶漁米之鄉，運糧往京較方便。遷都北京後，由南方運往北方，無論運費及時間都不可同日而語。自英宗朝以後，納糧到京的額數都較明太祖時為低[18]。《四友齋叢說》亦記載正德十年（1515）以前，松江錢糧分毫不拖欠，但十年以後，即出現逋欠的情況[19]。

可是，張權的先祖，最後是傾家蕩產（《醒》二十），主要的原因有兩點：一是土地不斷集中，兼併日漸嚴重，出現甚多逃稅的情況；二是優免額數不斷增加，稅項攤派至其他戶口，無法支付稅項的戶口，相率逃亡。何良俊之父解釋錢糧無法繳清的原因：

> 我當糧長時，亦曾有一年照田加耗。此年錢糧遂不清，第二年即復論糧加耗，而錢糧清納如舊。夫下鄉糧只五升，其極輕有三升者，正額五升。若加六則正耗總八升。今每畝加耗一斗，則是納一斗五升已增一半矣。

又載：

> 先府君每對人言，我家五十年當糧長。自脫役之後，絕足無一公差人到門，蓋五十年內錢糧無升合虧欠也。此時百姓，十一在官，十九在家，亦家富人足……。今百姓十九在官，十一在家，身無完衣，腹無飽食，貧困日甚，奸偽日滋，公家逋負日積。[20]

---

18 參看梁方仲：《明代糧長制度》，頁108，表2〈明代歷朝全國田賦米麥實收平均數及其升降百分比〉。

19 〔明〕何良俊：《四友齋叢說》卷十三〈史九〉，頁110。

20 同上註。

加額必須追討，不能蠲免，今年逋欠，明年繳交；倘若一次不能繳清，後果可以非常嚴重。其次是人口職業的改變，上列記載可能有點誇張，但農民人口減少應是不爭的事實。據糧長制的規定，糧長需負擔逃離戶的稅項，結果導致糧長破產。部分糧長則於宦途失利，投資虧損，虧空稅糧而導至破產。〔明〕何良俊對於農民漸少，造成里長及糧長要負擔起徵稅額不足的補貼，有如下的解釋：

> 余謂正德以前，百姓十一在官，十九在田。蓋因四民各有定業。百姓安於農畝，無有他志，官府驅之就農，不加煩擾，故家家豐足，人樂為農。自四五十年來，賦稅日增，繇役日重，民命不堪，遂皆遷業。昔日鄉官家人亦不甚多，今去農而為鄉官家人者，已十倍於前。昔日官府之人有限，今去農而蠶食於官府者，五倍於前矣。昔日逐末之人尚少，今去農而改業為工商者，三倍於前矣。……今一甲所存無四五戶，復三四人朋一里長，則是華亭一縣，無不役之家。[21]

這個紀錄顯示了正德以後，轉農為商的情況非常普遍，從前官員與農民的比率是一比九，正德以後，農民改業是五倍於前。如此，需要負責傜役的人數不斷減少，攤派之後，農民每戶負責的傜役增加至無法負擔的地步。本文前章已述及明中葉以後，官員的數目已飽和，如此則優免額數不斷增加，下表是顯示明代官員的優免額數：

21 同上註，頁111-112。

表十　嘉靖二十四年（1345）京官優免指引

品級	免糧額（石）	免丁額（丁）
一品	30	30
二品	24	24
三品	20	20
四品	16	16
五品	14	14
六品	12	12
七品	10	10
八品	8	8
九品	6	6

資料來源：湯明檖、黃啟臣主編：《紀念梁方仲教授學術討論會文集》（廣州：中山大學出版社），頁97。

備註：上表承新亞研究所王偉漢同學代製。

上表所指的免糧額，是官紳們實際所得的米糧石數。計算方法是按照每畝所交納的稅糧來計算。凡是外官，則依照上述數字例減一半。就算是未入流的如教官、監生、生員等儒戶，亦各免糧二石，人丁二丁。雜職、承差、知印、吏典等各免糧一石，人丁一丁。

表十一　萬曆四十八年（1620）全國田畝加派總數表

地名	田畝
浙江	466,969頃82畝
江西	401,151頃27畝
湖廣	2,216,199頃40畝
福建	134,225頃

地名	田畝
山東	617,498頃99畝
山西	368,039頃27畝
河南	741,579頃51畝
陝西	292,923頃85畝
四川	143,827頃67畝
廣東	256,865頃13畝
廣西	94,020頃74畝
雲南	17,993頃58畝
北直隸	491,204頃22畝
延慶，保安州	1,364頃14畝
應天府	69,405頃50畝
蘇州府	92,959頃14畝
松江府	42,477頃3畝
常州府	64,255頃95畝
鎮江府	33,817頃13畝
廬州府	68,389頃11畝
鳳陽府	60,191頃96畝
淮安府	130,826頃36畝
揚州府	61.084頃99畝
徽州府	25,478頃27畝
寧國府	30,330頃78畝
池州府	9,089頃22畝
太平府	12,870頃53畝
安慶府	21,905頃30畝
廣德州	21,672頃44畝

地名	田畝
徐州	20,167頃16畝
除州	2,809頃96畝
和州	6,215頃89畝
總數	7,017,809頃31畝

資料來源：《萬曆會計錄》卷一至十六，〈舊額見額歲入歲出〉及各地〈布政司田賦〉。〔明〕申時行等：《明會典》卷十七〈戶部四，田土〉，頁110-112。《皇明世法錄》卷三十四〈理財〉，頁958-997。《度支奏議》第19函，第一冊〈題覆加派數目疏〉，頁91-92。

明代中期官員已達二萬人以上，倘若監生、生員、雜職、承差等計算在內，其數字是不可估計。萬曆期間，各省府需要加派的田地畝數有七百萬頃強（參考表十一）。倘若單以官員優免來計算，免稅的田畝亦只在數千畝之間，相對於全國七百餘頃的數字實不算龐大，但《四友齋叢說》所記自正德以後人口的比例已是「十九在官，十一在家」。就算估計誇張，但亦顯示出交納稅項的戶口逐步減少。從歷史文獻中，可以找出實情，單是以常熟一地為例，免糧役的吏胥已達萬人，「計常熟皂隸、快手、健步、民壯、馬快，其二百餘名。每名四人朋充，號曰正身；每正一二副，號曰幫手；每幫手二名，置白役六七名，曰伙計，合之得萬餘人。」[22]如此數目，令人想像得到，無法取得優免的平民百姓，幾無生存之餘地。

其次是解糧到京，亦可能受到官員侵欺，據《浚川公移駁稿》〈議處殷實收解錢糧〉記嘉靖時解錢糧事：

> 為處置納錢糧事。照得撫屬州縣，一應邊腹及料價等項錢糧，每年僉派殷實收解，大約多者每人動至數千，少者亦不下數百。及至給

22 〔明〕尚湖漁夫：《虞諧志．衙役傳第四》，轉引自謝國楨：《明代社會經濟史料選編》（福州：人民出版社，2004），頁424。

> 文領出，見其銀多，易於圖利，或置買田產，或撒秋生放，任意侵欺，視為己有。一遇事發，監追顧己，甑破水覆，莫能收救。縱使變產完贓，焉能償其萬一，終致父子斃於囹圄，親族代其賠補。[23]

解糧要領取給文，值官見利起心，任意侵欺，致令解者傾家蕩產，身陷囹圄。中間的手法雖然沒有細敘，但相信情況是相當普遍，否則不會成為議題。綜觀何氏之論及駁稿所載，可看見正德以後糧長制出現下列幾種情況：

（一）由於逃避稅役的人漸多，里長及糧長已出現負擔不了而破產的情況；
（二）官僚人數漸多，優免徭役的人數亦不斷增加；
（三）部分地方的里長改為數人任一職；
（四）官吏侵欺；
（五）糧長可以退役。

二 吏胥暴行

明太祖之所以設立糧長制，其一原因是減少吏胥的侵漁。中國史上的地方吏胥，部分可說是無惡不作。「三言」亦記載了吏胥的行為，下列所引就是其中的事例。

〈盧太學詩酒傲公侯〉（《醒》二十九）載縣令尋釁陷害盧柟，吏卒到達盧家是與搶劫無疑：

---

23 收在郭成偉、田濤整理：《明清公牘秘本五種》（北京：中國政法大學出版社，1999），頁43-44。

> 盧柟帶醉問道：「有何禍事？」家人道：「不知為甚，許多人打進大宅搶劫東西，逢著的便被拿住，今已打入相公房中去了！」眾賓客被這一驚，一滴酒也無了，齊道：「這是為何？可去看來！」便要起身。盧柟全不在意，反攔住道：「由他自搶，我們且吃酒，莫要敗興，快斟熱酒來！」

繼之又設法陷害：

> 至午後忽地升堂，喚齊金氏一干人犯，並仵作人等，監中吊出盧柟主僕，徑去檢驗鈕成屍首。那仵作人已知縣主之意，輕傷盡報做重傷，地鄰也理會得知縣要與盧柟作對，齊咬定盧柟打死。知縣又哄盧柟將出鈕成傭工文券，只認做假的，盡皆扯碎，嚴刑拷逼，問成死罪。又加二十大板，長枷手杻，下在死囚牢裏。家人們一概三十，滿徒三年，召保聽候發落。金氏、鈕文干證人等，發回寧家。

汪知縣授意，仵作、地鄰全作假證供，汪更毀滅證據，強加罪狀。其後，又怕盧柟脫罪，竟然要謀殺盧柟：

> 當晚差譚遵下獄，教獄卒蔡賢拿盧柟到隱僻之處，遍身鞭朴，打勾半死，推倒在地，縛了手足，把土囊壓住口鼻。那消一個時辰，嗚呼哀哉！（《醒》二十九）

《金令史美婢酬秀童》（《警》十五）：

> 連陰捕也有八九分道是，只不是他緝訪來的，不去擔這幹紀，推辭道：「未經到官，難以吊拷。」金滿是衙門中出入的，豈不會意，

> 便道：「此事有我做主，與列位無涉。只要嚴刑究拷，拷得真贓出來，向時所許二十兩，不敢短少分毫。」張陰捕應允，同兄弟四哥，去叫了幫手，即時隨金令史行走。

金令史懷疑己僕秀童偷金，與衙門同事設法迫秀童承認，不惜違背司法程序，嚴刑拷打秀童。這種情況，屢見於中國傳統戲曲與小說的情節內，相信是非常普遍。

〈玉堂春落難逢夫〉(《警》二十四)：

> 趙昂拿著沈家銀子，與刑房吏一百兩，書手八十兩，掌案的先生五十兩，門子五十兩，兩班皂隸六十兩，禁子每人二十兩，上下打點停當。封了一千兩銀子，放在壇內，當酒送與王知縣。知縣受了。次日清晨升堂，叫皂隸把皮氏一起提出來。不多時到了，當堂跪下。知縣說：「我夜來一夢，夢見沈洪說：『我是蘇氏藥死，與那皮氏無干。』」玉堂春正待分辨，知縣大怒，說：「人是苦蟲，不打不招。」叫皂隸：「與我拶起著實打，問他招也不招？他若不招，就活活敲死。」玉姐熬刑不過，說：「願招。」知縣說：「放下刑具。」皂隸遞筆與玉姐畫供。知縣說：「皮氏召保在外，玉堂春收監。」皂隸將玉姐手肘腳鐐，帶進南牢。禁子、牢頭都得了趙上舍銀子，將玉姐百般淩辱。只等上司詳允之後就遞罪狀，結果他性命。

上述故事記載趙昂賄賂刑房的活動情況，賄賂幾及於整個衙門，刑房吏一百兩，書手八十兩，掌案的先生五十兩，門子五十兩，兩班皂隸六十兩，禁子每人二十兩，知縣貪污更高達一千兩。將玉堂春屈打成招，諸般淩辱，幾無翻身之處。最荒謬的是知縣說夜來一夢，是死者沈洪親口告訴知縣，因此知道殺人者是玉堂春。知縣的貪婪無理，衙蠹的刻薄無情，都躍然現於紙上。中國數千年的歷史，一部分是由這些官場敗類所記。《雙槐歲鈔》的作者〔明〕黃瑜，就有賄賂的親身經歷：

> 成化壬辰（1472），豪民黃新恃富殺人，上司以其無屍，欲出之，……公呼新謂曰：「汝折其左足，埋黑水塘中，人告我矣。」新遂驚駭輸服，遂得尸……未幾蕭僉事蒼錄囚至惠州，受新銀三百兩，欲以為疑獄，公堅不肯……新遂棄市。[24]

黃瑜中舉後入監，多在下僚工作。蕭蒼公然受賄，為罪犯開脫。此案有黃瑜據理力爭。可是，其他案件呢？又有多少個黃瑜。

試看看，地方吏胥淩辱百姓的例子更舉不勝舉，除明代以外，其他的故事亦有記載，如〈灌園叟晚逢仙女〉（《醒》四）載張霸與緝捕使臣到秋公園上，只發一聲喊，就將秋公一索綑綁。鄰里看見，個個畏縮，更被緝捕使臣恐嚇，隨時纏上關係。又如〈俞仲舉題詩遇上皇〉（《警》六）載上皇欲見俞仲舉，傳旨之後，地方官吏，不知就裡，奉旨直往貢院橋孫婆店前，不由分寸，一索摳住孫婆。路上遇到孫小二，放了孫婆，又將孫小二摳住，追問俞仲舉所在。只看上述兩例，地方小吏已如此橫暴，高官勢家更不在話下。其實吏胥的橫暴，史籍載之不竭。〔明〕伍袁萃《漫錄評正》卷一載：

> 丙午冬，吳有豪家殺人，業已論死矣。四百金之賂一入署官之手，則凶人漏網，冤鬼夜號矣。噫！草芥人命以納賄，弁髦國法以肥家，使天道果無知，神明果可欺則亦已矣，不然彼貪官者得無懼乎！[25]

---

24 〔明〕黃瑜：《雙槐歲鈔》（北京：中華書局，1999），頁11。

25 〔明〕伍袁萃：《漫錄評正》卷一，轉引自謝國楨選編《明代社會經濟史料選編》，頁422-423。

玉堂春之冤獄，倘不是遇到前夫，必定又成地下冤魂。趙昂逍遙法外，知縣、吏胥得賄賂而繼續誤民以私肥（《警》二十四）。又如金令史誤會秀童偷金，即糾合衙人，嚴刑問訊，所用刑具令人心寒，如夾棍、霸王箍等，不理黑白，幾欲與之死。雖然後來得知秀童被屈，金令史以美婢相酬，但那種目無王法，舞弊營私的情況，令人髮指（《警》十二）。相信上述的案例，於明代幾無日無之，否則有血性文人，韃之責之於汗青，冀來者心寒，如王肯堂《郁岡齋筆塵》：

> 勾攝公事，萬萬不可用公人。蓋其所至之地，雞犬不寧無論已。而需求稍不遂意，輒以拒捕為名，為膚受之愬，以激上官之怒。其昏懦者，至於惟其言是聽，則是曲直之斷，全在此輩掌握。而欲刑清訟簡，事得其理，民得其所，豈可得哉！[26]

王肯堂認為「勾攝公事，萬萬不可用公人」，雖然有點不可行，但王氏對公人的誤事，可謂深痛惡絕。吏胥除掌握刑獄，任意欺壓外，對於豪家，亦可借勢苛索。〔明〕漁夫《虞諧志》：

> 常熟衙蠹之橫，自瞿四、達九班頭始。周敏頗修拔富之舉，一時訪行，豪奴盤踞衙門，號極盛焉。至李璞為令，而蛇蝎恣惡，蟻聚蜂屯，衙蠹之盛蔑以加矣！……，合之得萬餘人。是常熟有萬餘虎狼，橫行百里之中，弱肉強食無已時也。凡鄉愚良善，亡家亡命，皆由於此。[27]

---

26 〔明〕王肯堂：《郁岡齋筆塵》，轉引自謝國楨選編《明代社會經濟史料選編》，頁426。

27 〔明〕尚湖漁夫：《虞諧志・衙役傳第四》，轉引自謝國楨：《明代社會經濟史料選編》，頁424。

可知道盧柟已是地方鄉紳，且受不少朝廷中人所傾服，只一個汪知縣，可借故羅織罪名，令其身陷囹圄，幾及於身殞（《醒》二十九）。明代地方官吏的橫行，致仕高官的魚肉鄉民，更是俯拾皆是，如〔明〕張瀚《松窗夢語》記：

> 霍丘胡明善，督學御史也。居鄉豪橫，強奪人妻女為妾，役鄰人為工，復假先年被劫，妄執平民為盜。家制刑具，極其慘酷。……令僕人迫毆趙姓父子三人致死。[28]

一大群衙吏，如同強盜到盧家強搶，又受知縣包庇，私下謀殺盧柟。短短的幾個故事，吏胥的無法無天，橫行無忌，表露無遺。最受傷害的，無過於小民。他們部分目不識丁，畏權怕事，惟有任人魚肉。〔明〕黃省曾《吳風錄》：

> 自郡守徐親信吏胥門隸，往往成富人，至今為吏胥門隸者酷以剝克訟人為事，而隸人之害為尤甚。一人之正，十人之副，與吏胥因緣為奸，買票出則橫行，動輒索數十金。其富而訟者，糧長之欲脫稽其逋者所贈尤多。[29]

〔明〕顧起元《客座贅言》：

> 又有一等，既饒氣力，又具機謀，實報睚眥。名施信義，或殢財役貧，以奔走乎丐貸；或陽施陰設，以籠絡乎奸貪。遇婚葬則工為營辦以釣奇，有詞訟則代為打點以網利；甚則官府之健胥猾吏，為之

---

28 〔明〕張瀚：《松窗夢語》（北京：中華書局，1997）卷一，頁8。

29 〔明〕黃省曾：《吳風錄》，轉引自謝國楨選編《明代社會經濟史料選編》，頁426。

> 奧援，閭巷之刺客奸人，助之羽翼。土豪市儈，甘作使令，花鴇梨姐，願供娛樂。……有求必遂，無事不幹。徒黨至數十百人，姓名聞數千百里。[30]

上列兩項記載，說明了吏胥糾黨營私，與地方豪強，互為表裡，上下其手。還有，明中葉以後，捐資補官，幾成為常態。《寓圃雜記》載：

> 近年補官之價甚廉，不分良賤，納銀四十兩即得冠帶，稱「義官」。且任差遣，因緣為奸利。故皂隸、奴僕、乞丐、無賴之徒，皆輕資假貸以納。凡僭擬豪橫之事，皆其所為。長洲一縣，自成化十七年至弘治改元，納者幾三百人，可謂濫矣。[31]

不管皂隸、奴僕、乞丐、無賴之徒，納銀四十兩，即可任官，雖然沒有實質的官職，但可連成一氣，甚至連結貪官，共謀利益，不管百姓死活。《吳風錄》所記一般吏胥均可因貪而致富，他們所欺凌的人，愈富有愈受害深。每每興訟，都要依靠這些吏胥，他們就可從中漁利。《客座贅言》指出這些豪強與吏胥互通聲氣，地方一切事業能否順利進行，均仰此等敗類的鼻息。明朝談修分析此輩之所以橫行：

> 至門客者，有盆成括之才，足以效犬馬之勞；有費無忌之口，足以動簧鼓之聽；有素封之力，足以中貪婪之欲；有窺伺之智，足以將旦夕之奉；有脇肩諂笑之伎，足以承左右之歡；有長惡逢迎之術，足以遂豪奪之奸，……。一切逞凶駕禍，損人利己之事，縱情肆志

---

30 〔明〕顧起元：《客座贅言》卷四〈莠民〉，頁106。

31 〔明〕王錡：《寓圃雜記》卷五〈義官之濫〉，頁40。

> 靡所不為，而無所顧忌，小民懼勢，束手而莫敢誰何？[32]

地方胥吏不理人民死活的情況，在「三言」故事中可謂司空見慣。〈張廷秀逃生救父〉（《醒》二十）：

> 誰想這年一秋無雨，做了個旱荒，寸草不苗。大戶人家有米的，卻又關倉遏糶。只苦了那些小百姓，若老若幼，餓死無數。官府看不過，開發義倉，賑濟百姓。關支的十無三四，白白裏與吏胥做了人家。又發米於各處寺院煮粥，救濟貧民。卻又把米侵匿，一碗粥中不上幾顆米粒。還有把糠秕木屑攪和在內，凡吃的俱各嘔吐，往往反速其死。上人只道百姓咸受其惠，那知恁般弊竇，有名無實。正是：任你官清似水，難逃吏滑如油。

末句「任你官清似水，難逃吏滑如油。」正好反映吏胥的不仁行為及有心官員的無能為力。胥吏擁有地方的勢力，地方官往往是數年一任，似乎無此必要過分打擊胥吏。況且明清兩代，讀書人往往是「十年窗下無人問，一舉成名天下知」的概念來讀書，「天下知」之後又如何？是「萬里為官只為財」。在這種社會意識下的官場，哪裡來得清廉自守。所以筆者讀到海瑞、于謙等人的傳記時，不禁肅然起敬。

第三節　衛所制

「三言」中屢屢提及衛所制，而明代的戶口中亦有所謂「軍戶」。依據明代軍制，以五千六百人為衛，一千一百二十人為千戶所，一百二十人

---

32 〔明〕談修：《避暑漫筆》卷上，轉引自謝國楨選編《明代社會經濟史料選編》，頁421。

為百戶所，每所有總旗二，小旗十：總旗約轄五十六人，小旗約十一至十二人。倘以洪武廿六年以後，衛所增添的數口計算，軍士約有一百八十萬，半數從事屯種，則小旗不下十萬，總旗接近一萬八千，而總旗、小旗所受屯田分地畝數又較其他軍士為多，這造成軍士間地位貧富不均現象。

明太祖雖然自詡不費一米一粟能養百萬雄兵，但衛所制成立之始，已出現逃兵，特別是謫發一途的「軍」，主要原因是謫發軍是被迫從伍，遠離本鄉及家族，在陌生環境當軍，加上軍人生活甚清苦，難免出現逃亡現象。

〈劉小官雌雄兄弟〉（《醒》十）記「方勇，是京師龍虎衛軍士，原籍山東濟寧。今要回去取討軍莊盤纏」，方勇帶同女兒（女扮男裝）回原籍取餉，其困苦不堪，乃一般軍士的寫照。軍人的清苦可從下列例子看出：洪武間一個小軍每日有一擔倉米，經倉官剋扣，約餘七、八斗米[33]；成化期間，延綏軍士妻子衣不蔽體[34]，大同、宣府二鎮軍士甚至「病無藥、死無棺」[35]。

由於軍士長期處於貧窮狀態，而且世世代代承繼下去，加上被剝削及虐待，遂出現相繼逃亡的情況。據《宣宗實錄》記載：

> 中外都司衛所官，惟欲肥己，征差則賣富差貧，徵辦則以一科十，或占納月錢，或私役買賣，或以科而扣其月糧，或指操備減其布絮。衣食既窘，遂致逃亡。[36]

---

33 吳晗：《讀史劄記》（北京：生活・讀書・新知三聯書店，1961），頁111，引《大誥》第九〈武臣科斂審軍〉載：「那小軍每一個月只關得一擔兒倉米……那害人的倉官又斛面上打減了幾升……尚有七、八斗兒米，他全家兒大大小小要飯吃，要衣裳穿，他那裡再得閑錢與人。」

34 〔清〕張廷玉等：《明史》卷一八五，頁4897-4898，〈黃紱傳〉：「成化二十二年（1486）巡撫延綏，出見士卒妻衣不蔽體。嘆曰：健兒家貧至是，何目臨其上。」

35 同前書，卷一六十，頁4367，〈張鵬傳〉：「出按大同宣府，奏兩鎮軍士蔽衣菲食，病無藥、死無棺。」

36 《宣宗實錄》卷一零八，頁2340，〈宣德九年〔1434〕二月壬申〉條。

可以想像衛所軍生活是如何的窘迫。

衛軍除被衛官私家奴役外，甚至要幫助朝中權貴耕種[37]。軍士月糧往往被剋扣[38]，為子減少奴役，反而要向上司供應月錢[39]，剋扣月糧及供應月錢的事例，在整個明代更是屢見不鮮[40]。

衛所發展至中期，出現了虛報數目的弊端，主要是衛官藉著虛數多收月糧；另一方面又可得到一般軍士的月錢。軍士帶糧逃亡，衛官虛報軍數，令到軍額無法符合實數，如隆慶三年（1569），蕭廩出覈陝西四鎮兵食，發覺被隱占軍士數目達至數萬人之多[41]，所隱占的軍士一部分逃匿，而一部分卻改業為工人商販，因此有餘資供應上司揮霍來換取成為工商人士的自由。當時政府所出的軍餉，大部分不是用在訓練軍武的用途上，卻轉到掌權軍士手中[42]。至於逃亡軍士部分秘密逃回原籍[43]，部分請假離

---

37 〔清〕張廷玉等：《明史》卷一七七，頁4704，〈年富傳〉：「英國公張懋及鄭宏各置莊田於邊境，歲役軍耕種。」

38 〔清〕張廷玉等：《明史》卷一八二，頁4846，〈劉大夏傳〉：「弘治十七年（1504）召見大夏於便殿……曰：居有月糧，出有行糧，何故窮？對曰：其帥侵剋過半，安得不窮！」

39 〔清〕張廷玉等：《明史》卷一六四，頁4454，〈曹凱傳〉：「景泰中浙江百畝。時諸衛武職役軍辦納月錢，至四千五百餘人。」

40 供應上司月錢，除前註所引外，尚有〔清〕張廷玉等：《明史》卷一百八，頁4781，〈江奎傳〉，成化二十一年（1485）言：「內外座管監鎗內官增置過多，皆私役軍士，辦月錢，多者至二三百人。」又《英宗實錄》卷一八六，頁3753，〈正統十四年（1449）十二月壬申〉條載：「兵科給事中劉斌奏：……近數十年典兵官員既私役正軍，又私役餘丁，甚至計取月錢，糧不全支，是致軍士救飢寒之不暇，尚何操習訓練之務哉！」

41 〔清〕張廷玉等：《明史》卷二二七，頁5959，〈蕭廩傳〉：「隆慶三年（1569）擢御史……出覈陝西四鎮兵食，斥將吏隱占卒數萬人歸伍。」

42 〔清〕張廷玉等：《明史》卷一七六，頁4693，〈劉定之傳〉：「天下農出粟，女出布，以養兵也。兵受粟於倉，受布於庫，以衛國也。向者兵士受粟布於公門，納月錢於私室，於是手不習擊刺之法，足不習進退之宜，第轉貨為商，執技為工，而以工商所得，補納月錢。民之膏血，兵之氣力，皆變為金銀，以惠奸宄。一旦率以臨敵，如驅羊拒狼，幾何其不敗也。」

43 《英宗實錄》卷四十七，頁917，〈正統三年（1438）十月辛未〉條：「巡按山東監察御史李純言：……遼東軍士往往攜家屬潛從登州府運船，越海道逃還本籍，而守把官軍，受私故縱。」

伍[44]，而罪謫戍者，則改換籍貫，到衛所報到後，隨即逃離軍伍，亦無從勾補[45]。所謂「勾補」是勾軍一種，勾軍分「根補」與「勾補」兩種。「根補」是捉逃軍本人，倘供法根補則勾取戶內壯丁補役，稱「勾補」。本來，明代的軍戶是世襲的，這是為了確保軍士的人數充足，故有弟襲兄位，子繼父位的情況出現，如〈沈小霞相會出師表〉（《喻》四十）載賈石是襲其兄的軍籍：

> 小人姓賈，名石，是宣府衛一個舍人。哥哥是本衛千戶，先年身故，無子，小人應襲。為嚴賊當權，襲職者都要重賂，小人不願為官，托賴祖蔭，有數畝薄田，務農度日。數日前聞閣下彈劾嚴氏，此乃天下忠臣義士也。

又如〈蔡瑞虹忍辱報仇〉（《醒》三十六）記蔡瑞虹弟蔡續承襲其父蔡武淮安衛指揮之職等，都看到明代軍戶之承襲。由如軍戶貧富懸殊，貧窮軍士會設法脫離軍籍；而身處高位之軍戶，權力與利益不可同日而語。如〈王嬌鸞百年長恨〉（《警》三十四）：

> 國朝天順初年。廣西苗蠻作亂，各處調兵征剿，有臨安衛指揮王忠所領一枝浙兵，違了限期，被參降調河南南陽衛中所千戶，即日引家小到任。

---

44 同前書，卷一四一，頁2791：〈正統十一年（1446）五月己卯〉條：「福建汀州府知府陸徵言：天下衛所軍往往假稱欲往原籍取討衣鞋，分析家貲，置備軍裝。其官旗人等貪圖賄賂，而給與文引遣之。及至本鄉，私通官吏鄉里，推稱老疾不行，轉將戶丁解補。到役未久，托故又去，以致軍伍連年空缺。」

45 《宣宗實錄》卷一〇七，頁2402，〈宣德八年（1433）十二月庚午〉條：「巡按山東監察御史張聰言：……遼東軍士多以罪謫戍，往往有亡匿者。皆因編發之初，姦頑之徒，改易籍貫，至衛即逃。比及勾追，有司謂無其人，軍伍遂缺。」

這裡的王忠雖然被降職，仍掌管理軍士之權。

勾軍是明政府應付逃軍方法的一種，目的在彌補逃軍額數，可是軍額沒法穩定，反而大量減少，且增加平民痛苦及困擾，如北人充南軍，南人充北軍，造成水土不服，死於瘴癘的事件。

宣德以前的勾軍是由各衛所自行差遣，由遣旗軍負責。由於所勾之軍不以實報，且可行賄得免[46]，故宣德以後改為給事中、御史到各地清軍（負責勾軍的官員稱「清軍官」）。可是勾軍的效果始終不大，弘治以前固無冊籍可稽查，而嘉靖時卻因冊籍的編造造成更大的滋擾。清軍官不盡力行事亦是勾軍成效不大的主因，如軒輗為御史時曾彈劾浙江清軍官四十餘人[47]。

明政府除謫發罪人充軍戍邊外，勾補的軍丁亦南北互調，造成骨肉分離，死於異地的慘況。由於這不近人情的規定，先後有朝臣多次上疏言其弊病，正統年間如楊士奇及弘治年間何孟春等[48]，然亦不了了之。除勾軍受到傷害外，同時也拖累押的里役，里役並非全是出身富饒，必要時更要變賣田產、子女，與解軍共同往戍地。倘若軍戶斷絕，清軍官更會強迫里老就道，不服申辯者，更會受嚴刑拷問[49]。萬曆年間顧起元的評論可算是勾軍誤民的總評：

> 又戶絕必清勾，勾軍多不樂輕去其鄉，中道輒逃匿。比至，又往往不耐水土而病且死。以故勾軍無虛歲，而什五日虧。且勾軍之害最，大勾軍之文至邑，一戶株累數十戶不止。比勾者至衛所，官識

---

46 〔清〕夏燮：《明通鑑》（臺北：宏業書局，1980年據中華書局影印）卷十九，頁796-797，載宣德元年（1426）：「衛所勾軍，州縣多不以實。無丁之家，誅不已，有丁之家，有丁之戶，行賄得免。」

47 〔清〕張廷玉等：《明史》卷一五八，〈軒輗傳〉，頁4323。

48 可參考許賢瑤：〈明代的勾軍〉（《明代專刊》，1983年），〈勾軍的害民〉，頁164-168。

49 《宣宗實錄》卷五十九，頁1398-1399，〈宣德四年（1429）十月戊寅〉條。

又以需索困苦之，故不病且死，亦多以苦需索而竄。[50]

正軍逃亡，自明初已出現，從吳元年（1368）至洪武三年（1370）間逃兵有四萬七千（47,900）餘人，到正統三年（1438）逃亡軍數已達一百二十萬以上，占全國數的一半[51]，邊防出而衛軍亦作用大減，漸漸廢弛。

明代軍屯制的破壞，一般認為是由於屯田的失額，影響屯政及由一批勛貴地主、衛所武官役使衛軍，軍屯制無法推行，據明代文獻記載，屯田亡失原因大致有如下數項[52]：

（一）勛貴、官豪、勢要侵奪占種；
（二）豪民兼併；
（三）巨家豪族陰以洼阜磽瘠民田抵換膏腴屯田、地段更改，故跡不可考；
（四）豪強囑官府將屯田勘為「民田」；
（五）管屯官、官舍或官旗穩占；
（六）官旗典賣；
（七）不堪屯糧集差，屯軍私將屯地投獻勢豪；
（八）或因隔遠，或因無力耕種，屯軍將田佃種於人，久之佃戶為主，不知田之所在；
（九）困於賠補屯糧，應當集差，屯軍逃亡，屯田拋荒；
（十）困於衛所官員的需索、剝削、虐待、屯軍逃亡，屯田拋荒；
（十一）或因貧乏，缺乏牛具種子，無力耕種，遺棄拋荒；

---

50 〔明〕顧起元：《客座贅語》卷二，〈勾軍可罷〉，頁46-47。

51 《英宗實錄》卷四十六，頁889，〈正統三年（1438）九月丙戌〉條：「天下都司衛所發冊坐勾逃故軍士一百二十萬有奇。」

52 王毓銓：《明代的軍屯》（北京：中華書局，1989），頁290。

（十二）背邊地帶，時因蒙古侵擾，致部分屯田拋荒。

除上述各項外，天然災害亦使到部分屯田流失，但不是主要原因之一，而北邊屯田喪失主要是由於拋荒及欺隱二項。拋荒的主要原因是屯軍害怕屯田被官旗剋扣及要應付沿途將領的苛索等[53]。至於欺隱的原因是本軍在逃，屯田歸公，可造成私相買賣情況，或豪勢之家壓迫屯田出讓膏腴田地，或衛官子弟侵凌鄰近屯軍等均造成欺隱的情況[54]。

明初軍戶在社會上的地位較低，衛官侵凌軍戶的情況應是十分普遍，以致軍戶設法改變戶籍的情況出現。如徽州府，弘治五年（1492）的軍戶數目是四千三百九十二戶，較洪武九年（1376）時減少了四千四百九十一戶，減幅是百分之五十以上。[55]加上權貴勢家掌握大量土地，促使軍戶耕作，如寧夏的寧陽候陳懋，本身占有三千多頃土地，並役使軍士替他耕種。上述兩種因素，已足以構成軍屯制破壞的原因。其次，邊將，鎮守總兵，都指揮、指揮、千戶等皆藉故隱占屯田，鎮守總兵等官占田與私役軍士的事情在明代文獻中比比皆是[56]。故此，終明一朝，要經常清戶查屯田，禁止侵占。由此可知，軍屯制本身弊病叢生，侵占事件變本加厲，與當初明太祖的意願相距甚遠，直至明亡。

53 〔明〕陳子龍等選輯《明經世文編》（北京：中華書局，1987年據平露堂刊本影印），卷三五八，〈龐中丞摘稿二〉、〈清理薊鎮屯田疏〉，頁3855-3859。

54 同上註。

55 弘治《徽州府志》卷二〈戶口〉，轉引自萬明主編：《晚明社會變遷問題與研究》，頁410。

56 參閱《明代的軍屯》，頁293，〈官豪勢要，巨室豪族及鎮守總兵等官侵占屯田事例表〉。

第五章
「三言」所反映的明代選仕制度

〈蘇知縣羅衫再合〉

〈鈍秀才一朝交泰〉

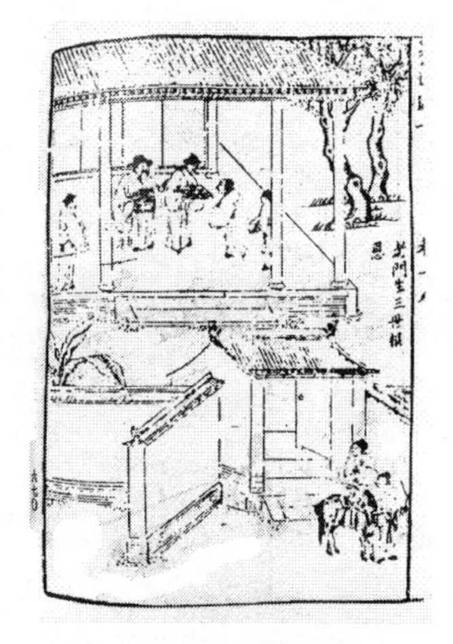

〈老門生三世報恩〉

第五章
「三言」所反映的明代選仕制度

第一節　監生

〈趙春風重旺曹家莊〉(《警》三十一)：

> 曹可成自小納粟入監，……「我的家當已敗盡了，還有一件敗不盡的，是監生。今日看見通州殷盛選了三司首領官，往浙江赴任，好不興頭！我與他是同撥歷的，我的選期已透了，怎得銀子上京使用！」

〈杜十娘怒沈百寶箱〉(《警》三十二)：

> （李甲）父親李布政所生三兒，惟甲居長。自幼讀書在庠，未得登科，援例入於北雍。因在京坐監，與同鄉柳遇春監生同遊教坊司院內，與一個名姬相遇，那姬姓杜，名爔，排行第十，院中都稱為杜十娘。

上述兩節都提到「監生」一詞，所謂監生，是指在國子監就讀的學生。國子監，明初又稱國學、國子學，洪武十五年（1382）改稱現名。國子監有三處：中都國子監（洪武八年，西元1375年罷）、京師國子監及南京國子監，故有南北國子監之分。洪武期間，入監的情況如下：

> 洪武初令，品官子弟及民間俊秀能通文義者，充國子監學生。十年（1377）令，武臣子弟，入國子監讀書。十五年（1382）令，各按察司選府州縣學生員二十以上，厚重端秀者，送京考留。十六（1383）年令，考中歲貢生員，送監再考等第，分堂肄業。十八年（1385）令，會試下第舉人，送監卒業。二十六年（1393）令，併中都國子監生入監。[1]

洪武一朝能入監者包括文武官員子弟、二十歲以上俊秀者、中年生員，及會試下第舉人。監生主要分為官生及民生兩種：官生分為品官子弟及土司子弟、外國留學生；民生分為貢監及舉監兩類。貢監包括歲貢、選貢、恩貢和納貢，基本上是府州縣的優秀學生，保送入監，亦是監生主要成員；舉監是推薦會試落榜的舉人就監讀書。其實還有蔭監，是品官子弟被特許入監讀書，最初是一品至七品，後來改為三品以上。[2]據明人記載，明中葉時監生有五途：歲貢、鄉貢、四十歲生員、上馬納粟、大臣勳戚子孫乞恩[3]。

品官子弟是指明初一品至七品的文官，可以蔭一子以世其祿，其後在京三品以上官員才可以請蔭[4]。請蔭入監讀書通常是清貧者才申請，大部分官員多請蔭任事或為官，甚少入監，因此，品官子弟在監生中的比率相當低。

土司子弟是指明代邊疆少數民族首領的子弟。明初為籠絡少數民族，於其地設土司一職，其子弟可以入監讀書，且受到特殊照顧。成化四年，土司學照州學的模式，三年貢二人，令土司子弟入監漸漸規律化。其後建

1 〔明〕申時行等：《明會典》卷二二十〈生員入監〉，頁1093。

2 陳捷先：《明清史》，頁102。

3 〔明〕王錡：《寓圃雜記》（北京：中華書局，1997）卷五，〈監生五途〉，頁39。

4 〔清〕張廷玉等：《明史》卷六十九〈選舉一〉，頁1682。

立了土司儒學，加上明中葉以後政治腐敗，土司子弟人入監的人數大減。十六世紀中國文化及文明遠較周邊國家為高，因此多國派遣留學生來華讀書，而明政府亦特別恩准留學生入監讀書。日本、暹羅、高麗、琉球等國家都先後派官生來華就學，人數有一定的規限，例如琉球大約准許五名留學生[5]。

地方官員需要每年推薦人才入國子監，稱為「歲貢」。明初規定，府、州、縣學歲貢生員一名到禮部應試，中式者送國子監就讀。明代有府一五九個、州二三四個、縣一一七一個，歲貢生員就有一五六四人。其後朱元璋增加歲貢人數，並除消中都國子監，將師生併入南京國子監，令洪武二十六年（1393），監生人數激增至八一二四人[6]。歲貢於明初極受重視，隨著科舉制度的發展，歲貢生員於嘉靖以後，幾同廢置，取而代之的乃選貢，選貢的出現是基於歲貢的敗壞。

明初，歲貢入監的生員，其品質有保證。府州縣學童需經考試，方能入學，生員分三等：一等是廩膳生員（簡稱廩生），由公家每年給予廩氣銀；二等是增廣生員（簡稱增生）；另加附學生員（簡稱附生）。其後，生員不依其在學成績分等，而是依在學時間及食廩年資來決定。弘治中，南京祭酒章懋上書建議推行選貢之法，得學行優秀者數百人；其法是「不分廩膳、增廣生員，通行考選，務求學行兼優，年富力強，屢試優等者，乃以充貢。通計天下之廣，約取五、六百人」[7]。自是以後，歲貢是依年資入監，而選貢有較公平的銓選方式選拔人才入監。恩貢是國家有慶典，政府

5　〔明〕申時行等：《明會典》卷二百二十〈國子監．勳戚習學〉，頁1096載：「凡日本、琉球、暹羅諸國官生，洪武、永樂、宣德間俱入監讀書，……成化、正德中，惟琉球官生至者，或五名、或三四名，俱入監」。

6　〔明〕黃佐：《南雍志》卷十五〈儲養考〉，轉引自張健仁《明代教育管理制度研究》，頁108。

7　《明會要》（臺北：世界書局，1963）卷二十五〈學校上〉，頁403。

以此年的當貢者入監。宣德年間，凡四十歲廩生可自動入監，依次出身[8]。可以算是籠絡士子的一種手法。

「三言」所述及的監生多是「納貢」及「舉貢」兩種，明代中晚期是以此兩種監生為主。監生所修讀的內容是以《四書》、《五經》為必修課，其他則包括《大明律令》、《御制大誥》、書、數等。其中《孟子》一門，是朱元璋將不適合專權統治的內文刪節的「節文」。

一　納貢

所謂「納貢」是府、州、縣學或平民可以通過交納一定的數量的糧草、馬匹等入監讀書；入監後，稱為「例監」。納貢後的利益回報甚高，納貢者入監後有監生資格，獲得社會認同的仕人身分。無論在司法或社會上都有一定的特權，離監後更可成為地方鄉紳。納粟、納馬入監是始於景泰元年（1449），當時也先入寇，發生「土木之變」，軍費支出激增，而經濟蕭條。政府為解決軍費問題，結果推行納貢制度。據《玉堂叢語》載：

> 景泰改元，詔以邊圉孔棘，凡生員納粟上馬者，許入監，限千人而止。然不與餼餼，人甚輕之。……成化甲辰，山西、陝西大饑，復令納粟入監。[9]

納粟入監最初是限定名額一千名，而且行四年即罷。可是，往後國家出現財政問題，不單是軍費，包括饑荒、水災等都會考慮捐粟入監的方式來增加收入。成化初年，就因山西、陝西大饑，准納糧、納馬入貢，當時

8　〔明〕王錡：《寓圃雜記》卷五，頁39。

9　〔明〕焦竑：《玉堂叢語》（北京：中華書局，1997）卷六，頁210。

的生員人數就有萬餘人[10]。弘治五年（1492）一度取消捐粟入監，但正德四年（1509）又重開此例。自是以後，各朝屢禁屢置，至明末，捐鈔入監者高達七成[11]。〈杜十娘怒沈百寶箱〉（《警》三十二）記載了入監的好處：

> （萬曆年間）原來納粟入監的，有幾般便宜：好讀書，好科舉，好中，結末來又有個小小前程結果。以此官家公子，富室子弟，倒不願做秀才，都去援例做太學生。自開了這例，兩京太學生，各添至千人之外。

又〈張廷秀逃生救父〉（《醒》二十）：

> 那趙昂原是個舊家子弟，王員外與其父是通家好友，因他父母雙亡，王員外念是故人之子，就贅入為婿。又與他納粟入監，指望讀書成器。

「好讀書」是可以用讀書人的身分與人交往；「好科舉」是可以應考科舉；「好中」是可成功考取功名；「小小前程」是論資排輩，最後也可得一官半職（《警》三十二）。納粟入監，是富家子弟於正式科舉外，另一出身途徑。由於納貢出現，令到監生出仕之途壅滯，有等候至十五、六年才能出身。國子監本來是培育國家人材的教育機構，逐漸變成富室弟子買官取爵之場。

〈趙春風重旺曹家莊〉（《警》三十一）記曹可成敗盡家財，但監生的名分沒有敗去，其起家的過程，恰好見證例監的發跡史。曹可成敗家之

---

10 〔清〕龍文彬：《明會要》（臺北：世界書局，1963）卷四十九〈選舉三・納貲〉，頁929-931。

11 張健仁：《明代教育管理制度研究》，頁111。

後，一事無成，由於有監生之銜，可以任教於師塾。如此過了十五年，踫見了同監通州人殷盛。殷盛新選浙江按察使經歷，是三司首領官。原來選官亦要花錢，如：

> 如今的世界，中科甲的也只是財來財去、莫說監生官。使用多些，就有個好地方，趁得些銀子，再肯營幹時，還有一兩任官做。（《警》三十一）

趙春兒認為丈夫肯奮發，將久存的私己錢盡與曹可成。可成到京後，到吏部投了文書，其後一帆風順：

> 吏部投了文書。有銀子使用，就選了出來。初任是福建同安縣二尹，就升了本省泉州府經歷，都是老婆幫他做官，宦聲大振。又且京中用錢謀為，公私兩利，升了廣東潮州府通判。適值朝覲之年，太守進京，同知、推官俱缺，上司道他有才，批府印與他執掌，擇日升堂管事。（《警》三十一）

上述的記載，無疑反映了監生任官的過程及困難。納糧入監的監生是否有才學，無人理會。若依上述故事，看不見曹可成到監的日子。就算到監就學，相信時間亦不會長。捐粟入監的政策是容許捐納者有監生之銜，但是否真的要入監就學，相信並不重要。因此胸無點墨者，亦可循入監之途而為官。明朝政府如此的任官政策，實呈現滅亡之兆。

曹可成等候了十五年才有機會出身，到江都縣提取文書，要錢，並寫下欠票；到吏部投文書，要錢；有政聲，欲陞遷，要錢。整個官僚架構似乎無錢不行，著實反映了官僚場中的貪污腐敗。

二　舉貢

「舉貢」是舉人會試落第後，入國子監就學。洪武期間下第舉人入監讀書，卒業後授官。永樂二年（1404），命下第舉人六十一人入監進學，並賜冠帶。宣德八年（1433）選副榜舉人二十四人進學翰林院考其文，與庶吉士同。正統二年（1437），命副榜舉人不願就教職者入監讀書。行此令的原因是明代的舉人倘若出任教職，即不能再參加科舉。舉人已踏進為官的門檻，若任職教官，除品第甚低外，仕途更從此卻步，例如正統十三年（1448），副榜舉人願入監者七成，就教職者三成。[12]

〈老門生三世報恩〉（《警》十八）中鮮于同的遭遇正好反映了此制度的實行，及社會的意識：

> 卻說國朝正統年間，廣西桂林府興安縣有一秀才，復姓鮮于，名同，字大通。八歲時曾舉神童，十一歲游庠，超增補廩。……到三十歲上，循資該出貢了。他是個有才有志的人，貢途的前程是不屑就的。思量窮秀才家，全虧學中年規這幾兩廩銀，做個讀書本錢。若出了學門，少了這項來路，又去坐監，反費盤纏。況且本省比監裏又好中，算計不通。偶然在朋友前露了此意，那下首該貢的秀才，就來打話要他讓貢，情願將幾十金酬謝。鮮于同又得了這個利息，自以為得計。第一遍是個情，第二遍是個例，人人要貢，個個爭先。

故事發生有正統年間，鮮于同八歲舉神童，十一已超增補廩，但屢試不第。到三十歲循資出貢，鮮于同讓與他人，達八次之多。可是，到了四

---

12 張健仁：《明代教育管理制度研究》，頁112。

十六歲，還是考不到進士。鮮于同考不到進士，其身分必定是舉人，即鮮于同是以舉貢入監，本來可以循資出仕，但他讓與他人。內文載「他是個有才有志的人，貢途的前程是不屑就的」一語，反映了不以科舉出身為官，其社會的地位或認受性較低。有志者當不屑以舉人身分入監，以貢途出仕。其次，論資排輩到該貢的時候，這個「缺」是可以出讓的。相信這並不是政府規定的條例，只是監生之間的私人交易，令人覺得明代的官場是無錢不行的。當然，亦有年齡頗長才入監的事情，《寓圃雜記》載：

> 宣德中，胡忠安公濙奏取四十歲廩生入監，依次出身，此即富文忠一舉三十年推恩之遺意也。忠安先與王守正同學，公官已至大宗伯，守正貢期尚未及。忠安因立此法，不欲私於一人，故通行天下。及守正亦至秋官主事。今南京塚宰王公僎，其子也。[13]

胡忠安以四十歲的廩生入監，令其能論資出仕。據上述記載，自宣德以後，已成為制度。明代的監生如果成績優異，會派到有關部門任事。一年之後考核，上等授與優缺，中等者隨才任用，下等者回監讀書。進士取得任官資格後，會派到六部、都察院、通政司、大理寺的衙門辦事，優秀者重用，否則罷黜。最令士人羨慕的是考取二、三甲的進士，由內閣及禮部考選成為庶吉士，就學於文淵閣。一旦成為庶吉士，其仕途優渥，甚至被目為閣臣的繼承者。鮮于同的堅持，當可代表明代一般士人的想法。

至於舉人入監，發展至萬曆期間，政府立例規定落第舉人入監讀書，但只是有名無實。據《明會要》載：「今查天下之廣，僅止二、三十人，蓋會試之後，支稱他故回籍」[14]，明顯表示國子監在中晚明的地位已大不如前。以監生出貢為官，其前途有一定的限制，如〈趙春兒重旺曹家莊〉

---

13 〔明〕王錡：《寓圃雜記》卷五〈四十監生〉，頁39。

14 〔清〕龍文彬：《明會要》卷二十五〈學校上〉，頁403，載祭酒呂柟言。

（《警》三十一）記趙春兒勸曹可成致仕，有一段話可證明：「今日三任為牧民官，位至六品大夫，太學生至此足矣」。即一般以監生出身的官員，品第當在六品之間，較難再有進展。

據學者研究，明代的國子監官生與民生的比率相差甚大，民生常在九成以上，如永樂四年（1406），南京國子監民生占百分之九十六點九（96.9%）。國子監雖然是平民百姓走向仕途的重要渠道之一，但科舉持續發展，最後成為士子出身的最佳途徑。

三　貢舉

明初，為網羅人才，推行貢舉，是保薦地方人才，由禮部直接任官：

> 國初、有舉保之令。凡舉保孝廉人材秀才、及山林隱逸、禮部即行所屬、委自正官、選求民間、果系名實相副、素無過犯之人、有司起送到部咨發吏部聽用。其後皆屬吏部掌行。而禮部所掌惟歲貢。國初、貢額不一。正統間始定，至今遵行。其額外增貢者、或以疏通、或以恩詔、不著令。[15]

歲貢人數的大致情況：

> 洪武十六年（1383）奏准、天下府州縣學、自明年為始、歲貢生員各一人。
> 二十一年（1388）令歲貢、府學一年、州學二年、縣學三年、各貢一人。必性資純厚、學業有成、年二十以上者、方許。

---

15 〔明〕申時行等：《明會典》卷七十七〈貢舉・歲貢〉，頁446。

> 二十五年（1392）、令歲貢、府學一年二人。州學二年三人。縣學一年一人。
>
> 永樂八年、令凡州縣戶不及五里者、州一年、縣二年、各貢一人。[16]

基本上是每府每縣歲貢不過二人，然而有些地方是不限人數，如雲南，其後廣西、湖廣、四川土官衙門生員，也不限數。[17]貢舉發展至後期，有貢生入監讀書，亦有應科舉考試的情況出現。《寓圃雜記》載監生有五途：

> 舊制監生止有二途，歲貢、鄉貢是也。後增四十歲生員，又增上馬納粟、近增大臣勳戚子孫乞恩，共為五途。自此選期愈遠，仕路愈塞矣。[18]

由於「三言」故事提及舉貢及納粟，其他貢舉方式，本文不贅述。

第二節　科舉

「三言」的故事屢屢提到科舉中式，似乎科舉中式後，一切的困難都會迎刃而解，否極泰來；亦反映了明代士子對科舉的重視。如〈玉堂春落難逢故夫〉的顧公子，高中後任官，為前妻雪冤；〈鈍秀才一朝交泰〉（《警》十七）的馬德稱，生活就從中舉後改變過來；〈蘇知縣羅衫再合〉（《警》十一）的徐繼祖中舉後，為父雪冤，家人重逢等都說明科舉是平民百姓走上權力重心及富貴之門的捷徑。

---

16 同上註。

17 同上註。

18 〔明〕王錡：《寓圃雜記》卷五，頁39。

一　科舉定制

科舉始創於隋朝，經唐、宋兩代的修正，漸臻完善。洪武三年（1370）朱元璋對科舉的制度有如下的說話：

> 朕聞成周之制，取才於貢士，故賢者在職而民有士君子之行。是以風淳俗美，國易為治，而教化彰顯也。……自今年八月為始，特設科舉，以起懷才抱道之士，務在經明行修，博通古今，文質得中，名實相稱。……其中選者，朕將親策於廷，觀其學識，第其高下而任之以官。果有才學出眾者待以顯擢。使中外文臣皆由科舉而選，非科舉者，毋得為官。[19]

明太祖明顯地希望利用科舉取士，而且同時頒布《科舉條格》，規定科舉的模式及內容。科舉三年一開科，鄉試在八月，稱「秋闈」，中式者稱「舉人」；會試在次年二月，稱「春闈」。除仕宦入流、於前科登第者、有過罷閒人吏、娼優等以外，各色人民或流寓他各處者均可應試。應試內容是五經義、四書義、禮樂、經史時務等。《明會要．科舉通例》載洪武三年的科舉情況：

> 詔設科取士。以今年八月為始。使中外文臣、皆由科舉而選。京師及各行省鄉試。八月初九日、試初場。又三日、試第二場。又三日、試第三場。初場、經義二道。四書義一道。第二場、論一道。第三場、策一道。後十日、復以騎射書算律五事試之。鄉試中式、行省咨中書省判送禮部會試。其中選者上親策於庭、第其高下。五

19　《明太祖實錄》卷五十二，頁1019-1020，〈洪武三年（1370）五月己亥〉條。

> 經義限五百字以上、四書義限三百字以上、論亦如之。策惟務直述、不尚文藻。限一千字以上。其高麗、安南、占城等國。如有經明行修之士、各就本國鄉試、許貢赴京師會試。不拘額數選取。[20]

從上列紀錄來看，最初的科舉是同試「騎射書算律五事」，屬實用科目，似乎是較合理。其次，異國考生，亦容許赴京考試，這使中國文化廣被於他國的主要原因之一。其後規定三年一舉，成為定制。考試內容及各經註本亦有規定：

> 十七年定三年大比。八月初九日第一場、試四書義三道、每道二百字以上。經義四道、每道三百字以上。未能者、許各減一道。四書義主《朱子集註》。經義、易主程、朱傳義。書主蔡氏傳、及古注疏。詩主《朱子集傳》。春秋主左氏、公羊、穀梁、胡氏、張洽傳。禮記主古注疏（後四書五經主大全）。十二日第二場、試論一道三百字以上。判語五條。詔誥表內科一道。十五日第三場、試經史時務策五道。未能者許減二道，俱三百字以上。其中式舉人、出給公據、官為應付廩給腳力、赴禮部印卷會試。就將鄉試文字、咨繳本部照驗。以鄉試之次年、二月初九日、十二日、十五日、為三場。舉人不拘額數。[21]

郎瑛記載了洪武及永樂十年的部分科舉情況，洪武情況大致與《明實錄》記相同，永樂時有變動：

> 然而刊試錄亦尚與今不同，前後序文有三、四篇者，經義一題或刊

20 〔明〕申時行等：《明會典》卷七十七〈科舉通例〉，頁448。

21 同上註。

> 二文者，永樂十年錄有減場五篇者，亦中魁選。又殿試一、二甲選部屬，三甲選縣佐，今（嘉靖期間）則皆異於前矣。[22]

科舉的課本注疏劃一規定，據《明史・選舉志二》載：

> 科目者，沿唐、宋之舊，而稍變其試士之法，專取四子書及《易》、《書》、《詩》、《春秋》、《禮記》五經命題試士。蓋太祖與劉基所定。其文略仿宋經義，然代古人語氣為之，體用排偶，謂之八股，通謂之制義。三年大比，以諸生試之直省，曰鄉試。中式者為舉人。次年，以舉人試之京師，曰會試。中式者，天子親策於廷，曰廷試，亦曰殿試。分一、二、三甲以為名第之次。[23]

明太祖定科舉八股，初無定規，可偶可散，但已限定內容闡述，必須以國家規定的範本，《明史・選舉志二》：

> 四書主朱子集註，易主程傳，朱子本義，書主蔡氏傳及古註疏，詩主朱子集傳，春秋主左氏、公羊、穀梁三傳及胡安國、張洽傳，禮記主古註疏，頒四書五經大全，廢註疏不用。[24]

士子中式後十日，試以騎、射、書、律，此規定於洪武十七年（1384）取消。[25]至於考試的日期及中式的情況，據《明史・選舉志二》載：

---

22 〔明〕郎瑛：《七修類稿》卷十四〈本朝科場〉，頁138。

23 〔清〕張廷玉等：《明史》卷七十，〈選舉志二〉，頁1693。

24 〔清〕張廷玉等：《明史》卷七十，頁1694。

25 同上註。

> 一甲止三人，曰狀元、榜眼、探花，賜進士及第。二甲若干人，賜進士出身。三甲若干人，賜同進士出身。狀元、榜眼、探花之名，制所定也。而士大夫又通以鄉試第一為解元，會試第一為會元，二、三甲第一為傳臚云。子、午、卯、酉年鄉試，辰、戌、丑、未年會試。鄉試以八月，會試以二月，皆初九日為第一場，又三日為第二場，又三日為第三場。[26]

中式後任官的情況，一般是：

> 狀元授修撰，榜眼、探花授編修，二、三甲考選庶起士者，皆為翰林官。其他或授給事、御史、主事、中書、行人、評事、太常、國子博士，或授府推官、知州、知縣等官。舉人、貢生不第、入監而選者，或授小京職，或授府佐及州縣正官，或授教職。[27]

試卷限定作答內容，不能超越前人的見解，且美其名「為聖人立言」。這樣的選仕方式，難選出靈活處事的官員。發展至明憲宗，經王鏊、謝遷、章懋等人的推動，規定步驟格式等等，幾完全消滅文人發表己見的機會。明人鄭曉已批評科舉的不能選取真學：

> 聖祖開科，詔務求博古通今之士。……《大明律》所云「時務盡掇括帖」，以故士乏通今之學。其政體得失、人材優劣且不論，只歷朝紀年及后姓陵名，知者亦鮮。[28]

---

26 〔清〕張廷玉等：《明史》卷七十，頁1693。

27 〔清〕張廷玉等：《明史》卷七十，頁1695。

28 〔明〕鄭曉：《今言》（北京：中華書局，1997）卷一，頁40。

顧炎武甚至認為八股之害，甚於焚書：

> 八股之害等於焚書，而敗壞人才，有甚於咸陽之郊，所坑者但四百六十餘人也。[29]

更指出，當時不務學問，只重八股範式，掌握竅門，則容易及第，自可鮮衣美服，榮華一生。誠令科舉考試是謀取美好前程的路徑，並非求取學問，提升個人修養之門：

> 今日科場之病莫甚乎擬題。且以經文言之。初場試所習本經義四道。而本經之中，場屋可出之題，不過數十。富家巨族，延請名士，館於家塾，將此數十題，各撰一篇，計篇酬價。令其子弟及僮奴之俊慧者，記誦熟習，入場命題十符八九，即以所記之文，抄謄上卷，較之風檐結構難易迥殊，四書亦然。發榜之後，此曹便為貴人。年少貌美者多得館選。天下之士靡然從風。而本經亦可以不讀矣。[30]

擬定題目不過數十，內容可預先預備，背誦入場，見題即答。得中即為貴人，漸漸忽略了對經義的追求。至於廷試，《菽園雜記》記載了洪武四年（1371）的情況：

> 近見洪武四年御試錄，總提調：中書省官二人。讀卷官：祭酒、博士、給事中、修撰各一人。監試官：御史二人，掌卷、受卷、彌封官，各主事一人。對讀官：司丞、編修二人。搜檢懷挾、監門、巡

---

29 〔明〕顧炎武：《日知錄集釋》（上海：古籍出版社影印清道光十四年家刻本，1985）卷十六〈擬題〉，新編頁碼，頁1260。

30 〔明〕顧炎武：《日知錄集釋》卷十六〈擬題〉，頁1258-1259。

> 綽、所鎮撫各一人。禮部提調官：尚書二人。次御試策題。又次恩榮次第云。洪武四年二月十九日廷試。二十日午門外唱名，張掛黃榜，奉天殿欽聽宣諭。同日除授職名，於奉天門謝恩。二十二日錫（賜）宴於中書省。二十三日國子監先聖，行釋菜禮。第一甲三名，賜進士及第，第一名授員外郎，第二名、第三名授主事。第二甲一十七名，賜進士出身，俱授主事。第三甲一百名，賜同進士出身，俱授縣丞。[31]

上文記載了考試日程，及第人數和出任官職的情況。當然，歷朝有所改革，但明初的科舉之後，是立即授官，有如現代的公務員考試。政府缺乏了培養官員的策略，這與明初急需大量人材為官有關。

明代科舉之始，亦是文人思想壅塞之始。洪武六年（1373）一度罷科舉，但到十五年（1382）復設，十七年（1384）後定為永制[32]。明初科舉雖然是選拔官員途徑之一，但被重視的程度不如薦舉及學校。建文及永樂朝，監生及舉薦人材被任命為官的數字已不如洪武朝。宣德以後，明政府在選拔官員方面已側重科舉，自是以後「自後科舉日重，薦舉日益輕，能文之士率由場屋進以為榮。」[33]。薦學漸漸廢弛，能文之士都以科場得意為榮。「三言」的故事，多能反映出這種現象。

府、州、縣學的學成者為主要的科舉考生，洪武二年（1369）朱元璋下詔全國府、州、縣設立學校。未入學士子稱為「童生」，他們必須先在州縣級的考試取得合格，方算是府、州、縣諸生，稱為「秀才」。顧炎武認為此稱謂是俗誤，因為洪武十五年（1382）曾徵秀才至數千人[34]，而

31 〔明〕陸容：《菽園雜記》（北京：中華書局，1997）卷一，頁1-2。

32 〔清〕張廷玉等：《明史》卷七十一〈選舉三〉，頁1696、1712俱載。

33 〔清〕張廷玉等：《明史》卷七十一〈選舉三〉，頁1713。

34 〔明〕顧炎武：《日知錄集釋》，頁1230。

且，明初有秀才為知府、翰林應奉、尚書、應天府尹等，故絕不是生員即秀才。[35]

諸生名額有規定，府學生員數額四十人，州學三十人，縣學二十人。師生有月廩食米，每人六斗，有司給魚肉。學官有月俸，生員免其傜役二丁。生員即秀才，明代於秀才之下按資格分三類，即附生，初進學者；增生，循次依規定補為增生；廩生，循次依規定補為廩生，並每月可得一石米的供給，稱為「廩膳」。「三言」的故事中，甚多主角的出身是生員，如沈小霞、鮮于同、徐繼祖（蘇泰）等。

〈蘇知縣羅衫再合〉（《警》十一）對科舉有下列的記載：

> 蘇雲自小攻書，學業淹貫，二十四歲上，一舉登科，殿試二甲，除授浙江金華府蘭溪縣大尹。……取名徐繼祖，上學攻書。十三歲經書精通，游庠補廩。十五歲上登科，起身會試……。到了京師，連科中了二甲進士，除授中書。

又〈鈍秀才一朝交泰〉（《警》十七）亦記載了有關科舉的情節：

> 到天順晚年鄉試，黃勝夤緣賄賂，買中了秋榜，里中奉承者填門塞戶。……到冬底，打疊行囊往北京會試。馬德稱見了鄉試錄，已知黃勝得意，必然到京，想起舊恨，羞與相見，預先出京躲避。誰知黃勝不耐功名，若是自家學問上掙來的前程，倒也理之當然，不放在心裏。他原來買來的舉人，小人乘君子之器，不覺手之舞之，足之蹈之。又將銀五十兩買了個勘合，馳驛到京，尋了個大大的下處。

---

35 〔明〕顧炎武：《日知錄集釋》，頁1230-1231載：「四年（1372）辛丑，以秀才丁士梅為蘇州知府……十年（1378）二月，以秀才徐尊生為翰林應奉。十五年（1383）……以秀才曾泰為戶部尚書是也。」

兩則故事，前者發生在永樂年間（1402-1424），後者發生在天順年間（1457-1464）。自洪武以後，科舉制度大致有了規模及定制。至於黃勝因賄賂而中秋科，倘若事發，後果相當嚴重。由於明政府十分重視科舉的公平性，這樣穩定了士人對政府支持和信賴。我們可以從「三言」其他的故事印證，〈唐解元一笑姻緣〉（《警》二十六）：

> 是科遂中了解元。伯虎會試至京，文名益著，公卿皆折節下交，以識面為榮。有程詹事典試，頗開私徑賣題，恐人議論，欲訪一才名素著者為榜首，壓服眾心，得唐寅甚喜，許以會元。伯虎性素坦率，酒中便向人誇說：「今年我定做會元了。」眾人已聞程詹事有私，又忌伯虎之才，哄傳主司不公，言官風聞動本，聖旨不許程詹事閱卷，與唐寅俱下詔獄問革。

唐寅自負才高，又得到程詹事的允諾，伯虎坦率，說與人知。其實唐寅與程詹事根本未有舞弊的舉動，極其量說有關照之嫌，但並未成事，二人已遭到「下詔問革」的懲罰。「三言」所載的唐伯虎是喜劇結束，而實況是唐寅一生也不甚如意，據《萬曆野獲編》記載的唐寅是：

> 弘治中，唐解元伯虎以墨誤問革，困厄終身。聞其事發於同里都冏卿元敬，都亦負博洽名，素與唐善。以唐意輕之，每懷報復，會有程篁墩預洩場題事，因而中之。唐既罷歸，誓不復與都接。一日，都瞰其樓上，獨居，私往候之。方登梯，唐見其面，即從簷躍下，墮地幾死，自是遂絕，以至終身。[36]

36 〔明〕沈德符：《萬曆野獲編》卷二十三〈士人〉，頁581。

唐寅給自己的朋友都冏卿出賣，誣告作弊，以致唐寅終生不預科場之事，其內心之痛苦，可想而知。科舉幾乎是文人唯一的出路，唐寅自覺此生休矣，故有過激的行為出現。但從此故事可知，明政府對的科舉的重視性，故黃勝賄賂而中舉，相信發生在盛明時期是件非常危險的交易，一旦事發，後果相當嚴重。無可否認，任何制度都有作弊的可能，但從科舉所選拔的人才來看，明代的科舉大致是公平的。

明科舉分鄉試、會試、殿試三級。鄉試是地方考試，是在南北直隸及各布政使司舉行，每三年一次，在子、午、卯、酉年的八月進行[37]。考試分三場，分別在初九、十二及十五日舉行。初場試經義二道，《四書》義一道；二場，論一道；三場，策一道。後改為初場《四書》義三道，經義四道；二場，論一道，判五道，詔、誥、表、內科一道；三場，試經史時務策五道。[38]中式額數明初無定數[39]，至正統年間，定為南北直隸百名，江西六十五名，他省自五而殺，雲南最少二十名，貴州亦二十名。其後，每朝均有改動，除南北直隸外，都無出百名以外。[40]

會試是全國性考試，由禮部主持。逢辰、戌、丑、未年的二月於京師舉行，參加者必須是鄉試中式的舉人。會試分三場，內容與鄉試相同。由於是全國性考試，政府相當重視，因此，對主考、同考及舉人入場的規定都有嚴格的要求。錄取額數沒有一定的額數，最少的一次只有三十二人，最多是在洪武及永樂時期，取錄四百七十二人。額數不定，一般是臨期奏

37 〔明〕陸容：《菽園雜記》卷二，頁13載：「本朝開科取士，京畿與各布政司鄉試，在子午卯酉年秋八月。禮部會試，在辰丑未戌年春二月。」

38 〔清〕張廷玉等：《明史》卷七十〈選舉二〉，頁1694。

39 〔明〕申時行等：《明會典》卷七十七〈鄉試〉，頁449載：「凡鄉試額數。洪武三年（1370）定、直隸府州貢額百人。河南、山東、山西、陝西、北平、福建、浙江、江西、湖廣、各四十名。廣西、廣東、各二十五人。若人才多處、或不及者、不拘額數。十七年（1384）定、舉人不拘額數、從實充貢。」

40 〔清〕張廷玉等：《明史》卷七十〈選舉二〉，頁1697。

請皇帝決定。可是，取錄南人、北人亦發生過軒然大波。洪武三十年（1397），考官劉三吾等取錄較多南人，最終是被殺或流放。後定南卷取十之六，北卷取十之四，其後又將南北各退五卷為中卷。至洪熙元年（1425）、會試取士、臨期請旨不過百名，正統五年（1440）奏准、增額為百五十人，十三年（1448）以後仍不拘額數。[41]

殿試在奉天殿或文華殿舉行，是最高級考試。由皇帝親自策試，參加者全是會試及第者。殿試於三月初一舉行，成化後改為三月十五日。考試內容是時務一道，以一日為限，日落前交卷，次日放榜。據《科舉條格》載考生及第後給出身：一甲三名，賜進士出身，第一名狀元，授六品官，第二名稱榜眼，授七品官，第三名，稱探花，授七品官，賜進士及第；二甲十七名，授七品官，賜進士出身；三甲八十名，賜同進士出身。[42]二、三甲的首名為「傳臚」，所有進士皆任命為官。明初額數有規定，其後只要會試及第，殿試就變成只分等第的考試，基本上沒有被黜者。除一甲規定三名外，二、三甲取錄若干名，是依據會試合格的人數而定。這已與洪武四年的科舉選仕情況不同，上述科舉的程序是明代的定制，直至明亡。

二　選庶吉士

《明史‧選舉志》載一般的情況，狀元授修撰，榜眼、探花授編修，二、三甲考選庶吉士者為翰林官，其他授給事、御史、主事、中書、行人、太常、國子博士、或授府推官、知州、知縣等官職。[43]中式後，除一

41 〔明〕申時行等：《明會典》卷七十七〈會試〉，頁450。

42 資料又見於〔明〕申時行等：《明會典》卷七十七〈殿試〉，頁451載：「凡殿試。洪武三年（1370）定殿試時務策一道。惟務直述、限一千字以上。其出身：第一甲第一名、從六品；第二第三名、正七品、賜進士及第；第二甲、正七品、賜進士出身；第三甲、正八品、賜同進士出身。」

43 〔清〕張廷玉等：《明史》卷七十〈選舉二〉，頁1700。

甲外，會從二、三甲中考試庶吉士為翰林官。〈張廷秀逃生救父〉（《醒》二十）：

> 春榜既發，邵翼明、褚嗣茂俱中在百名之內。到得殿試，弟兄俱在二甲。觀政已過，翼明選南直隸常州府推官，嗣茂考選了庶吉士，入在翰林。救父心急，遂告個給假，與翼明同回蘇州。一面寫書打發家人歸河南，迎褚長者夫妻至蘇州相會，然後入京，不題。弟兄二人離了京師，由陸路而回。

又〈鈍秀才一朝交泰〉（《警》十七）：

> 聖旨倒下，准復馬萬群原官，仍加三級；馬任復學復廩；所抄沒田產，有司追給。德稱差家僮報與小姐知道。黃小姐又差王安送銀兩到德稱寓中，叫他廩例入粟。明春就考了監元，至秋會魁，就於寓中整備喜筵，與黃小姐成親。來春又中了第十名會魁，殿試二甲，考選庶吉士。……後來馬任直做到禮、兵、刑三部尚書，黃小姐封一品夫人。所生二子，俱中甲科，簪纓不絕。（《警》十七）

兩節均提到褚嗣茂及馬德稱於殿試後考選庶吉士，原來庶吉士一職有特殊的地位。明代科舉殿試後，中式者會被考選為庶吉士，額數不定，補送入翰林。其實這是對士人才學的一種肯定，亦是未來高級官員訓練之處。明代有宰輔一百七十餘人，由翰林出身者占百分之九十以上，故翰林諸士，有儲相之稱。《萬曆野獲編》記載五魁無不入翰林事：

> 弘治十八年（1505）乙丑，會試第一名董玘，廷試一甲為榜眼、二名湛若水、三名崔銑，俱改庶吉士；四名謝丕，一甲探花、五名安

> 磐，亦入館。至正德十二年（1517），會試第一名倫以訓，廷試一甲為榜眼、二名汪應軫、三名葉式、四名江暉、五名王廷陳，俱改庶吉士。蓋五魁無不入詞林者，真制科中盛事。[44]

明初已有庶吉士之職，洪武十八年（1385）選進士入翰林院、承敕監等近侍衙門學習，均稱為庶吉士，這時的庶吉士只是接受訓練的文官，無一定的出路。永樂三年（1405），朱棣除授一甲官職外，並令解縉在二、三甲中選出庶吉士，是年被選者有二十八人，就學於文淵閣，待選優渥。[45] 此時的庶吉士仍不是定制，有時間科一選，或連科屢選，或合三科同選。負責的部門、考取的方式、選取的對象均無定制。弘治四年（1491），大學士徐溥建議一次開科，一次選用，其方法是：

> 待新進士分撥各衙門辦事之後，俾其中有志學古者，各錄其平日所作文字，如論、策、詩、賦、序、記之類，限十五篇為止。於一月之內，赴禮部呈獻。禮部閱視訖，編號送翰林院考訂。其中辭藻文理可取者，按號行取。本部仍將各人試卷，記號糊名轉送，照例於東閣前出題考試。其所試之卷，與所投之文相稱，即收以預選；若其辭意鉤棘而詭僻者，不在取列。中間有年二十五以下，果有過人資質，雖無宿構文字，能於此一月之間有新作五篇以上，亦許投試。若果筆路頗通，其學可進，亦在備選之數。[46]

徐溥的建議是在新科進士中選取文理頗佳之士為庶吉士，年二十五以

44 〔明〕沈德符：《萬曆野獲編》，卷十六〈科場・五魁俱詞林〉，頁408。

45 《明太宗實錄》卷三十八，頁642-643，〈永樂三年（1405）正月壬子〉條。

46 〔明〕徐溥：《徐文靖公奏疏》卷一，收在《明經世文編》卷六十五（北京：中華書局影印明刊本，1990）。

下者又特別給予機會，每次選拔當在十五至二十人之間。自此以後，選拔庶吉士的責任就由內閣及吏部、禮部共同負責，所選者亦往往得人。

負責教授庶吉士者是翰林院、詹事府中官高而資深的教習。正德年間命學士任教習，萬曆以後專以禮、吏二部侍郎為教習。[47]庶吉士在學三年，成績優異者留翰林院為編修、檢討之職，其餘分授給事中、御史等職，稱「散館」。庶吉士的制度，無疑為中央政府提供了培訓人材的地方，能考選庶吉士亦將有遠大的前途。「三言」故事中往往特別書明考選庶吉士，是暗示此君將能在政府中發揮才能，或功名富貴接踵而來。一甲出身，更是終生顯貴，位高權重，試舉一例以證，〔明〕于慎行《穀山筆麈》載：

> 嘉靖壬戌，一甲三人皆至宰相一品，隆慶戊辰，一甲三人，一為元輔，二為正卿，自世廟以來所未有。戊辰會魁五人，張、沈、陳三公同時為相，亦往時所未有也。[48]

第三節　科舉與監生出仕之途

〈老門生三世報恩〉（《警》十八）的鮮于同堅持考取科舉，四十餘年不放棄。認為由貢途為官是不出息的表現，正正反映了士子熱心科舉的情況：

---

47 〔清〕趙翼：《陔餘叢考》，卷二十六載：「其教習庶吉士，始于正德中，命學士為之。《選舉志》謂以翰詹資深者一人課之。萬曆以後，掌教習者，專以吏、禮二部侍郎二人為之。」〈https://ctext.org/wiki.pl?if=gb&chapter=217790&searchu=教習〉，瀏覽日期：2020年10月10日。

48 〔明〕于慎行：《穀山筆麈》（北京：中華書局，1997）卷八，頁93。

> 相見蒯公，蒯公更無別語，只勸他選了官罷。鮮于同做了四十餘年秀才，不肯做貢生官，今日才得一年鄉試，怎肯就舉人職，回家讀書，愈覺有興。……殿試過了，鮮于同考在二甲頭上，得選刑部主事。人道他晚年一第，又居冷局，替他氣悶，他欣然自如。……光陰荏苒，鮮于同只在部中遷轉，不覺六年，應升知府。京中重他才品，敬他老成，吏部立心要尋個好缺推他，鮮于同全不在意。……鮮于同在台州做了三年知府，聲名大振，升在徽寧道做兵憲，累升河南廉使，勤於官職。年至八旬，精力比少年兀自有餘，推升了浙江巡撫。（《警》十八）

上列一段文字，說出了以貢官出身的官員，在名聲及前途兩方面當不如正途出身的士子。鮮于同考獲舉人後，本已入監，可論資任官，可惜他一再讓貢，讓貢八次，到了四十餘歲還未考取進士。這樣的苦心孤詣，必然有他的社會性。鮮于同自視甚高，若以貢途出身則承認自己能力有限，不能以正途出身。對自視甚高的人，可能是一種侮辱。當然，以現代眼光來看，鮮于同又何苦浪費青春於科舉的深淵中。從此故事知道，科舉是半由能力半由天，如蒯公，幾次欲黜鮮于同，並不是因為他的文章不好，而是年紀大，怕人恥笑。因緣際會，卻兩次均選中鮮于同的文章。

馬德稱捐粟入監，考獲監元，本可以貢途出身，亦是以監生身分參加會試，結果考取進士及成為庶吉士。結果，馬德稱歷任禮、兵、刑三部尚書，其妻黃小姐封一品夫人（《警》十七）；鮮于同甚至官巡撫之職，成方面大員。這些都是明代士子一生追求的目標，倘若以貢途出身，很難有這樣的成就，就如前章所說，九成以上的內閣大臣都出自翰林。貢途及科舉出身的官員都會以知縣為職，只是未來的官途卻有別，如沈襄食廩年久，皇帝准貢，授知縣之職（《喻》四十）。

至於科舉之後的出仕情況，除前引馬德稱、褚嗣茂考選庶吉士，鮮于同任刑部主事外，其他由進士出身的例子外，還有：

（一）〈蘇知縣羅衫再合〉（《警》十一）

蘇雲自小攻書，學業淹貫，二十四歲上，一舉登科，殿試二甲，除授浙江金華府蘭溪縣大尹。

（二）〈蘇知縣羅衫再合〉（《警》十一）

取名徐繼祖，上學攻書。十三歲經書精通，游庠補廩。十五歲上登科，起身會試……。到了京師，連科中了二甲進士，除授中書。……在京二年，為急缺風憲事，選授監察御史，差往南京刷卷，就便回家省親歸娶，剛好一十九歲。

（三）〈蔡瑞虹忍辱報仇〉（《醒》三十六）

且說那時有個兵部尚書趙貴，當年未達時，住在淮安衛間壁，家道甚貧，勤苦讀書，夜夜直讀到雞鳴方臥。蔡武的父親老蔡指揮，愛他苦學，時常送柴送米資助。趙貴後來連科及第，直做到兵部尚書。

（四）〈蔡瑞虹忍辱報仇〉（《醒》三十六）

朱源果中了六十五名進士，殿試三甲，該選知縣。恰好武昌縣缺了縣官，朱源就討了這個缺。

（五）〈沈小霞相會出師表〉（《喻》四十）

嘉靖戊戌年，中了進士，除授知縣之職。

（六）〈玉堂春落難逢夫〉（《警》二十四）

> 外邊報喜的說：「王景隆中了第四名。」會試日期已到，公子進了三場，果中金榜二甲第八名，刑部觀政。三個月，選了真定府理刑官。

上列各人，蘇雲、朱源、沈小霞都以知縣出仕，最突出是徐繼祖，十九歲授監察御史，少年科甲，果然另眼相看。至於貢途出身的記載有沈襄，沈襄是「食廩年久，准貢，敕授知縣之職。」（《喻》四十）而鄉科出身的有滕大尹，〈滕大尹鬼斷家私〉（《喻》十）：「幸遇新任滕爺，他雖鄉科出身，甚是明白。」留意內文用「雖鄉科出身」，明顯有貶義。

其他出仕的方式，如〈張廷秀逃生救父〉（《醒》二十）：

> 且說趙昂二年前解糧進京，選了山西平陽府洪同縣縣丞。這個縣丞，乃是數一數二的美缺，頂針捱住。趙昂用了若干銀子，方才謀得。在家守得年餘，前官方滿，擇吉起身。

解糧進京，被選為縣丞，當然這官職較知縣為低，趙昂是個粟監，萬曆期間，可能是財政緊絀，故能立即謀得官職。〈蔡瑞虹忍辱報仇〉（《醒》三十六）：

> 原來紹興地方，慣做一項生意：凡有錢能幹的，便到京中買個三考吏名色，鑽謀好地方選一個佐貳官出來，俗名喚做「飛過海」。怎麼叫做「飛過海」？大凡吏員考滿，依次選去，不知等上幾年。若用了錢，穵選在別人前面，指日便得做官，這謂之「飛過海」。還有獨自無力，四五個合做夥計，一人出名做官，其餘坐地分贓。到了任上，先備厚禮，結好堂官，叨攬事管，些小事體，經他衙裏，

> 少不得要詐一兩五錢。到後覺道聲息不好，立腳不住，就悄地桃之夭夭。十個裏邊，難得一兩個來去明白，完名全節。所以天下衙官，大半都出紹興。

上述是佐貳官謀職的方法，狼狽為奸，以榨財為要。任職後，合力討好堂官，包攬刑事，以謀財為重，不理王法正義。甚至隨時預備避禍，事發則逃至遠方。雖然上述不是官員的選拔，但吏胥如此，想為好官，相信亦是難中之難。然而，吏員表現優秀，亦可為官，〈況太守斷死孩兒〉（《警》三十五）：

> 況鍾原是吏員出身，禮部尚書胡濙薦為蘇州府太守，在任一年，百姓呼為「況青天」。因丁憂回籍，聖旨奪情起用，特賜馳驛赴任。

總括來說，「三言」所記載的故事，凡科舉進士出身者，最後多致高位。馬德稱為尚書（三品），鮮于同為巡撫（秩四品至二品），朱源為三邊總制（位同總兵、巡撫），徐繼祖（蘇泰）都御史（二品），趙貴為兵部尚書（三品），王景隆為都御史（二品）等，可見朝中大臣，不論文武，多是科舉正途出身者。這裡可以有一個總結，就是非進士出身的官員，普遍地位較進士出身者為低。其前途發展，亦遠遜會試出身的進士。總計明一代二百七十七年，科舉取進士者有二萬四千三百九十七人[49]。

〔清〕錢大昕曾對科舉提出自己的意見：

> 科場之法，欲其難不欲其易。使更其法而予之以難，則覬倖之人少，……而士類可漸以清……則少一群居終日言不及義之人，而士

---

49 〔明〕王弘撰：《山志》（北京：中華書局，1999），〈二集・卷二〉，頁198。此數字與近代學者研究所得有異，數字見本書〈結論〉一章。

習可以漸正矣。鄉會試雖分三場，實止一場。士子所誦習，主司所鑑別，不過四書文而已。四書文行之四百餘年，場屋可出之題，士子早已預擬。每一榜出，鈔錄舊作，幸而得雋者，蓋不少矣。……竊謂宜以五經文為第一場，四書文為第二場，五經卷帙既富，題目難以預擬，均為八股之文，不得諉為未習，如此則研經者漸多，而勦襲雷同之弊，庶幾稍息乎！[50]

這些背誦已擬好答案，早在明代朝已是這樣，很可惜，如此選仕的方式，到了清代，還是同一流弊。歷代對八股取仕，多有批評，玆略舉數則[51]：

（一）黃宗羲：《科舉》，賀長齡、魏源：《清經世文編》卷五十七，《禮政上》

科舉之弊，未有甚於今日矣。余見高、曾以來，為其學者，五經、《通鑑》、《左傳》、《國語》、《戰國策》、《莊子》、八大家，此數書者未有不讀，以資舉業之用者也。自後則束之高閣，而鑽研於蒙存、淺達之講章。又其後則以為泛濫而說約出焉。又以說約為冗，而圭撮於低頭四書之上。童而習之，至於解褐出仕，未嘗更見他書也。此外但取科舉中選之文，諷誦摹仿，移前掇後，雷同下筆已耳。」

（二）魏禧：《制科策上》，《魏叔子文集》卷三

明世黜雜學，尊孔子，勒四書五經為題目。法視前代，為獨正、販夫、監子莫不知仁義道德之名，然才略迂疏，不逮漢唐遠甚。及其

---

50 〔清〕錢大昕：《十駕齋養新錄》，頁431。

51 轉引自維基百科，網址：〈https://zh.wikipedia.org/zh-tw/八股文〉，瀏覽日期：2020年8月18日。

後，則遂欲求為東晉、南宋而有不可得者。天下奇才異能，非八股不得進。自童年至老死，惟此之務。於是有身登甲第，年期耄，不識古今傳國之世次，不知當世州郡之名、兵馬財賦之數者。而其才俊者，則於入官之始而後學。」

（三）陳廷敬：《經學家法論》，《午亭文編》卷三十二

學者……所服習者，本義、集傳、蔡沈、胡安國、陳澔，之所謂五經而已。《易》、《詩》、《書》、《禮》，學文者猶加誦習焉。《春秋》則概删。聖人之經不讀，讀胡氏傳。傳亦不盡讀，擇其可為題目者。以其意鋪敘為文，不敢稍踰分寸，以求合於有司。」

（四）閻若璩：《潛邱札記》卷一

三百年文章學問不能直追唐、宋及元者，八股時文之害也。

（五）錢大昕：《廿二史考異》卷九十，《元史卷五》

明初襲用元制，鄉會、試題四書在五經之前，由是士子應試專以揣摩四書文為事，經義徒有其名爾。

（六）崔述：《考信錄》，《提要卷上》

明以三場取士久之。而二三場皆為具文，止重四書文三篇。因而學者多束書不讀，自舉業外茫無所知。

科舉取仕，自隋唐始，亦開平民預政之始，不可謂一無是處。考試，不在於方式，而在於內容。明清科舉以限制士人獨立思想發展為目的，當然出現很大的問題。整個社會，在培養「聽話」的動物，當然容不下李贄、金聖歎這些逆流而行之士，更容不下反對皇命的片言隻語。

第六章
「三言」所反映的明代司法制度

〈金令史美婢酬秀童〉

〈赫大卿遺恨鴛鴦絛〉

〈李玉英獄中訟冤〉

第六章
「三言」所反映的明代司法制度

第一節　司法部門

根據《大明律》的記載「凡軍民詞訟，皆須自下而上陳告」，而訴訟的程序則依據《欽定戶部教民榜文》的規定。洪武十五年（1382）命議獄者一歸三法司處理，而地方議獄則歸提刑按察司。

所謂「三法司」是指刑部、都察院、大理寺。刑部受理天下刑名，都察院負責糾察，大理寺負責駁正。《明會典》卷二百十一載都察院處理刑部的案件是：

> 議擬罪名，開寫原發事由，問擬招罪，照行事理，徒流、遷徙、充軍人數，具寫奏本。笞杖以下，止牒本。僉押完備，連囚赴堂備說所犯情節罪名，審無異辭，然後入遞。[1]

刑部需對受理案件依《大明律》量刑處理，然後連同罪犯、案卷、建議判刑交大理寺覆核。當大理寺覆核無誤後，交回刑部執行處罰。若發覺判刑不當，大理寺交回刑部重新審理。都察院則監督刑部的審理及大理寺的覆核，刑部則需參考兩機關的意見，再議定判刑。議定入奏，旨下之後仍交給事中覆核無異才執行。遇到重大案件，則三法司會共同審理，提出量刑定罪的意見，最後由皇帝決定判刑。

1　〔明〕申時行等：《明會典》卷二一一，〈問擬刑名〉，頁1055。

刑部受理天下刑名，包括上訴案件、審核地方重大重要案件、審理中央百官案件。其下有十三清吏司，分治各省，以及陵衛、王府、公侯伯府、在京諸衙門及兩京州郡案件。

負責地方司法的最早高機關是提刑按察使司，長官是按察使，其職責是「掌一省刑名按劾之事」[2]。明代地方行省、府、州三級制，知府及知縣具有地方的行政權及司法權。明代規定「凡府、州、縣輕重獄囚，依律決斷。違枉者，御史、按察司糾劾。」[3]提刑按察司是集監察與司法於一職。遇有重大案件，則會合都指揮使司及承宣布政司二司會議，然後報告撫、按，再交刑部、都察院審理。各省提刑按察使有權處決徒以下案件，及六品以下犯法的官吏。太祖又怕刑獄壅蔽，於二十四年（1391）差刑部官及監察御史清審天下訟獄，成為定制。〈蘇知縣羅衫再合〉（《警》十一）的徐繼祖就是授監察御史，往地方巡查案件。

第二節　司法程序

地方政府主要受理奸盜、詐偽、人命等重要案件，民間一般輕微的訴訟則交由里老審理，如婚姻、田土、鬥毆等，除非不服結果，否則不能直接向官府提出起訴。《四友齋叢說》作者何良俊的父親曾任糧長，鄉里有事都會向何父申訴，而何父的裁決多被鄉里接受。

平民有訴訟則交州、府、縣、按察司，而至三法司處理；軍人則交所、衛、都司斷事司、五軍斷事司，而至三法司處理。軍民的訴訟有一定的程序，是由下而上的審理程序，必須由初審司法機關開始，不能越級告狀。越訴懲罰非常嚴重，據《大明律》載：

2 〔清〕張廷玉等：《明史》卷七十五〈職官四〉，頁1840。

3 〔清〕張廷玉等：《明史》卷九十四〈刑法二〉，頁2306。

> 凡軍民詞訟，皆須自下而上陳告。若越本管官司，輒赴上司稱訴者，笞五十。若迎車駕及擊登聞鼓申訴，而不實者，杖一百；事重者，從重論；得實者，免罪。[4]

然而，上訴的途徑卻不少，除向上一級機構上訴外，還可向御史投訴；向中央法司上訴時，可經通政司或擊登聞鼓。可是，明代的越訴非常普遍，主要是民間不知訴訟的程序，審判不公及刁頑之民欲陷人以罪，到京妄訴。[5]越訴有時會遭到笞刑，甚至充軍的懲罰，並無一定的處理準則。在京的案件約八成由刑部處理，二成由都察院受理。

洪武初年對判決民事案件有一定的規定：笞五十，由縣裁決；杖八十，由州裁決；杖一百，由府裁決；徒以上，將審判結果送行省。洪武二十六年（1393）規定布政司及直隸府州縣，笞、杖就決、徒流、遷徙、充軍、雜犯死罪，解送刑部，審錄之後，再交大理寺「擬覆平允，監收候決」。

整個司法程序基本上分為三部分：起訴和受理、審理及執行。

一　起訴和受理

輕微糾紛如戶婚、田土、鬥毆交地方里老負責，稱「鄉訴訟」，遇有不服才上訴於官。地方官審理較重大案件，如奸盜、詐偽、人命等，可直接告官；兩京詞訟則不是採取由下而上的方式，軍民詞訟可直接向通政司起訴，京師地方官不能私下處理。根據由下而上的規定，罪犯不服判決，可向上一級司法機關投狀。上訴機關的次序是：縣—府—按察司（或御史或按察司使出巡期間投狀）。倘若還不服，可再向通政司、都察院申訴，亦許擊登聞鼓訴冤。洪武二十六年（1393）有如下的規定：

4　懷效鋒點校：《大明律》卷二十二，〈刑律・訴訟・越訴〉，頁173。

5　尤韶華：《明代司法初考》（廈門：廈門大學出版社，1998），頁61-62。

> 凡在外軍民人等赴京。或擊登聞鼓、或通政司投狀、陳告一應不公冤枉等事欽差監察御史、出巡追問、照出合問流品官員、就便請旨挐問。帶同原告、一到追問處所。著令原告、供報被告干連人姓名住址立案。令所在官司、抄案提人。案驗後、仍要抄行該吏書名畫字。如後呈解原提被告人到、不許停滯、即於來解內立案。將原被告、當官引問、取訖招供服辯、判押入卷、明立文案。開具原發事由、問擬招罪、照行事理。除無招笞杖輕罪、就彼摘斷。徒流死罪、連人卷帶回審擬、奏聞發落。[6]

「三言」對司法程序的記錄甚多，於此，可以與文獻紀錄如相印證，〈蘇知縣羅衫再合〉（《警》十一）的蘇雲含冤十九年，一日到南京御史衙門，想一伸冤情；而蘇妻鄭氏亦是知道刷卷御史到縣，可以申訴。根據律例及司法程序，御史需接受狀紙。當時，徐御史誤會告狀人乃控告其父，御史就教於周兵備。周兵備就教了一個很簡單的方法，就是明日著人帶告狀人到衙門，賞他一頓棒杖，免除後患。周兵備答來輕描淡寫，還呵呵大笑，就像家常便飯的事。作者加插了這一節，無疑強調明代衙門的不仁和舞弊。試看看內文記載：

> 鄭氏收了狀子，作謝而出。走到接官亭，徐御史正在甯太道周兵備船中答拜，船頭上一清如水。鄭氏不知利害，徑蹌上船。……不看猶可，看畢時，唬得徐御史面如土色。屏去從人，私向周兵備請教；「這婦人所告，正是老父。學生欲待不准他狀，又恐在別衙門告理。」周兵備呵呵大笑道：「先生大人，正是青年，不知機變，此事亦有何難？可分付巡捕官帶那婦人明日察院中審問。到那其

---

6 〔明〕申時行等：《明會典》卷二一一〈追問公事〉，頁1055。

間，一頓板子，將那婦人敲死，可不絕了後患？」……明早帶進衙門面審。」

〈蔣興哥重會珍珠衫〉(《喻》一）中蔣興哥誤殺老人，被痛打一頓，關在空房裏。死者家人「連夜寫了狀詞，只等天明，縣主早堂，連人進狀。縣主准了，因這日有公事，分付把凶身鎖押，次日候審。」說明了地方縣官受理「殺人」這樣的大罪。

〈玉堂春落難逢夫〉(《警》二十四）吏部考選天下官員，王公子祈求往山西任官，就是要處理玉堂春的案件。最後，王景隆點了山西巡按，次日領了敕印，辭朝，連夜起馬，往山西省城上任訖，坐了察院，觀看文卷。見蘇氏玉堂春問了重刑，心內驚慌，因此明查暗訪，為玉堂春雪冤。王的身分是巡按，其職責之一，據《明會典》載：

> 洪武十四年（1381)、差監察御史、分按各道罪囚。凡罪重者、悉送京師二十四年（1391）差刑部官、及監察御史、清審天下獄訟。二十六年（1393）定凡在外布政司、按察司、都司、並直隸府州刑名。有犯死罪囚人收監在彼、止開招罪、申達合乾上司、詳議允當移文本院、通類具奏。點差監察御史、會同刑部、委官按臨審決。其到所在官司、隨即令首領官吏、抄案各該衙門、追吊原行人卷、赴官參詳招罪、果無出入、及審取犯人服辯無異。就令所司抄案、差委獄卒、將犯人押赴法場、各照原擬處決。將原吊卷宗、發還各衙門收照。卻行具本開坐決過犯人花名回奏。仍呈原委官司知會。若囚人番異原招、即合辯理。重提一干人證到官、從公對問明白、帶回審錄發落。其原問官吏、果有受贓出入人罪情弊、通行具奏挐問。[7]

7　〔明〕申時行等：《明會典》卷二一一〈審錄罪囚〉，頁1055。

> 查考得失，糾正奸弊，不必另出己見，多立法例。其文科武舉，處決重辟，審錄冤刑，參撥吏農，紀驗功賞，係御史獨專者，巡撫亦不得干預。[8]

巡按是七品官，巡撫是二品官，但處理地方冤獄時，巡撫亦不得干預。

另一個故事，反映了另一種受理方式。沈小霞小妻聞氏為避免差人張千、李萬的迫害，設計送走沈小霞。自己與公差糾纏，群眾慫恿到兵備處投訴：

> 束了一條白布裙，徑搶進柵門，看見大門上架著那大鼓，鼓架上懸著個槌兒，聞氏搶槌在手，向鼓上亂撾，撾得那鼓振天的響。……王兵備坐堂，問：「擊鼓者何人？」中軍官將婦人帶進。聞氏且哭且訴，將家門不幸遭變，一家父子三口死於非命，只剩得丈夫沈襄，昨日又被公差中途謀害，有枝有葉的細說了一遍。王兵備喚張千、李萬上來，問其緣故。張千、李萬說一句，婦人就剪一句；婦人說得句句有理，張千、李萬抵搪不過。王兵備思想到：「那嚴府勢大，私謀殺人之事，往往有之，此情難保其無。」便差中軍官押了三人，發去本州勘審。（《喻》四十）

兵備受理此案，並差中軍押了三人，到本州勘審，而處理此案的是賀知州。由這故事可以知道，地方的兵備會受理案件，即有權認定事件進入司法程序，但相信兵備應無權審案，故需移交知州處理。知州接案後，親到地方查實，雖然不得要領，李萬、張千卻被重責三十板，並著負責尋回沈小霞。如此，則知州接到兵備的移交文書，就必須作出反應。當然，是否定例，還需印證。

---

8 〔明〕申時行等：《明會典》卷二一一〈撫按通例〉，頁1056。

二　審理

審理的程序有初審、復審、會審、審決；形式則包括會審、朝審與大審、熱審與春審、寒審、恤刑會審[9]。會審即會官審錄囚犯，由三法司或會同其他府、部、地方官員聯合審理案件。洪武時已有會審制度，京外亦會差官會審。歷朝均有增減，成化七年（1471）定京外大審，十二年（1476）定兩京大審，每五年夏季舉行一次，稱「大熱審」。主要是清理疑獄，重囚情真罪當，監候秋後處決，矜疑免死充軍，雜犯死罪以下減等發落。初審原則上是在本管衙門執行，會審及審決實際上是復審的一種，歷朝均有對會審改動的情況。

根據《明會典》的記錄，明初的司法審理過程如下：

（一）問擬刑名

> 洪武元年（1368）令、凡鬥毆詞訟犯人、依律保辜。若所招罪重者、依法監禁。罪輕者、保管在外。其餘原告證佐干連人等，毋令隨衙、妨廢生理。違者究治。……特旨臨時處決罪名、不著為律令者、大小衙門、不得引此為例。若輒引此律、致令罪有輕重者、以故出入人罪論。……皇親國戚有犯、除謀逆不赦外。其餘所犯、輕者、與在京諸親會議。重者、與在外諸王、及在京諸親會議。皆取自上裁。[10]

上列紀錄分三類罪犯，一般罪犯，擬定刑名後，依法監禁，其他干連人物，包括證人，不必隨行。特旨處決者，不得引為案例。皇親國戚犯法，由皇帝裁定。

9　可參考張德信：《明朝典章制度》（吉林：文史出版社，2001），頁316-320，〈審判程序與形式〉。

10　〔明〕申時行等：《明會典》卷一七七〈問擬刑名〉，頁901-902。

（二）詳擬罪名

> 然在外問刑衙門、罪至大闢者、皆呈部詳議。議允。則送大理寺覆擬。覆擬無異、後請旨施行。其情法未當、及已送寺駁回者、俱發回所司再問。
>
> 洪武十七年（1384），諭法司官、布政司、按察司、所擬刑名、其間人命重獄、恐有差誤、令具奏轉達刑部都察院參考、仍發大理寺詳擬、已著為令。今後直隸府州縣所擬刑名、一體具奏。
>
> 二十六年（1393）定、凡各布政司、並直隸府州、遇有問擬刑名、笞杖就彼決斷。徒流遷徙充軍、雜犯死罪、解部審錄發落。其合的決、絞、斬、凌遲處死罪名、各處開坐備細招罪事由、照行事理、呈部詳議。比律允當者、則開緣由、具本發大理寺覆擬。如覆擬平允、行移各該衙門、如法監收聽候、依時差官審決。如有決不待時重囚、詳議允當、隨即具奏差官前去審決。其有情詞不明、或出入人罪、失出入者、駁回改正再問。若故出入、情弊顯然、具奏連原問官吏提問。
>
> 三十一年（1398）、令軍民人等、犯徒流以下、俱不申詳。上將死罪、並應議文武官員、不分罪名輕重俱監候具由申呈合乾上司轉達、待報發落。……正統四年（1439）、申明憲綱、凡在外問完徒流死罪、備申上司詳審。直隸、聽刑部、巡按御史。各布政司、聽按察司、並分司。審錄無異。徒流、就便斷遣。死罪、議擬奏聞。照例發審。[11]

一般罪犯，解部發落，發大理寺覆擬，平允，則如法監收聽候。但涉大辟，則必須至大理寺處理。凡涉死罪，仍須上奏。

---

11 〔明〕申時行等：《明會典》卷一七七〈詳擬罪名〉，頁902。

（三）朝審

> 國初有大獄、則必面訊、以防構陷鍛鍊之弊。其後有會官審錄之例、霜降以後、題請欽定日期、將法司見監重囚、引赴承天門外、三法司會同五府九卿衙門、並錦衣衛各堂上官、及科道官、逐一審錄、名曰朝審。若有詞不服、並情罪有可矜疑、另行奏請定奪。即會題請旨處決。[12]

凡遇大獄，必須面訊，由三法司會同五府九卿衙門等會審，有疑點，則請旨定奪。

（四）熱審

> 國朝欽恤刑獄、凡罪囚、夏月有熱審、其例起於永樂間、然止決遣輕罪、及出獄聽候而已。自成化以後、始有重罪矜疑、輕罪減等、枷號疏放、免贓諸例。每年小滿後十餘日、司禮監傳旨下刑部、即會同都察院、錦衣衛、覆將節年欽恤事宜題請、通行南京法司、一體照例審擬具奏。[13]

熱審有一目的是恐怕夏熱而令犯人死亡，其後熱審覆審，成為減刑的機會。

（五）決囚

> 每年在京朝審既畢、以情真罪犯、請旨處決、候刑科三覆奏、得旨、決囚官即於市曹開具囚犯名數、奏請行刑。候旨下、照數處

12 〔明〕申時行等：《明會典》卷一七七〈朝審〉，頁903。

13 〔明〕申時行等：《明會典》卷一七七〈熱審〉，頁903。

> 決。其南北直隸十三省重囚、奉有決單者、各省巡按御史、會同都、布、按三司。兩直隸差主事四員、會同巡按御史、道府等官。俱於冬至前會審處決。[14]

執行死刑的手續，奉有決單者，會同都、布、按三司。兩直隸差主事四員、會同巡按御史道府等官，冬至前處決。

（六）恤刑

> 國朝慎恤刑獄、每年在京既有熱審、至五年又有大審之例、自成化間始。至期刑部題請敕司禮監官、會同三法司審錄。南京則命內守備會法司舉行。其矜疑遣釋之數、恆倍於熱審。其在外、則遣部寺官、分投審錄。北直隸、一員。南直隸江南北、各一員。浙江、江西、湖廣、河南、山東、山西、陝西、四川、福建、廣東、廣西、各一員。雲南、貴州、共一員。各奉敕會同巡按御史行事。[15]

除每年有熱審外，每五年又有大審，處理案件較熱審多，是商議減刑的程度。凡有矜疑案件，都有機會減刑。

從上述資料來看，明初對執行死刑是相當謹慎，除由皇帝作最後決定外，還有大審，對於有懷疑的案件，遣三法司重審，在外者，則遣部寺官員，會同巡按御史行事，不可謂不嚴謹。

〈李玉英獄中訟冤〉（《醒》二十七）記李玉英訴冤的奏章上及於皇帝，帝憐其冤抑，下聖旨著三法司嚴加鞫審。三法司官不敢怠慢，會同拘到一干人犯，動刑問事，最後，勘得焦氏叛夫殺子，逆理亂倫，與無故殺子孫輕律不同，宜加重刑，以為繼母之戒。最後，焦榕及焦氏被判即日斬刑。

---

14 〔明〕申時行等：《明會典》卷一七七〈決囚〉，頁903。

15 〔明〕申時行等：《明會典》卷一七七〈恤刑〉，頁904。

這次李玉英的上訴就是一次復審，稱之為「熱審」。「熱審」始於永樂二年（1404），然而《太祖實錄》亦有熱審的記錄，相信最初只是清理積壓的案件而實施；其後，歷朝均有舉行。熱審一般在四月舉行，是要防止犯人因天氣太熱而死於獄中，要即時決疑定案。正德以前漸漸形成每年北京舉行熱審；正統時，錦衣衛也舉行熱審。最後，發展成重罪矜疑免死充軍，輕罪減等發落等原則，並在正德成為定制。

李玉英事發生在正德年間至嘉靖初年，考諸《武宗實錄》，正德朝的熱審情況見於正德元年（1506）四月大理寺工部尚書楊守隨奏章：

> 每歲天氣暄熱，會審事例行於在京，而不行於南京；五年一審錄事例詳於在京，而略於在外。事體有偏，刑或不當。宜通行南京，審囚之時三法司一同會審。其在外審錄亦照此例會審。具奏。[16]

正德四年（1510）四月，八年（1514）四月諭法司及錦衣衛獄囚笞罪無干證者並釋放之，徒流以下減等發落，重囚情可矜疑並枷號者俱錄狀以聞。南京法司亦如之。正德八年（1514）八月、十年（1516）九月、十一年（1517）八月、十二年（1518）四月有南京法司熱審的記載。正德五年（1511）四月三法司審得減死者二人，似乎獲赦罪的人不多。[17]據《世宗實錄》載嘉靖三年（1524）四月，四年（1525）五月熱審；四年（1525）八月南京熱審。[18]

李玉英的上訴發生在六月，似乎不合於史。當然，小說在記錄年月上有錯誤，並不為奇，相信作者亦不會詳加考訂才下筆。然而，此則故事反

16 《武宗實錄》卷十二，頁370，〈正德元年（1506）四月癸丑〉條載楊守隨有關大審奏章。

17 見《武宗實錄》卷十二、四十九、九十九、一〇〇、一〇三、一二九、一四〇、一四八及一六二，轉引自尤韶華：《明代司法初考》，頁142-143。

18 見《世宗實錄》，轉引自尤韶華《明代司法初考》，頁143。

映了明代司法制度中會審的重要性——為蒙冤的人有一申訴的機會。

其他的故事，亦有提及復審的事情，如張權解審恤刑（復審），規定由原捕押解審錄（《醒》二十）。

雖然明代有熱審、恤刑等程序，但民間仍多冤獄，不外乎嚴刑迫供，如〔明〕江盈科曾記：

> 成化中，南郊事竣。撤器，亡一金瓶。時有庖人侍其處，遂執之，官司加拷掠，不勝痛楚，輒誣服。及與索瓶，無以應，迫之，漫云在壇前某地。如其言掘地不獲，仍繫獄。……假令庖人往掘時而瓶獲或竊瓶者不鬻金繩於市，則庖人之死，百口不能解。然則嚴刑之下，何求不得乎？國家開矜疑一路，所全活冤民多矣。[19]

嚴刑之下，何事不可求？「三言」的故事，不少是嚴刑之下的冤獄。

三　判刑與執行

據《大明律》規定：

> 理應斷決者，限三日內斷決；應起發者，限一十日內起發[20]；

> 凡應徒流遷徙充軍囚徒斷決後，當該官司限一十日內如法枷杻，差人管理，牢固關防，發遣所擬地方交割。[21]

---

19 〔明〕江盈科著、黃仁生校注：《雪濤小說（外四種）》（上海：古籍出版社，2000），頁126。

20 懷效鋒校：《大明律》〈刑律・斷獄・淹禁〉，頁208。

21 懷效鋒校：《大明律》〈刑律・捕亡・稽留囚徒〉，頁205。

依上述記載，笞杖要在三日內執行，徒流十日內起發。至於執行的機關，徒流以下由各州、府、縣決配。而中央負責執行的部門包括刑部、錦衣衛官；其後，惟主事會御史，將笞杖於打斷廳決訖、附卷、奉旨者，次日復命。工役由刑部河南司管理，充軍則由陝西司編發，兵部定衛；此外則由巡撫、巡按定衛[22]。下列是「三言」曾出現的判刑：

（一）徒流

徒刑與流刑有分別的，徒刑的徒役有年限，以到達配所日開始計算。一般是負責煎鹽及鐵冶的事務，「三言」沒有述及，此處不贅。

沈鍊上表訴說嚴嵩父子十大罪狀，結果被皇帝下以謗訕大臣罪，著錦衣衛重打一百，發出口外為民。所謂「口外為民」是指人跡罕至的地方，最後，沈鍊被流配保安州，此州屬宣府，是邊遠的地方（《喻》四十）。明代流刑分三等，照依地里遠近，定發各處荒蕪及瀕海州縣安置，例如直隸府州流陝西、福建布政司府流山東北平等。[23]

〈玉堂春落難逢夫〉（《警》二十四）載蘇淮買良為賤合充軍。充軍於洪武年間已執行，與徒流屬於不同的刑罰，因為充軍是要犯人入軍籍，取消民籍。明代有五刑：笞、杖、徒、流、死，充軍當是流刑的一種，故充軍是一研究題目[24]。可是，發展至明代中後期，流刑似乎被充軍所取代，成為真犯死罪以外最重的刑罰。洪武二十六年（1393）定充軍罪名二十二項，加上《大明律》的四十六項，共六十八項。發展至嘉靖，萬曆朝，屢有增加。

明代充軍刑名為兩類四級，第一類是終身充軍，第二類是永遠充軍。四級則是：

22 尤韶華：《明代司法初考》，頁168。

23 懷效鋒校：《大明律》（遼寧：遼瀋書社，1990）卷一〈徒流遷徙地方〉，頁25。

24 有關充軍的研究可參看吳艷紅《明代充軍研究》（北京：社會科學文獻出版社，2003）。

一、附近終身：嘉靖二十九年（1550）44項；萬曆十年（1582）增10項；

二、邊衛終身：嘉靖二十九年（1550）115項；萬曆十年（1582）增15項；

三、極邊、煙瘴、邊遠、沿海、口外：嘉靖二十九（1550）年34項；萬曆十三年（1585）增邊遠終身4項，極邊終身2項；

四、邊衛永遠：嘉靖二十九年（1550）20項；萬曆十三年（1585）增邊衛永遠6項，極邊永遠2項。[25]

終身是指罪犯充軍只及於己身，身歿則罪沒；永遠是指罪犯身歿，其子孫需承襲軍籍。根據《大明令》〈真犯犯死罪充軍例〉中記永遠充軍二十七條、極邊煙瘴邊遠沿海口外充軍三十八條、邊衛充軍一二二條、附近充軍五十六條，其中永遠充軍第二十條載：

> 設方略而誘良人，與略賣良人子女，不分已賣未賣；三犯者，不分革前革後。[26]

此例應是判處蘇淮充軍的法理依據。充軍編發的部門最初是刑部，其後是給事中，最後是兵部。

（二）笞杖

從「三言」的記載來看，笞杖的用刑準則較為寬鬆，甚至可說由地方官隨意加減。《大明律》有規定用刑的限制，縣限笞五十，州限杖八十

---

25 〔明〕申時行等：《明會典》卷一七五〈刑部十七・罪名三・充軍〉，頁891-896。又見尤韶華：《明代司法初考》，頁198-199，將各項充軍分類列出。

26 《大明令》〈真犯死罪充軍為民例〉，見懷效鋒校：《大明律》〈附錄〉，頁305。

等，但地方似乎有自己一套的執行方法。我們從「三言」的例子可看到，地方官吏拷打犯人（包括未定罪）可謂司空見慣，幾乎沒有準則可言。上文曾引周兵備教徐繼祖堂上借棒杖打死證人，為父親開脫外，下列有更多有關拷訊的記錄，可謂字字皆血。

表十二　「三言」所載有關笞杖刑執行的情況

卷目	笞杖執行情況（依原文照錄）	備註
沈小霞相會出師表（《喻》四十）	聖旨下道：「沈鍊謗訕大臣，沽名釣譽，著錦衣衛重打一百，發出口外為民。」嚴世蕃差人分付錦衣衛官校，定要將沈鍊打死。……卻說楊順見拿到沈袞、沈褒，親自鞫問，要他招承通虜實跡。二沈高聲叫屈，那裏肯招？被楊總督嚴刑拷打，打得體無完膚。沈袞、沈褒熬煉不過，雙雙死於杖下。	由錦衣衛執行杖刑
蘇知縣羅衫再合（《警》十一）	徐爺大怒，便將憲票一幅，寫下姚大名字，發去當塗縣打一百討氣絕繳。……徐能、趙三首惡，打八十。楊辣嘴、沈鬍子在船上幫助，打六十。姚大雖也在船上出尖，其妻有乳哺之恩，與翁鼻涕、范剝皮各只打四十板。雖有多寡，都打得皮開肉綻，鮮血迸流。姚大受痛不過，叫道：「老爺親許免小人一刀，如何失信？」徐爺又免他十板，只打三十。打完了，分付收監。	板數多少，由審判官加減，招供後用刑。
金令史美婢酬秀童（《警》十五）	秀童其實不曾做賊，被陰捕如法吊拷，秀童疼痛難忍，咬牙切齒，只是不招。……商議只有閻王閂、鐵膝褲兩件未試。閻王閂是腦箍上箍，眼睛內烏珠都漲出寸許；	原來大明律一款，捕盜不許私刑吊拷。若審出真盜，解官有功；倘若不

卷目	笞杖執行情況（依原文照錄）	備註
	鐵膝褲是將石屑放於夾棍之內，未曾收緊，痛已異常，這是拷賊的極刑了。秀童上了腦箍，死而復蘇者數次，昏憒中承認了，醒來依舊說沒有。陰捕又要上鐵膝褲，秀童忍痛不起，只得招道……。	肯招認，放了去時，明日告官，說誣陷平民，罪當反坐。捕吏濫用私刑。
玉堂春落難逢夫（《警》二十四）	劉推官情知王公子就是本院，提筆定罪：皮氏淩遲處死，趙昂斬罪非輕。王婆贖藥是通情，杖責段名。王縣貪酷罷職，追贓不恕衙門。蘇淮買良為賤合充軍，一秤金三月立枷罪定。	判刑。最重是淩遲處死。
況太守斷死孩兒（《警》三十五）	喝教手下選大毛板，先打二十再問。況爺的板子利害，二十板抵四十板還有餘，打得皮開肉綻，鮮血迸流，支助只是不招。況爺喝教夾起來。況爺的夾棍也利害，第一遍，支助還熬過；第二遍就熬不得了，招道：「這死孩是邵寡婦的。寡婦與家童得貴有奸，養下這私胎來。」	未招供前用刑。
赫大卿遺恨鴛鴦縧（《醒》十五）	喝叫皂隸將空照、靜真各責五十，東房女童各責三十，兩個香公各打二十，都打的皮開肉綻，鮮血淋漓。打罷，知縣舉筆定罪。……東房二女童，減等，杖八十，官賣。兩個香公，知情不舉，俱問杖罪。	招供後用刑，再判刑。
陸五漢硬留合色鞋（《醒》十六）	畫供已畢，呈與太守看了，將張藎問實斬罪。壽兒雖不知情，因奸傷害父母，亦擬斬罪。各責三十，上了長板。……太守見壽兒撞死，心中不忍，喝教把陸五漢再加四十，湊成一百下，在死囚牢裏。	張藎與潘壽兒被冤因奸殺人，後查實為陸五漢所為。杭州知府審理。招供後用刑。
張廷秀逃生救父（《醒》二十）	張權上前再三分辨，是親家王員外扶持的銀子。侯爺那裏肯聽。可憐張權何嘗經此	招供前用刑。

卷目	笞杖執行情況（依原文照錄）	備註
	痛苦，今日上了夾棍，又加一百杠子，死而復蘇，熬煉不過，只得枉招。侯爺見已招承，即放了夾棍，各打四十毛板，將招繇做實，依律都擬斬罪，贓物貯庫。張權房屋家私，盡行變賣入官。	
李玉英獄中訟冤（《醒》二十七）	那問官聽了一面之詞，不論曲直，便動刑具。玉英再三折辯，那裏肯聽。可憐受刑不過，只得屈招。	錦衣衛審理，招供前用刑。
盧太學詩酒傲公侯（《醒》二十九）	嚴刑拷逼，問成死罪。又加二十大板，長枷手杻。	招供前後均用刑。
蔡瑞虹忍辱報仇（《醒》三十六）	太守相公大怒，喝教選上號毛板，不論男婦，每人且打四十，打得皮開肉綻，鮮血迸流。	吳金妻與陳小四通奸殺夫，餘者為強盜。揚州府知府審理。招供後用刑。

上列〈表十二〉，兩次提到錦衣衛，錦衣衛是朱元璋於洪武十五年（1382）所設，為二十六京衛之一，有指揮使一人，指揮同知二人，指揮僉事四人，卻不隸屬五軍都督府。下設鎮撫司，有南北兩鎮撫司，各有鎮撫一人。錦衣衛在千戶所十七處，官校稱為「緹騎」，主要是偵察臣下對他的忠誠。

錦衣衛的工作是「專主察聽在京大小衙門官吏，不公不法及風聞之事，無不奏聞」[27]，朱元璋以「惡犬」來形容錦衣衛官。錦衣衛有本身的法庭和監獄，包攬偵察、逮捕、審問、判刑等刑訊及司法權，直接向皇帝交代，故又稱「詔獄」，可謂是正常司法機構外的特殊部門。由於錦衣衛

27 見〔明〕劉辰：《國初事蹟》，轉引自南炳文、湯綱《明史》（上海：人民出版社，1991），頁82。

經常非法淩虐疑犯，故朱元璋於洪武二十六年（1393）罷錦衣衛，並焚毀刑具。[28]可是，永樂年間，朱棣重設，並分南北鎮撫司。北鎮撫司只負責刑訊，定罪則交由法司處理。錦衣衛的刑訊異常殘酷，據載：

> 入詔獄百日，而奉旨暫發刑部者十日，有此十日之生，並前百日皆生矣。……魂飛湯火，慘毒難言苟得一送法司，便不啻天堂之樂矣。[29]

這樣殘酷的對待疑犯，甚麼罪名相信都能羅織成功。

錦衣衛基本上有如下的職能：偵查緝捕、刑訊、廷杖、會審、監察死刑、監禁犯人等。沈鍊得罪嚴嵩，被皇帝下令處罰，順理成章成為「詔獄」。下令杖一百，其實足以致死沈鍊，因此，皇帝隨便妄下詔獄，無異草菅人命。朱元璋將權力高度集中，並專威專權，隨喜殺人。他以為是鞏固自己的皇朝，保障自己的子孫，誰知是不斷令自己的子孫在作孽。平民遇冤，還可復審，詔獄幾同於死路。沈鍊若不是本身是錦衣衛經歷，又得到堂上官陸炳的敬重，早已被嚴世蕃害死於刑堂（《喻》四十）。可以這樣說，錦衣衛的設立，除偵察判逆外，是皇帝對不愜心意的大臣進行誣害的地方。

李玉英由錦衣衛受理有兩個原因：案件發生在北京，錦衣衛有緝捕權；李玉英父為北京順天府旗手衛百戶，算是官職。李玉英被嚴刑逼供後招認，亦是意料中事（《醒》二十七）。

根據上表資料，可分兩方面討論：女性受刑、拷問與判刑。女性受刑，《大明律》〈刑律十一〉是有規定的：

---

28 〔清〕張廷玉等：《明史》卷九十五〈刑法三〉，頁2335。

29 《獄中雜記》卷四，轉引自尤韶華《明代司法初考》，頁57。

> 凡婦人犯罪，除犯姦及死罪收禁外，其餘雜犯，責本夫收管。如無夫者，責有服親屬、鄰里保管，隨衙聽候，不許一概監禁。違者，笞四十。若婦人懷孕，犯罪應拷決者，依上保管，皆待產後一百日拷決。若未產而拷決因而墮胎者，官吏減凡鬥傷罪三等，致死者，杖一百，徒三年；產限未滿而拷決者，減一等。若犯死罪……未產而決者，杖八十；產訖限未滿而決者，杖七十；其過限不決者，杖六十。……[30]

依上述記載，婦人犯罪是不會減刑的，仍須依明律執行。倘若不是重罪，如姦淫、死罪，則交由本夫看管，隨時到衙門受審。但一旦有孕，刑期將會延遲執行。

至於老人、小童亦有規定，《大明律》〈老幼不拷訊〉載：

> 凡應八議之人，及年七十以上、十五以下，若廢疾者，並不合拷訊，皆據眾證定罪。違者，以故失入人罪論。其於律得相容隱之人及年八十以上，十歲以下，若篤疾，皆不得令其為證。違者笞五十。[31]

赫大卿因淫而死，故事提及東房兩女童，因犯淫各被責三十（《醒》十五）。此處並無說明女童年齡，但據原文，謂其剛懂人事，當在十二、三歲之間。如此，新淦縣知縣責其三十（或笞或杖），當不合於法。倘二女招認之後而用刑，於律則無不合。故事所記是先用刑，招供後，再減等處罰，這樣已是違背大明律例。

---

30 懷效鋒校：《大明律》卷二十八〈刑律十一・斷獄〉，頁218。
31 懷效鋒校：《大明律》卷二十八〈刑律十一・斷獄〉，頁211。

明代是容許拷訊，例如朱元璋焚毀錦衣衛的刑具，諸史記載，凡入錦衣衛、東、西廠等刑訊，多身心受創，慘死於此等刑房者，比比皆是。〔明〕沈德符《萬曆野獲編》卷二十一〈鎮撫司刑具〉記載了拷問的情況，詔獄除枷與立枷外，其他刑具有十八種之多，如烙鐵、一封書、灌鼻、釘指、琵琶等。

地方用刑偵訊，幾乎是日常運作之一。上表所列，有供前用刑，有供後用刑，有供前供後均用刑。幾乎所有犯人均曾遭「嚴刑拷問」，繼而屈打成招。況太守先打支助二十，不招，再用夾棍，最後招了（《警》三十五）。盧柟被嚴刑拷問，問成死罪，再加二十大板（《醒》二十九）。支助真的犯罪，被刑認罪，大快人心；盧柟被冤受刑，令人覺天理何存？明代司法制度的問題就是在這關鍵上，無論疑犯是被冤屈或是真犯罪，在重刑之下，只有低首認罪。試問有何法理可言？

空照、靜真先被打五十，後判死刑；兩女童則先責三十，再杖八十；兩香公亦被責二十，再杖（《醒》十五）。張藎被判死刑，再責三十（《醒》十六）。陸五漢被判死刑，先杖六十，後知府知壽兒自殺，忿而再加四十，共杖一百（《醒》十六）。陳小四等強盜，不論男婦，各責四十（《醒》三十六）。上列所記，明代用刑實在令人茫然不知所措。很明顯，審判官往往將拷問及判刑合而為一，即何種情況下可以用刑問訊，幾乎無一準則，只隨審判官「喜好」。高興可以減刑，如徐繼祖（《警》十一），忿怒則可加刑，如杭州府知府之對陸五漢（《醒》十六）。

上表所引，有兩則要特別討論：張權被誣是強盜，竟是總捕侯爺審理（《醒》二十）；秀童被捕快屈打，受盡酷刑，完全沒有人證、物證，只是懷疑（《警》十五）。

侯爺認為已有足夠證據證明張權聯結強盜，對張權下夾棍、一百杠子；張權認罪後，再打四十大板。侯爺，何許人也？只是一個總捕，其用刑已如縣台。秀童被金令史懷疑偷金，著陰捕快用刑逼供，吊拷、閻王閂、鐵膝褲全用上，令到秀童死去活來。為甚麼捕快會如此用刑求盜？根據《大明律》〈盜賊捕限〉載：

> 凡捕強竊盜賊，以事發日為始，當該應捕弓兵，一月不獲強盜，笞二十；兩月，笞三十；三月，笞四十；捕盜官罰俸錢兩月。弓兵一月不獲竊盜者，笞一十；兩月，笞二十；三月，笞三十；捕盜官罰俸一月。限內獲賊及半者免罪。若經隔二十日以上告官者，不拘捕限。捕殺人賊，與捕強盜限同。[32]

侯爺及陰捕都是任用私刑，先不論正確與否，上述《大明律》一條，可算是冤獄源頭。案件不能了結，竟然罰俸罰笞。以現代法律眼光來看，簡直是荒謬。明代冤案特多，與此多少有些關係。

（三）枷杻

〈玉堂春落難逢夫〉（《警》二十四）記「蘇淮買良為賤合充軍，一秤金三月立枷罪定」，到北京後，一秤金王公子喝教重打六十，取一百斤大枷枷號，不勾半月，一命嗚呼。〈盧太學詩酒傲公侯〉（《醒》二十九）嚴刑拷逼，問成死罪。又加二十大板，長枷手杻。

枷或立枷是明代刑罰之一，是附加刑罰一種。戴枷示眾，是對囚犯一種羞辱；枷號分單獨使用及附加刑兩種。弘治十三年（1500）枷號的運用已非常普遍，用枷的期限分一個月、兩個月、三個月、半年等；重量分十五斤、二十斤、二十五斤、一百斤及一百二十斤，老幼殘疾可收贖免枷。正德以後，熱審時枷號奏請以聞成為定制，弘治及嘉靖時曾有在五、六月暫免枷號的規定。

---

32 懷效鋒校：《大明律》卷二十七〈刑律十・捕亡・盜賊捕限〉，頁206。

據《明會典》卷一六二〈刑部四・律例三・吏律・職制〉記載各處司府州縣衛所等衙門，主文、書算、快手、皂隸、總甲、門禁、庫子等，久戀衙門，說事過錢，把持官府，飛詭稅糧，起滅詞訟，陷害良善，及賣放強盜，誣執平民，為從事發，有顯跡情重者，旗軍問發邊衛，民并軍丁問發附近，俱充軍。情輕者，問罪枷號一月。上述的懲罰是單獨枷號，至於如何才是情輕，則沒有說明。

附加刑分枷號充軍、枷號為民、枷號發落三種，[33]而枷號的地點包括犯罪地、衙門門首、犯人住處門首等。倘若枷號重量上百斤，用在充軍或刑期半年，無疑是嚴重的肉刑，隨時有生命危險。一秤金被重打六十之後，復用一百斤枷號，因此，不消半月便身亡。王景隆在故事中是儆惡懲奸，但這樣的行為，無異公報私仇，絕不可取。「三言」常有對惡者有過分的懲罰，作為大快人心的題目；當然，這樣反映了明代社會嫉惡如仇的心理，以怨報怨，以眼還眼，才大快人心，吸引聽眾。對惡者可以行不當的刑罰，同樣，對善者亦可行不當的刑罰。當然，「三言」是小說，有吸引讀者的目的，若以故事印證於史事，明代的確冤獄堆積如山，尤其是黨爭期間。

（四）追贓

追贓是明代政府對官員或詐騙強盜等追回非法得到錢財的一種手法，張權被誣為強盜，家私房屋要變賣入官（《醒》二十）；王知縣貪污誣害玉堂春，亦被劉推官追贓（《警》二十四），支助求財求姦，以致害死人命，亦被追贓（《警》三十五）。「三言」中，有一節記載追贓頗詳細，〈鈍秀才一朝交泰〉（《警》十七）：

33 有關枷號的研究，可參考尤韶華：《明代司法初考》，頁184-189。

尋馬萬群當初做有司時罪過，坐贓萬兩，著本處撫按追解（追贓）……往年抄沒田宅，俱用官價贖還，造冊交割，分毫不少。……此時只得變賣家產，但是有稅契可查者，有司逕自估價官賣。只有續置一個小小田莊，未曾起稅，官府不知。馬德稱恃顧祥平昔至交，只說顧家產業，央他暫時承認。又有古董書籍等項，約數百金，寄與黃勝家中去訖。卻說有司官將馬給事家房產田業盡數變賣，未足其數，兀自吹毛求疵不已。馬德稱扶柩在墳堂屋內暫住。忽一日，顧祥遣人來言，府上餘下田莊，官府已知，瞞不得了。馬德稱無可奈何，只得入官。後來聞得反是顧祥舉首，一則恐後連累，二則博有司的笑臉。德稱知人情奸險，付之一笑。」

馬萬群坐贓萬兩，萬兩是非常大的數目。有記錄的田產財物，均已入官，馬德稱希望將沒有完稅的田產寄到顧祥的名下，又將古董字畫交黃勝保管。這樣的追贓，無異抄家，顧祥、黃勝在危急時，一個舉首，一個貪婪，其實亦在意料之內。內文亦解釋清楚，顧祥害怕受到牽連，又想討好有司，出賣馬德稱，在官場上來看，不算甚麼。

《大明律》對受贓的官員懲罰非常重，〈刑律六・受贓〉載：

凡官吏受財者，計贓科斷。無祿人，各減一等。官奪除名，吏罷役……有祿人：枉法，贓各主者，通算全科。一貫以下，杖七十……八十貫，絞。不枉法，贓各主者，通算折半科罪。一貫以下，杖六十……一百二十貫，罪止杖一百，流三千里。[34]

據明律，坐贓各有處分，可是，沒有明言追贓的方法，即如何始，如

34 懷效鋒校：《大明律》卷二十三〈刑律六・受贓〉，頁181-183。

何止？追贓可以令無辜者傾家蕩產，甚至牽連親人。當然，趁追贓而大發不義之財的人，亦大有人在。

（五）死刑

死刑分真犯死罪（即嚴重罪項，如十惡、強盜、殺人等）及雜犯死罪，死刑只有真犯死罪才依法執行，倘若有復審中認為情有可矜者，免死充軍。依律處死的，又分決不待時和秋後處決。京師處決死囚，臨刑前要覆奏，初為五覆奏，後改為三覆奏。正統年間，臨刑者家屬可訴冤於登聞鼓，值鼓給事中在校尉手上批字，可暫緩行刑，稱「批手留人」，後廢止。京外執行死刑，則採用遣官審決的方式進行覆核。《大明律》中規定由各布政司差官覆核，但實際是由法司遣官。過程是由直隸各布政司奏決單，然後遣官覆核。受遣官員所領的批文號碼，必須與各府批文號碼相對，以免出現舞弊情況。下列是「三言」記載死刑的案件：

表十三　「三言」所載有關判處死刑的記錄

卷目	犯人姓名	罪名	判刑	審判官
滕大尹鬼斷家私（《喻》十）	成大	殺人	死罪，犯人在監三年，未執行死刑。	知縣
沈小霞相會出師表（《喻》四十）	沈鍊	煽妖作幻，勾虜謀逆。	斬決	皇帝批下，巡按御史處理
蘇知縣羅衫再合（《警》十一）	徐能 趙三 楊辣嘴 沈鬍子 翁鼻涕 范剝皮 姚大	強盜殺人	斬罪 姚大縊死	監察御史蘇泰，呈中央覆核

卷目	犯人姓名	罪名	判刑	審判官
玉堂春落難逢夫（《警》二十四）	皮氏 趙昂	因奸殺人	皮氏淩遲，趙昂斬罪	劉推官
王嬌鸞百年長恨（《警》三十四警）	周廷章	調戲職官家子女，停妻再娶，因奸致死。	亂棒打死	按察院樊祉
況太守斷死孩兒（《警》三十五）	支助	求奸求財致害人性命	坐致死之律，兼追所詐之贓。	蘇州府知府況鍾
劉小官雌雄兄弟（《醒》十）	桑茂	人妖敗俗，律所不載。	擬成淩遲重辟，決不待時。	解到官府，府縣申報上司，刑部擬罪
赫大卿遺恨鴛鴦縧（《醒》十五）	靜真 空照	設計恣淫，傷人性命。	依律擬斬	臨江府新淦縣知縣
陸五漢硬留合色鞋（《醒》十六）	陸五漢	通姦殺人	秋後處決	杭州府知府
陸五漢硬留合色鞋（《醒》十六）	潘壽兒	因奸傷害父母	擬斬罪	杭州府知府
張廷秀逃生救父（《醒》二十）	种義	打死人命	問絞在監	缺復審，朱爺與他開招釋罪
張廷秀逃生救父（《醒》二十）	張權	強盜	依律擬斬罪，贓物貯庫。張權房屋家私，盡行變賣入官。後解審恤刑（復審）。	總捕侯爺
張廷秀逃生救父（《醒》二十）	趙昂 楊洪 楊江	設計謀害	處斬	按院批下，著張廷秀監斬
李玉英獄中訟冤（《醒》二十七）	李玉英	姦淫忤逆	剮罪	錦衣衛

卷目	犯人姓名	罪名	判刑	審判官
李玉英獄中訟冤（《醒》二十七）	焦氏 焦榕	叛夫殺子，逆理亂倫。	敕即日處斬	三法司
盧太學詩酒傲公侯（《醒》二十九）	王屠	強盜	斬罪，其家私盡作贓物入官	濬縣知縣汪岑
盧太學詩酒傲公侯（《醒》二十九）	盧柟	殺人	問成死罪	濬縣知縣汪岑
蔡瑞虹忍辱報仇（《醒》三十六）	吳金妻	通姦殺夫	凌遲	武昌縣知縣朱源
蔡瑞虹忍辱報仇（《醒》三十六）	陳小四 沈鐵甏 秦小元	強盜，殺人。	斬罪	武昌縣知縣朱源

從上表，先歸納罪名，判死刑或擬死刑的原因如下（不以人數算，以案件算）：

一、殺人：六宗（包括殺子）；

二、因姦殺人：五宗；

三、強盜：二宗；

四、謀逆：一宗；

五、設計謀害未遂：一宗；

六、設計恣淫而傷人命：一宗；

七、求姦求財以傷人命：一宗；

八、姦淫忤逆：一宗；

九、人妖敗俗：一宗；

十、失信再婚：一宗

先言十惡，所謂「十惡不赦」據《大明律》載是：謀反、謀大逆、謀叛、惡逆、不道、大不敬、不孝、不睦、不義、內亂（指姦小功以上女親、父祖妾，及與和者）。上列二十宗死刑罪，只有一宗符合十惡，就是第四項，沈鍊叛逆勾虜。可是，沈鍊最後是被判流刑。

造意（蓄意）殺人而成功者十一宗，據《大明律》〈刑律二・人命・謀殺人〉載：

> 凡謀殺人，造意者，斬；從而加功者，絞；不加功者，杖一百，流三千里。殺訖乃坐。若傷而不死，造意者，絞；從而加功者，杖一百，流三千里；不加功者，杖一百，徒三年。若謀而已行，未曾傷人者，杖一百，徒三年；為從者，各杖一百。但同謀者，皆坐。其造意者，身雖不行，仍為首論。從者不行，減行者一等。若因而得財者，同強盜，不分首從論，皆斬。[35]

上列分類，第一、二項，共十一宗案，依律是該判死刑。《大明律》卷十九〈刑律二・人命〉有二十條律，其中只有六條傷及人命，或免於死者有：〈夫毆死有罪妻妾〉、〈殺子孫及奴婢圖賴人〉、〈弓箭傷人〉、〈車馬殺傷人〉、〈窩弓殺傷人〉、〈威逼人致死〉等。上列六條，前兩條是長輩殺傷下輩，顯示了明代尊長對後輩有隱藏性的權力和支配權，即不見於文，而行於實；後四條可算是無心之失，非預謀殺人。

第三項是強盜罪，強盜殺人當判殺人罪，但只犯強盜罪而不獲財，是不會判死刑的；倘若得財，判斬刑。《大明律》卷十八〈刑律一・賊盜・強盜〉載：

---

35 懷效鋒校：《大明律》卷十八〈刑律二・人命・謀殺人〉，頁149。

> 凡強盜已行，而不得財者，皆杖一百，流三千里。但得財者，不分首從，皆斬。若以藥迷人圖財者，罪同。若竊盜臨時有拒捕，及殺傷人者，皆斬。因盜而姦者，罪亦如之。共盜之人，不曾助力，不知拒捕、殺傷人及姦情者，止依竊盜論。其竊盜，事主知覺，棄財逃走，事主追逐，因而拒捕者，自依罪人拒捕律科罪。[36]

上表兩項強盜罪（張權、王屠）均涉及得財罪，雖然事主是被誣，但依律是應判斬刑。

第五項設計謀害未遂，依律應判「若謀而已行，未曾傷人者，杖一百，徒三年；為從者，各杖一百。但同謀者，皆坐」，此案的犯者是趙昂等人，楊洪等雖謀害張廷秀兄弟，但二人均性命得保（《醒》二十），則不應判此重刑。按院批准，由張廷秀監斬，相信有徇私之嫌，可謂「官官相衛」。從另一角度看，為官之後，其社會地位顯然與平民不同，包括司法制度。雖不見於律例，但可見之於「現實」。

至於第六項，恣淫而傷人命，只有〈殺死姦夫〉一條較接近靜真、空照的罪名（《醒》十五）：

> 其妻、妾因姦同謀，殺死親夫者，凌遲處死，姦夫處斬。若姦夫自殺其夫，姦婦知情，絞。[37]

但事實是赫大卿自己過度淫慾而身死，於殺人罪方面，應該不成立。再看〈犯姦〉：

> 凡和姦，杖八十；有夫，杖九十。……強姦者，絞。……姦婦從夫

36 懷效鋒校：《大明律》〈刑律一・賊盜・強盜〉，頁139。
37 同上註，頁150，〈殺死姦夫〉條。

嫁賣。其夫願留者，聽。……婦人離異歸宗，財物入官。[38]

犯姦罪，只一項是死刑，就是強姦。另外一條是針對尼姑的，〈居喪及僧道犯姦〉：

……若僧、尼、道士、女冠犯姦者，各加凡姦罪二等。相姦之人，以凡姦論。[39]

兩位女尼犯，其罪只是凡姦加二等，較普通人為重，但亦不至於死。倘若復審，遇較尊重法律的官員，可能得以減刑。第七項的支助是最難判，原因是支助沒有親手殺人，甚至事前不知有人被殺；他雖然逼姦，但逼姦不遂。若依明律，只有「強姦者，絞；未成者，杖一百，流三千里」，再加〈威逼人致死〉：「凡因事威逼人致死者，杖一百。……並追埋葬銀一十兩。」[40]兩項罪名皆不至於死，況鍾所判，未免重了一點。

第八、九、十項，沒有傷害人命，所判更有商榷之餘地。我們可以這樣想像，小說為求吸收聽眾，在某些程節上特別誇張。李玉英的忤逆罪而判剮刑、桑茂的人妖姦淫，判凌遲、周廷章的背婚，被亂棒打死，三項罪名在《大明律》中都找不到相應的條例。李玉英的姦淫忤逆更不成罪，在〈戶律三・婚姻〉[41]中有十八條，沒有一條有死刑。《列朝詩集小傳》載李玉英事：

玉英，錦衣衛千戶李雄女也。父死，弟承祖幼，繼母焦氏有子，謀

---

38 同上書，卷二十五〈刑律八・犯姦〉，頁195。

39 同上註，頁197。

40 同上書，〈刑律二・人命〉，頁155，〈威逼人致死〉。

41 同上書，頁57-63。

> 奪其蔭，毒殺承祖，出其妹桂英，而誣玉英以奸，指所作為證，論死。玉英上疏奏辨，世宗皇帝白其冤，事得白。[42]

桑茂的凌遲，是在於傷風敗俗，而且毀了甚多名媛的名節，事在律例以外，很難說其是非。桑茂此事，謝肇淛《五雜俎》有記：

> 國朝成化間，太原府石州人桑翀（疑即桑茂）自少纏足，習女工，作寡婦妝，游行平陽、真定、順德、濟南等四十五州縣。凡人家有好女子，即以教女工為名，密處誘戲，與之姦淫，有不從者即以迷藥噴其身，念咒語使不得動……姦室女以數百。[43]

此案在另一部筆記《庚巳編》有較詳細的敘述，且記錄了皇帝的判詞：

> 都察院為以男裝女魘行姦異常事。該直隸真定府晉州奏：犯人桑冲……。（成化十三年）二十二日於奉天門奏。奉聖旨：「是。這廝情犯醜惡，有傷風化，便凌遲了，不必覆奏。……」[44]

可見此人妖事情，在成化年間是相當轟動的案件。依律找不到判例，最後由皇帝決定，處以凌遲。《庚巳編》於此節文末特附備註「右得之友人家舊抄公牘中」一句，以加強其可信性。

可是，周廷章的背婚，令到王嬌鸞自殺，周廷章當然要負上責任。倘若將他亂棒打死，可以說是完全違犯法律。審判官因個人的忿怒而執行私

---

42 〔清〕錢謙益《列朝詩集小傳》（上海：古籍出版社，1983）〈閏集〉，頁742。

43 〔明〕謝肇淛：《五雜俎》（上海：上海書店，2001）卷八〈人部四〉，頁144-145。

44 〔明〕陸粲：《庚巳編》（北京：中華書局，1997）卷九，頁113-115。本書記錄與他書有異，不贅，但罪犯姓桑當是事實。

刑，實在有違憲法。就算判因姦致死，亦要呈報中央，就三法司復審，犯人更可上訴。

明代的正式司法程序，不可謂不嚴緊。可惜地方官往往就一己的喜好怨憎，違法程序，甚至公然在堂上打死犯人。在中國的小說中，苦打成招的故事俯拾皆是，令人不無歎息遺憾。

第七章
「三言」所反映的明代女性

〈杜十娘怒沉百寶箱〉

〈陸五漢硬留合色鞋〉

〈蔡瑞虹忍辱報仇〉

第七章
「三言」所反映的明代女性

第一節 貞操觀念與道德責任

中外的古代社會都十分重視女子的貞潔，用現代眼光來看，這只不過是男性要征服女性的其中一種行為。兩性之間，最重要的生理接觸是性交，性交的最終目的是傳宗接代。女子是否處子，對傳宗接代，根本沒有絲毫影響。周公的制禮，就是要將「人」從群交的社會，進入具有倫理觀念的家庭制度。摩根（L. H. Morgan）在其名著《古代社會》將人類的兩性關係分為四個階段：亂婚、群婚、對偶婚、一夫一妻。[1]當然，現代社會主要是一夫一妻制，可是，現代男女的接觸面較前代為廣為闊，這制度的穩健性受到嚴重的挑戰。

心理學家巴斯（Buss, 1999）和施密特（Schmitt, 1993）認為男性和女性對短期及長期婚姻具有不同的態度。男性的策略是勾引，然後遺棄；而女性是希望有忠誠的男子和她一起撫育孩子。[2]這種思想行為，是緣於動物傳宗接代及保護下一代的意識。故此，女性對強者特別仰慕，並不是純然貪慕虛榮，更深的理解是培育優良的下一代。可惜，社會不斷進化，男性逐漸掌握經濟權力，繼而在制度或道德行為上限制女性的自由。勾引和遺棄就成為男性的特權，這種情況，從中國宮詩及閨怨詩可略窺一二；另一方面男性卻要滿足自己的占有欲，標榜及讚揚貞節。激進女性主義社會學

1 可參考Morgan, L. H. *Ancient Society*，有多種中譯本。

2 〔美〕理查德．格里格，菲利普．津巴多《心理學與生活》（北京：人民電郵出版社，2004），頁338。（英文本：Gerrig, R. J. & Zimbardo, P. G. *Psychology and life,* Allyn and Bacon.）

家 Shulasmith Firestone（*The Dialectics of Sex*, 1970）歸納生物家庭（Biology Family）的四種特性[3]：

（一）女性天生受經期、生育、哺乳等生理現象限制，需要依靠男性協助。當女性要照顧孩子時，更需要男性（包括父親、兄弟、親族，甚至政府）的幫助，基本上不能獨立處理。

（二）人類女性依靠男性較其他物種時間為長。

（三）母親與小孩的互相依靠，而又需要依靠男性，造成社會上的心理現象，即家庭的婦女與小孩需要依靠男性。男性自然產生「權力心理」（power psychology）。

（四）男性有控制女性方面得到快感，伸延到社會上，對其他人都有支配欲。

所謂生物家庭，簡單解釋是純以生物狀態而呈現的家庭，即不考慮社會文化或道德等等。本文引述幾位社會學家的言論，無意討論人類史上的兩性鬥爭，只想在另一角度看貞操觀念。除了 Firestone 指出女性的地位之所以低，是由於女性需要依靠男性外，其他社會學家亦指出經濟條件亦造成女性地位較次的原因。

《韓非子》早有記載生男孩則相賀，生女孩則殺之的事情：「父母之於子也，產男則相賀，產女則殺之。此俱出父母之懷妊，然男子受賀，女子殺之者，慮其後便計之長利也。」[4]往後歷朝皆有此類事情發生，如〔宋〕蘇軾〈與朱鄂州論不舉子書〉：「岳鄂間田野小人，例只養二男一

3 Haralambos, M. & Holborn, M. (1991) *Sociology: themes and perspectives,* London: Collins Educational. pp.537-538.（引文乃筆者自譯）

4 〔戰國〕韓非著、張覺譯注：《韓非子全譯》（貴州：人民出版社，1992）卷第十八，〈六反〉，頁963。

女，過此輒殺之，尤諱養女」，[5]及「三言」的編者馮夢龍在治理地方時均推行過遏止殺女嬰的政策。甚至近代名將朱德在《回憶我的母親》一文中也記載溺嬰風俗：「母親一共生了十三個兒女。因為家境貧窮，無法全部養活，只留下了八個，以後再生下的被迫溺死了」。包括筆者的故鄉廣東省海豐縣，在上一世紀，仍有親戚告訴筆者，某親人生女兒後，立即殺死。這些殺女嬰的舉措，當然與家庭經濟有莫大關係，最令人難堪的是中國傳統上的觀念認為養大了女孩，最終利益是歸於將來的夫家，所以沒有回報價值。

筆者初次回鄉，大排筵席，但所有女性親人，包括本人的長輩，不容許與男性同枱用膳，都使筆者對傳統的鄉村習慣有極大的厭惡感。其後，我多次堅持同枱用膳，到現在，此風好像慢慢改變。畢竟，時代是進步的。

女性在社會上缺乏經濟自主，是受歧視原因之一。女性的貞潔，是社會上的一種「價值」，亦是女性身分高潔的象徵。根據摩根（L. H. Morgan）的理論，群婚的時期，根本沒有貞操可言。貞操觀念的出現，是因為經濟環境的改變，從游牧至畜牧，至農業，至商業。當家庭概念確立以後，女性就開始被貞操所拘限。

《禮記・內則》篇是對女子行為作出條律性規範最早的記載，這些規定幾及於生活各層面。《儀禮・喪服》記載了女子七出之條，即無子、淫佚、不事姑舅、口舌、盜竊、妒忌等。古代為保障女性被逐，有三不出之條，一直沿用：曾為舅姑服喪、糟糠之妻、妻家無人。中國對貞潔的重視，自古已存在，歷代都出現過褒獎[6]，但並不是「宗教性」的。

隋唐時期，中外文化交流，加上出現第一個女皇帝武則天，社會的開放程度達前所未有的局面。《開元天寶遺事》及《新、舊唐書》都有記載君主、大臣及妻妾濫交的事情，如楊國忠、許敬宗等。這種風氣發展宋代

5　收在李文海、夏明方主編：《中國荒政全書》第一輯（北京：古籍出版社，2003）。

6　可參考章義和、陳春雷：《貞節史》（上海：文藝出版社，1999）本文不贅。

逐漸改變過來，除濂、洛、關、閩四大理學派別影響外，朱熹特別強調「存天理、滅人性」。他主張聖賢千言萬語，只是教人明天理，滅人欲：

> 學者為學，未問真知與力行，且要收拾此心，令有箇頓放處。若收斂都在義理上安頓，無許多胡思亂想，則久久自於物欲上輕，於義理心重於物欲，如秤令有低昂，即見得義理自端的，自有欲罷不能之意，其於物欲，自無暇及之矣。[7]

即減低人類欲望，自然就可明白天理；欲望愈低，真理愈明。人欲與天理之辨，成為理學家的主要辯題。發展至明朝，王守仁承陸九淵餘緒，定「心即理、致良知」學說，形成另一種局面。嘉、隆以後，王學極盛一時，但晚明王學流於空談，無益於現實，當然，這也與政治黑暗有關，王守仁及其弟子生活的時代，是明王朝政治極其黑暗、極其腐敗的時代。[8]但王學的心即理，心外無物理論，或許影響了晚明女性思想的解放。

張兆裕認為明代晚期，人們的自我價值與人的欲望獲得了充分的肯定。因此，傳統女性的從屬地位受到相當的重視，人性和人的權益同時受到尊重。這與近代人文主義思想頗相通。[9]張氏進而解釋「心學」很重要的一點就是自我肯定，人們不再是心外天理的被動者，自身想根本含有天理的元素，因此人們的欲望、情識、行為都是自然而然，是天理的顯現。再引申「心學」的內容，則是「真吾即良知」、「明哲保身」及「獨立自我」[10]；整體而言，是自我意識的回歸。

---

7 〔宋〕黎靖德編、王星賢點校：《朱子語類》卷十二〈學六・持守〉（北京：中華書局，2004），頁201-202。

8 可參考張祥浩：《王守仁評傳》（南京：南京大學出版社，1997），頁507〈王學衰落的原因〉。

9 張兆裕：〈早期啟蒙思想的湧現〉，收在張顯清主編：《明代後期社會轉型研究》，頁422。

10 同上註，頁422-427。

因此，明後期特別追求個性解放，對人性欲望加以肯定，甚至宣揚，將「好仁」解釋為欲望之一。其負面效應，就是無底線的放縱，幾近自私自利，所有傳統道德行為，一瞬間，似乎變了空談。

一　「從一而終」思想與節行

中國社會對女性是否處女，普遍是重視的。自秦漢開始，已注意未嫁女性是否貞潔，而且有檢視是否處女的方法。根據馬王堆漢墓出土帛書《養生方》記載：

> 取守宮置新甕中，而置丹甕中，令守宮食之。須死，即治，□畫女子臂若身、即與男子戲，即不明。[11]

「守宮」即蜥蜴，將丹藥餵食，取其血畫女子臂上，宮砂印會於與男子性交後會消退。此方法，歷朝沿用，唐朝詩人杜牧及李商隱，亦有記載守宮的詩歌[12]。

〈李秀卿義結黃貞女〉（《喻》二十八）的黃善聰維持家族生意，長期女扮男裝與義兄李秀卿共同經商。善聰回家後，被家姐懷疑是否處子？認為失去處子之身是玷辱門風。內文還記載了驗童身的方法：

> 張勝（黃善聰）道：「不欺姐姐，奴家至今還是童身，豈敢行苟且之事，玷辱門風。」道聰不信，引入密室驗之。你說怎麼驗法？用細細乾灰鋪放餘桶之內，卻教女子解了下衣，坐於桶上。用綿紙條

11 轉引自江曉原《性張力下的中國人》（上海：華東師範大學，2011），頁96。

12 〔唐〕杜牧〈宮詞二首〉之一「蟬翼輕綃傳體紅，玉膚如醉向春風。深宮鎖閉猶疑惑，更取丹沙試辟宮。」李商隱〈河陽詩〉：「巴西夜市紅守宮，後房點臂斑斑紅。」

> 棲入鼻中，要他打噴嚏。若是破身的，上氣泄，下氣亦泄，乾灰必然吹動；若是童身，其灰如舊。朝廷選妃都用此法。

當然，驗出黃善聰是童身，並未犯淫，正好與自己所愛的李秀卿結婚。最奇怪的是黃善聰明明喜歡李秀卿，卻怕別人耳語早已失身，無論如何也不願意嫁給李秀卿。卒之弄出一個李太監在中間周旋，成全了這一段婚姻。黃善聰的事跡在《明史・列女傳》有記載：

> ……黃善聰者，南京人。年十三失母，父販香廬、鳳間，令善聰為男子裝從遊數年。……後偕返南京省其姊。姊初不識，詰問其故，怒詈曰：「男子女亂群，辱我甚矣。」拒不納。善聰以死自誓。乃呼鄰嫗察之，果處子。相持痛哭，……（李英，即李秀卿）怏怏如失，歸告母求婚。善聰不從，曰「若歸英，如瓜李何？」鄰里交勸，執益堅。有司聞之，助以聘，判為夫婦。[13]

黃善聰的堅執不嫁李英，可能是基於她被認為早已失身，有辱家門；在黃氏的立場來看，這可能是一件很侮辱的事情，幾於不能接受，才有這種反應。此亦反映了明代社會對女性貞潔的重視程度，連「懷疑」亦不可接受。是否失身？是否堅持貞操？對明代女性，就是比生命，終生幸福更重要。筆者當然佩服黃善聰的行為，但與現代觀念相比較，黃氏有點固執。這故事與《趙匡胤千里送京娘》（《警》二十一）中的京娘自殺，都是有辱家門，如出一轍。

〈趙太祖千里送京娘〉（《警》二十一）的京娘，同樣反映了女性對自己貞操的看重。趙匡胤為道義親送京娘回家。到家後，趙員外欲將京娘許

---

13 〔清〕張廷玉等：《明史》卷三百一〈列女傳一〉，頁7693。

配趙匡胤，趙以為別人誤會他乘人之危，拂袖而去。可憐京娘在家受到兄嫂的奚落，瓜田李下，竟懸樑自盡。女性的貞操有多重要，看！比生命還重要。黃善聰誓死守貞，為全名節，又不願嫁心儀男子，列於〈列女傳〉，名垂千古。這樣的社會環境與道德批判，我們不難想像，明代的女性對貞潔要求程序是如何的高，如何的重。

「從一而終」是道德，亦是包袱。當中固然有至情至性，誓死相隨的愛情與人倫道理，也有社會的道德壓力。〔晉〕常璞《華陽國志》曾記載當時幾位「從一而終」的烈女，如殷紀配，因夫早死，貌美，求婚者眾，斷指自誓；鼓非、李進娥，夫死不肯改嫁，割髮自誓；王和，夫死，不肯改嫁，自割一耳；李正流，夫死不肯改嫁，投河死；相烏、袁福，夫死不肯改嫁，自殺。[14]看到她們的節行，的確令人悠然而生敬意。如果她們的矢志不改嫁，甚至以死亡來作出控訴，而是出於對丈夫的眷戀與忠誠，可說是道德之實踐者。

〈滕大尹鬼斷家私〉（《喻》十）的梅氏年輕少女嫁與七十九歲的老人家倪守謙。當倪守謙身故，梅氏第一個想法是「奴家也是儒門之女，婦人從一而終；況又有了這小孩兒，怎割捨得拋他？好歹要守在這孩子身邊的。」這段說話明顯表示梅氏已立下心腸，終生不嫁，養育孩兒。明代婦女多守節終生，明人謝肇淛有這樣的解釋：

> 古者輕出其妻，故夫婦之恩薄，而從一之節微。今者，非大故及舅姑之命陳於官，不得出其妻，則再醮者雖禁之可也，定之以年亦可也。[15]

14 〔晉〕常璩、劉琳校注：《華陽國志》（成都：巴蜀書社，1984）卷十中〈先賢士女總贊論〉，〈廣漢士女〉，頁739-790。

15 〔明〕謝肇淛：《五雜俎》，頁146-147。

女性在家族中的身分地位得到保障之下，便可盡其一生為婦為母，並受到社會的肯定。當然，除了條律的保障外，最主要是政府及文人的大力推動和鼓勵。明初政府規定「一宗朱子之書，令學者非五經孔孟之書不讀，非濂、洛、關、閩之學不講」，而且科舉出題，一律以朱熹《四書集註》出題，答題亦以不出朱熹思想範圍為限。其後，成祖時編纂的《四書大全》、《五經大全》、《性理大全》等書籍作為全國各階層的道德指引。女子「從一而終」、「守身不二」的思想植固於女子心中，等同於士子的忠君愛國。程頤的「餓死事小，失節事大」便成為女子終身奉為聖典金句，誓死遵從。《明史・列女傳一》中就有兩位守節以「餓死事極小，失節事極大」及「恥辱事重，餓死甘之」[16]作為誓不改嫁的理論，並得到朝廷的旌揚。

明初大儒宋濂、方孝孺等人已撰寫節婦、賢母的傳記，以宣傳貞潔；而朝廷亦褒獎表揚貞節女子，如此，逐漸成為社會上的道德標準。明人呂坤的《閨範》更成為女子的楷模，其中貞節一環更被嚴詞強調，為女性一生德行的所在：

> 女子守身，如持玉卮，如捧盈水，心不欲為耳目所變，跡不欲為中外所窺。然後可以完堅白之節，成清潔之身，何者？丈夫事業在六合，苟非瀆倫，小節猶是自贖。女子名節在一身，稍有微瑕，萬善不能相掩。[17]

呂坤之言視女子的貞潔是萬善之首，更引申其如男子之於天下。文人的推動、政府的表旌，就構成明代獨特的女子風氣。其甚者，殉夫之風出現。

16 事見《明史・列女傳一》卷三百一，頁7697，〈孫義婦〉及頁7708，〈張維妻淩氏〉。

17 〔明〕呂坤：《閨範》卷二，〈女子之道〉，轉引自吳存存：《明清社會性愛風氣》（北京：人民文學出版社，2000），頁28。

試從《明史・列女傳》查看明代女性對貞操的節行和守節的情況，期顯示出明代社會對女性貞潔、守節的認同與膜拜。

表十四　《明史・列女傳一》所載諸女節行

節行	姓名
一、事父母、翁姑至孝	月娥、劉孝婦、欒城甄氏、嘉善徐孝女、楊泰奴、周祥妻張氏
二、為父申冤	諸娥
三、殉節、殉夫	唐方妻、盧佳娘、余佈妻馬氏、大田郭氏、幼溪女、胡尚絅妻程氏、王妙鳳、唐貴梅、嘉定張氏、祥符陳氏、秀水張氏、陳旺妻唐氏並女環兒、張樹田妻宣氏、江陰龔烈婦、王可道妻江氏、尤輔妻成氏、興安二女、竇妙善、石門丐婦、陳俞妻賈氏、李珂妻胡氏、陳宗球妻史氏、定海葉氏、胡貴貞、衛廷珪妻孫氏並二女、夏璞妻江氏、高明嚴氏
四、守節	慈谿楊氏、鄭煥妻張氏、上海湯慧信、武邑高氏、慈谿孫義婦、萬義顓、陳義姑、歐陽金貞、慈谿王氏、分宜易氏、陶鏞妻鍾氏、陶繼妻方氏、陶亮妻王氏，妾吳氏、金傑妻徐氏、楊玉山妾張氏、會稽范氏二女、丁美音、招囊猛、張維妻淩氏、曹桂妻杜氏、孔弘業妻史氏、林端娘、楊希閔妻汪烈婦
五、守貞	保寧韓氏、黃善聰
六、拚死救母	餘姚姚孝女、武康蔡孝女
七、殉父母	招遠孝女、新昌石孝女、章銀兒
八、葬翁姑	盧清妻吳氏、鄧節妻畢氏
九、殉主	義婢妙聰
十、報夫仇、葬夫屍	吳金童妻莊氏、陳旺妻唐氏、尹之路妻梁氏
十一、殉兒	慈谿茅氏

節行	姓名
十二、願代夫受刑	王世昌妻楊氏

資料來源：《明史》卷三百一〈列女傳一〉，頁7689-7712。

上表「殉節、殉夫」包括被辱自殺，夫死身殉，堅守婚約身殉等；「守節」包括夫死不嫁，未婚守節、逼再嫁而誓死守節等；其中孝行十六人（包一、二、六、七、八項），殉節三十人，守節、守貞二十七人，與丈夫有關的節行三人，其他二人，總計七十八人。歸納上述各傳，可分為兩大類：一是孝行，占十六人，約是總數的百分之二十一；二是有關貞操、守節等名節大防六十人，約占總數百分之七十七。這個結果，很明顯的表示，明代社會對女性的貞操及孝行視為人生第一大事。而且，貞操更是重中之重，故超過七成的褒彰行為都與貞操有關。這亦是中國女性長期不能思想開放的主要原因之一，本文無意評論貞操的道德價值，但很明顯，守貞的思想直接影響女性對生命價值的看法。

《明史》所記列女的節行，一些令人肅然起敬，一些令人掩卷歎息，但一部分的節行，以現代眼光來看，無異是枉死。例如興安二女，抱木浮沉於江，遇船而得救，只因船上諸夫赤裸上身，竟再投水以避，卒死；尤輔妻成氏，隨夫到任，遇大水，眾人升屋，成氏因部分男女不及整衣而裸露，成氏不願為伍，寧願溺死；李珂妻胡氏曾誓不踰閾，家中起火，亦不離去，與三歲女兒端坐而死。這樣的行為，在明代是受到表揚的。當然，殉節者認為此是人生大節之所在，在最高的道德層面去思考，是可以理解的，亦有令人尊敬之處。可是，站在人性的角度作考慮，則未免有點「腐」。

在上列節行中，亦有令人佩服的勇者、智者節行，如竇妙善，身為家妾，臨危易主母衣服，代替其身分而被虜。收藏官印，護夫名聲，自殺以全節。可惜史傳竟書其為「義婦」而不是「烈婦」，相信因為其出身為妾侍之故。翻看其傳，竇氏的聰慧勇敢，令人歎服。從這一節可以看到，明代對於出身不正者，帶有強烈貶斥，一字之褒，一字之貶！妾侍尚且如此，妓女地位更可想像。

究竟明清時期因何特別多出現殉夫、守節的事蹟？合山究在其《明清時代女性與文學》中分析明清兩朝，特別多節婦烈女的原因[18]：

（一）道德與迷信導致貞節宗教化：禮教強調貞節，尤其是程頤提出「餓死事極小，失節事極大」的理論後，社會自是特別重視貞節，比之士大夫之於忠君；另外，婦人夫死，往往認為自己是不祥人，有鬼魂跟隨。

（二）藉由「旌表」彰顯貞節：明代以後，開始贈與節烈婦女官銀，並為她們建孝節祠堂，設立靈位。

（三）結婚手續改變導致婚約長期化：明代的婚姻是契約婚，即收下禮金後，就有責任關係，遵守婚約。或一夫多妻制下，要維持父系權力，嚴格守貞，甚至殉夫。

在「三言」故事中的顧阿秀（《喻》二）、王嬌鸞（《警》三十四）、蔡瑞虹（《醒》三十六）等，在筆者的心中，的確是節烈婦人，無論是為貞潔、為愛情、為報仇，最終都是以生命履踐自己的意願。社會的道德要求，有時自己陷於茫昧也不知，如〔清〕袁枚的妹妹袁素文誓死要嫁聲名狼藉的無賴夫婿，以致早死。袁枚的「汝死我葬，我死誰埋」，震動不少讀者的心。袁素文誓守諾言，不管後果，在守諾與「從一而終」的道德角度來看，實在令人欽敬。但以現代的道德眼光來看，未免迂腐，更加是何必這樣對待自己。回看這事，只能用明代女性對守節的角度去看，真不知是痛苦抑或是正氣。

---

18 〔日〕合山究著、蕭燕婉譯：《明清時代女性與文學》，頁179-181。

這樣的社會道德環境，我們可以推想蔡瑞虹為報父仇而一適再適、一辱再辱是何等悲慘的遭遇（《醒》三十六）。蔡氏的心理抑鬱，相信比死更難受。故當其知道父仇已報，在美滿家庭和身殉之間，竟然選擇了自經。無疑，我們會說一聲「何苦？」但閉目想想，那個年代，那種社會道德價值，蔡瑞虹根本無法忍受，除了一死，似乎沒有「安心」之處。

〈王嬌鸞百年長恨〉（《警》三十四）的王嬌鸞在明代竟勇敢地與周廷章私訂終生，雖然最後被辜負，但亦不失是抗拒時流的勇者。可惜，王氏沒法接受周廷章的負情，自縊而死，死時只得二十一歲。當然，讀者會同情王嬌鸞，但以明代的社會道德標準，這樣的行為無異是苟合，這與潘壽兒私通陸五漢（壽兒誤會是張藎）其實沒有分別（《醒》十六）。可是，前者令人同情，後者被認為淫交。其實二者最大的分別在於王嬌鸞自縊，而潘壽兒卻間接害死自己的父母。在這裡，我們可以看到「三言」的故事在道德批判上有點矛盾，一者欣賞及同情為愛情而對抗時流的人物，一者卻認為淫亂招禍。當然，「三言」故事出自不同的作者，理念上可能有矛盾或出入亦不為奇，但故事的編輯者馮夢龍是無可避免的將自己的觀念納入故事之內。可想而知，馮氏亦處於愛情與社會道德產生矛盾時的交加點上。無疑，愛情始終是人類生活重要的一環。

中國古代社會，甚重視出身，再看另一故事，《金玉奴棒打薄情郎》（《喻》二十七），事情也記載於〔明〕田汝成《西湖游覽志餘》卷二十三及馮夢龍的《情史．紹興士人》卷二。故事說金玉奴嫁夫莫稽，其後莫稽嫌棄金玉奴出身，暗加殺害。金玉奴最被淮西轉運使許德厚所救，並收為義女，輾轉之間再嫁莫稽為妻。莫稽有殺害之心，可以說是喪心病狂，但金玉奴最後仍是委身再嫁，只對莫稽略加懲戒而已。故事發生在宋朝，其結局當可反映中國古代對貞操觀念的一種看法。倘若以現代眼光去評論，莫稽無疑是犯了殺人罪，可是，本故事的主角除獲得寬恕外，還得到完美的結局。從另一角度光，女性需從一而終，甚至丈夫是位卑劣小人，亦要與之終生。幾乎可以說，嫁了之後就得「認命」。《明史・列女傳》中有遭夫拋棄，亦堅守婦道者，當然亦有與夫感情不和諧，最後亦殉夫者。在現代人眼光覺得完全不合理的態度，在明代卻被視之為理所當然的道德行為。

莫稽窮途落拓，但有才華；金玉奴出身低微，但有財。這樣的婚姻，並不是建基於愛情，低一點說是「交易」。故此，莫稽的卑劣行為，竟被接受。袁世碩分析：

> 有人或許認為這種婚事，含有實際的功利性，不是以雙方的真摯愛情為基礎，太不夠優美了。……絕大多數的青年男女的婚事，還不能不受著社會上門第、財產以及由此而形成的種種功利因素的制約、干擾。[19]

本故事相對於「三言」的其他愛情故事，似乎來得有點實際。小說，往往使讀者脫離現實，嚮往著一般不能在現實出現的情景，如才子佳人，終成眷屬，或是逆境求生，轉危為泰。袁世碩評這故事：

> 這後半部分，雖然不像前半部分那樣客觀、真實，但也表現出了一種看透了事物真相，有意地把它放在特制的鏡頭下，使之現出可笑的醜態的機智，具有玩物不喪志，諷世不失真的特色。[20]

袁世碩用「醜態」形容下半部故事，確是可圈可點。

19　袁世碩：《文學史學的明清小說研究》，頁176。

20　同上註，頁182。

二　貞操與性愛

明代女性對貞操及守節的堅執，已超過了生命的價值。幾可說「貞節」已是「宗教信仰」，部分無必要的殉節或守節，可以說是宗教強熱者。

中國女性長期受「貞操」觀念的規範，倘以自然生理所需的角度去觀察，很容易造成心理抑鬱。朱東潤曾分析中國女性的性心理：

> 吾國婦女之幽鬱，幾成特性，……求諸昔日之文學，則作家如李清照、朱淑真、文學中之人物如馮小青、林黛玉、皆此類也。……春秋之時，魯、衛為文化最盛之地，衛之貴婦女、幽鬱之性特甚，今見《邶》、《鄘》、《衛》之詩者，如〈柏舟〉、〈綠衣〉、〈燕燕〉、〈日月〉……之篇，蓋無往而不充滿涕淚。或曰「女子善懷」或則曰「我心則憂」，於是殷憂長愁，蔚為風氣，吾國一般婦女之幽鬱性，逐漸滋長，以至今日，蓋有由矣。[21]

其實中國在漢以前是對性較開放的，如孟子與齊宣王討論好色，齊宣王的「寡人有疾，寡人好色」，孟子應之「當是時也，內無怨女，外無曠夫。王如好色，與百姓同之，於王何有？」（《孟子．梁惠王下》）對好色的看法是「眾人皆是這樣的」態度待之。不諱言，不否認。墨子更加指出「宮無拘女，故天下無寡夫。內無拘女，外無寡夫，故天下之民眾」（《墨子．辭過》），認為宮中不宜太多女性，平民也需要性事的。

湖南馬王堆出土漢墓竹簡帛書中，有關房中術的經典就有《十問》、《合陰陽》、《天下至道談》、《雜禁方》四種，其形成當在戰國時期。由此

---

21 朱東潤：《詩三百篇探故》（上海：古籍出版社，1981），頁121，轉引自江曉原：《性張力下的中國人》（上海：華東師範大學出版社，2011），頁6。

可知，男女的性生活，並不是禁忌，甚至是醫療研究的一種方式。漢代也出現「房中術」的書籍，討論性技巧和養生之道，認為性事可以養生，如《黃帝三王養陽方》、《三家內房有子方》等，流傳後世的有《黃帝內經》。西漢末年，出現了具體討論性知識的著作《素女經》、《玄女經》、《素女方》等。這些作品還受到外國學者的高度評價。[22]

明代社會在貞操與性愛方面，處於精神分裂狀態，精神分裂其中一項特徵是行為動作異常，由一向熱情樂觀變為沉默不語，動作改變，或做些莫名其妙的動作，令人費解。社會上女性的性抑壓太過，容易出現反常的行為。明代社會一方面嚴格規限女性的個性發展，死守貞潔、從一而終、三從四德的桎梏之中；另一方面，艷情小說流行，嫖女妓、男妓、孌童僕之風甚盛，文人雅士視之為生活享受的一部分，尤其是晚明南方，紙醉金迷。明代的艷情小說如《燈草和尚》、《禪真逸史》（又名《殘梁外史》、《妙相寺全傳》）、《禪真後史》、《僧尼孽海》、《隋煬帝艷史》、《癡婆子傳》、《如意君傳》、《金瓶梅》、《載花船》、《繡榻野史》等，至今仍然流行於坊間，影響不可謂不遠。在道德大防森嚴的明代社會，出現如此多的作品，並且流行至今，人性的抑壓，由此可見一斑。

這情況的出現，有學者認為是始於朱熹的「淫詩說」，他認為〈鄭風〉、〈衛風〉「多是淫奔之詩」，這些淫詩是「作者自作」，所謂「思無邪」相對於讀者而言，而不是作者。這理論就造成明中葉以後的艷情小說作者，以「以淫止淫」作為創作艷情小說的憑藉。黃東陽認為：

> 自明中葉後，艷情小說的作者們先後援引「以淫止淫」一詞，作為從事色慾撰寫是合乎聖道的理據，令原本歸屬於經學的研議，竟變

---

22 西方漢學家高羅佩（Robert H. Van Gulik）在其著作“*Sexual Life in Ancient China*”高度肯定這些作品是古代的性教育，是中華文明之榮譽，見王爾敏《明清時代庶民文化生活》，頁185，註15。

成鐫刻淫書的口實。[23]

有艷情小說的創作下，當然會觸及當代社會的道德禁忌，其實這是給予男性為中心的社會，在性方面可產生無限的幻想。一般來說，這些作品，無論如何的大膽描寫情慾，最終都會是說教式的訓導讀者，切莫縱慾或戒斷淫亂。而且，往往以因果報應來說明犯淫的惡果。黃東陽解釋此情況是：

在艷情小說的作手下，各種觸及社會禁忌的內容，皆發生在他們筆下小說人物身上，產生不同的主題。小說主題因切入的角度不同，處理素材各異，但作者皆須面對社會的批判，以及社會意識的影響。[24]

「三言」作品中，多有描寫情欲內容，一者是個性的解放，一者是市場需要，這就形成明代艷情小說特多的原因。網上論文〈「三言」中女性的個性魅力〉對此現象有如下的分析，言頗中的：

明代商品經濟的發展，市民階層已有了與傳統封建道德標準不同的審美傾向，思想界打破程朱理學對人欲的禁錮，情欲開始成為文學反映的一個重要內容。在中國傳統社會裏人的欲望是被牢牢地壓抑的，尤其情欲更被深深地埋藏在心裏。《禮記・禮運》言：「飲食男女，人之大欲存焉；……欲一以窮之，舍禮何從哉！」強調用「禮」來整治人之大欲，把人的情感歸於「禮」的管束下。他們提

---

23 黃東陽：《世俗的神聖——古典小說中的宗教及文化論述》（臺北：臺灣學生書局，2011），頁201。

24 黃東陽：《世俗的神聖——古典小說中的宗教及文化論述》，頁202。

> 倡「存天理，滅人欲」。然而隨著城市商品經濟的蓬勃發展和封建社會走向下坡，思想界不在為封建禮教馬首是瞻，一部分思想家（王學左派）公開站出來反對程朱理學對人情人欲的禁錮，強調人的生理本能，鼓吹個體感官享受，導致了女性性自由的重建與傳統貞潔觀的坍塌。「天理在人欲之中」的思想觀念和對人欲的張揚，自然包括對美色、對男女情欲毫不掩飾的肯定。在市井當中，一種反封建的、表現人的本能需求的新意識慢慢產生了。都市的商人、手工業者、小販、工匠、雇工、店員等，在都市文化的感染下也產生了滿足情感活動和形式快感的需求，市井中人的本性戰勝理性而更多的表現出來。[25]

上文所言，王學流行，而出現追求從生理本能出發的享受覺受行為，其實亦無可厚非。畢竟，過分禁欲，有點違背人性，當然，自身追求更高的精神境界，而透過禁欲使自身能體驗更高精神境界則當別論。明代女性趨向個性解放及性欲解放，相信是有一定的程度，但若說明代是女性解放的時代，筆記並不認同。始終普遍明代女性，還是遵守傳統對女性的道德要求，試舉一例，如王翶妻代翶立妾，翶不受，妾竟終生不嫁，翶死且奔喪：

> （王翶）為都御史時，夫人為娶一妾，逾半歲語翶。翶怒曰：「汝何破我家法！」即日具金幣返之。妾終不嫁，曰：「豈有大臣妾嫁他人者？」翶卒，妾往奔喪，其子養之終身。[26]

柳宗元曾記載「河間婦」一事，敘述一位平時貞潔賢操的女子「河間

25 著者缺：〈「三言」中女性的個性魅力〉，〈http://gx8u8.com/Info_Show.asp?ArticleID=21〉，瀏覽日期：2005年4月4日。

26 〔清〕張廷玉等：《明史》卷一七七，頁4702，〈王翶傳〉。

婦」，因受醜行男子強迫引誘，而墮入色慾圈套，其後竟沉溺而不反，甚至謀害丈夫，暢其所欲。足以證明，過度的抑壓，反過來，就是不可收拾的地步：

> 河間婦，淫婦人也，不欲言其姓，故以邑稱。始婦人居戚里，有賢操。自未嫁，固已惡群戚之亂尨，羞與為類……。河間大喜，不為服，辟門召所與淫者，倮逐為荒淫。居一歲，所淫者衰，益厭，乃出之。召長安無賴男子，晨夜交於門。……積十餘年，病髓竭而死。[27]

其始是「始婦人居戚里，有賢操。自未嫁，固已惡群戚之亂尨，羞與為類」，及後，是淫亂致死。這種是性抑壓過度，出現反常行為。再加上，成長至青春期，不無對性產生好奇，此情況下，就容易觸犯社會的道德標準與規條。性欲是天性，不能以理智去解釋，就算古聖賢都是贊同「好好色，惡惡臭」的自然心態。

表十五　「三言」所載明代女性犯淫的行為

卷目	內容	結果
蔣興哥重會珍珠衫（《喻》一）	蔣興哥妻王三巧兒與陳大郎私通。	王改嫁吳傑，後因謀殺案重遇蔣興哥，吳傑將王歸還。
陳御史巧勘金釵鈿（《喻》二）	梁尚賓冒充魯學曾身分親到顧家，騙取顧阿秀錢財，並誘使發生性行為。	顧阿秀自殺。

27 〔唐〕柳宗元：《柳宗元集》（北京：中華書局，1979）〈外集〉卷上，〈河間傳〉，頁1341-1343。

卷目	內容	結果
玉堂春落難逢夫（《警》二十四）	王順卿梳櫳玉堂春，二人如膠如漆，設誓不分。其後玉堂春被鴇母騙嫁與馬販沈洪，被騙往山西。沈妻皮氏與監生趙昂有染，毒死沈洪，並嫁禍玉堂春。	玉堂春被屈謀殺，重遇王順卿翻案，兩人重聚。
玉堂春落難逢夫（《警》二十四）	馬販沈洪妻皮氏，偷愛監生趙昂俊俏，兩人私通。	趙昂與皮氏謀殺沈洪，並嫁禍玉堂春。最後得王順卿翻案，劉推官將皮氏淩遲處死，趙昂斬罪。
宿香亭張浩遇鶯鶯（《警》二十九）	李鶯鶯失身於張浩。張浩季父迫其與孫氏婚。鶯鶯興訟，提出訂情信物重羅及花箋二詩。官判二人完婚。	鶯鶯失身於張浩其後張浩另婚。鶯鶯興訟，官判二人完婚。
王嬌鸞百年長恨（《警》三十四）	王嬌鸞與周廷章私訂終生，以曹姨為媒。周回鄉後，與富家小姐魏氏成婚。王屢促周回河南，後知其再婚。周將訂情羅帕及詩歌交回，王傷心欲絕，最後自經而死。	王嬌鸞自經而死，而周廷章亦被判亂棒打死。
況太守斷死孩兒（《警》三十五）	邵氏夫死，矢志守貞。十年後，其幼僕受歹人支助誘使，與主母有姦。其後有孕，生子後，邵氏親溺死其子。支助得孩兒屍，往求姦於邵氏，邵氏自盡。	邵氏羞憤，先殺死其僕得貴，後自盡。
赫大卿遺恨鴛鴦縧（《醒》十五）	赫大卿好色，到非空庵漁色。與尼姑空照纏上，後又與西院尼姑靜真相通。並與二尼的服	屍身被發現，空照、靜真各責五十，東房女童各責三十。

卷目	內容	結果
	侍女童有染，致身體日弱，卒至於死。為隱瞞死訊，被葬於後園。	
陸五漢硬留合色鞋（《醒》十六）	張藎貪花好色，遇潘壽兒，即神魂顛倒，期與交合。張知壽兒亦有意，並暗贈合色鞋。陸五漢得知其事，冒張藎夜會壽兒，連夜宣淫。	其後潘用夫婦得知壽兒與男子相通，與壽兒易房而睡，慘被陸五漢所殺。壽兒誤會是張藎所為，告官揭發。最後得知乃陸五漢所為，壽兒羞愧自殺，陸被判死刑。
蔡瑞虹忍辱報仇（《醒》三十六）	蔡武夫婦及二個兒子赴任時遇盜被殺，女兒瑞虹則被陳小四姦污。瑞虹忍辱，伺機報仇。誰知陳小四怕被揭發，圖將瑞虹勒死。瑞虹未死，遇商人卞福獲救。卞福乘人之危，納瑞虹為妾。卞福大娘嫉妒瑞虹，賣與煙花之地。瑞虹欲尋死，被鴇子嫁與紹興人胡悅。胡悅欲借瑞虹美色騙人，遇上舉人朱源。瑞虹感朱源正直，告之真相，二人逃離。朱源娶瑞虹為妾，生一子。源後中進士，授武昌知縣。赴任時，瑞虹重遇陳小四。夫婦二人乘案處理舊日冤情，陳小四等人被判死刑。瑞虹為父尋回子嗣後，自殺而死。	蔡瑞虹為父母報仇，並為父尋回子嗣後，自殺。
汪大尹火焚寶蓮寺《醒》三十九	寶蓮寺用計姦淫求子婦女，婦女被輕薄均害怕名節受損，不敢張聲。	被奸淫女子，不敢張聲。

從上述「三言」的故事裡，可以看到大部分犯淫的女性多是半推半就成就性事。雖然未必是主導，但多不特別抗拒，此可看作，女性在嚴厲的道德規條下，仍有勇氣偷試雲雨。當然，一些犯淫的結果是以生命償還，但可看到，「性」對人類的吸引力。上列故事可歸納出幾種情況下而犯淫：

（一）背夫苟合，私通男子

〈蔣興哥重會珍珠衫〉（《喻》一）的故事目的主要是說明淫亂的因果報應，首節即說明：

> 我不淫人婦，人不淫我妻。──看官，則今日我說《珍珠衫》這套詞話，可見果報不爽，好教少年子弟做個榜樣。（《喻》一）

蔣興哥往外做生意，王三巧兒閨中寂寞，起初仍堅守婦道，等候丈夫回家。誰知受牙婆著薛婆穿針引線挑動，與陳大郎私通。薛婆假意稱同性也可有夫妻之樂事，引誘三巧兒上床等候，而陳大郎代之與三巧兒交合。這無非是三巧兒禁欲太久，一旦受到引誘，則心潮波動。弗洛伊德（S. Freud）曾解釋過這現象：

> 文明要求的苛刻及禁欲的困難，使得異性間的性交成了禁欲的焦點，其他的性生活卻受了恩惠……異性間的倒錯的性交，即取代性器的其他部分的性活動……。正常性生活出現困難所導致的另一惡果便是同性戀的增多。[28]

三巧兒的性抑壓，以為轉向同性發洩，就可避免社會非議，後來卻成

28 車文博主編：《性學三論與論潛意識》，收在《弗洛伊德文集3》（長春：長春出版社，2004年），頁91。

就了與陳大郎一段孽緣。蔣興哥後來得知此事，並沒公開，只寫休書，並送上折簪、汗巾，以存王家顏面。三巧兒接到所送物品，認為別有用意。

> 我曉得了。這折簪是鏡破釵分之意；這條汗巾，分明教我懸梁自盡。他念夫妻之情，不忍明言，是要全我的廉恥。可憐四年恩愛，一旦決絕，是我做的不是，負了丈夫恩情。便活在人間，料沒有個好日，不如縊死，到得乾淨。（《喻》一）

三巧兒與陳大郎私通給丈夫蔣興哥知道，被休回家，想的就是自縊，認為將來不會有好日子。其後三巧兒改嫁吳傑，蔣興哥將十六箱籠的嫁奩私裝，原封送上陪嫁，算是一番恩情，心胸廣闊；而蔣興哥卻因緣續聚了陳大郎妻平氏。其後，蔣興哥因犯命案，重遇三巧兒，又得吳傑念情，將三巧兒歸還。

從故事內容來看，先說因果，即你淫我妻，我淫你妻的報應。但在女性的思維是怎樣？三巧兒背夫偷漢，不是有意，而是被挑動及設計犯淫。嚴格來說，應該是被騙姦，甚至是強姦。只是，三巧兒，久渴性事，一錯就錯，成為和姦。然而，三巧兒對前夫及情人均有情義，知道自己背夫偷漢，對不起丈夫，丈夫知道姦事後，仍保存其名節，而三巧兒欲以死謝過。從此可知，性欲與道德兩者在三巧兒心中的糾纏的痛苦。

另一背夫通姦故事是在《玉堂春落難逢夫》（《警》二十四），馬販沈洪妻皮氏有幾分姿色，可是沈洪長年在外，且人老貌寢。皮氏遇監生趙昂戀其色相，而趙昂正好騙財騙色，透過王婆，兩人一見即合：

> 且說沈洪之妻皮氏，也有幾分顏色，雖然三十餘歲，比二八少年，也還風騷。平昔間嫌老公粗蠢，不會風流，又出外日多，在家日少，皮氏色性太重，打熬不過。間壁有個監生，姓趙名昂，自幼慣

> 走花柳場中，為人風月。近日喪偶，雖然是納粟相公，家道已在消乏一邊。一日，皮氏在後園看花，偶然撞見趙昂，彼此有心，都看上了。……皮氏平昔間不良的口氣，已有在王婆肚裏；況且今日你貪我愛，一說一上，幽期密約，一牆之隔，梯上梯下，做就了一點不明不白的事。趙昂一者貪皮氏之色，二者要騙他錢財。枕席之間，竭力奉承。皮氏心愛趙昂，但是開口，無有不從，恨不得連家當都津貼了他。（《警》二十四）

直至沈洪回家，怕醜事外傳，將沈洪毒死，嫁禍玉堂春。

自秦漢至唐宋，「通姦」在法律上都不是死罪，秦漢時間一般是判牢刑。到唐宋，通姦會被判杖刑，一般是三十杖，當然會因姦事輕重而有別，卻有「妻子與別人通姦確鑿，丈夫不告者不成立」的條款，似民事訴訟多於刑事。倘涉謀殺親夫，卻是死罪。

在明清婦女來說，背夫偷漢是極大的罪行，政府並允許官員實行私刑。中國南方，直至民國初年，仍有「浸豬籠」來懲罰奸夫淫婦。所謂「浸豬籠」是用竹子編成的豬籠，籠首開口處綑以繩索，將奸夫淫婦放入，然後淹浸江河裡，重者至死方停。可知明清社會對通姦的觀念，與前代的看法，是輕重有別。

王三巧兒通姦，卻因蔣興哥量大，不曾揭穿，最後改嫁，再遇蔣興哥。三巧兒想過自盡，而皮氏因害怕通姦事涉，竟謀殺親夫。我們可以在此兩種行為反應推想，一旦被揭穿通姦，其後果之惡可能無法想像。最低限度，不能容身於親輩中，也不被社會接受，甚至唾棄賤視。

（二）誤認夫婿，婚前交歡

〈陳御史巧勘金釵鈿〉（《喻》二）的顧阿秀明顯是悲劇人物，與母為遵守婚約，私下約會未婚夫魯學曾，並協助財物，希望他進取。

> 顧阿秀：「婦人之義，從一而終；婚姻論財，夷虜之道。爹爹如此欺貧重富，全沒人倫，決難從命。」

從上段說話知道，中國傳統儒家思想中的「信」，普遍存在中國人心中，並以此為道德的行為。「民無信不立」（《論語．顏淵》）、「入則孝，出則悌，謹而信，泛愛眾，而親仁」（《論語．學而》）等等儒家道德金句，都表明「信」是所以為人的一種道德。顧阿秀知道父親背婚，卻誓守婚約，其志可嘉。可惜被梁尚賓冒認魯學曾，毀壞名節，在半推半就完了交合：

> 假公子收過了，便一手抱住小姐把燈兒吹滅，苦要求歡。阿秀怕聲張起來，被丫鬟們聽見了，壞了大事，只得勉從。（《喻》二）

因贈金之事是秘密進行，不宜宣於外，梁尚賓強而求歡，只好勉從。當然，顧阿秀心想眼前人遲早是自己丈夫，就不太拒絕。後來知道此人並非未婚夫，顧阿秀見到魯學曾，其實已有尋死之心：

> 阿秀在簾內回道：「一日以前，此身是公子之身，今遲了一日，不堪伏侍巾櫛，有玷清門。」（《喻》二）

「有玷清門」是對自己被污的一種自貶語言，認為身體已受玷污，沒法面對其他人。這種思想就像女子被姦，卻不譴責強姦者，卻怪責被姦人。正如魯迅筆下的《祥林嫂》，本想守著貞節，保存中國人心目中的忠貞。可惜，社會不是這樣成全祥林嫂，使她一嫁，再被逼嫁，卻被社會認為是不祥、不潔。從顧阿秀以死明志到祥林嫂的悲慘結局，死於風雪中。確實令人不寒而慄的荒謬道德。完全是明代一大批腐儒，誤盡蒼生的見解。筆者每每讀李贄、歸有光文章，心中激盪，人人生而平等，無所謂尊卑地位，只有道德品格高下，女性與男性對等，生命二元，陰陽並生。女性不必守節，殉葬、殉夫，這些行為幾等同於壓抑人性、殘殺無辜者。可惜李贄生於明代，落得寂寞孤峭的一生。

顧阿秀的故事，合理的結果應是梁尚賓繩之於法，顧阿秀不必自盡。

(三) 忍辱存身，不能自主

玉堂春出身妓女，本身已是難於自主。初夜賣給王順卿，兩人過著夫妻生活，〈玉堂春落難逢夫〉(《警》二十四) 記載他們初遇的情況：

> 玉堂春殷勤伏侍公子上床，解衣就寢，真個男貪女愛，倒鳳顛鸞，徹夜交情，不在話下。

玉堂春是真的愛上了王順卿，男歡女愛，淋漓盡致。當王順卿床頭金盡時，玉堂春仍照顧他生活，表現出互愛之情不減。最後卻被鴇母及亡八毒打，並用計將兩人分開：

> 鴇子叫玉堂春下來：「我問你，幾時打發王三起身？」玉姐見話不投機，復身向樓上便走。鴇子隨即跟上樓來，說：「奴才，不理我麼？」玉姐說：「你們這等沒天理，王公子三萬兩銀子，俱送在我家。若不是他時，我家東也欠債，西也欠債，焉有今日這等足用？」鴇子怒發，一頭撞去，高叫：「三兒打娘哩！」亡八聽見，不分是非，便拿了皮鞭，趕上樓來，將玉姐推跌在樓上，舉鞭亂打，打得髻偏髮亂，血淚交流。

其後，又用計騙走玉姐，將王順卿趕走。二人幾經周折才重會，玉姐並贈金與順卿，希望他功名成就。

二人分手後，玉堂春又被騙，嫁與馬販沈洪為妾。沈洪妻皮氏與監生趙昂有染，怕沈洪發現，竟毒殺沈洪，嫁禍玉堂春。在這節可看到，妓女不能自主的慘況。玉堂春極力守身，希望到沈洪家說服皮氏，將她放回。可惜遇見一個心腸歹毒的皮氏，如不是前夫剛巧遇著處理此案，基本上已死於獄中。

另一故事，是敘述蔡瑞虹，一嫁再醮，忍辱報父仇。〈蔡瑞虹忍辱報仇〉（《醒》三十六）記載淮安衛指揮蔡武往湖廣荊襄赴任，遇海盜陳小四、白滿等七人劫殺。蔡氏夫婦及二個兒子被殺，女兒瑞虹則被陳小四姦污。瑞虹忍辱，伺機報仇。誰知陳小四怕被揭發，圖將瑞虹勒死。瑞虹未死，遇商人卞福（漢陽人氏，專在江湖經商），獲救。卞福乘人之危，納瑞虹為妾。卞福大娘嫉妒瑞虹，賣與煙花之地。瑞虹欲尋死，被鴇子嫁與紹興人胡悅。胡悅欲借瑞虹美色騙人，遇上舉人朱源。瑞虹感朱源正直，告之真相，二人逃離。朱源娶瑞虹為妾，生一子。源後中進士，授武昌知縣。赴任時，瑞虹重遇陳小四。夫婦二人乘案處理舊日冤情，陳小四等人被判死刑。瑞虹為父尋回子嗣後，自殺而死。故事本事是出自祝允明《九朝野記》[29]，本事所載朱生，乃商人，助蔡指揮女脫險後，終老於家。《醒世恆言》將之演義，劇情顯得更吸引感人。

從上述故事來看，蔡瑞虹先後與陳小四、卞福、胡悅、朱源發生性關係，被強姦或被納為妾。一醮再醮之身，如何面對。在明代，再嫁者的地位較低，很難成為正室，一般習俗，寡婦再醮，亦要得到族內長輩准許才可實行。在這裡，試以蔡瑞虹官家小姐身分去想像，她曾與四位男士發生

29 譚正璧：《三言兩拍源流考》（上海：古籍出版社，2012），頁697-698。又見〔清〕俞樾：《茶香室叢鈔》：「明祝允明《野記》云：『吳邑朱生，宣德中商湖、湘，泊舟官河下。……娼入生舟，戚戚無歡容，中夜低語生曰：『我淮安蔡指揮女也，吾父調襄陽衛，挈家以行。舟人王賊，乘父醉擠之水，並母死焉。以我色，獨留犯之，呼為妻。』……憂知事泄，投於水，生持娼歸家。』」轉引自朱一玄編《明清小說資料匯編》（天津：南開大學出版社，2012），頁913。

性關係，不管是被逼或自願，其內心世界，必然是一生的奇恥大辱。所以不死，就是在伺機報父母之仇。大仇若報，此生命已無支持繼續下去的原因。我想，蔡瑞虹除死以外，別無選擇，就是因為當時社會的道德價值觀與眼光。有時看到宋明大儒在此情節上大聲疾呼的要求女子死守一夫，並譬諸男子之於天下，真是背脊也涼了一截。正如魯迅說過再醮的昆蟲，連做藥材的資格也失去。這種思維，若植於蔡瑞虹心中，她如何面對未來？

（四）色心太重，自願獻身

上文提及背夫私通的有沈洪妻皮氏，其通姦的原因是因為平時嫌沈洪粗蠢，遇見趙昂，色心特熾，與之私通。這可算是色心太重之故，落得凌遲的結果。

〈宿香亭張浩遇鶯鶯〉(《警》二十九)，李鶯鶯與張浩私訂終生，並失身於張浩。其後張浩被季父迫婚，鶯鶯興訟，得官判完婚。這結局幾乎是所有犯淫故事中的女主角，得到最美滿的結果。

另外的故事〈況太守斷死孩兒〉(《警》三十五）中的邵氏夫死，矢志守貞。十年後，卻被歹人支助誘惑，與幼僕得貴通姦。一旦道德防線崩潰，那種急色情態，內文形容非常細膩：

> 邵氏有意，遂不叫秀姑跟隨。自己持燈來照，徑到得貴床前，看見得貴赤身仰臥，那話兒如槍一般。禁不住春心蕩漾，欲火如焚。自解去小衣，爬上床去。還只怕驚醒了得貴，悄悄地跨在身上，從上而壓下。得貴忽然抱住，翻身轉來，與之雲雨。一個久疏樂事，一個初試歡情。一個認著故物肯輕抛，一個嘗了甜頭難遽放。一個饑不擇食，豈嫌小廝粗醜；一個狎恩恃愛，那怕主母威嚴。分明惡草藤蘿，也共名花登架去。可惜清心冰雪，化為春水向東流。十年清白已成虛，一夕垢汙難再洗。事畢，邵氏問得貴道：「我苦守十

> 年，一旦失身於你，此亦前生冤債，你須謹口，莫洩於人，我自有看你之處。」

由動情，上床脫衣，愛撫陽物，翻雲覆雨等描述層層遞進，刻畫露骨。同時，亦敘述兩人的心理狀態，好一幅春宮圖。久違房事，一旦再遇，將人類心底的欲望完全表露出來。哪管身分，哪管結果，只享受此時此刻的性趣。結果是邵氏親手殺死親兒，卻又被支助要脅，得到殺人自殺的結局。

陸五漢硬留合色鞋（《醒》十六）的張藎貪花好色，遇潘壽兒，即神魂顛倒，期與交合。陸五漢得知其事，冒張藎夜會壽兒，連夜宣淫。張藎與潘壽兒初見的情況，兩人色授魂與，已淫心盪漾：

> 張藎一見，身子就酥了半邊，便立住腳，不肯轉身，假意咳嗽一聲。那女子潑了水，正待下簾，忽聽得咳嗽聲響，望下觀看，一眼瞧見個美貌少年，人物風流，打扮喬畫，也凝眸流盼。兩面對覷，四目相視，那女子不覺微微而笑，張藎一發魂不附體。只是上下相隔，不能通話。（《醒》十六）

潘壽兒見了英俊的張藎，她的心思是日夜難忘：

> 且說潘壽兒自從見了張藎之後，精神恍惚，茶飯懶沾，心中想道：「我若嫁得這個人兒，也不枉為人一世！但不知住在那裏？姓甚名誰？」那月夜見了張藎，恨不得生出兩個翅兒，飛下樓來，隨他同去。（《醒》十六）

張藎盡找陸婆，希望協助結識潘壽兒。這很明顯，是希望苟合。而陸婆與張藎所考慮的不是道德，而是如何可撮合。其後陸五漢冒認張藎與潘壽兒偷情的一幕，道盡男歡女愛的真面目：

> 到晚上等陸婆睡了，約莫一更時分，將行頭打扮起來，把鞋兒藏在袖裏，取鎖反鎖了大門，一徑到潘家門首。其夜微雲籠月，不甚分明，且喜夜深人靜。陸五漢在樓牆下，輕輕咳嗽一聲。上面壽兒聽得，連忙開窗。那窗臼裏，呀的有聲，壽兒恐怕驚醒爹媽，即桌上取過茶壺來，灑些茶在裏邊，開時卻就不響。把布一頭緊緊的縛在柱上，一頭便垂下來。陸五漢見布垂下，滿心歡喜，撩衣拔步上前，雙手挽住布兒，兩腳挺在牆上，逐步捱將上去。頃刻已到樓窗邊，輕輕跨下。壽兒把布收起，將窗兒掩上。陸五漢就雙手抱住，便來親嘴，壽兒即把舌兒度在五漢口中。此時兩情火熱，又是黑暗之中，那辨真假，相偎相抱，解衣就寢。五漢將壽兒雙股拍開，騰身上去。壽兒亦聳身而就。
>
> 真個你貪我愛，被陸五漢恣情取樂。正是：豆蔻包香，卻被枯藤胡纏；海棠含蕊，無端暴雨摧殘。鵂鶹占錦鴛之窠，鳳凰作凡鴉之偶。一個口裏呼肉肉肝肝，還認做店中行貨；一個心裏想親親愛愛，那知非樓下可人。紅娘約張珙，錯訂鄭恆；郭素學王軒，偶迷西子，可憐美玉嬌香體，輕付屠酤市井人。

自此經常來往，其後其父母懷疑有異，易房而睡，最終弄出命案。陸五漢判死刑，潘壽兒自殺。

另一故事是周廷章遇王嬌鸞（《警》三十四），傾慕其色。先是互通詩篇，各呈文才，互相傾慕才華：

> 奈嬌鸞一來是及瓜不嫁，知情慕色的女子；二來滿肚才情不肯埋

> 沒，亦取薛濤箋答詩八句：「妾身一點玉無瑕，生自侯門將相家。靜裏有親同對月，閑中無事獨看花。碧梧只許來奇鳳，翠竹那容入老鴉。寄語異鄉孤另客，莫將心事亂如麻。」（《警》三十四）

王嬌鸞已到婚嫁之年，遇見才華與相貌都不錯的男子，當然心動。再加上曹姨在旁搧風點火，一顆堅貞守禮的心卒全面崩潰，與周廷章在未有父母之命下結成夫婦。

> 廷章步進香房，與鸞施禮，便欲摟抱，鸞將生擋開，喚明霞快請曹姨來同坐。廷章大失所望，自陳苦情，責其變卦，一時急淚欲流。鸞道：「妾本貞姬，君非蕩子。只因有才有貌，所以相愛相憐。妾既私君，終當守君之節；君若棄妾，豈不負妾之誠？必矢明神，誓同白首，若還苟合，有死不從。」……生與鸞聽曹姨說得痛切，各各歡喜。遂依曹姨所說，寫成婚書誓約。先拜天地，後謝曹姨。姨乃出清果醇醪，與二人把盞稱賀。三人同坐飲酒，直至三鼓，曹姨別去。生與鸞攜手上床，雨雲之樂可知也。五鼓，鸞促生起身，囑付道：「妾已委身於君，君休負恩於妾。神明在上，鑒察難逃。今後妾若有暇，自遣明霞奉迎，切莫輕行，以招物議。」廷章字字應承，留戀不舍。（《警》三十四）

周、王兩人盡享雲雨之情，卻已埋下悲劇的伏線。無論如何，如此的婚姻安排，在明代社會來說，未能算是合法的婚姻。三書六禮不全，終是苟合。周回鄉後，與富家小姐魏氏成婚。王屢促周回河南，後知其再婚。周將訂情羅帕及詩歌交回，王傷心欲絕，最後自經而死。死前將訂情羅帕、詩歌及誓詞寄與蘇州府吳江堂，察院樊祉追查此事，判周亂棒打死。本可以是美滿結局的故事，只因周廷章貪色愛富，終成悲劇。

(五) 違規犯戒，縱欲好淫

〈赫大卿遺恨鴛鴦縧〉(《醒》十五）載赫大卿好色，到非空庵漁色。與尼姑空照纏上，後又與西院尼姑靜真相通。並與二尼的服侍女童有染，致身體日弱，卒至於死。為隱瞞死訊，被葬於後園。後事件被揭發，諸尼均受到官府懲罰。好色乃在所難免，故有正色、傍色、邪色及亂色之分：

> 論來好色與好淫不同。假如古詩云：「一笑傾人城，再笑傾人國。豈不顧傾城與傾國，佳人難再得！」此謂之好色。若是不擇美惡，以多為勝，如俗語所云：石灰布袋，到處留跡。其色何在？但可謂之好淫而已。然雖如此，在色中又有多般。假如張敞畫眉、相如病渴，雖為儒者所譏，然夫婦之情，人倫之本，此謂之「正色」。又如嬌妾美婢，倚翠偎紅；金釵十二行，錦障五十里；櫻桃楊柳，歌舞擅場；碧月紫雲，風流勳豔。雖非一馬一鞍，畢竟有花有葉，此謂之「傍色」。又如錦營獻笑，花陣圖歡。露水分司，身到偶然留影；風雲隨例，顏開那惜纏頭。旅館長途，堪消寂寞；花前月下，亦助襟懷。雖市門之遊，豪客不廢；然女閭之遺，正人恥言。不得不謂之「邪色」。至如上蒸下報，同人道於獸禽；鑽穴逾牆，役心機於鬼蜮，偷暫時之歡樂，為萬世之罪人。明有人誅，幽蒙鬼責。這謂之「亂色」。(《醒》十五)

簡單來說，正色是妻，夫婦之倫；傍色及於姬妾；邪色譬如嫖妓，尋花問柳；亂色則不管人倫，攀牆逾洞，為求歡好。

赫大卿初到「非空庵」與十九歲的尼姑初遇的情況：

> 這個尼姑為何挺身而出？有個緣故。他原是個真念佛，假修行，愛風月，嫌冷靜，怨恨出家的主兒。偶然先在門隙裏張見了大卿這一

表人材，到有幾分看上了，所以挺身而出。當下兩隻只光，就如針兒遇著磁石，緊緊的攝在大卿身上，……。(《醒》十五）

一個好男色的尼姑躍然紙上，赫大卿只需聊撥幾句，空照便上鈎，真是男有心、女有意：

大卿道：「閒暇理絲桐，彈琴時也得個知音的人兒，在傍喝采方好。這還罷了，則這倦來眠紙帳，萬一夢魘起來，沒人推醒，好不怕哩！」空照已知大卿下鈎，含笑而應道：「夢魘殺了人也不要相公償命。」大卿也笑道：「別的魘殺了一萬個全不在小生心上，仙姑恁般高品，豈不可惜！」兩下你一句，我一聲，漸漸說到分際。……大卿道：「仙姑臥房何處？是什麼紙帳？也得小生認一認。」空照此時欲心已熾，按納不住，口裏雖說道：「認他怎麼？」卻早已立起身來。大卿上前擁抱，先做了個「呂」字。空照往後就走，大卿接腳跟上。空照輕輕的推開後壁，後面又有一層房屋，正是空照臥處，……。大卿也無心觀看，兩個相抱而入，遂成雲雨之歡。(《醒》十五）

與空照交歡後，竟挑逗兩女童，最後竟四人嬲戲，卒至身喪。這正是亂色喪命：

二女童年在當時，情竇已開，見師父容情，落得快活。四人摟做一團，纏做一塊，吃得個大醉，一床而臥，相偎相抱，如漆如膠。赫大卿放出平生本事，竭力奉承。尼姑俱是初得甜頭，恨不得把身子並做一個。(《醒》十五）

中國自唐宋以來，女冠與女尼常有與文人雅士交往的記載，尤以女冠為甚。《初刻拍案驚奇》第三十四卷〈聞人生野戰翠浮庵 靜觀尼晝錦黃沙衖〉亦有類似的故事。明代的艷情小說往往將女性形容成性饑渴的婦女，如《二刻拍案驚奇》卷三十四〈任君用姿樂深閨 楊太尉戲宮館客〉中的蔡京妻妾引男子入閨內滿足她們的性需要、《金瓶梅》中的潘金蓮等都是明人筆下的淫婦。唐代女冠風流，江曉原的分析如下：

> 唐代女道士主要來源有四：自願修道的公主和貴族女子、被簡放的宮女、被遺棄的姬妾和不再當紅的妓女。……公主和貴族女子是在性關係方面最為開放的群體，因此她們在這方面的觀念和作風不可能不影響她們的「道友」。[30]

江曉原認為這些女冠、女尼能完全合法地與其他男子找尋「性趣」，是她們是「無主」的一群。在男性中心的社會觀念中，凡女子有主，即屬於某個男性，則她們是受到監管，是「有主」的一群。倘出家、寡婦等，非有主的一群，男性可將「性趣」轉向這些女性，儘管這些行為可以是通姦淫亂，亦普遍獲得原諒。[31]雖然，明代較保守，但這種觀念相信仍存著。赫大卿身喪乃咎由自取，可憐幾位尼姑亦身受刑杖。

（六）求子心切，茫然受辱

〈汪大尹火焚寶蓮寺〉（《醒》三十九）載：

> 原來這寺中僧人，外貌假作謙恭之態，卻到十分貪淫奸惡。那淨室雖然緊密，俱有暗道可入，俟至鐘聲定後，婦女睡熟，便來奸宿。

---

30 江曉原：《性張力下的中國人》，頁77-78。

31 同上註，頁78。

> 那婦女醒覺時，已被輕薄，欲待聲張，又恐反壞名頭，只得忍羞而就。一則婦女身無疾病，且又齋戒神清；二則僧人少年精壯，又重價修合種子丸藥，送與本婦吞服，故此多有胎孕，十發九中。那婦女中識廉恥的，好似啞子吃黃連，苦在心頭，不敢告訴丈夫。有那一等無恥淫蕩的，倒借此為繇，不時取樂。如此浸淫，不知年代。（《醒》三十九）

寺院非法勾當，自古有之，其甚者有推翻政府的活動。在很多小說內都有論及借寺院之身，而作傷天害理的事，如《兒女英雄傳》內的十三妹大鬧能仁寺及平江不肖生的《江湖奇俠傳》的紅姑火燒紅蓮寺等，都是對僻處荒郊的寺院所產生的負面感覺。寶蓮寺借求子而姦污婦人，而亦有淫蕩女子，借機入寺求歡。

上列六種情況，女子進行犯淫行為，部分在於過分壓抑欲望。群體的傳統、價值觀、默契等等，直接影響個體的行為。弗洛伊德（S. Freud）在其著作〈自我和本我〉指出「本我」是最原始的、潛意識的，非理性的心理結構，充滿著本能和欲望的強烈衝動，受快樂原則所支配。而「自我」是受知覺系統影響，經過修改來自本我的一部分。它代表理智和常識，按照現實原則來行事。[32]然而，自我會傾向本我：

> 自我就像一個騎在馬背上的人，它得有控制馬的較大力量；所不同的是，騎手是尋求自己的力量做到這一點的，而自我則使用借力。……如果一個騎手不想同他的馬分手，他常常被迫引導它到他想去的地方。[33]

32 車文博主編：《自我與本我》，收在《弗洛伊德文集6》（長春：長春出版社，2004），頁108。

33 同上註，頁126。

弗洛伊德（S. Freud）認為人格是由本我（id）、自我（ego）及超我（super-ego）所組成。本我是與生俱來潛意識的結構部分，具有本能性衝動，近於獸性。自我是意識部分，經過外界世間所影響而構成的知覺部分，代表理性與機智。超我是人格中最道德部分，按著至善原則（perfection principle）指導自我和本我。當一個人的本我動力超過了自我，就會越過社會的道德界線，去滿足個人的快樂原則。人類具有兩種本能：愛欲（Eros或性本能、sexual instinct）及施虐狂（sadism）。前者追求身體感覺的高度享用，後者是與死亡接近。人類本身就有逐漸接近死亡的本能，以某些生物為例，愛欲得到滿足後，死的本能就可實現它的目的了。[34]因此，當性欲望的本能超過自我的控制力，就會作出就算有死亡可能的行動來。另一角度來看，「性愛」是本能，又如何可能捨棄，若不受自我監督，也沒有超我的高度道德感，則出現嚴重的後果。當然，這理論受到現代頗多心理學家的反對。無論如何，一般人很容易受「性愛」的催逼，做出一些不顧一切的事情來。

女性於丈夫死後，因為社會道德的要求而長期禁欲，會出現嚴重的後果。弗洛伊德（Sigmund Freud）的《性學三論》說：

> 儘管人們努力於禁欲，但性本能總是任性而難以改變的。文明教育對婚前性本能的暫時壓制作用，此後就可讓其任意而為了，一些極端的措施要比壓制更為有效。[35]

性本能是與生俱來的本性，人類受道德、社會教育，懂得約制自己的行為而合乎社會的要求。可是，一旦些關防破壞，其後果可以很嚴重。就如上文提過的河間婦，簡直不能自拔，又如邵氏的的逾軌，以社會道德來

---

34 同前註，頁141-142。

35 車文博主編：《性學三論與論潛意識》，收在《弗洛伊德文集3》，頁90。

衡量，幾乎是無可挽救。「人」生活在群體生活中，一切的規限與標準，都是大眾默認的，沒有甚麼好批評，可惜，一些超越了人性的規限，無疑是對人類來說是虐待及扼殺人性。西方的性解放亦只是上世紀五、六十年代開始，金賽博士（Alfred Charles Kinsey, 1894-1956）研究男性性行為及女性性為，並出版專著討論[36]，認為人類大部分人在性方面都有自己的「秘密花園」，不能告訴別人，令到西方性觀念出現翻天覆地的改變。

另外，從上述故事的所有女主角的結局來看，除李鶯鶯外，顧阿秀、蔡瑞虹、潘壽兒、邵氏、王嬌鸞全部的結局都是身死，或自縊、或自經、或撞柱，或服毒都不得好死。甚至王三巧兒犯淫，一旦被揭穿，也是想到自殺。這樣的結果，無疑帶有很強烈的說教目的，犯淫的結果，或命蹇時歪、或遭遺棄悔婚、或名譽全毀，無顏面見人，難有好結局。在這裡，肯定有一個結論，就是女子必須安分守己。作者在這裡下了一個強烈的社會訊息，犯淫的結果是不得好死。當然，這是明代普遍的道德觀念，一般人很難超越。對於道德與犯淫之間的衝突，著名文學評論家夏志清對〈勘皮靴單證二郎神〉（《醒》十三）的韓夫人私通神道人有如下的評論：

> 與許多在明代才有印本刊行的愛情故事一樣，這個故事使我們震動的是其對愛情與對道德情態度兩下分離。開始時我們寄同情這個女人的境況，以為故事之所以寫她最終在她在那位神道的懷抱裡獲得性的滿足，只能是出於以愛情為至高至善的觀點──只要道德可以證明她即是維護風化而對深植於人性本能之壓抑，這種觀點，亦會相應地對傳統道德不屑一顧……[37]

36 金賽（A. C. Kinsey）於一九四八及一九五三年分別出版《男性性行為》（*Sexual Behavior in the Human Male*）和《女性性行為》（*Sexual Behavior in the Human Female*）。

37 〔美〕夏志清著、胡益民等譯：《中國古典小說史論》（南昌：江西人民出版社，2001），頁315。

道德的標準與尺度會與時代的發展而變改，但道德的本質是不會變的，如行為必以忠恕為中心，對別人有信義等。上節的分析集中人性中對欲望的追求，其實欲望旁邊是「愛情」，令人終夜難眠的思念，不應只以欲望去分析。古代女性婚姻不能自主，當所托非人或非心儀對象，其抑鬱可以想像得到。所謂「詩三百，一言以蔽之，思無邪！」聖人亦知兩情相悅，有超越欲望的境界。

「三言」故事中，由情慾而產生交織著愛慕與戒懼的故事，如〈白娘子永鎮雷峰塔〉(《警》二十八)、〈新橋市韓五賣春情〉(《喻》三)、〈閒雲庵阮三償冤債〉(《喻》四)、〈崔待詔生死冤家〉(《警》八)、〈小夫人金錢贈少年〉(《警》十六）等等，都帶著「說教」式的用語或結果，警惕世人不要妄犯。王鴻泰認為這些故事「持著或淺或深入同情態度，但卻也同時將此愛情於死亡的陰影中，且其中多有鬼怪於其中作崇，這些故事可以說正是『愛與死』為主題的小說」[38]。畢竟情慾與傳統道德之間，確有一條線，踏過了線，似乎就沒有了人的底線與尊嚴。真正對情慾肯定，且從「慾」中，凸顯「情」，而成為「道德」，這要到湯顯祖及馮夢龍時代，才出現的觀念。[39]倘細嚼「三言」的情愛故事，不難感覺到形而上的「情」，漸漸超脫肉慾的「慾」，而成為生命的道德，因而產生為愛而死的愛情。

第二節　女性的婚姻

中國古代女性沒有經濟能力，因而導致社會地位較低。「三言」的故事反映了這種觀念。〈宋小官團圓破氈笠〉(《警》二十二）明顯說出女性不如男性：

38 王鴻泰：《「三言二拍」的精神史研究》，頁94。
39 同上註，頁100。

> 自古道：家中百事興，全靠主人命。十個婦人，敵不得一個男子。自從宋敦故後，盧氏掌家，連遭荒歉，又里中欺他孤寡，科派戶役，盧氏撐持不定，只得將田房漸次賣了，賃屋而居。初時，還是詐窮，以後坐吃山崩，不上十年，弄做真窮了，盧氏亦得病而亡。

「十個婦人，敵不得一個男子」，正好說明女性在社會上的依附性。傳統上「男主外，女主內」、「夫婦有別」的思想已根深柢固地的植在中國人的思想內，因此，「三言」所有的故事都沒有女性掌握家族經濟命脈的例子，就算黃善聰，她亦要女扮男裝才能成事。就算〈趙春兒重旺曹家莊〉（《警》二十二）的趙春兒堅苦持家，都是要等她的丈夫曹可成發憤，否則還是一事無成。能否振興家族，不在於一個智婦的堅毅，而在於一個懶夫的醒覺。甚至是〈徐老僕義憤成家〉（《醒》三十五）的徐老僕，都是以男性的身分為主母東奔西馳，興家作業。而主母呢？其實只是坐在家中等收成的人。女性依附著男性的主動中，是歷史，亦是無奈。

女性婚姻，基本上沒有自主權，「三言」的故事甚多論及父母配婚的例子，現列較有代表性的五種婚配方式：

一、〈呂大郎還金完骨肉〉（《警》五）

> 「生一女年方十二歲，欲與令郎結絲蘿之好。」呂玉見他情意真懇，謙讓不得，只得依允。

二、〈呂大郎還金完骨肉〉（《警》五）

> 一去三年。有人傳說哥哥在山西害了瘡毒身故。二哥察訪得實，嫂嫂已是成服戴孝，兄弟只是不信。二哥近日又要逼嫂嫂嫁人，嫂嫂不從，因此教兄弟親到山西訪問哥哥消息，不期於此相會。

三、〈唐解元一笑姻緣〉（《警》二十六）

秋香乃華夫人侍婢，丰姿綽約，可隨便許配給華安（唐寅）。

四、〈陳多壽生死夫妻〉（《醒》九）中朱多福知母欲退婚，即尋死存節

爹媽道：「我兒！螻蟻尚且貪生，怎的做此短見之事？」多福道：「孩兒一死，便得完名全節，又喚轉來則甚？就是今番不死，遲和早少不得是一死。倒不如放孩兒早去，也省得爹媽費心，譬如當初不曾養下孩兒一般。」說罷，哀哀的哭之不已。朱世遠夫妻兩口，再三勸解不住，無可奈何。

五、〈玉堂春落難逢夫〉（《警》二十四）的玉堂春是妓女，初見王公子已互相傾慕，王公子花巨價為玉堂春擺房，其後兩人相愛，生死相許

公子上坐，鴇兒自彈弦子，玉堂春清唱侑酒。弄得三官骨鬆筋癢，神蕩魂迷。……。公子直飲到二鼓方散。玉堂春殷勤伏侍公子上床，解衣就寢，真個男貪女愛，倒鳳顛鸞，徹夜交情，不在話下。

第一項是父母或長輩配婚，最常見，除呂玉幫兒子配婚外，其他故事，亦屢有出現，例如〈陳御史巧勘金釵鈿〉（《喻》二）的魯學曾與顧阿秀，顧阿秀厭惡父親嫌貧重富，而私會魯學曾，竟失身於他人，造成無可挽救的錯誤，唯有以死逃避。〈鈍秀才一朝交泰〉（《警》十七）的馬德稱與黃六媖小姐等。黃小姐是由其兄黃勝代決定，這可能黃勝父母已死，其妹婚配由兄長決定。女方是否喜歡男方，似乎沒有考慮，只要一定下婚盟，就難反悔。黃小姐與馬德稱有婚聘，馬運騫時乖，黃勝欲悔婚，其妹亦誓不悔婚。這裡可以看到，婚姻不是女性自己決定，但一旦諾婚，這個「兌現」擔子就由女性負責。

第二項是逼婚，通常是女家家人嫌棄男家貧窮或家道中落，再者是以為原夫已死，逼婦人另嫁。女性為了避免逼婚，往往是已以萌志，或作為要脅。呂大郎的妻子被叔叔逼另嫁，黃六媖被逼悔婚等都顯示出女性在婚姻中的被動性，卻又要肩負「從一而終」的道德擔子。

第三項是奴婢的婚配，全是由主家支配，秋香是幸運，能嫁與唐寅。其他的婢女，相信只能仰主人鼻息，希望嫁得較好的夫家。婢女沒有自主權，「三言」所載甚多，如〈趙春兒重旺曹家莊〉（《警》三十一）「（曹可成）瞞了老婆，私下把翠葉這丫頭賣與人去。春兒又失了個紡績的伴兒。」〈玉堂春落難逢夫〉（《警》二十四）記「那百花樓，原是王公子蓋的，撥與我住。丫頭原是公子買的，要叫兩個來伏侍我。」都證明了明代有奴婢買賣的情況。婢女的身分，在《大明律》有這樣的記載：「……若婢背家長在逃者，杖八十。因而改嫁者，杖一百，給還家長。窩主及知情者，各與有罪」[40]顯示了主家有婚配權。這幾乎與奴隸買賣沒多大分別，竟然發生在堂堂幾千年文化的國家。

第四項是以死維持已許婚姻，這雖然是由父母所定的婚姻，卻最後悔婚。以「從一而終」的道德觀念，女子以死要脅父母維持婚配，可算是惟一有自主權的婚配。除了朱多福外，其實顧阿秀亦有可能以死作脅，嫁給魯學曾。

第五項主要是發生在妓女身上，基本上妓女難有正室身分。她們對心儀的男性，惟有當妾侍，甚至贖身的金錢，也是自己支付。如〈玉堂春落難逢夫〉（《警》二十四）的玉堂春、〈趙春兒重旺曹家莊〉（《警》三十一）的趙春兒、〈杜十娘怒沈百寶箱〉（《警》三十二）的杜十娘等都是自己贖身，甘願為妾。妓女雖然可以表面風光，但社會地位仍然受到歧視。

然而，《大明律・戶律》卷六〈典雇妻女〉對女性有保障的條例：

---

40 懷效鋒點校：《大明律》卷六〈戶律三・婚姻〉，頁62-63，〈出妻〉條。

> 凡將妻妾受財典雇與人為妻妾者，杖八十；典雇女者，杖六十，婦女不坐。若將妻妾妄作姊妹嫁人者，杖一百；妻妾杖八十。知而典娶各與同罪，並離異，財禮入官；不知者不坐，追還財禮。[41]

條例列明，不得典賣妻、妾、女，或將妻女當作姊妹嫁人。例是列明，但典雇金額沒有提出準則，也沒有定義，相信容易造成誣告。

婚姻的不自主，在「三步不出閨門」的時代，的確有此需要。放下自由戀愛不說，可能是對女性較安全的安排。前提是，父母必然為子女著想。父母之命的婚姻，清末民初，仍然流行。當時很多青年為對抗此風氣，紛紛逃婚，或放下父母所定的婚姻的女子不顧，如魯迅、郭沫若造就了兩個女子朱安及張瓊華的悲劇人生。其實，這對無力反抗父母的女子來說，左右都是悲慘遭遇。

清末王鍾麒（筆名：天僇生，1880-1913）解釋小說之所以流行，就是對不能自主的婚姻作出反抗：

> 哀婚姻之不自由，夫男生而有室，女生而有家，人之情也。然憑一父母之命，媒妁之言，執路人而強之合。馮敬通之所悲，劉孝標之所痛。因是之故，而後帷薄閒其流弊乃不可勝言。識者憂之，於是構為小說。言男女私相慕說，或因才而生情，或緣色而起慕。一言之誠，之死不二：片夕之契，終身靡他。其成者則享富貴，長孫子；其不成者則併死相殉，無所於悔，吾國小說，以此類為最夥。（光緒三十三年《月月小說》第一卷，第十一期）[42]

---

41 懷效鋒點校：《大明律》卷六〈戶律三．婚姻〉，頁58，〈典雇妻女〉條

42 轉引自阿英《晚清文學叢鈔——小說戲曲研究卷》卷一，見合山究、蕭燕婉譯：《明清時代的女性與文學》（臺北：聯經出版事業公司，2016），頁101。

自己傾慕的對象，追求愛情之熱烈，其實都在「三言」故事裡看到。王嬌鸞傾慕周廷章的才華，就是「因才而生情」；李鶯鶯愛慕張浩的俊秀，就是「緣色而起慕」。只可惜，在禮教大防之下，這種令人肝腸寸斷的思慕，變成淫奔。

第三節　妓女

中國最早記載官妓出現是春秋時齊桓公在宮中設「設七市，女閭七百，國人非之。管仲故為三歸之家，以掩桓公，非自傷於民也。」[43]究竟桓公是一人享用眾妓女，抑或是以妓女賺取軍費，無從下定論，但往後就有越王句踐及漢武帝為軍士提供官妓的紀錄。

明初官妓的來源是罪犯或俘虜，而樂妓多為蒙古部落的子孫。明成祖奪國，其荼毒前朝士大夫的妻女，更是野蠻無道。據《南京司法記》載：

> 永樂二年（1404）十二月教坊司題：卓敬女楊奴牛景劉氏合無照，依謝升妻韓氏例，送洪國公轉營奸宿……齊泰婦子外甥媳婦又黃子澄妹四個婦人每一日夜二十餘條漢子看守著，年少的都有身孕，除生子令作小龜子，又有三歲女子，奏請聖旨。[44]

一個橫蠻無理，似暴徒多於人君的明成祖，其狠毒仇恨心於此表露無遺。官妓，《寓圃雜記》載太祖時已革官妓：

> 唐、宋間，皆有官妓祇候，仕宦者被其牽制，往往害政……。我太

43 〔漢〕劉向：《新譯戰國策》（臺北：三民書局，2018）〈東周策・周文君免士工師籍〉，頁14。

44 轉引自王書奴：《中國娼妓史》（北京：團結出版社，2004），頁196。

祖盡革去之。官吏宿娼，罪亞殺人一等，雖遇赦，終身費敘。[45]

有記載宣德四年（1429），有革官妓之旨，《典故紀聞》載：

八月，宣宗諭禮議部尚書……曰：「祖宗時，文武百官之家不得挾妓飲宴，近聞大小官私家飲酒輒命妓歌唱，沈酣終日，怠廢政事，甚者留宿，敗禮壞俗。爾禮部揭榜禁約，再犯者必罪之。」此革官妓之始。[46]

官妓是革了，但娼妓人數卻不斷增加。明代中葉以後，娼妓幾遍滿國內，〔明〕謝肇淛《五雜俎》記：

今時娼妓滿布天下，其大都會之地，動以千百計。其他的偏州僻邑，往往有之。終日倚門賣笑，賣淫為活；生計至此，亦可憐矣！而京師教坊官收其稅錢，課之脂粉錢。隸郡縣者，則為樂戶，聽使令而已。唐宋皆以官妓佐酒，國初猶然。至宣德初始有禁，而縉紳家居者，不論也。故雖絕迹公庭，而常充牣里閈。又有不隸於官，家居而賣奸者，俗謂之「私窠子」。蓋不勝數矣。[47]

上列引文，據王書奴分析，證明了明代娼妓四種現象[48]：

（一）官妓以外，有私娼；

---

45 〔明〕王錡：《寓圃雜記》，卷一，頁7。

46 〔明〕余繼登：《典故紀聞》（北京：中華書局，1997）卷九，頁167。

47 〔明〕謝肇淛：《五雜俎》卷八〈人部四〉，頁157。

48 王書奴：《中國娼妓史》，頁199。

（二）政府收娼妓稅，名為脂粉錢；

（三）京師有教坊，郡縣有樂戶；

（四）官吏狎娼有禁，而縉紳家居例外，應為家妓。

在這裡可以一談是江曉原引了一節賽義德·阿里阿克伯·契達伊一段在明初的中國妓女求雨見聞：

> 祈求豐收是這些聖役者的日常事務。……當雨露遲遲未降時，皇帝便詔令進行公眾祈雨以改變天時。這些祈求的活動是勾欄女子們的事，她們組成長長的隊伍前往寺院中去。在出發前往那裡之前，她們向其女侍及朋友呼喊令人心碎的訣別，甚至還作出遺囑。……如果上天毫不憐憫她們並且不使她們的祈禱如願以償，那末她們就必然被投入大牢，即使她們成千上萬罷。她們然後再從大牢中走向斷頭臺，即按照事先加強給她們條件行事。送就是說，如果在她們祈禱下，上天還不肯降雨，那末就要把她們全部處死。[49]

這種野蠻原始無知的祈雨，實在令人難受。季羨林先生曾考證此事，認為是有可能發生。如此，則妓女有時會用作貢獻給天神的貢品。當眾妓女知道要祈雨時，與侍女親人告別，並寫下遺囑。以此推論，則在此之前，已有前科，所以眾妓女估計到自己未來有可能命喪於此祈禱中。

萬曆時，北方皇城外，娼肆林立；而南方娼妓事業則以南都為中心，秦淮名妓，亦名動史策。

「三言」以妓女為主角的故事有〈賣油郎獨占花魁〉（《醒》三）、〈玉堂春落難逢夫〉（《警》二十四）、〈趙春兒重旺曹家莊〉（《警》三十一）及

49 阿里·瑪扎海里：《絲綢之路——中國-波斯文化交流史》（中華書局，1993），頁281-282，轉引自江曉原：《性張力下的中國人》（上海：華東師範大學出版社，2011），頁191。

〈杜十娘怒沈百寶箱〉(《警》三十二)，下文將以此幾段故事作為敘述的重點。

〈賣油郎獨占花魁〉(《醒》三）記載宋代臨安名妓美娘不願相接吳八公子的事情。吳八公子乃隨其父福州太守於任上回京，其人搜括地方，廣有金銀。美娘逆其意，則吳八公子竟公然領狠僕十餘人，強把美娘脅走去飲酒遊湖。美娘娘欲投水相拒，吳公子說「就是死了，也只費幾兩銀子，不為大事」。一個官員的兒子，竟然可以目無王法，橫肆害人，這種貪暴官員，充斥整個社會。當然亦反映到妓女地位的低微，就算是名妓，只要有勢有財的官吏喜歡，就可以隨便侮辱。相信宋、明兩代妓女的社會地位沒有太大改變，故亦引以為例證。

王美，原名莘瑤琴，自幼通曉琴棋書畫，後被同鄉卜喬賣與王九媽，易名王美。對妓女的出賣貞操，內文有如下的記載：

> 只因王美有了個盛名，十四歲上，就有人來講梳弄。……又過了一年，王美年方十五。原來門戶中梳弄，也有個規矩。十三歲太早，謂之試花，皆因鴇兒愛財，不顧痛苦；那子弟也只博個虛名，不得十分暢快取樂。十四歲謂之開花，此時天癸已至，男施女受，也算當時了。到十五謂之摘花，在平常人家，還算年小，惟有門戶人，以為過時。

十三、四歲便要出賣貞操，就算極不願意，也無可奈何。最後，美娘被灌醉，初夜賣給了金二員外。賣油郎秦重戀上美娘，儲了十兩銀子要見美娘。等了多天之後，卒與美娘同房。美娘醉酒要吐，秦重以袖相承。美娘感秦重忠厚誠意，甘心下嫁，更助秦重興家。從這故事，歸納出妓女幾種情況：

（一）梳櫳選擇權在鴇母，妓女不能選客；

（二）梳櫳之後，便要陸續接客，名妓有權選客；

（三）得罪權勢，隨時受辱；

（四）可以贖身從良；

（五）可以有豐厚私房錢。

〈玉堂春落難逢夫〉（《警》二十四）記正德年間，王尚書子王順卿慕玉堂春美貌，到春院胡同探訪。對玉堂春一見傾心，並梳櫳玉堂春，兩人恩愛非常。王順卿年來散盡資財，被鴇母騙走。流落北京，得金哥協助，再見玉姐。玉堂春設計贖回身價，並立誓等候王三官。順卿回家後，矢志讀書，中舉。玉堂春卻被騙嫁與馬販沈洪，被騙往山西。沈妻皮氏與監生趙昂有染，毒死沈洪，並嫁禍玉堂春。王順卿往山西赴任，處理玉姐案。得劉推官審出真相，惡人伏法，王、玉兩人重認。

內文記載了王順卿在青樓的消費及與玉堂春初歡的情況，單是見面禮已是二百兩銀子，四疋尺頭，碎銀二十兩是賞人雜用。其後玉姐想與王公子重敘，卻被亡八用鞭笞打。玉堂春用計替自己贖身，可惜又被騙賣給沈洪，嫁到山西。歸納故事，玉堂春的身世是：

（一）無權選擇梳櫳的客人；

（二）鴇母會著亡八鞭打玉堂春；

（三）被逼嫁豪客；

（四）可以從良；

（五）有豐厚私房錢。

〈杜十娘怒沈百寶箱〉（《警》三十二）記載杜十娘鍾情李甲，自資贖身，以身相許，並甘願為妾。鹽商孫富，覬覦十娘美色，欲納為妾，並以千金聘十娘。誰知李甲情短志衰，不仁不義，為了金錢，竟有意將十娘賣予孫富，不顧十娘千萬種情意。最後，十娘將陪嫁價值連城的財寶盡投江中，然後自殺。此事發生在晚明萬曆期間，反映了當時社會幾種階級觀念：

（一）妓女就算是巨富，亦無人身自由；

（二）妾侍身分的女性可供轉讓或買賣；

（三）從良以後，必須從一而終，而且以夫君的意志為意志。

其實李甲有權支配十娘的命運，就是因為十娘應承為李甲妾。十娘的悲慘遭遇的確令人心有戚戚然，在明代如此重視貞節的朝代，只要出身妓家，似乎毫無人身自由。此故事後世多有改編，但都不如原故事的令人歎息，痛心十娘之遇人不淑。無論如何，這故事卻反映了明代重視貞節的程度。

〈趙春兒重旺曹家莊〉（《警》三十一）記曹可成敗家，氣死妻子。趙春兒念關顧之情，與之婚配。曹習性不改，盡花春兒貲財。春兒從不嫌棄，多番鼓勵。春兒紡織，可成為童蒙師。如是十五年，可成欲以監生入官，春兒試其誠意。將己十五年來所藏財，與可成捐官。可成三任民牧而退，曹家重興。（《警》三十一）內文又記載了妓院的一些規矩：

> 原來妓家有這個規矩：初次破瓜的，叫做梳櫳孤老。若替他把身價還了鴇兒，由他自在接客，無拘無管，這叫做贖身孤老。但是贖身孤老要歇時，別的客只索讓他，十夜五夜，不論宿錢，後來若要娶他進門，別不費財禮。

趙春兒一心要嫁曹可成，卒以己的堅忍，令丈夫悔過而發憤。由上述故事，可歸納下列幾項：

（一）妓女可自己贖身；

（二）嫁後可以從良；

（三）有私房錢；

（四）是否美滿的家庭，全看男性的奮進。

綜觀上述四個故事，可找到幾項結論。妓女賣身後，無論是出於父母或拐騙，已無身體的自由。其梳櫳基本上由鴇母決定，王美兒艷壓群芳，無論如何堅持，最後都將初夜賣與金二員外，其他可想而知。《大明律》只記強姦幼女，論死，但律例沒有立法限制雛妓，只要出得高價，十二、三歲便要接客。

眾妓可以贖身，贖身的方式一般是由恩客出錢代贖，杜十娘及玉堂春私房錢不少，亦不能公然幫助恩客代自己贖身。玉堂春用計為自己贖身，雖然後來被騙而嫁與沈洪，但依法已有自由身；杜十娘幫助李甲亦只是交與他部分贖身銀。

玉堂春、杜十娘嫁與官宦之家，只能為妾，不能成正室。玉堂春與王順卿可謂飽經歷亂的苦命鴛鴦，最後亦只落得別置一室，立為小妾。愛情是偉大，亦敵不過當時的社會道德輿論。杜十娘更苦，嫁與鼠目短志的李甲，飲恨而逝。可是，十娘的遭遇正好反映了妓女就算從良為妾，其人身自由仍然受控於其夫。可以說，仍可任意賣買。正如前文所述竇妙善，史傳只記她為「義」，可見妾侍在家族中的地位是較次的。反之，王美兒嫁秦重，趙春兒嫁沒落的曹可成，身分得以提高，原因是秦重不是官宦之家，而曹可成是破落戶。

王美兒與玉堂春俱為名妓，王被辱而玉被撻，不禁令人思量為妓的慘況。明代的女子重節，妓女卻剛好與此背道而馳。造成社會上對女性有截然不同的要求，即殉夫守節，名留青史，一旦為妓，即成社會上的買賣商品，既無個人自尊可言，亦可能隨時遭到侮辱，如《戒庵老人漫筆》記名妓齊雅秀要令三閣老（三楊：楊榮、楊士奇、楊溥）一笑，自言看《列女傳》，而三老竟說「母狗無禮」，並譏其「臍下臭」[50]。堂堂一國輔臣，出言下流，當然事未必真，但單此一記，已窺知妓女經常被有財有勢者奚落或拿作取笑的對象。所謂高官、道學家，隨口賤妓、下妓的罵人。名妓尚且如此，其他不如者則難以想像。可是，歷史上無論帝王、名臣、詞客、

50 〔明〕李詡：《戒庵老人漫筆》（北京：中華書局，1997）卷一〈妓巧慧〉，頁11。

學者等均有與名妓相戀的紀錄，如宋徽宗之與李師師、宋理宗與唐安安、侯方域與李香君、錢謙益與柳如是，近代者洪鈞與賽金花，均是表表者。

名妓多與名人巨賈周旋，故私房錢不少，文中的杜十娘更可說是巨富。妓女就算身懷資財，最後只想從良，嫁好人家，令晚年有所依附。明末名妓柳如是，千里遠嫁錢謙益，令錢喜出望外，以其年老之身，而得此嬌妻，認為是人生最大快事。可惜，錢氏以前朝尚書身分降清，令此故事蒙污。趙春兒苦心孤詣的鼓勵曹可成，亦是孤注一擲的決定；曹可成倘若沒出息，趙氏早已預定終生守貧。細心一想，原來妓女也要嫁的，在當時的社會，妓女一旦老去，恩客漸稀，其孤苦環境應是在想像之內。

根據《大明律》，官員是嚴禁宿娼。律載：

> 凡官吏宿娼者，杖六十。媒合人，減一等。若官員子孫宿娼者，罪亦如之，附過，候廕襲之日，降一等。[51]

但相信不是嚴格執行，因為皇帝也嫖妓，如景帝時詔名妓李惜兒入京，武宗狎晉陽名妓劉氏，宮人並稱之為劉娘娘。如果是嚴格執行，王順卿早已被緝拿或降職，哪裡有機會立妾。

中晚明時，名妓輩出，往往與名流才子同為後世所緬懷，除上文提及的李香君、柳如是外，還有薛素素與沈德符、冒辟疆與董小宛、陳圓圓與吳三桂等。錢謙益的《列朝詩集小傳》記載了不少晚明詩人學者，徵逐歌臺，沈迷青樓的軼事，就算「三言」的馮夢龍亦曾迷戀名妓。其中一次轟動社會的是萬曆甲辰中秋的妓界盛事。當時的情況，據《列朝詩集小傳》的記載是：

---

51 懷效鋒點校：《大明律》卷二十五〈刑律八〉，頁197-198。

> （齊王孫承綵）萬曆甲辰中秋，開大社于金陵，胥會海內名士，張幼于輩分賦授簡百二十人，秦淮伎女馬湘蘭以下四十餘人，咸相為緝文墨，理絃歌，修容拂拭，以須宴集，若舉子之望走鎖院焉。承平盛事，白下人至今艷稱之。[52]

一次盛大的聚會，貴族、名士、名妓雲集，竟成一時佳話。一代名妓馬湘蘭的艷態如何？《列朝詩集小傳》有這樣的形容：

> 善畫蘭，故湘蘭之名獨著。姿首如常人，而神情開滌，濯濯如春柳早鶯，吐辭流盼，巧伺人意，見之者無不人人自失也。[53]

馬湘蘭有俠妓之名，朱彝尊稱其「湘蘭貌本中人，而放誕風流，善伺人意性復豪俠，恆揮金以贈少年」[54]。明代作品，記載不少俠妓名字，如李香君、寇湄、李大娘、顧喜、葛嫩（見《板橋雜記》）、趙麗華、齊景雲、朔朝蘭、周青霞、趙燕如、景翩翩及馬湘蘭等（見《列朝詩集小傳》）、陸沁香、王蘭珍（見《吳門畫舫錄》）等，足見妓女在社會上已有一定的影響力。俠妓們的氣度、胸襟、機智、手腕，實在令人神往，怪不得那麼多名士陷入花叢而不能自拔。

明代士人，為名妓神魂顛倒，已是公然的事情了。其他筆記亦多有此類聚會的記載，如張岱《陶庵夢憶》及《板橋雜記》等。[55]由此推論，晚明時，與妓女的交往，已成為名士的一種生活模式；反過來說，如沒有和名妓交往，算不上名士。可知，晚明的士風的確較前代改變了不少。妓女

---

52 〔清〕錢謙益：《列朝詩集小傳》（上海：古籍出版社，1983）〈丁集上〉，頁471。

53 〔清〕錢謙益：《列朝詩集小傳》，〈閏集〉，頁765。

54 〔清〕朱彝尊：《靜志居詩話》卷二十三〈教坊〉，見合山究著、蕭燕婉譯：《明清時代的女性與文學》，頁487。

55 可參考吳存存：《明清社會性愛風氣》，頁80-81。

的生平軼事成為士人記載的一部分，顯示妓女的地位在晚明時較前、中期為人所尊重。

明代士人放肆花叢，漸成風氣。楊慎於嘉靖三十五年（1556）著《江花品藻》，將二十四名妓女排名品題，從第一名雷逢兒至第二十四名劉賽紅，均有品題、小令。其餘如曹大章《秦淮士女表》、冰華梅史《燕都妓品》，均是記載明中後期名妓的狀況[56]。甚至分品位，以狀元、榜眼、探花、解元等品評。

風塵俠女，亦有品格高尚過人者，《寓圃雜記》及《玉光劍氣集》記載〈娼女高三〉，及妓女張氏守節相殉事：

> 京師娼女，自幼美姿容，昌平侯楊俊見之屬意，因與狎，猶處子也。侯去捍北邊者數載，高即自誓謝客。天順元年，侯為石亨所忌，奏以駕陷土木時，侯坐視不救不忠。朝廷命斬於市。親戚故吏無一人往者，獨高素服往哭甚哀。候刑畢，親以舌吮其血，仍用絲連其首領，買棺斂之，遂縊而死。[57]

> 兗府李天祥隨兄天祺序班居京師，與草場院妓女張氏狎，情好甚篤，女誓不見客，父母數強之，堅拒不納。既久，天祥染瘵疾不能復往，危殆中，思得張一接。……及兩月，天祥屢死復蘇，意戀張也。一日，張抱其首，死去逾時，又瞠目回顧，張謂曰：「君行，妾隨矣。」因佯告李妻曰：「我稍倦，欲求歇息，姊可少代。」起即整束衣裾，潛至床後自繫。妻怪其久不出，往覓之，氣已絕，舉家驚擾。[58]

56 合山究、蕭燕婉譯：《明清時代的女性與文學》，頁104-120，介紹明代花榜的內容。

57 〔明〕王錡：《寓圃雜記》卷七，頁52。同見於〔清〕張怡《玉光劍氣集》，頁973。

58 〔明〕王錡：《寓圃雜記》卷七，頁61〈妓女張氏〉。

《萬曆野獲編》亦記名妓杜韋殉情郎事：

> 角妓杜韋，吾郡城中人，以妖艷冠一時。雲間范牧之……，少時佻達，一見契合，兩人誓同生死。而范婦翁陸阜南中丞，聞之大怒，訟之官，繫韋獄中。……迨丙子冬，（牧之）挈以計偕抵京，已病瀕殆，不復入試。春盡則歿於邸中矣。韋扶柩歸時，……甫渡江中流，兩袖中一實滇碁，一實宋硯，二物俱牧之所日用，且性重能沉也。一躍入水，救之無及矣。[59]

明代的士人宿娼嫖妓，可謂比比皆是。高三、杜韋的殉情，可說是以情報情，以義報義。從這些故事來看，守節殉情是女性最高的道德要求，有時真的無可厚非。但筆者無法想像明清兩代女性守節殉夫的熱誠，也很難接受此現象的形成。殉節的確是大行之極，然而，我們要思考的是所殉者是誰：聲明狼藉無賴？未婚而死的夫婿？貪殘無行之夫？筆者記得孟子曰：「君有過則諫，反覆之而不聽，則去。」（《孟子・萬章下》）就算是君主，其有過而不改則去，何妨一匹夫！倘若以為本文同情明代女性，及為妓女說了好話，倒不如說為人性下了註腳。

第四節　「三言」故事中明代女性的型態

「三言」故事中的女性型態，可謂多姿多彩。讀者可看到堅守傳統道德的女性，其行為畢竟值得敬佩。也有追求愛情的女性，在極保守的國度，為自己所愛而付出。有堅忍為家人報仇，也有隨順命運的認命者，當然也有同屬二種以上型態的女子。本篇的分類，是筆者根據內容而定，加以評量。一者希望突顯女主角的個性，二者希望描畫出明代女性的不同個性。

---

59 〔明〕沈德符：《萬曆野獲編》卷二十三〈妓女〉，頁600。

一　傳統道德型

傳統道德型是指女性以中國女性傳統道德思想為主要行為依據，如「三從四德」、婚姻是父母之命，媒妁之言。行為則以相夫教子為終生志向，夫死守身，不改嫁，以夫家為依歸。〈滕大尹鬼斷家私〉(《喻》十）的梅氏就是其中的表表者，倪必守謙年七十九竟娶十七歲的梅氏為繼室。梅氏不反對，且守謙死後說：

> 奴家也是儒門之女，婦人從一而終；況又有了這小孩兒，怎割捨得拋他？好歹要守在這孩子身邊的。

已一心一意養育兒子成材，最重要一句是「好歹是儒門之女」，這就是普遍社會對女性的要求，而梅氏亦以此為傲。

〈陳御史巧勘金釵鈿〉(《喻》二）中的顧阿秀是悲慘的生命，魯學曾與顧阿秀自有婚約，顧僉事嫌棄學曾貧窮，欲悔婚。顧氏妻孟夫人欲成好事，私贈財物與魯學曾。梁尚賓冒充魯學曾身分親到顧家，騙財騙色。顧阿秀知悉實情，自縊身亡。假公子騙財騙色的過程：

> 阿秀話出衷腸，不覺兩淚交流。那假公子也裝出搥胸歎氣，揩眼淚縮鼻涕，許多醜態；又假意解勸小姐，抱待綽趣，盡他受用。管家婆在房門外聽見兩下悲泣，連累他也灑惶，墮下幾點淚來。誰知一邊是真，一邊是假。阿秀在袖中摸出銀兩首飾，遞與假公子，再一囑付，自不必說。假公子收過了，便一手抱住小姐把燈兒吹滅苦要求歡。阿秀怕聲張起來，被丫鬟們聽見了，壞了大事，只得勉從。

對著自己未來的丈夫的性勒索，只得勉從。當顧阿秀視假公子為未來夫婿，即完全沒有防避心，並順其意而失身。結果：

> 孟夫人有口難辨，倒被他纏住身子，不好動身。忽聽得裏面亂將起來，丫鬟氣喘喘的奔來報導：「奶奶，不好了！快來救小姐！」嚇得孟夫人一身冷汗，……，只見女兒將羅帕一幅，縊死在床上。急急解救時，氣已絕了，叫喚不醒，滿房人都哭起來。魯公子聽小姐纔死，還道是做成的圈套，撚他出門，幾自在廳中嚷刮。孟夫人忍著疼痛，傳話請公子進來。公子來到繡閣，只見牙床錦被上，直挺挺躺著個死小姐。夫人哭道：「賢婿，你今番認一認妻子。」公子當下如萬箭攢心，放聲大哭。夫人道：「賢婿，此處非你久停之所，怕惹出是非，餡累不小，快請回罷。」教管家婆將兩般首飾，納在公子袖中，送他出去。魯公子無可奈何，只得捐淚出門去了。（《喻》二）

魯學曾的沒有志氣，窮書生求千金小姐資助，卻又覺得別人看他不起。在這情況，孟夫人仍然資助魯學曾，真是已盡其義。好好一位知書識禮的小姐，兩度被誤。失身後，竟無面目存世，這亦是傳統道德觀，對女性失身的鄙視。

另一故事，〈閒雲庵阮三償冤債〉（《喻》四）的陳玉蘭動情，與阮三合歡，竟有身孕，本想生子後殉情。後阮三報夢，知前世宿業。育子成才，終生不嫁。其後其子陳宗阮「做到吏部尚書留守官，將他母親十九歲上守寡，一生未嫁，教子成名等事，表奏朝廷，啟建賢節牌坊。」此節是對守節者的善報勸世，玉蘭雖私通阮三，但精誠所致，堅守母職，卒享世榮。

〈趙太祖千里送京娘〉（《警》二十一）京娘對趙匡胤有意，趙拒絕而離去。京娘被家人誤會已損貞節，京娘自殺而死。故事是悲劇，但京娘又何苦，生命就是為名節而存在。先看趙匡胤的過分反應：

> 少間筵席完備，趙公請公子坐于上席，自己老夫婦下席相陪，趙文在左席，京娘右席。酒至數巡，趙公開言道：「老漢一言相告：小女餘生，皆出恩人所賜，老漢闔門感德，無以為報。幸小女尚未許人，意欲獻與恩人，為箕帚之妾，伏乞勿拒。」公子聽得這話，一盆烈火從心頭掇起，大罵道：「老匹夫！俺為義氣而來，反把此言來污辱我。俺若貪女色時，路上也就成親了，何必千里相送。你這般不識好歹的，枉費俺一片熱心！」說罷，將桌子掀翻，望門外一直便走。

老人家一番善意，亦不必如此反應。當然，創作故事，是要突顯趙匡胤的正直，但亦反映了他魯莽無禮。這樣的環境，京娘是如此的難堪！自殺前還寫詩表心蹟：「天付紅顏不遇時，受人淩辱被人欺。今宵一死酬公子，彼此清名天地知。」又是另一個被玉潔冰清的思想害死的女子。

〈金玉奴棒打薄情郎〉（《喻》二十七）中的金玉奴，更是荒謬絕倫的道德遵守者。故事雖然發生在宋代，但此種道德要求，幾乎到清代民初，仍然流行。金玉奴嫁夫莫稽，其後莫稽嫌棄金玉奴出身，暗加殺害。金玉奴最後被淮西轉運使許德厚所救，並收為義女，輾轉之間再嫁莫稽為妻。莫稽有殺害之心，可以說是喪心病狂，但金玉奴最後仍是委身再嫁，只對莫稽略加懲戒而已。若取現代法、理、情去衡量莫稽，直是死有餘辜。金玉奴出身丐戶，為造就丈夫，傾盡所能：

> 卻說金玉奴只恨自己門風不好，要掙個出頭，乃勸丈夫刻苦讀書。凡古今書籍，不惜價錢，買來與丈夫看；又不吝供給之費，請人會文會講；又出資財，教丈夫結交延譽。莫稽由此才學日進，名譽日

> 起。二十三歲發解，連科及第。

看看莫稽功名成就後的鄙賤思維：

> 行了數日，到了采石江邊，維舟北岸。其夜月明如晝，莫稽睡不能寐，穿衣而起，坐於船頭玩月。四顧無人，又想起團頭之事，悶悶不悅。忽然動一個惡念：「除非此婦身死，另娶一人，方免得終身之恥。」心生一計，走進船艙，哄玉奴起來看月華。玉奴已睡了，莫稽再三逼他起身。玉奴難逆丈夫之意，只得披衣，走至馬門口，舒頭望月。被莫稽出其不意，牽出船頭，推墮江中，悄悄喚起舟人，分付：「快開船前去，重重有賞！不可遲慢。」

為自己的前程，謀殺對自己有恩的妻子。但事發後，金玉奴未死，莫稽的報應竟是：

> 禮畢，送歸洞房，做花燭筵席。莫司戶此時心中，如登九霄雲裏，歡喜不可形容。仰著臉，昂然而入。才跨進房門，忽然兩邊門側裏，走出七八個老嫗、丫鬟，一個個手執籬竹細棒，劈頭劈腦打將下來，把紗帽都打脫了，肩背上棒如雨下，打得叫喊不迭，正沒想一頭處。莫司戶被打，慌做一堆蹭倒，只得叫聲：「丈人，丈母，救命！」只聽房中嬌聲宛轉，分付道：「休打殺薄郎，且喚來相見。」眾人方才住手。七八個老嫗、丫鬟，扯耳朵，拽胳膊，好似六賊戲彌陀一般，腳不點地，擁到新人面前。司戶口中還說道：「下官何罪？」開眼看時，畫燭輝煌，照見上邊端端正正坐著個新人，不是別人，正是故妻金玉奴。

傳統的態度始終對男性的犯錯，放開一點。但這對金玉奴來說，公平嗎？可能，金玉奴其實也希望是這個結果，夫婿從今以後，只對她好。

筆者每每看到民國初年，甚多時代青年因追求自由戀愛，而不顧父母代聘的妻子。令其終生寡居，其表表者，莫過於魯迅之於朱安女士。朱女士終生奉守傳統道德的行為，不因魯迅的遺棄，仍照顧翁姑。死後卻不能與周家家人共葬，其不平至此！還有徐志摩之於張幼儀，可用寡情薄行來形容徐志摩。張幼儀女士離婚後，自我奮進，仍服侍徐志摩的父母。從兩位女士身上，看到傳統道德女性的精神面貌。兩位女士也是盲婚啞嫁下的犧牲品，如他們的際遇的女性，於此時期可謂隨處可見。若周、徐二人見到蔡元培先生，可以愧死。

另一故事，〈玉堂春落難逢夫〉（《警》二十四），故事是王順卿慕玉堂春美貌，到春院胡同探訪。對玉堂春一見傾心，年來散盡資財，被鴇母騙走。流落北京，得金哥協助，再見玉姐。玉堂春設計贖回身價，並立誓等候王三官。順卿回家後，矢志讀書，中舉。玉堂春卻被騙嫁與馬販沈洪，被騙往山西。沈妻皮氏與監生趙昂有染，毒死沈洪，並嫁禍玉堂春。王順卿往山西赴任，處理玉姐案。得劉推官審出真相，惡人伏法，王、玉兩人重認。王順卿落難，鴇子要趕走，玉堂春無能為力：

> 鴇子叫玉堂春下來：「我問你，幾時打發王三起身？」……鴇子怒發，一頭撞去，高叫：「三兒打娘哩！」亡八聽見，不分是非，便拿了皮鞭，趕上樓來，將玉姐推跌在樓上，舉鞭亂打，打得髻偏髮亂，血淚交流。

其後被騙嫁與沈洪：

> 金哥敘出：「鴇兒假意從良，殺豬宰羊上嶽廟，哄三孀同去燒香，

私與沈洪約定，雇下轎子抬去，不知下落。」

玉堂春到山西沈洪家後，拒絕與沈洪交歡，誓守承諾，等著王順卿來救，也算是有情有義。最後，重遇順卿，得以脫難。本文將之列入傳統道德，是因為玉姐一心一意要嫁王順卿。此故事亦見於〔明〕李春芳[60]編《海剛鋒居官公案傳》卷一，第二十九回〈妒妾成獄〉，相信本故事與〈杜十娘怒沉百寶箱〉是明代中葉社會流行的時事。杜十娘悲劇收場，而玉堂春卻能與王景隆相聚，張錦池認為玉堂春做到資助王景隆回鄉苦讀，考取功名，使耽於閒逸的王景隆上進，成為王家的功臣[61]，此亦是其受到王家接納的主因。

二　追求愛情型

追求愛情，是指以追求自己喜愛的男性為主要行為。不管該男子已婚、地位、出身等等，只順著自己的愛慕之情而行。眾多故事中，筆者最喜歡小夫人，含蓄而情深。〈小夫人金錢贈年少〉（《警》十六），小夫人被騙嫁了過六十歲的張士廉。後來對主管張勝動情，送金送物，張勝卻不為所動：

婆婆聽得說道：「孩兒，小夫人他把金錢與你，又把衣服銀子與你，卻是甚麼意思？娘如今六十已上年紀，自從沒了你爺，便滿眼

60 〔明〕李春芳，字子實，號石麓，揚州府興化縣（今江蘇興化市）人。為官清明廉潔，隆慶間因上疏勸阻明穆宗勿修翔鳳樓，後為高拱、張居正所不容，三次請求卸職，後以父母年邁為由連續上疏請求歸鄉事親，終於如願，歸里後數年而卒。編纂《海剛鋒居官公案傳》四卷七十一回，但部分案件其實與海剛鋒無關，有借題發揮之意，別有懷抱。

61 張錦池：《中國古典小說心解》，頁514。

只看你。若是你做出事來，老身靠誰？明日便不要去。」這張主管是個本分之人，況又是個孝順的，聽見娘說，便不往鋪裏去。

小夫人死後，鬼魂投奔張勝，希望能結姻緣。張勝母子正直，未嘗受引誘。筆者認為小夫人只是心有不甘，被騙嫁老人，一腔青春情態，無可宣洩，鍾情於張勝，無可厚非。不強迫，不威嚇，只是示好，希望對方憐愛。其實，這也反映古代婚姻害殺了多少少女。

其他如〈白娘子永鎮雷峰塔〉(《警》二十八）中的白娘子因愛慕許宣，結為夫婦，後被法海禪師收伏，並將白蛇與青魚鎮於西湖雷峰塔下。〈宿香亭張浩遇鶯鶯〉(《警》二十九）中張浩在宿香亭遇李鶯鶯，私訂終生。後時有通訊，且曾約定在宿香亭見面，鶯鶯失身於張浩。張浩季父迫其與孫氏婚。鶯鶯興訟，提出訂情信物重羅及花箋二詩。官判二人完婚。上列兩則故事，都是追求愛情的行動，不甘受制於其他人。白蛇是妖，卻鍾情許宣，不理人妖不共婚，也不理法海的道行高深，誓要與愛人一起，追求終極結合。是追求愛情女性的典範，也是不理世俗，尋求自我生命的奮進者。李鶯鶯對張浩被逼婚，採取主動出擊，同樣不理世俗眼光，興訟尋求公平。就算以現代眼光緒來看，都不能不佩服她們的勇氣與世俗周施的魄力。

〈王嬌鸞百年長恨〉(《警》三十四）的王嬌鸞隨父到衛，周廷章亦隨父到任河南。衛署與學宮一牆之隔，王、周二人一見傾心，自是詩歌唱酬。後王嬌鸞與周廷章私訂終生，以曹姨為媒。周回鄉後，與富家小姐魏氏成婚。王屢促周回河南，後知其再婚。周將訂情羅帕及詩歌交回，王傷心欲絕，最後自經而死。死前將訂情羅帕、詩歌及誓詞寄與蘇州府吳江堂，察院樊祉追查此事，判周亂棒打死。此故事特別之處，是作者對王嬌鸞其採取同情的態度，不追究違反私訂終生之誤，不批評對社會道德的反抗。而是替王嬌鸞討回公道，將周廷章打死。姑勿論是否合法，此故事或多或少反映部分文人對女性不近人情的壓抑與不公平的對待，作出表態。

潘壽兒（《醒》十六）張藎貪花好色，遇潘壽兒，即神魂顛倒，期與交合。潘壽兒亦貪求色愛，未必是追求愛情：

> 且說潘壽兒自從見了張藎之後，精神恍惚，茶飯懶沾，心中想道：「我若嫁得這個人兒，也不枉為人一世！但不知住在那裏？姓甚名誰？」那月夜見了張藎，恨不得生出兩個翅兒，飛下樓來，隨他同去。得了那條紅汗巾，就當做情人一般，抱在身邊而臥。睡到明日午牌時分，還癡迷不醒，直待潘婆來喚，方才起身。

色與愛，可以二為一，愛情最終顯現於魚水之歡中。當然，若純以色愛，即為淫行。此節頗難決定，暫以潘壽兒追求愛情為主。張藎亦知壽兒亦有意，並暗贈合色鞋，張央陸婆撮成好事。陸五漢得知其事，冒張藎夜會壽兒，連夜宣淫。後潘用夫婦得知，與壽兒易房而睡，慘被陸五漢所殺。壽兒誤會是張藎所為，告官揭發。最後得知乃陸五漢所為，壽兒羞愧自殺，陸被判死刑。

愛情，是可以為對方犧牲付出，甚至不知原因的千依百順。追求自己所愛，可能是女性的終生事業。

三　成家守業型

〈趙春兒重旺曹家莊〉（《警》三十一）中曹可成敗家，氣死妻子。趙春兒念關顧之情，與之婚配，此故事是特別讚賞有識見仁義的女性。曹可成習性不改，盡花春兒貲財。春兒從不嫌棄，多番鼓勵：

> 當下（曹可成）便與鄉老商議，聚了十來個村童，教書寫仿，甚不

> 耐煩，出於無奈。過了些時，漸漸慣了，枯茶淡飯，絕不想分外受用。春兒又不時牽前扯後的訴說他，可成並不敢回答一字，追思往事，要便流淚。想當初偌大家私，沒來由付之流水，不須提起；就是春兒帶來這些東西，若會算計時，盡可過活，如今悔之無及！

春兒紡織，可成為童蒙師。令筆者難忘的是侍婢翠葉，與主家一起紡織度日，就是這個曹可成，將翠葉賣了。這亦可窺見婢僕沒有人身自由，另一群可憐人。如是者十五年，可成欲以監生入官，春兒試其誠意。將己十五年來所藏財，與可成捐官。

> 春兒本知數目，有心試他，見分毫不曾苟且，心下甚喜。叫再取鋤頭來，將十五年常坐下績麻去處，一個小矮凳兒搬開了，教可成再鋤下去，鋤出一大瓷壇，內中都是黃白之物，不下千金。原來春兒看見可成浪費，預先下著，悄地埋藏這許多東西，終日在上面坐著績麻，一十五年並不露半字，真女中丈夫也。

可成三任民牧而退，曹家重興。趙春兒本是名妓，嫁富貴人家，本是能力以內之事。就是要報答當初曹可成的恩情，嫁與可成持家，這是義。十五年忍苦，待夫覺悟興家，這是堅毅與智慧。說趙春兒是女中丈夫，不為過，應是勝過男兒。

〈白玉娘忍苦成夫〉（《醒》十九）的白玉娘，其父親抗金，不屈而死。白玉娘淪為奴婢，與同為被擄為奴的程萬里結婚。因勸夫婿逃歸，發展前程，莫為奴僕，其後被張萬戶轉嫁顧家。白玉娘鼓勵丈夫：

> 妾觀郎君才品，必非久在人後者。何不覓便逃歸，圖個顯祖揚宗。卻甘心在此，為人奴僕，豈能得個出頭的日子？

可惜程萬里初無大志，屢次出賣白玉娘，告之主子張萬戶。其後張萬戶將白玉娘出賣，程萬里才決心回宋。夫妻分別二十多年，程萬里已官至閩中安撫使，訪尋白玉娘。最後，透過顧家，到尼姑庵迎回白玉娘。故事是美滿結局，但白玉娘如何肯定丈夫是有出色的人才？

四　守護自尊型

每次看〈杜十娘怒沉百寶箱〉（《警》三十二）都心中不快，一個願意為自己犧牲，誓死追隨的女子，竟遇到比畜生還蠢，害怕事累的男人。杜十娘鍾情李甲，自資贖身，以身相許，並甘願為妾。誰知李甲情短志衰，不仁不義，為了金錢，竟有意將十娘賣予孫富，不顧十娘千萬種情意。最後，十娘將陪嫁價值連城的財寶盡投江中，然後自殺。

〔明〕宋懋澄（1569-1619）[62]《負情儂傳》記載此事的結果，杜十娘將珍奇寶貨投入江中，李生勸止不得，索杜十娘為妾者新安人亦趨前勸阻，惟十娘的回答，充滿怨憤與不平：

> 汝聞歌蕩情（指新安人）遂代鶯弄舌，不顧神天，剪綆落瓶，使妾將骨殷血碧。自恨弱質，不能抽刀向倫。乃復貪財，強來縈抱。何異狂犬，方事趨風，更欲爭骨。……今畜我不卒，而故暴揚之者，欲人知李郎眶中無瞳耳！妾為李郎澀眼幾枯，翕魂屢散。事幸粗成，不念攜手，而倏溺笙簧，畏行多露。一朝棄捐，輕於殘汁。[63]

62 〔明〕宋懋澄，談字幼清，號稚源，又作自源，一說卒於一六二二年。萬曆四十年（1612）舉人，所著《九籥集》在中國小說史上占有很高的地位。

63 〔明〕宋懋澄：〈負情儂傳〉，收在胡俊林主編：《中國古典小說集粹．明代卷》（北京：學苑出版社，2001），頁288。

馮夢龍能將杜十娘滿腔抑憤，化成下列一段文字：

> 妾風塵數年，私有所積，本為終身之計。自遇郎君（李甲），山盟海誓，白首不渝。前出都之際，假託眾姐妹相贈，箱中韞藏百寶，不下萬金。將潤色郎君之裝，歸見父母，或憐妾有心，收佐中饋，得終委託，生死無憾。誰知郎君相信不深，惑於浮議，中道見棄，負妾一片眞心。今日當眾目之前，開箱出視，使郎君知區區千金，未為難事。妾櫝中有玉，恨郎眼內無珠。命之不辰，風塵困瘁，甫得脫離，又遭棄捐。今眾人各有耳目，共作證明，妾不負郎君，郎君自負妾耳!（《警》三十二）

內容是借杜十娘的口痛罵新安鹽商見色起心，毫無道德，也不顧天地神明，純然暢發自己的私慾。罵李生更是淋漓盡致，十娘拚盡所能，為已贖身，將全部財產及生命預備無私奉獻給李生。可惜此人，毫無承擔，只求安穩，隨時出賣任何人，包括曾為自己努力結合的女人。利益在前，以往的恩情，等同殘汁，可立即潑去。十娘蹈江而死，目擊之人，皆欲毆新安鹽商及李生。此二人亦不顧十娘屍首，匆匆鼓船離開。如此涼薄，如此無情，貪色貪財的讀書人與商人，相信比比皆是。作者下筆，亦毫不客氣。

此情節十分值得思考，在明代女性的地位，如何開始受到尊重，同時亦反映部分男性對女性的賤視。我想杜十娘的被辱，不在於言語，而在於精神。自己一生追求的愛情與美滿婚姻，在別人眼裡，只是廢事一樁，隨時可拋棄。那種侮辱，實在難以忍受。張錦池分析李甲的心理：

> 不言而喻，杜十娘對李甲是一往情深的。但同時又總那麼戰戰兢兢，如履薄冰。不論是惜金落籍教坊之時，還是比翼南下蘇杭之日，李甲無時無刻不在為行囊羞澀而愁悶不已，……李甲的思想是

> 鐘擺不定的：時而擺向杜十娘，時而擺向李布政。……從明知杜十娘有志從良，雖手頭有金有銀，卻由於「懼怕老爹，不敢應承」，到不惜蒙受親友的冷眼，四處借貸，想替杜十娘教坊落籍；……凡此又說明：李甲真正識得杜十娘的苦心之日，正是杜十娘懷恨沉江之時……。[64]

張氏對李甲是偏向同情，家族的壓力，朋友的謗言，在進退之間，選擇放棄了這段姻緣。另外，筆者亦同意張氏的分析，十娘不太信任公子哥兒，可能她有過受騙的經歷，故始終不向李甲表明自己的財產，恐李甲亦是覬覦她的姿色與財富才聯袂回鄉。十娘為自己的未來生活下賭注，李甲卻猶疑不知進退，可能，一開始已是悲劇。

〈賣油郎獨占花魁〉（《醒》三）中秦重戀上美娘，儲了十兩銀子要見美娘。等了多天之後，卒與美娘同房。美娘醉酒要吐，秦重以袖相承。美娘感秦重忠厚誠意，甘心下嫁，最後更骨肉團圓。問題是：以袖相承吐物，就要嫁秦重？其實是美娘受辱在前，不甘再嫁富貴人家：

> 吳公子是慣家，這些套子，怎地瞞得。分付家人扭斷了鎖，把房門一腳踢開。美娘躲身不迭，被公子看見，不由分說，教兩個家人，左右牽手，從房內直拖出房外來，口中兀自亂嚷亂罵。……八公子在後，揚揚得意。直到西湖口，將美娘攛下了湖船，方才放手。……一面分付開船，一面數一數二的發作一個不住：「小賤人，小娼根！不受人抬舉！再哭時，就討打了！」美娘那裏怕他，哭之不已。……卻分付家人：「叫那小賤人來陪酒！」美娘抱住了欄杆，那裏肯去，只是嚎哭。……八公子大怒，教狠僕拔去簪珥。美娘蓬著頭，跑到

64 張錦池：《中國古典小說心解》，頁513-514。

> 船頭上，就要投水，被家童們扶住。公子道：「你撒賴便怕你不成！就是死了，也只費得我幾兩銀子，不為大事。只是送你一條性命，也是罪過。你住了啼哭時，我就放你回去，不難為你。」美娘聽說放他回去，真個住了哭。八公子分付移船到清波門外僻靜之處，將美娘繡鞋脫下，去其裹腳，露出一對金蓮，如兩條玉筍相似。教狠僕扶他上岸，罵道：「小賤人！你有本事，自走回家，我卻沒人相送。」

吳八公子的強蠻，美娘被強迫陪酒，雖然能脫身，但受盡侮辱，脫鞋拔簪。最重要是一句「就是死了，也只費得我幾兩銀子，不為大事。」如此反映，害死一位妓女，可能只是賠償金錢。最後美娘再遇秦重，覺得富貴中人，都是酒色之徒，不足付托終生。秦重愛護美娘，美娘未必是因愛而嫁秦重，只是知他可靠，某程度來看，都是美娘的自尊問題。

五　忍辱伺機型

〈蔡瑞虹忍辱報仇〉(《醒》三十六)中的蔡瑞虹也值得讀者敬佩。淮安衛指揮蔡武往湖廣荊襄赴任，遇海盜陳小四、白滿等七人劫殺。蔡氏夫婦及二個兒子被殺，女兒瑞虹則被陳小四姦污。試看看一位官家女兒，如何受到污辱：

> 瑞虹見闔家都殺，獨不害他，料必然來污辱，奔出艙門，望江中便跳。……那時瑞虹身不由主，被他解脫乾淨，抱向床中，任情取樂。可惜千金小姐，落在強徒之手。暴雨摧殘嬌蕊，狂風吹損柔芽。

瑞虹忍辱，伺機報仇。誰知陳小四怕被揭發，圖將瑞虹勒死。瑞虹未死，遇商人卞福（漢陽人氏，專在江湖經商），獲救。卞福乘人之危，納瑞虹為妾。卞福大娘嫉妒瑞虹，賣與煙花之地：

> 「況且小姐舉目無親，身無所歸；小子雖然是個商賈，家中頗頗得過，若不棄嫌，就此結為夫婦。那時報仇之事，水裏水去，火裏火去，包在我身上，一個個緝獲來，與你出氣，但未知尊意若何？」瑞虹聽了這片言語，暗自心傷，簌簌的淚下。

> 徑載到武昌府，轉賣與樂戶王家。那樂戶家裏先有三四個粉頭，一個個打扮的喬喬畫畫，傅粉塗脂，倚門賣俏。瑞虹到了其家，看見這般做作，轉加苦楚。又想道：「我今落在煙花地面，報仇之事，已是絕望，還有何顏在世！」

> 姓胡，名悅，……。那人原是貪花戀酒之徒，住的寓所，近著妓家，閒時便去串走，也曾見過瑞虹是個絕色麗人，心內著迷，幾遍要來入馬。因是瑞虹尋死覓活，不能到手。今番聽得樂戶有出脫的消息，情願重價娶為偏房。

瑞虹欲尋死，被鴇子嫁與紹興人胡悅。胡悅欲借瑞虹美色騙人，遇上舉人朱源。瑞虹感朱源正直，告之真相，二人逃離。朱源娶瑞虹為妾，生一子。源後中進士，授武昌知縣。赴任時，瑞虹重遇陳小四。夫婦二人乘案處理舊日冤情，陳小四等人被判死刑。瑞虹為父尋回子嗣後，自殺而死。

瑞虹一而再，再而三，被男子污辱，所不願死者，為父母報仇。其實朱源算是情深，無必要尋死。但在蔡瑞虹心中，尤其是明代社會，對被污辱的女性，不一定是同情，可能是鄙視。她出身官宦之家，丈夫是知縣，如何承受日後別人的冷言冷語。一談到社會的道德標準與看法，筆者有時也在想：是誰定的標準？

六　獨立自主型

〈李秀卿義結黃貞女〉(《喻》二十七)，黃善聰女扮男裝，善化名張勝，與父親到江北販香。黃老實突染疾身亡，善聰無依無恃之下，與同鄉李秀卿結拜為兄弟，互相扶持，共同經營生意。數年後，善聰運父親遺體回鄉安葬，秀卿始知善聰為女兒身。秀卿執意求親，均被善聰拒絕。後得李太監出計，有情人才成為夫妻。黃善聰亦是怕閒言閒語而一再拒絕李秀卿，這種心態就是「我不願意就不做」，可算是自立的女性。由她跟父親經商，就養成獨立的思考及行為。當然，最後還嫁了李秀卿，但其獨立自主的性格是值得欣賞的。看看黃善聰回復女裝後，與李秀卿第一次見面的態度：

> 兩人對坐了，善聰將十二歲隨父出門始末根由，細細述了一遍。又道：「一向承哥哥帶挈提攜，感謝不盡。但在先有兄弟之好，今後有男女之嫌，相見只此一次，不復能再聚矣。」

很明顯的表示，以後不要見了。沒有女性的忸怩與糾纏，帶點英氣。當李秀卿求親時，竟然說道：

> 「妾以兄長高義，今日不避形跡，厚顏請見。兄乃言及於亂，非妾所以等兄之意也。」說罷，一頭走進去，一頭說道：「兄宜速出，勿得停滯，以招物議。」

當然，也可說黃善聰是順著傳統道德而行，她所不同於其他女性，是她全是自主而行，不理其他人。黃氏並不追求愛情，只循自己的道德標準而行。

七　隨順命運型

〈蔣興哥重會珍珠衫〉（《喻》一）中王三巧兒與陳大郎私通，被蔣興哥發現，蔣休妻。王改嫁吳傑，吳是廣東潮陽縣知縣。陳大郎身故，其妻平氏再婚，嫁蔣興哥。蔣因誤殺宋老兒，重遇巧兒。吳傑判案後，並歸還王氏。整個故事，除王三巧兒與陳大郎私通，不是她意願，是薛婆從中作梗，出賣三巧兒。可是，三巧兒與陳大郎私通，卻又不反抗，沒有自己道德的定位，隨命運流轉。

> 婆子見他欲心已動，有心去挑撥他，又道：「老身今年五十二歲了，夜間常癡性發作，打熬不過，虧得你少年老成。」……

> 三巧兒摸著身子，道：「你老人家許多年紀，身上恁般光滑！」那人並不回言，鑽進被裏，就捧著婦人做嘴。婦人還認是婆子，雙手相抱。那人驀地騰身而上，就幹起事來。那婦人一則多了杯酒，醉眼朦朧；二則被婆子挑撥，春心飄蕩，到此不暇致詳，憑他輕薄。一個是閨中懷春的少婦，一個是客邸慕色的才郎；一個打熬許久，如文君初遇相如；一個盼望多時，如必正初諧陳女。分明久旱逢甘雨，勝過他鄉遇故知。

其後蔣興哥知道此事，含蓄地休妻。王三巧兒又沒有解釋，反而隨父母意願，嫁與吳傑。

> 南京有個吳傑進士，除授廣東潮陽縣知縣，水路上任，打從襄陽經過。不曾帶家小，有心要擇一美妾。一路看了多少女子，並不中意。聞得棗陽縣王公之女，大有顏色，一縣聞名，出五十金財禮，

> 央媒議親。王公到也樂從，只怕前婿有言，親到蔣家，與興哥說知。……
>
> 臨嫁之夜，興哥顧了人夫，將樓上十六個箱籠，原封不動，連匙鑰送到吳知縣船上，交割與三巧兒，當個賠嫁。

臨嫁之前，蔣興哥將妝奩送上，真是一番情意。可是，又似「盡在不言中」。筆者認為，蔣興哥對三巧兒始終有點情意。最後，蔣興哥誤殺宋兒，吳傑結案後，將三巧兒歸還。三巧兒亦沒有說出自己的冀望，再重新與蔣興哥一起。這個女孩子，真是毫無主見。

〔清〕張怡《玉光劍氣集》中的〈列女〉，記載明代特質婦女，用不同層面與角度評價這些婦女，正如張氏說：

> 人之言曰，士有百行，女惟一德，予曰不然。女德惟一，而行亦有百。有婉娩順從，有慷慨激烈，有勵士之志，有臨大節之節，有富家之才能，有保身之明哲，有學博而能文，有奇傢而建業……。然則苕榮蕙穆，無害其為丈夫，而茅靡朋從，亦何辭乎巾幗。[65]

可謂女士之知心人，張氏之主張，可謂囊括女中之英傑，玆舉數例：

> 石孝女，新昌人。父濳，洪武中坐事繫京獄，妻吳氏走依母家。……妻家兄弟懼連坐，遂殺濳投大窖中，泯其跡。……迨年十六，舅氏以配吳之族子。女白母曰：「殺我父者吳也，忍事其家廟耶？」及期自經。眾驚愕，母哭曰：「吾女之死，為父報仇。」[66]

---

65 〔清〕張怡：《玉光劍氣集》（北京：中華書局，2006），頁936。

66 同上註，頁937。

> 韓氏，保寧民家女也。明玉珍亂蜀，女恐為所掠，乃易男裝改名從軍。調征雲南，往返七年……。當時皆呼曰「貞女」。[67]

> 香山指揮林興，妻蘇氏。正統間粵寇黃蕭養驟攻廣城，興治兵出，雉堞虛無人。蘇率軍士妻，援兵登陴，貫甲如男子。賊退城完，粵人謂之「女子軍」。[68]

> 宮女費氏，賊陷京，執之。氏自詭為長公主，欲藉以圖闖。闖審之其非，與一羅姓賊，攜出，擇日成禮。氏藏利刃，伺羅酒酣，刺其喉殺之，隨自刎。又魏氏，見賊入宮，躍入玉水河死。[69]

> 秦淮妓齊錦雲，能詩善琴，與諸生傅春好。春為仇家誣陷繫獄，雲脫簪珥為餽，甚之售臥褥以供之。後謫遠方，雲欲隨行，春恐長途反生不測，力止之。……春去，蓬頭垢面，閉戶閱佛書以老。[70]

張怡將節婦、為父報仇、為情守節妓女、保衛鄉土英雌、易裝全節的女性，伺機刺殺亡朝者均列入〈列女傳〉，高度讚揚。費氏事蹟，更被改編成為劇目〈費貞娥刺虎〉，中國京劇大師梅蘭芳先生亦表演過此劇〈刺虎〉。在某個程度來看，張氏是突破了傳統女性，女惟一德的宿命，再不只為丈夫生存，只是有自己的自主性，自我的道德感。

67 同上註，頁938。

68 同上註，頁942。

69 同上註，頁968。

70 同上註，頁974。

第八章

「三言」所反映的明代宗教思想

〈陳可常端陽仙化〉

〈福祿壽三星度世〉

第八章
「三言」所反映的明代宗教思想

明初政府雖然以儒學思想為正統思想，但仍保護其他宗教，使佛教、道教、甚至伊斯蘭等都有一定的發展。朱元璋並親自寫〈三教論〉闡明三教都是無瑕疵，三教並行，是天道。朱元璋曾出家為僧，對佛教的發展更有「情意結」，且深知宗教思想能「陰翊王道」。由於元末喇嘛教的流毒及於整個朝廷及社會，太祖轉向推廣及整頓中原傳統佛教，建立善世院及設大禪師領釋教事。[1]洪武十六年（1384）於京師設僧錄司用以「掌天下僧教事」，各地亦設不同司職掌釋教，如僧綱、僧正等。[2]太祖更分僧人為禪、講、教三類，務求各盡其份。洪武五年（1375）設立度牒制，免納丁錢；翌年，請度者須加以考試，當時僧尼、道士、女冠約五萬七千二百餘人。[3]寺院數目，亦由政府控制，各地禁止私建寺院。其後，各朝政府亦曾發出禁建寺院之令。

佛教是外來宗教，道教是本土宗教。佛教受祀的神祇，在民間多是釋迦牟尼、觀音、金剛、韋陀、四大天王、十殿閻王、地藏王、羅漢等，而來華高僧亦在受祀之列，如鳩摩羅什、達磨等。民間奉祀的道教神祇則多不勝數，如張天師、呂洞賓、何仙姑、玉皇大帝、玄天上帝、長春真人等等，反而正統道教神祇，民間較少奉祀，如老子、莊子、列子、華陀、葛

1　《明太祖實錄》卷二十九，頁500，〈洪武元年（1368）正月庚子〉條：「立善世院，以僧慧曇領釋教事；立玄教院，以道士經善悅為真人，領道教事」。

2　釋幻輪：《釋鑒稽古錄續集》卷二，轉引自南炳文、何孝榮《明代文化研究》（北京：人民出版社，2006），頁281。

3　卿希泰、唐大潮：《道教史》（江蘇：人民出版社，2006），頁287。

仙翁、陶弘景、寇謙之等。[4]王爾敏認為佛教普及於民間，應在十九世紀末，而在民間則普遍沒有抗拒道教神祇。中國之多神信仰，謂之多神宗教也不為錯。[5]

寺院及僧人的數目多少直接影響政府收入，明政府汲取教訓，寺院占田方面，均有限制，如建文帝時限每僧五畝[6]、景泰年間，每寺限留六十畝為業。[7]由於明世宗信奉道教，一度禁絕佛教，除強令尼僧還俗外，更查革京藏僧侶封號。明思宗時，正值內憂外患，思宗一度皈依天主教，拆毀宮中佛像、道像。

當然，明朝諸帝中，亦有支持佛教的君主，如成祖、宣宗、英宗、景帝等特尊藏傳佛教。成祖曾召噶瑪噶舉派第五世活佛噶瑪巴卻貝桑布入南京，宣宗亦封宗喀巴[8]弟子釋迦也失為大慈法王。由於明初太祖改革佛教，限制了佛教的全面發展，例如教僧，只在超渡亡魂用事，少了明心見性的功夫，令佛教漸趨專事經懺、超渡等事務，思想修行方面漸式微。雖然明代亦有高僧大德，但其盛況終不如前代。另一方面，佛教義理卻直接影響明代理學。王守仁所創立的「致良知」理論，就是受佛教明心見性的修行理論所影響。王氏更有參禪學佛的經驗，故其學說受佛學影響是意料之內。

明初，道教與佛教的發展非常接近，太祖設道錄司，掌管道教，隸屬禮部，地方上，亦設不同職司負責管理道教事務，如道紀司、道正司等。明太祖及成祖均不相信方術，太祖革除張天師號，改稱真人，但為鞏固統

---

4 王爾敏：《明清時代庶民文化生活》（臺北：中央研究院近代史研究所，民89），頁17。

5 同上註。

6 《明太宗實錄》卷十二下，頁224，〈洪武三十五年（1402）九月甲辰〉條：「建文時，……嘗建言天下僧止令畜四五畝，無田者，官給之。」

7 《明世宗實錄》卷八十三，頁1861，〈嘉靖六年（1527）十二月戊申〉條：「景泰中今各寺觀田土每留六十畝為業。」

8 宗喀巴（1357-1419），是藏傳佛教格魯派（黃教）創始人，其弟子克珠傑開班禪轉世之先河，弟子根敦朱巴即達賴轉世之初尊，他是藏傳佛教一代祖師，被藏族人認為是文殊菩薩的化身。

治，也利用神仙說暗喻自己是上天認定的天子。明成祖特別崇拜「玄武」神，據說與成祖的「靖難之變」有關。成祖因道衍和尚之故，借助天兵出戰，而天兵的元帥即真武大帝。其後，成祖為帝，在武當山大興土木，於永樂十年（1412）始，發軍民工匠十多二十萬人，用六年時間興建龐大道教建築群。並將武當附近閒田，賜予武當，發徙流犯人充當佃戶。[9]如此花費鉅大的建築，其原因至今仍是學者研究的問題。

道教除明世宗一朝大盛外[10]，基本上在政治上的發展是停滯不前。就因為這樣的環境，道教的多神崇拜、內丹修煉、向善積福等觀念與修持，漸在民間流播發展。從「三言」故事就得到證實，凡涉宗教的故事，接近九成都是與道教有關。明代的道教除祭祀本身傳統的神祇外，更吸收其他民間神靈，如關帝、呂祖、玄帝、天妃、城隍等盡成為道教的神，如馬德稱落拓，日間以賣字維生，夜間常在祖師廟、關聖廟、五題廟幾處安身（《警》十七）。相信這三所廟宇，當在同一區域，可令讀者想像到民間的多神崇拜情況。民間流行各類型的勸善書，扶乩降神之風日盛。明代文人甚多篤信扶乩，如金聖歎受泐法師之靈附身、屠隆[11]信奉曇陽大師，沉迷扶乩、陳繼儒[12]晚年好扶乩術等。孟森在〈金聖歎考〉說：

> 然世神怪奉之聖歎，殊不自今日始。聖歎被戮於清順治十八年，而其以神怪聳動世人者，乃在明天啟七年，蓋聖歎在世之日，已為神

---

9 卿希泰、唐大潮：《道教史》（江蘇：人民出版社，2006），頁290-292。

10 明世宗甚好符籙秘方、祈風喚雨等方術，重用道士邵元節及陶仲文等。邵官至禮部尚書，賜一品服，陶更「一人兼領三孤」，事見〔清〕張廷玉等：《明史》卷三百七。

11 〔明〕屠隆，字緯真（1542-1605），號赤水、鴻苞居士，浙江鄞縣人。明代文學家、戲曲家。書畫造詣頗深，與胡應麟等並稱「明末五子」。著述有《彩毫記》、《曇花記》、《修文記》、《白榆集》、《由拳集》、《鴻苞集》、《觀音考》等。

12 〔明〕陳繼儒，字仲醇，號眉公、也作麋公，又號白石山樵。明代著名文學家、書畫家，著作有《眉公全集》、《晚香堂小品》等。

怪之說所憑附者，近四十年矣。[13]

可以說，此時期的道教思想已揉合儒家的道德觀、佛教的生死及宇宙觀。明代的文學創作，包括小說，都吸收了這種觀念。民間的宗教思想漸漸世俗化，漸有佛、道不分的趨勢。正統的全真、正一派思想，反而逐漸式微。

表十六　「三言」有關宗教的故事

卷目	有關宗教故事內容大要	相關宗教／行為
新橋市韓五賣春情（《喻》三）	吳山與金奴幽會，白晝交歡，被胖和尚鬼魂纏身。後超渡其魂，得免於難。	佛教 請了幾個僧人做了一晝夜道場。
閒雲庵阮三償冤債（《喻》四）)	阮三、陳玉蘭的宿世姻緣。	佛教 閒雲庵王尼姑與陳家關係密切。
趙伯昇茶肆遇仁宗（《喻》十一）	宋仁宗夜夢金甲神。	民間信仰 預示趙旭才能。
張道陵七試趙昇（《喻》十三）	記述張道陵成道及七試其弟子趙昇經過。最後，與趙昇、王長兩弟子飛昇。	道教 成仙過程
陳希夷四辭朝命（《喻》十四）	陳摶成道過程。	道教 成道過程
史弘肇龍虎君臣會（《喻》十五）	史弘肇遊陰間所知而引發世間際遇。	道教／民間信仰 預知世事
范巨卿雞黍死生交（《喻》十六）	范式自刎赴約。	民間信仰 守信義

13 孟森：《心史叢刊》（北京：中華書局，2006），頁181，轉引自合山究、蕭燕婉譯：《明清時代女性與文學》，頁313。

卷目	有關宗教故事內容大要	相關宗教／行為
陳從善梅嶺失渾家（《喻》二十）	紫陽真君感陳辛供齋志誠，知其夫婦有千日之災，特遣大慧真人護送至廣東南雄赴任。	道教 報答善信
楊思溫燕山逢故人（《喻》二十四）	鄭意娘鬼魂報仇。	民間信仰 報仇
月明和尚度柳翠（《喻》二十九）	月明和尚渡柳翠事。	佛教 輪迴因果
明悟禪師趕五戒（《喻》三十）	敘述明悟及五戒轉世為佛印及蘇東坡事。	佛教 輪迴因果
鬧陰司司馬貌斷獄（《喻》三十一）	司馬貌被閻王請到陰間審理漢初劉邦、呂后、韓信、彭越、英布、丁公、戚氏等人的案件。卒造成東漢末的局面。	佛、道教 輪迴因果
遊酆都胡母迪吟詩（《喻》三十二）	胡母迪被閻君請到陰間，親睹歷代奸臣、權閹、貪財、姦淫者在陰間的苦況。	佛、道教 輪迴因果
張古老種瓜娶文女（《喻》三十三）	張古老舉家十三口白日飛昇，都成神仙的故事。	道教 成仙故事
李公子救蛇獲稱心（《喻》三十四）	李元救小蛇而獲龍王報恩故事。	佛、道 神靈報恩
梁武帝累修歸極樂（《喻》三十七）	述說梁武帝前世今生的故事	佛教 輪迴因果
任孝子烈性為神（《喻》三十八）	述任珪剛烈，到梁家殺死妻子、周得等五人。其後自首，被判淩遲處死。臨刑前坐化為神，受鄉眾香火。	道教 正直行事為神
莊子休鼓盆成大道（《警》二）	莊子試妻故事。	道教 人慾難免，修道為要

卷目	有關宗教故事內容大要	相關宗教／行為
俞仲舉題詩遇上皇（《警》六）	說俞仲舉遇宋高宗事。	民間信仰 能者必顯達
陳可常端陽仙化（《警》七）	郡王誤會可常與其歌姬新荷私通，將其杖責，轉發寧家當差。新荷實與錢原私通，冤屈可常。可常於端陽圓寂。	道教 坐化成仙
錢舍人題詩燕子樓（《警》十）	錢易在樓中遇一女子相互唱詠，此女子當為關盼盼之魂。	民間信仰 陰魂不散
三現身包龍圖斷冤（《警》十三）	孫押司信算命先生之言，害怕自己會在三更身亡。被小孫押司利用，將押司勒死，並假裝投河自盡。孫押司鬼魂現身，令迎兒代其伸冤。包拯接管此案，從鬼魂所寫讖語破案。	民間信仰 鬼魂申冤
一窟鬼癩道人除怪（《警》十四）	吳洪在墓園上得知，所遇妻子、錦兒、王婆等皆為鬼身。後得癩道人收服群鬼，吳洪後隨道人雲遊。	道教 遇見一群鬼魂
小夫人金錢贈年少（《警》十六）	小夫人被王招宣府逐出，改嫁張員外。嫁後知道被騙，張員外已六十來歲的老人。小夫人對張勝有意，生前死後仍多次幫忙，惟張勝心正，不曾有染。	民間信仰 鬼魂愛情
崔衙內白鷂招妖（《警》十九）	崔亞借得新羅白鷂，到城外放鷂。竟遇上妖怪，陷於色網中。最後得羅真人捉去三妖，救出崔亞。	道教 遇妖

卷目	有關宗教故事內容大要	相關宗教／行為
計押番金鰻產禍（《警》二十）	計押番釣得金鰻，金鰻開口說若加害於己，卒令計家死於非命。計妻誤殺金鰻，茲後引出多人喪命。	民間信仰 誤殺靈物
假神仙大鬧華光廟（《警》二十七）	魏宇遇呂洞賓及何仙姑，與之交合，騙魏宇可吸仙氣。魏生身體日差，得此二仙乃龜精所變。先有裴道士收妖，但失敗，最後，到華光廟救助，得五顯神之助，殺掉龜精。	道教 遇妖
白娘子永鎮雷峰塔（《警》二十八）	白娘子是西湖上的蛇精，而青青則是青魚精。白娘子因愛慕許宣，結為夫婦，後被法海禪師收伏，並將白蛇與青魚鎮於西湖雷峰塔下。	民間信仰 蛇妖愛情故事
金明池吳清逢愛愛（《警》三十）	盧愛愛與褚愛愛二人與吳清的愛情故事，盧愛愛死後魂魄留在人間，褚愛愛與盧愛愛容貌相似。	民間信仰 人鬼愛情故事
卷皂角林大王假形（《警》三十六）	趙再理授廣州新會知縣，到任知有皂角林大王在地方受人拜祭。一怒之下，毀其廟，破其身。皂角大王到趙家冒認趙再理，並偷去其官告文憑。害得趙被斷配兖州。中途防送公人要殺趙，得神靈九子母幫助而倖免。再到龍宮借物收伏皂角大王。	民間信仰 皂角林大王報復事

卷目	有關宗教故事內容大要	相關宗教／行為
福祿壽三星度世（《警》三十九）	劉本道本是天界延壽司掌書記的仙官，因與鶴、鹿、龜玩耍，懶於正事，被貶下凡間為貧儒。謫期完結，三仙獸下凡作弄本道。最後，壽星喝令四仙同返天界。	道教 三仙下凡
旌陽宮鐵樹鎮妖（《警》四十）	先說老子、蘭期、諶母、許琰等成仙因緣，再述許遜求仙的經歷。許遜得吳猛真傳，斬魅除妖。	道教 成仙過程
灌園叟晚逢仙女（《醒》四）	秋先愛花惜花，雖被惡霸迫害，最後成仙。	民間信仰 愛花成仙
小水灣天狐詒書（《醒》六）	王臣在樊川打狐得書，狐妖在客店變人詒騙。狐妖又變成王臣家人，氣得王臣大病。	民間信仰 狐妖弄人
佛印師四調琴娘（《醒》十二）	謝端卿想偷看皇帝，由蘇東坡帶往。誰知因誤會而出家，佛印四次情調琴娘，最後竟悟出佛理。	佛教 佛印悟道過程
赫大卿遺恨鴛鴦縧（《醒》十五）	赫大卿好色，到非空庵漁色。與尼姑空照纏上，後又與西院尼姑靜真相通。並與二尼的服侍女童有染，致身體日弱，卒至於死。空照等害怕事洩，葬之後園。後被蒯待詔訪知，起回屍身，眾尼依律受刑。	佛教 尼姑犯淫
呂純陽飛劍斬黃龍（《醒》二十二）	記呂岩與黃龍禪師鬥法，最後皈依黃龍禪師。	佛道之爭

卷目	有關宗教故事內容大要	相關宗教／行為
薛錄事魚服證仙（《醒》二十六）	記薛偉夫婦本在仙籍，因動凡心，被謫世間。後經多番波折，再為仙人。	道教 動凡心，再修成仙
鄭節使立功神臂弓（《醒》三十一）	記鄭信落井成仙及發跡事件。	道教 成仙故事
黃秀才徼靈玉馬墜（《醒》三十二）	黃損家傳玉馬墜及胡僧的神異，最後能與韓玉娥白頭到老。	佛教 胡僧故事
杜子春三入長安（《醒》三十七）	寫杜子春豪爽敗家，最後洗心思慮，得遇太上老君，與其妻同歸於大道，眾目睽睽之下成仙而去。	道教 悟道成仙
李道人獨步雲門（《醒》三十八）	記李清開皇四年往雲門山求道，回來時已是永徽五年，已是七十二年後的事。他家道已沒落，合族子孫只餘一人。	道教 仙間與人間的時間空間不同
汪大尹火焚寶蓮寺（《醒》三十九）	寶蓮寺用計姦淫求子婦女。汪大尹計破淫窟，使風俗轉淳。	佛教 寺門犯淫
馬當神風送滕王閣（《醒》四十）	記王勃寫滕王閣記後，隨中源水君而去。	道教 記王勃仙逝傳說

輯錄上表時，主要依故事內容明顯與宗教有關的發展部分而成，若與主體故事無關的宗教內容則不錄。列表主要分為三種宗教類別，一是佛教，故事很明顯涉及佛家故事，凡有關尼姑、和尚、寺院的故事均列入佛教類。二是道教，是以求仙成道為中心點及有關道教神仙的傳記，故事內容涉及道人、真人、仙人者均列入道教。三是民間信仰，道教結合了不少中國傳統名人，如關公、諸葛亮等古聖賢人，本文均列入第三類民間信

仰，此類人物未必與道教、佛教有關，卻因其道德行為，而被民眾奉為神明；其次是有關鬼魂、精怪，卻又不涉及宗教者列入。在明代的筆記小說中，不乏記載佛、道及精怪鬼魅的故事。其次，故事涉及玄疑、鬼魂、精怪而不知是道教或佛教者，也列入民間信仰。至於地獄觀念，佛、道兩家均有詮釋。由於地獄觀念可道可佛，在「三言」故事中，有關地獄的故事，列入佛、道教共有概念。

中國遠在周代，已有鬼神的觀念，未必與佛、道教有關。從古禮中的祭祀鬼神，逐漸衍變成祭祀灶君、門神、火神、井神等等活動，也影響了道教思想的內涵。《左傳．昭公二十九年》：

> 夫物，物有其官，官修其方，朝夕思之，一日失職，則死及之，失官不食，官宿其業，其物乃至，若泯棄之，物乃坻伏，鬱湮不育，故有五行之官，實列受氏姓，封為上公，賜為貴神，社稷五祀，是尊是奉。木正曰勾芒，火正曰祝融，金正曰蓐收，水正曰玄冥，土正曰后土。[14]

《左傳》記載有五行之官，可算是古代神祇的名稱，包括熟識的火神祝融。《周禮．春官》載：

> 「以禋祀祀昊天上帝；以實柴祀日月星辰；以槱燎祀司中、司命、風師、雨師。」（祀天神）又載：「以血祭祭社稷，五祀、五嶽；以貍沉祭山林川澤；以疈辜祭四方百物。」（地祇）又載：「以肆獻祼享先王！以饋食享先王，以祠春享先王，以禴夏享先王，以嘗秋享先王，以烝冬享先王。」[15]

14 《春秋左氏傳．昭公二十九年》。

15 楊天宇：《周禮譯注》（上海：古籍出版社，2007）〈春官〉，頁275-276。

《周禮》記載了周人祭祀天神、地祇的方式與內容。

在社會道德的發展過程中，宗教是有著不可磨滅的地位。姑勿論是否迷信，大部分宗教都是導人向善，以善因善果、惡因惡果，穩定部分人行善的信心。然而馬克思（Karl Marx）對此大表反對：

> 基督教的社會原則曾為古代奴隸制進行過辯護，也曾把中世紀的農奴制吹得天花亂墜，必要的時候，雖然裝出幾分憐憫的表情，也還可以為無產階級遭受壓迫進行辯解。……基督教的社會原則認為壓迫者對被壓迫者的各種卑鄙齷齪的行為，不是對生就的罪惡和其他罪惡的懲罰，就是無限英明的上帝對人們贖罪的考驗。基督教的社會原則頌揚怯懦、自卑、自甘屈辱、順從馴服……。[16]

馬克思針對資產階級對無產階級的剝削，而作出嚴厲批評。然而，卻忽略了社會上所以行善的依據。筆者曾上過哲學大師牟宗三先生的課，牟先生之所以禮敬孔子，有一點是人類之所以為善，因為我們是「人」，人就要與禽獸有別。可是，人世間又有幾多人是自覺的道德建立者？未能自覺者，會因宗教的關係而行善，加強其道德感。M. Argyle & B. Beit-Hallahmi 研究指出：

> 宗教似乎對英國及美國的政治生活提供了一個保守的功能……且宗教是維持傳統價值及政治現況的重要因素。[17]

---

16 馬克思著、鄭天星編：《馬克思、恩格斯論無神論宗教和教會》，頁157，轉引自包爾丹（Pals, D.L）《宗教的七種理論》（上海：古籍出版社，2005），頁184。

17 M. Argyle & B. Beit-Hallahmi著，李季樺、陸洛譯：《宗教社會心理學》（臺北：巨流圖書公司，1996），頁140。

相信宗教同樣在中國產生維持傳統價值的重要元素。倘若社會沒有了宗教，又沒有相應的道德理論去支持群眾的道德行為。這個社會如何走下去？

法國猶太裔社會學家愛彌爾．涂爾幹（Émile Durkheim）：

> 宗教力就是人類的力量和道德力量。確實，集體情感、只有把自身與外界對象結合起來，才能意識到自身的存在，它們不可能不汲取其他事物的某些特徵。[18]

中外學者很多都相信，人類要先滿足物慾，才能提升至精神領域，最終才達至靈性的地步。馬思勞（Abraham Harold Maslow, 1908-1970）的需求層次理論，將生理需求放在最低層，其次是安全、感情、尊重，最高是自我實現。[19]包括馬克思自己也承認「人類必定先必須吃、喝、住、穿，然後才能從事政治、科學藝術，宗教等等。」[20]若放下迷信不討論，宗教必然有其社會價值。

據〈表十六〉記載，有關宗教或神怪精妖的故事，竟然占「三言」一百二十故事中三分之一以上。當然，有關神怪的故事會加強吸引力，某些故事還有理沒理的加入神化的內容，例如宋金是羅漢轉世（〈宋小官團圓破氈笠〉《警》二十二）及宋高宗夜夢賢人不遇等（〈俞仲舉題詩遇上皇〉《警》六），均是可有可無的內容。只不過是加強故事內容的信實度，及趣味性。

有關佛教的故事占十三則，而其中兩個故事更是犯淫，〈汪大尹火焚

---

18 〔法〕愛彌爾．涂爾幹（Émile Durkheim）：《宗教生活的基本形式》（北京：商務印書館，2011），頁579。

19 Marslow, A. H. (1942) *A Theory of Human Motivation Psychological Review.*

20 恩格斯（Friedrich Engels, 1820-1895）：〈在馬克思墓前的講話〉載：「馬克思發現了……一個簡單事實：人類必定先必須吃、喝、住、穿，然後才能從事政治、科學藝術，宗教等等。」轉引自包爾丹《宗教的七種理論》（上海：古籍出版社，2005），頁157。

寶蓮寺〉(《醒》三十九)及〈赫大卿遺恨鴛鴦縧〉(《醒》十五)。其他故事，多涉及輪迴因果內容。至於道教則有二十一則故事有關，占總數一半以上的故事。這反映明代社會普遍民眾是偏向道教思想。我們可以明代文獻中找到不少涉及佛、道的奏章，如《皇明經世文編》中張寧〈齋醮進香：諫止進香〉(卷五十)、劉健〈論崇佛老疏〉、〈諫造塔疏〉(卷五十二)、楊廷和〈請慎選左右速停齋醮疏〉(卷一二一)、徐以升〈請立雩壇疏〉(卷五十五)、沈鯉〈議改北嶽疏〉(卷四一七)等等；單單《萬曆野獲編》記載有關〈釋道〉、〈神仙〉、〈果報〉、〈徵夢〉、〈鬼怪〉、〈禨祥〉的條目就多達百多項，足見明代上層社會崇祀佛道鬼神的程度。加上皇帝及大臣的催動，更形成一股風氣，包括世宗的迷信，已達癡迷的地步，嚴嵩身為首輔，竟以「青詞」見寵，其餘徐階、張居正等也不得不跟風氣而行，努力「青詞」。民間亦多有扶鸞討請神的紀錄，試舉《寓圃雜記》及《萬曆野獲編》例：

> 天順五年，余家遽遭焚，因請扶鸞以扣禍福。方布箕，即運動，遂書一詩曰：「一別三年未得歸，田園今與昔時非。眼前零落兒孫少，鄉里蕭條故舊稀。址處我能留客醉，兇年誰肯賑民飢。含愁欲説胸中事，只恐西山又落暉。」余扣為何人？曰：「玉澗也。」從父平生愛客，尤喜施與。景泰五年之飢，有粟二千石，皆以貸人，後皆不能償，亦不戚戚。此詩其實錄也。[21]

> 兵部尚書靖遠伯王驥，自征麓川思任發奏捷歸，上言征麓川時，有雲南大理府阿吒力僧綱司、土僧何清，在彼結壇行法，將思任發及刀漢招父子縳藁為人，背書名字，枷鐐刀箭砍射驅魂，在壇晝夜咒

21 〔明〕王錡：《寓圃雜記》卷七〈玉澗降筆〉，頁54。

> 壓，果有青蛇花雀入壇，黃昏神號鬼哭。後隨大軍過江殺賊，持番行法，直至賊門，呼風止雨，佐助火攻有驗，宜錄其功。上不允。……思任發已逃去不獲，乃為誕妄不經之，以誑主上。……正統八年，分守獨石都督同知楊洪言，雲州堡西金閣山崇真宮，其神能出光怪致靈異，去秋巡徼至東涼，猝遇虜騎勢張甚，臣默禱於神，虜遂遁去，因以私錢修廟，今已畢事，乞賜敕額，及道流住持。上命賜名為「靈真觀」，度道士主之。是時王振燄已熾，邊帥神其說以獻媚，習為故事。以至嘉靖末年，每遇奏捷，必以「仰仗玄威」為疏首第一句。則正統已為之先鞭矣。[22]

家中有事，則扶箕問休咎，信鬼神的預言，不論真假，崇玄天而棄人事，卒非好事。《萬曆野獲編》更甚，國家大事，兩陣對壘，請鬼神協助，年年月月都有這些禍國殃民殘賊。最無知是統治最高層，戰爭勝利，首誦「玄威」，真是無言以對。其次，上層執信佛、道，造成朝廷矛盾，李孝悌〈明清的上層社會與宗教〉有如下的分析：

> 明朝諸帝多半崇信佛道，寺觀壇廟林立，齋醮不時。這些宗教信仰一方面受到皇帝、官僚的積極贊助，一方面也招致廷臣的嚴厲攻擊。憲宗朝的張寧認為三代雖無釋道之教，卻能做到「君主審考，世運靈長」。[23]

佛道之流行，皇室及大臣的推動，《萬曆野獲編》有如下的記載：

---

22 〔明〕沈德符：《萬曆野獲編》卷二十七〈釋道．僧道異恩〉，頁682-683。

23 李孝悌：〈明清的上層社會與宗教〉，收在鄭培凱主編：《明代政治與文化變遷》（香港：城市大學出版社，2006）。

> 武宗極喜佛教，自列西番僧唄唱無異，至托名「大慶法王」，鑄印賜誥命。世宗留心齊醮，置竺乾氏不談，初年用工部侍郎趙璜言，刮正德所鑄佛鍍金一千三百兩，晚年用真人陶仲文等議，至焚佛骨萬二千斤。逮至今上，與兩宮聖母，首建慈壽、萬壽諸寺，俱在京師，窮麗冠海內。至度僧為替身出家，大開經廠，頒賜天下名剎殆遍，去焚佛骨時未二十年也。[24]

又載：

> 成化十七年，傳升道錄司右至靈鄧常恩為太常卿。蓋自永樂間升右善世姚廣孝為太子少師，及全真邱元清為太常卿，後來未有異。然姚係佐命元勛，邱曾為監察御史，常恩不過以房中術得之。時，尹恭毅旻任太宰，不能執奏。又是年，賜番僧萬行清修真如自在廣善普慈宏度妙應掌教翊國正覺大濟法王、西天圓智大慈悲佛，領占竺等十四人誥命。時周文安洪謨為宗伯，亦不聞執奏也。蓋憲宗於釋道二教，俱極崇信如此。[25]

武宗好佛，還自稱「大慶法王」，世宗好道，二人浪費大量財力於佛、道的興建中。憲宗迷信佛道，亦耽於房中術，寵信僧、道。真可謂誤國、誤民、誤己的蠢人。我們真的很奇怪，皇帝、大臣都算是知識份子，竟然迷信到與一般民間愚夫愚婦無異。宗教當然有其社會意義，但政教合一，未免是迷信空靈，而疏忽現實。也讓僥幸之徒夤緣而掌權，謀取私利。

回教又稱伊斯蘭教，在「三言」各故事中，沒有提及此宗教。回教自唐至明中葉，都在中國流行。元代更普遍傳播各地，中書省及行中書省、

---

24 〔明〕沈德符：《萬曆野獲編》卷二十七〈釋道・釋教盛衰〉，頁679。

25 〔明〕沈德符：《萬曆野獲編》卷二十七〈釋道・僧道異恩〉，頁684。

路等均有穆斯林分布，但路以下則未能普遍。明初對伊斯蘭教的優容，使穆斯林流向中小城市鎮及農村。據研究，明中葉以後，內地大部分一級行政單位、三分之二的二級行政單位及二分之一的三級行政單位都見穆斯林的分布。[26]明中葉以後，由於西方強國成為海上霸權，加上瓦剌又阻斷中原與西北的交通，終止了大規模的回教民族來華。相信此亦是「三言」沒有記載回教原因之一。

在沈小霞的故事中，曾提及「白蓮教」。此教創於南宋初年，可謂歷史悠久。初稱「白蓮宗」，以佛教教義為宗，信徒半僧半俗，戒殺念佛。白蓮教在元代一度被承認，後宣揚「明王出世」及「彌勒佛當有天下」的言論，轉為秘密組織。明政權建立後，立律禁止白蓮教、明教等民間組織活動。[27]白蓮教曾多次組織抗明行動，包括明初蘄州王玉二、漢中高福興、江西李法良等；明中葉劉通、李原等聚眾達百萬人；明末有徐州徐一平、福建吳建等。白蓮教之擾攘，可謂終明之世，無日無之。其中值得注意的是嘉靖年間，山西羅廷璽之活動，與沈小霞同期。其他民間組織包括羅教、黃天教、聞香教等都曾在明代流行，由於未有記錄在「三言」故事內，故不作介紹。

佛教的傳入與深化，漸漸與中國傳統習俗融合，豐富了中國民間活動與思想。方立天指出：

> 佛教宣揚因果報應、輪迴轉世、佛國淨土、餓鬼地獄，由此而派生出或形成了陰司、閻王、鬼判、超渡、拜佛、供獻、燒香、還願、誦經、浴佛、塑佛像、造佛塔、建佛寺、趕廟會、祈求賜福免災等

---

26 王友三：《中國宗教史》（山東：齊魯書社，1991），頁643。

27 懷效鋒校：《大明律》卷十一《禮律一・禁止師巫邪術》，頁87載：「凡師巫假降邪神，書符咒水，扶鸞禱聖……及妄稱彌勒佛、白蓮社、明尊教、白雲宗等會……為首者絞；為從者，各杖一百……。」

說法與活動，極大地開拓和擴展了中國的民間習俗，並使其帶有很大的神秘性。[28]

佛、道兩家思想互相影響，及於民間信仰。中國民眾在不知不覺間，使來自印度的宗教行為，轉為中國習俗，如「盂蘭盆節」，是佛教目犍蓮救母的故事，在香港的祭祀中，與中元節並行，卻幾乎全由道士主持，便是最好的例子。

宗教思想是跨朝代發展的，本章所選的「三言」的宗教故事，並不限定是明代的事情，該故事明顯與宗教有關、如因果報應、鬼神出現等，均會引用。

第一節　因果報應觀念

一　因果說之由來

因果報應之說，在中國流傳已久。若以商周文化為中國核心文化之始，則因果之說商周時期尚未流行。商代人相信，先人死後會成為神，繼續保祐其家族。人類智慧未足理解自然界時之時，對突發現象都會出現驚恐，例如地震、雷電、水災等，繼之以為宇宙有統治者，控制人類禍福。人類透過巫、覡可以與鬼神接觸[29]，而萬物四方均有相關神祇負責，如《左傳》記五行之官及《周禮》記祭祀之方。[30]古代農業社會，對天地四

28 方立天：《中國佛教文化》（香港：三聯書店，2008），頁345。

29 《國語．楚語》載昭王問觀射父言：「……古者民神不雜，民之精爽不携貳者，而又能齊肅衷正，其知能上下比義，其聖能光遠宣朗，其明能光照之，其聰能聽徹之，如是神明降之。在男曰覡，在女曰巫。……於是乎有天、地、神、明、類物之官，謂之五官，各司其序，不相亂也。」

30 參考《春秋左氏傳．昭公二十九年》及楊天宇：《周禮譯注》〈春官〉，頁275-276。

方的變化，產生無力感，惟有通過祭祀祈福。另一角度，則顯示中國思想始與大自然融和之始。

所謂「神」，是擬人的，是具有人格的神，神能降福受享。中國古代基本上是多神，所以說「制神之處外位次主」。當時專門事神的官，應是部落中較高級的主管。在祭祀中，表達誠意，如此，則個人、家庭、甚至整個國家就受到諸神祇的庇護。故史家說「商人尚鬼」。

至於因果報應之說，始見於《易．坤．文言》：「積善之家必有餘慶，積不善之家必有餘殃」。往後中國討論因果，卻往往將此情節解作個人的因果報應。其實這裡的「家」不是指個人，而是家族或包括祖上和後代。《太平經》卷十八，三十四〈解承負訣．承負說〉：

> 凡人之行，或有力行善，反常得惡，或有力行惡，反得善。[31]

> 力行善反得惡者，是承負先人之過，流災前後積來害此人也。其行惡反得善者，是先人深有積蓄大功，來流及此人也。能行大功萬萬倍之，先人雖有餘殃，不能及此人也。因復過去，流其後世，成承五祖。[32]

《太平經》中稱為承負，即累世積集下來的福報和善報。福報即餘慶，惡報即餘殃，主要是餘殃。更明確指出，行惡而有善報，是祖上積福；行善而得惡報，是由於祖上積惡。我們認為這是道教思想，可是，此思想卻又很明顯來自儒家。這種因果關係又不盡同於佛教，佛教是「自作自受」，沒有理由「你的惡，我來受」。道教認為人只有修道才能除去「故

31 《太平經》卷十八，三十四〈解承負訣．承負說〉，〈https://zh.wikisource.org/zh-hant/太平經合校〉，瀏覽日期：2020年8月13日。

32 《太平經》卷十八，三十四〈解承負訣．承負說〉，〈https://zh.wikisource.org/zh-hant/太平經合校〉，瀏覽日期：2020年8月13日。

氣、戾氣」，轉禍為福。這裡我們要特別注意道教的「因果報應」不是一個人的事，而是一個家族的問題。此與中國傳統宗法制度有莫大的關係，亦是儒家提出「積善之家，必有餘慶」的家族。宗法制度是繼承法一種，與封建制度互相依持。中國敬祖的思想，就在這環境下出現，古者有「五世而親盡」的理論，《太平經》亦言「成承五祖」，即我們的善惡業報，受五世祖先的影響。《太平經今注今譯》卷四十〈努力為善法〉：

> 既生，年少之時，思其父母不能去，是一窮也。適長，巨大自勝，女欲嫁、男欲娶，不能勝其情欲，因相愛不能相離，是二窮也。既相愛，即生子，夫婦老長，顏色適不可愛，其子少可愛，又當見養，是三窮也。其子適巨，可毋養身，便自老長不能行，是四窮也。[33]

人有四窮而不行善，死後會受到地府的刑問，變成「愁苦鬼」；行善則成為「樂遊鬼」。東漢末，地府受刑之說出現。

〈四行本末訣〉指出大善之行與大吉後果，大惡之行與大凶後果，不善不惡與不凶不惡，一善一惡無常之行與吉凶莫測的後果。[34]《太平經》已開始界定善惡之報。《抱朴子》亦有言及：

> 人欲地仙，當立三百善；欲天仙，立千二百善。若有千一百九十九善，而忽復中行一惡，則盡失前善，乃當復更起善數耳……又云：積善事未滿，雖服仙藥，亦無益也。[35]

---

33 楊寄林譯注：《太平經今注今譯》卷四十〈努力為善法〉（河北：人民出版社，2002），頁170。

34 楊寄林譯注：《太平經今注今譯》，頁215-220。

35 王明：《抱朴子內篇校釋（增訂本）》（北京：中華書局，2002），頁53。

要求成仙，亦必須行善，否則沒法有成就。

至於佛教的因果論，《佛學大辭典》的解釋：

> 因者能生，果者所生。有因必有果，有果必有因，是謂因果之理，佛教通之三世說善惡應報之義。《觀無量壽經》曰：「深信因果，不謗大乘。」《止觀・五下》曰：「招果為因，尅獲為果。」《十住毘婆娑論・十二》曰：「因以得知，得者成就，果者從因有，事成名為果。」[36]

另外，可從傳入中國第一本經《四十二章經》所載，理解其中意思：

> 佛言。眾生以十事為善，亦以十事為惡。何等為十？身三、口四、意三。身三者：殺盜婬；口四者：兩舌惡口妄言綺語；意三者：嫉恚癡。如是十事，不順聖道，名十惡行。是惡若止，名十善行耳。[37]

佛以身、口、意十惡為人常犯的錯誤，若不行十惡，即為十善，又載：

> 佛言。人有眾過，而不自悔，頓息其心，罪來赴身，如水歸海，漸成深廣。若人有過，自解知非，改惡行善，罪自消滅，如病得汗，漸有痊損耳。[38]

行惡則有過，有過則罪來赴身，是因果報應的觀念。佛甚至舉例，人

---

36 丁福保：《佛學大辭典》（北京：文物出版社，1984），頁497。

37 竺法蘭譯：《佛說四十二章》，見國際文化出版社編《佛教十三經》（北京：國際文化出版社，1993），頁126。

38 同上註。

所作因，如向天吐涎，必自受。因果之間，必有緣，因此又稱因緣果。意思是有因，但必須緣熟，果才出現。可以報於今，可以報於來世，今所受之果，俱緣於前世之因，故又稱「三世因果」[39]。

其後，佛教各經典傳入中國，綜合小乘佛教的理論，可分為六因五果。六因：能作因、俱有因、同類因、相應因、遍行因、異熟因：

一、能作因，又名所作因、隨造因，即某物生時，凡一切不對其發生阻礙作用之事物，皆為某物之能作因，其範圍至廣。

二、俱有因，又作共有因、共生因，為俱有果之因，即輾轉同時互為因果者，又稱共因，是指心與心所更相佐助，如兄弟同生互相成濟。

三、同類因，又作自分因、自種因，是指過去與現在之一切有漏法，以同類相似之法為因，故稱同類因，如善法為善法之因，乃至無記法為無記法之因是。

四、相應因，是指認識發生時，心及心所必同時相應而起，相互依存，二者同時具足同所依、同所緣、同行相、同時、同事等等，故稱相應因。

五、遍行因，又稱一切遍行因，是指能遍行於一切染污法之煩惱而言，此遍行因由心所中之十一遍行生一切之惑。

六、異熟因，又稱作報因，乃指能招致三世苦樂果報之善惡業因，這些善惡業因能招善惡之果，因果異類而熟，故其因稱為異熟因，其果稱異熟果。[40]

---

39 丁福保：《佛學大辭典》，頁497〈三世因果〉：「亙過去、現在、未來三世而尋因果。《因果經》曰：『欲知過去因者，見其現在果；欲知未來果者，見其現在因。』……《涅槃經．憍陳品》曰：『善惡之報，如影隨形，三世因果，循環不失，此生空過，後悔無追。』」

40 六因五果：〈zh.wikipedia.org/zh-tw/六因五果〉，瀏覽日期：2020年8月18日。

五果：異熟果、等流果、增上果、士用果、離繫果：

> 一、異熟果，即以惡業招來世三惡之苦果，以善業招來世人天之樂果。苦樂之果性，皆為無記，與業因之善與惡之性異。自六因中之異熟因而來。
>
> 二、等流果，又作依果、習果。依前之善心而轉生後之善心，依前之惡心而益生後之惡業，依前之無記而生後之無記，等於果性因性而流來者。
>
> 三、增上果，即因助而生增上緣，依增上緣所得的結果。又指能作因所得的結果，即依助業之增上力所生的結果，亦即藉業餘勢而顯現的結果。
>
> 四、士用果，又作士夫果、功用果，係五果之一。謂由士夫之作用所得之果。「士」謂「士夫」，指人，「用」謂「作用」，指造作，此謂人使用工具所造作之各類事情，實指「俱有因、同類因」所引起之果，因其力強，故稱為士用果。
>
> 五、離繫果，依涅槃之道力而證之者。涅槃離一切之繫縛，故云離繫。此法常住，非自六因而生者，唯以道力而證顯，故雖與以果之名而非對於六因之因體。[41]

「無記」是指中容之業，不能記得苦樂兩報，即苦樂不記[42]。至於道教的因果觀，發展至宋、明期間，道教的因果觀受到佛家的深遠影響，宋朝的《太上感應篇》載三屍神每到庚申日，便向天曹言人功過，又認為三屍神會向灶君報說記錄，而灶神則稟報上天。三屍就是業力的因：善念、

---

41 同上註。

42 丁福保：《佛學大辭典》，頁1088〈無記〉條。

惡念、執念；而業力就是果。[43]道教成道要靠三種方法：(一) 以力證道、(二) 斬三屍、(三) 功德成聖。

斬三屍了斷因果，就是其中成道的一種法門。三屍寄託在人的三魂七魄之中，所生的果與業，輪迴也不消去。這種理論又明顯與佛教法相宗的輪迴理論相似。法相宗認為人除眼、耳、鼻、舌、身、意六識外，尚有末那識和阿賴耶識，而潛藏在第八識中的業，會隨著人的輪迴而不去。法相宗創立於唐朝，初祖為玄奘法師，而《太上感應篇》流行於宋代以後，相信內裡所論，或多或少受法相宗影響。發展至現代，《太上感應篇》的內容常被佛教諸賢引用說明輪迴報應。至於修煉，則必須行善，否則服食仙藥也沒有功行。[44]其中行善，又以忠、孝、和、順、仁、信等傳統道德觀為本：

> 欲求仙者，要當以忠、孝、和、順、仁、信為本。若德行不修，而但務方術，皆不得長生也。……人欲地仙，當立三萬善；欲天仙，立千二百善。[45]

《道教義樞》卷三《因果義》引《靈寶經》說：「善惡報應，正由心耳。」因果觀念是道教推行善道教化，勸善行善的思想基礎。可是，道教繼承中國傳統強烈家族觀念，個人是「小我」，家族是「大我」。每個人的功德是與過去世父母有關，亦影響後世的子孫。《太上洞玄靈寶三元品戒功德輕重經》有解釋生者與死者之間的關係：

---

43 《感應篇新注》(民國北京天華館版排印，有民國九年程景垣序)，頁10。

44 王明：《抱朴子內篇校釋 (增訂本)》(北京：中華書局，2002)，頁53。

45 《抱朴子・內篇・對俗》卷三，收在《道藏》第28冊，頁180-181及李中華註譯：《新譯抱朴子》，頁80。

> 道君稽首敢問天尊：功德輕重，拔度階級，高下次第，何者為先？先世負重責，為止一身，為流及子孫。己身行惡，為身自受報對，為上誤先亡。如今所見百姓子男女人，見世生身，充受塗炭，百苦備嬰，不能自解。又見死者形魂憂惱，流曳三途五苦之中，長河寒庭，風刀萬劫，不得解脫。經傳或云先身行惡，殃流子孫。或云己身罪重，上誤先亡。或云善惡各有緣對，生死罪福各有命根。如此報應善惡緣對，則各歸一身，不應復有延誤之言。又云自非功德拔度，先世謫魂則無由解脫。功德既建，則生死開泰。若各有緣對，行惡之者，死則長淪萬劫，長縶幽夜，何緣復得建此大功，以自拔贖。若子孫建功，上為亡者，則與延誤，理無復異。愚情淺狹，所未能了。[46]

其中「經傳或云先身行惡，殃流子孫。或云己身罪重，上誤先亡。」正好反映這種家族血脈相聯的關係。

自漢代佛教思想流入中國，與本土儒、道兩家思想常有衝突，發展至明代，三家基本上互相融和，各攝所長。

綜括儒、釋、道三家的因果觀最大差別是，儒家勸人積善，是以善待人，人必以善待之。理論是基於融洽的社會人際關係，會帶來合理的對待回報，例如提出「人之有技，若已有之；人之彥聖，若已有之」的大我思想，及相信人性有向善的動力；釋教是自承因果，很難有替代者；而道教是祖上積德，自己也要行善，才避免惡果，無疑是將個人，擴展至整個家族。

發展至明代，以因果勸善的著作紛現，最流行是袁了凡《了凡四

---

46 《太上洞玄靈寶三元品戒功德輕重經》，撰人不詳，收在《道藏》（北京：文物出版社、天津：古籍出版社）第6冊，頁883。此經約出於東晉，原出於《靈寶經》章節，單行為一卷。

訓》、《文昌帝君陰騭文》、《太上感應篇》等。而明代著作，亦多有記載因果關係，相信因果觀，已深入民心，如《萬曆野獲編》兩則故事：

> 今詈人有「現世報」之說，意為俚說耳，不知竟有其事。只如嘉靖末年，宣大總督楊順以媚分宜之故，誣沈鍊左道通虜，絞之於市。及隆慶初年，順坐前事，入獄病死。刑部侍郎洪朝選，以順曾發華亭公子倩人入闈，為華亭公所恨，不許埋屍，致蟲流於戶。而朝選居鄉，又為撫臣勞堪所劾，縊死獄中，數日始許領埋，亦有小白之泚，其好還如此。[47]

> 蘇州衛軍人丁姓者，曾以小讁收獄中。既得免，忽驟富，充漕卒之長。運糧入京，竣事歸，與其儕歡飲於舟中，忽作異方語，瞪目改容，切齒恨罵，將自戕。眾皆怪問，則曰：「我實盜也，與丁同處，圜扉相昵，私語之云：『我案定無活理，但富有金寶，分匿某地某地，君可盡取之，為我殮遺骼，少賑我妻子足矣。』丁諾之。比得釋，如其教，盡發伏藏歸囊中，反賂獄卒速斃之，此冤不可解。我遍覓南北，今日始得，萬無相放理。」遂再批其頰，獰惡不可制，眾懼，哀請曰：「君言良是，我曹不敢代為解。第數人同入都，比歸而殞一人，死狀不明，何以自白。且事屬既往，向已濡遲，何不少濡之，俟其抵家與索命未晚也。」忽首肯曰：「此說事理明白，我且去矣。」丁遂昏臥若沉醉者，比醒詢之，毫不知前語，眾皆懦懦竊相告語，亟促宵行。到吳不數日，市人喧傳，丁軍中惡於闤闠中矣。同行者齊往視之，則復理前說而加詳焉，因自抉其目，拔其舌，狂走經日，始斃於街衢。有再問其受害年月，則數

47 〔明〕沈德符：《萬曆野獲編》卷二十八〈現報〉，頁714-715。

> 年而往矣。又問何以久不報，乃歎息曰：「我死後魂被收禁不能出，今值新天子登極，赦書至日，神人始釋我，許復仇耳。[48]

第一則是「現世報」，記載宣大總督誣陷沈鍊，以致沈鍊被絞死。其後楊順坐事入獄而病死，洪朝選不許埋葬，以致屍蟲流出戶外的果報。其後朝選居鄉，又遭撫臣所劾，縊死獄中。皆是「現世報」。第二則是丁姓者取得死囚藏金，不為其殮屍，不回顧其家人，反且賂卒速死之，並以其財充漕卒之長。丁姓者鬼魂附其身報仇，抉目拔舌，使其死於街衢。以上兩則的因果故事，在明代的筆記小說中，處處可見，可以推斷，因果報應的觀念，已深入民心。上至士人，下至走卒，不乏信仰者。

「三言」甚多故事涉及因果，本章所選故事，均足以反映中國的民間宗教觀念及信仰。〈鬧陰司司馬貌斷獄〉（《喻》三十一）最能顯現中國傳統的因果觀，故事記載司馬貌到陰司處理一件千古難斷的案件，是漢初劉邦、項羽、彭越、韓信、英布等諸人的恩怨情仇，糾纏不清。這些風雲人物，轉世為劉備、關羽、孫權、曹操等，各隨因緣，重新再會一次，一報前世善惡行為。說明中國的因果觀念，受佛家影響至深，所謂「萬般帶不走，只有業隨身」，縱然糾纏數百年，亦步亦趨，必然出現。

〈遊酆都胡毋迪吟詩〉（《喻》三十二）記載胡毋迪在陽間不知因果，常埋怨仕途不濟。直至遊酆都，始知萬事因果不爽，越王錢鏐第三子，是後世的趙構，滅宋一半江山。其餘如歷代宦官、奸臣等，在陰間受盡酷刑，死而復甦，甦而受刑至死等慘報，再次說明在世的榮華富貴，若得之不義，將受地獄之報，內容甚具勸善功能。

酆都是道教的地獄的司法機關，陶弘景的《真靈位業圖》列「酆都北陰大帝」在神階第七。道教負責陰界的掌司還有東嶽大帝，與酆都大帝功

---

48 〔明〕沈德符：《萬曆野獲編》卷二十八〈冤報〉，頁715。

能甚近。道教的地獄觀與佛教五百地獄的概念，非常接近，都是生前作惡，死後受刑。

佛道的因果觀念，在民間的信仰發展過程中，逐漸互相融和。我們且不討論宗教的真實性，只談宗教的效能。法國社會學家涂爾幹（E. Durkheim）認為在日常生活中，人們沒有可能不與其他人共同分享自己的道德信仰，在互動的情況下，建立一定的道德標準，這樣可稱為「集體意識」。[49]同樣地，因果報應，當中應包括輪迴轉世，三世因果等觀念，普遍流傳在中國人的意識中。若信以為實，則會提升其道德行為，在某角度來看，有些行為無非是害怕惡報而不敢作，但的確令社會有共同的道德信仰行為不至於「太過分」。故大部分社會學家，是不會輕視宗教的社會功能。

二　「三言」與惡報

〈呂大郎還金完骨肉〉（《警》五），開首有一詩：

> 毛寶放龜懸大印，宋郊渡蟻占高魁。世人盡說天高遠，誰識陰功暗裏來。

內裡記載兩個典故，一是毛寶，二是宋郊。毛寶是晉朝大將，豫州刺史，據說毛寶見漁民捕獲白色龜，心生憐憫，購買白龜並放回江中，後因此功德，屢獲遷升，至豫州刺史[50]。最後守邾城戰敗溺死。第二個故事是記載宋代宋郊因見大雨將毀蟻洞，恐傷無數蟻命，因此編竹成橋而救蟻。後考

49 M. Haralambos& M. Holborn, (1991). *Sociology: Themes and Perspectives.* London: Collins Educational. p.648.（原文是英語，由筆者翻譯）

50 〔明〕楊臣諍：《龍文鞭影．四支》，〈https://zh.wikisource.org/wiki/龍文鞭影〉，瀏覽日期：2020年8月20日。

科舉，中狀元，原名次應為他弟弟宋祁將得，太后認為弟在兄前，不合禮度，以兄為狀元。[51]

兩段故事都是說明，做「好事」，將會有「好報」。若以比例而言，「三言」內的故事惡報較多。

（一）毒害的果報

〈呂大郎還金完骨肉〉（《警》五）卷首開端即引浙江嘉興金鐘事，說明因果報應之不爽。金員外與妻單氏老來得子，家道殷實。只這金員外一毛不拔，好利自私。其妻常布施善物與鄰近福善庵，金鐘得知，竟布施毒餅與庵內僧眾。最後，竟毒死自己兩個兒子，金鐘後悔不已。事末記有一詩，以言因果：「餅內砒霜那得知？害人番害自家兒。舉心動念天知道，果報昭彰豈有私。」《太上感應篇》首句就是：「禍福無門，惟人自召；善惡之報，如影隨形」，更說出有三尸神將善惡之行告之天界，由天界定奪。《太上感應篇》：

> 又有三尸神，在人身中，每到庚申日，輒上詣天曹，言人罪過。月晦之日，灶神亦然。凡人有過，大則奪紀，小則奪算[52]。

據以上所論，則金員外的果報，是天界諸神對他的懲罰。行善者必有善報，行惡者必有惡報的觀念，已根植在普遍中國人的內心。

這裡，我們看到的報應是報在兒子身上，因父的慳吝而喪失生命，似乎不合理。可是，以中國傳統家族觀念本看，這是對當事人最大的懲罰。《孝經》云：「不孝有三，無後為大」。故事的情節，亦符合傳統中國人的

51 〈蓮池大師戒殺放生文圖說：宋郊活蟻占大魁〉，〈big5.xuefo.net/nr/article5/46739.html〉，瀏覽日期：2020年8月22日。故事又見〔明〕塗時相：《養蒙圖說》。

52 《太上感應篇》全文見《感應篇新注》（民國北京天華館版排印，有民國九年程景垣序）。

思想，「積不善之家，必有餘殃」的觀念。家族是「大我」，每個個體只是家族中的一部分。

（二）失信的果報

〈計押番金鰻產禍〉（《警》二十）計押番釣得金鰻，金鰻開口說若加害於己，卒令計家死於非命。計押番帶金鰻回家，計妻誤殺金鰻，玆後引出多人喪命。內文所涉惡行包括貪色、嫉妒、謀財害命等，所有涉及惡行的人物都得到應得的報應。其中以詩記載：「善惡到頭終有報，只爭來早與來遲」，這種「遲早有報應」的思想，其實亦普遍存在現代中國人的心內。直至現在，中國人遇到不平的事，多以此論作為安慰。又有詩記：

> 李救朱蛇得美姝，孫醫龍子獲奇書。勸君莫害非常物，禍福冥中報不虛。

此詩是勸喻世道人心，對非常之物應加愛惜，切莫無端殺害。行善必有好報，行惡之報只在遲或早而已。

作者在文末再次解釋為何殺一鰻，而引發多條性命，似乎此報報得過分。作者說：

> 只合計押番夫妻償命，如何又連累周三、張彬、戚青等許多人？想來這一班人也是一緣一會，該是一宗案上的鬼，只借金鰻作個引頭。

最終的解釋是「各有各因緣」，金鰻只是個引頭。這種說法，近似佛家的因緣論。因果之間必須有緣，即因成了，要有緣才有果出現，故有三果：現果、來果及後果。現果指現世即報的果，來果指來生報的果，而後果是指多生以後所出的果。此故事中的果報，除計氏夫婦因殺金鰻所得的果報是現果外，其餘的因都不涉及金鰻，在此情況下，金鰻只是他們果報的緣。

（三）壞人名節的果報

中國女性甚重名節，在傳統道德觀中，敗壞女子名節是極惡行。自漢朝劉向《列女傳》出，〈貞順〉一章讚揚多位女性，這樣，「貞順」就成為中國婦女美德之一。發展至宋朝，程頤所說「餓死事小，失節事大」的理論出現後，殉夫及從一而終的風氣漸盛。明太祖刻意推行貞一思想，明清兩代的婦女，幾將貞節視為宗教，不可侮犯。故在「三言」中有關壞人名節事，亦必得惡報。

《呂大郎還金完骨肉》：

> 次日天明，呂寶意氣揚揚，敲門進來。看見是嫂嫂開門，吃了一驚。房中不見了渾家，見嫂子頭上戴的是黑髻，心中大疑，問道：「嫂嫂，你孀子那裏去了？」王氏暗暗好笑，答道：「昨夜被江西蠻子搶去了。」呂寶道：「那有這話？且問嫂嫂如何不戴孝髻？」王氏將換髻的緣故，述了一遍。呂寶搥胸只是叫苦，指望賣嫂子，誰知到賣了老婆！江西客人已是開船去了，三十兩銀子，昨晚一夜就賭輸了一大半，再要娶這房媳婦子，今生休想。」（《警》五）

文中有一詩：「本意還金兼得子，立心賣嫂反輸妻。世間惟有天工巧，善惡分明不可欺。」這是自食其果的報應，要賣守節的嫂嫂，卻將自己妻子賣掉。

小說之所以具有宗教勸善的功能，據周策縱先生分析，小說原有「勸說、說服或說得聽的人高興喜悅」[53]。這種情節的確令讀者有「喜出望

---

53 周策縱：〈傳統中國的小說觀念及宗教關懷〉，收在《文學遺產》，第五期，1996年。

外」的感覺。

另一故事〈陳御史巧勘金釵鈿〉(《喻》二)記梁尚賓冒魯學曾身分，向顧阿秀騙財騙色。後來，顧阿秀自經，梁尚賓挾資離去。後得陳御史識破，將梁發還本縣監候處決。梁妻田氏因顧阿秀鬼魂上身，令孟夫人收其為義女，並改嫁魯學曾。魯入贅顧家，承受顧家家私，繼嗣兩姓，而梁尚賓一脈無繼。

此果報甚烈，梁尚賓冒名奪人貞操，使顧阿秀自殺。後更挾資做生意，露出破綻，而被定罪。除世間司法判刑外，上天更令其絕嗣。中國傳統思想，無後是一大慘報。據此，則梁的報應，是合乎傳統的天理，其報當劇。

（四）劫殺的果報

《蘇知縣羅衫再合》(《警》十一)記蘇雲往金華府蘭谿縣赴任，途上遇徐能劫殺，蘇雲在海上漂流，被陶公救回。妻鄭氏懷孕，被徐用救出，逃難中，近婢朱婆殉主。鄭氏誕下嬰兒後出家。徐能追之，以為天賜兒子，抱回撫養，改名徐繼祖（蘇泰)。十九年後，繼祖遷御史，鄭氏出狀紙告徐能。繼祖查探之後，得知自己身世。為父復官，並重判當日強盜。

蘇泰得知自己身分後，判當日劫殺罪犯徐能、趙三、楊辣嘴、沈鬍子、姚大等死刑。文末以詩記曰：

> 月黑風高浪沸揚，黃天蕩裏賊倡狂。平陂往復皆天理，那見凶人壽命長？

殺人劫貨，十九年後受報，但故事有一事矛盾：徐能害蘇家父子分離，但始終將蘇泰養育成材，且得功名，此因果沒有交代。

（五）不報恩的果報

《桂員外途窮懺悔》（《警》二十五）記桂富五賣田經商失敗，遇施濟得子欲酬神恩。將三百兩銀交與桂生，並將桑棗園及四十畝送給桂氏夫婦。後桂生在銀杏樹下得銀，回鄉買田地。後施家家道中落，到桂家救助，受盡白眼並拒認婚事。元末，天下大亂，桂生又受尤滑稽所騙，失去錢財。後，夜來得夢，知其妻及二子轉生為犬，終信輪迴之報。桂遷覺悟，將女嫁與施濟為妾。已則誠心向佛。

當日桂富五落拓，得施濟資助而中興家園，夫妻曾在水月觀音殿起換誓：「今生若不能報答，來生誓作犬馬相報」。最後，桂妻及二字俱轉世為犬，而自已有夢，亦變為犬在施濟妻前討食。心生後悔，自此信佛。

此章言及畜生之報，是本書其他篇章沒有言及。佛家認為輪迴有六道，上三道是天、阿修羅、人；下三道是畜生、餓鬼、地獄。當然，輪迴下三道，的確是惡報。桂妻所起的誓，最終實現，轉生畜道，有點「不輕言諾」的味道。

在「三言」故事中，多提及的都是現報，主要是損壽折福，但此節很明確指出輪迴為畜生的惡果。由此推論，明代的道教思想與佛家思想已有相當程度的融和，甚至無甚差別。

（六）貪色行淫的果報

喬彥傑一妾破家（《警》三十三）記喬俊往東京賣絲，在南京上新河遇建康周巡檢新亡，家小扶靈回山東。戀上其小妾春香，納之為妾，其後喬俊女兒、周氏與董小二通姦。喬往外做生意失敗，回家後知道娘子、小娘子及女兒因董小二被殺，身死於牢裡。喬一無所有，投河而死，並魂附王青身，以報此仇。

中國傳統上納妾並非是好淫行為，此章所指，是喬俊不應在新喪人家，納人為妾，令人有種強迫感覺。此類的果報，又與中國家族觀有關，納人之妾為妾，己女被誘姦，破壞名節。上文已討論過，名節在明代被視為神聖不可侵犯。喬女被誘姦，對喬俊來說，是極大的報應。

文末記喬俊一無所有，投河而死，鬼魂上王青身報仇。內文這樣記載：

> 只見王青打自己巴掌約有百餘，罵不絕口，跳入湖中而死。眾人傳說此事，都道喬俊雖然好色貪淫，卻不曾害人，今受此慘禍，九泉之下，怎放得王青過！這番索命，亦天理之必然也。後人有詩云：喬俊貪淫害一門，王青毒害亦亡身。從來好色亡家國，豈見詩書誤了人？

從上文可知，作者亦認為喬俊沒有害人命，只是貪色，以致全家受罪，所報甚烈及不公，對此亦寄予同情。故有附身王青，為己報仇的事情發生。此章所提出的觀念是，貪色的果報，其大者可亡家。

〈月明和尚度柳翠〉（《喻》二十九）載柳宣教怪責玉通禪師不來參見，使歌妓吳紅蓮用計破玉通戒身。玉通知道真相後，入滅轉世為柳宣教女兒，並身入妓院，賣身渡日，以破壞柳宣教的家聲。柳宣教以色淫破玉通禪師戒身，玉通亦以女身敗其家聲，可算是以惡報惡。後由法空長老接引，見月明和尚，月明三喝柳翠，令其往水月寺。柳翠洞悉因果，即夜坐化。

我們可從上列故事知道，明代社會普遍是重視貞節，故視貪色行淫是道德上的一大缺失，故果報亦非輕。

三　「三言」與善報

（一）錯行善行的果報

〈老門生三世報恩〉（《警十八》）記蒯遇時愛少賤老，鮮于同五十七歲尚未中舉。蒯偶選鮮于同為首卷，後悔不已。考禮經一節，蒯原想選個後，誰知又是選中鮮于同。會試鮮于同因夢改選《詩經》，蒯遇不批禮經，以避鮮于同，卻又選了鮮于同為第十名正魁。蒯遇得罪劉吉，得鮮于同幫助，得輕判。蒯氏家鄉爭墳地，亦得鮮于同公正處理。其後更力薦蒯悟神童，三代報恩。

此章情節十分吸引，合乎小說創作中的「偶合」情節。蒯遇所得的果報，幾乎是想像之外。當然，這與鮮于同的性格，他是有恩必報的人。但這種果報，在佛教亦有言及。佛言六度波羅蜜：布施、持戒、忍辱、精進、禪定、般若。其中布施的福報很大，蒯遇無意提攜了鮮于同，可算是布施，佛言「應無所住生其心」布施，當然，蒯遇的布施是全無善意的，其福報大，可說是道教的「陰德」。

文末有詩記曰：

> 利名何必苦奔忙，遲早須臾在上蒼。但學蟠桃能結果，三千餘歲未為長。

將所有的福報交與上蒼，明顯的宿命論。無疑，故事發出訊息是，只要行善，無論有心或無心，只要是善行，必得善果。

（二）贈金的果報

《桂員外途窮懺悔》（《警》二十五），上文已提及此故事，本節所論是另外一位主角施還，其父施濟曾助桂富五起家，施還家道中落，投靠桂家而遭冷落。其後，得岳丈支公協助，追回故家田產，又在銀杏樹下發現一千五百兩，從此家道中興。相對桂家破落，妻兒轉世為犬，成強烈對比。

最後，桂遷更將女嫁與施濟為妾。正室與妾侍的地位，在古代是有天壤之別，這裡特標明「嫁與施濟為妾」，是有點惡報成分。

（三）還妻的果報

〈蔣興哥重會珍珠衫〉（《喻》一）記廣東潮陽知縣吳傑已納三巧兒為妾，卻在合浦縣重遇蔣興哥。當時蔣牽連官司，得吳知縣查實其無罪，又將三巧兒重配蔣興哥，慷慨還妻。其後「此人（吳縣主）向來艱子，後行取到吏部，在北京納寵，連生三子，科第不絕，人都說陰德之報，這是後話。」（《喻》一）

雖然是小功，卻得到意想不到的回報。最重要是，傳統上「無子嗣」是家族的遺憾。這裡說連生三子，很明顯是表彰行善，及說明積善的果報。

故勿論因果報應觀念是否迷信，在一定程度上，這觀念推動了社會的向善心態。儒家思想的報應觀，是從大處著眼，涉及整個家族的利益，甚至國家，故有「國之將亡，必生妖孽」的理論。所謂「積善之家，必有餘慶」，亦是從這種「大我」觀念而出。中國文化中，往往淡化個人的利弊，而涉及群體。道教亦然，每個人的功德，是與過去世父母的行為有直接關係，合乎中國的傳統觀念。反觀佛教的因果觀，主張「自作自受」，與人無尤。明清以後，佛道的因果觀，已沒有太大的界線，總之就是有報應。

在「三言」的故事中，惡人得惡果，往往在篇末述說這些都是天報，除上述章節外，又如〈滕大尹鬼斷家私〉（《喻》十）說倪家只梅氏母子一枝獨盛，其餘均家業耗廢，乃因天報等，都以因果報應的觀念來勸善，有濃烈的宗教意識。

其餘如〈大樹坡義虎送親〉（《醒》五）記勤自勵曾在大樹坡救虎，其發跡後，步向丈人林公家，途中遇被迫婚的未婚妻林潮音，得知是吊晴白額虎銜林潮音到此，始信是白額虎報當日的救恩，亦是彰顯種善因得善果的觀念。

上列故事，發現惡報是多於善報，這亦符合中國小說中勸善的原則。因應佛教的傳入，因果報應的觀念有過轉變。據先秦文獻所載，中國原始的報應思想是家族式的，有其延續性。道教亦承接此種思想，認為人的善惡可延及五世，及於子孫。從「三言」的故事印證，中國發展至明代，其實仍受此種思想的影響。佛教的因果觀念，只及於己身，自作而自受，只要因緣成熟，果報必現。明顯地，中國很多小說家都分不清佛、道、儒的因果觀，只簡單解釋為善。

另外，「三言」故事中，完全沒有回教及基督教的紀錄。這點可以反映，回教和基督並不普遍，至少有民間並不流行。

第二節　輪迴觀念

孫昌武：「馮夢龍的『三言』……不少作品張揚鬼魂、冥界，宣傳業報、宿命，用佛教的輪迴因果報應構成超現實的情節，往往成為解決作品中的矛盾的關鍵」。[54]其實，因果報應的觀念已深入中國文化內，文學作品幾乎不可能不受此思想之影響。輪迴是直接反映因果報應的結果，在宗教層面，是六道輪迴，生死持續；在社會層面來說，極具勸善的作用。

一　輪迴觀念的來源

輪迴（Samsāra），是流轉之意，在印度是由奧義書時代確立，其後印度各宗教均依此由理論立教。丁福保《佛學大辭典》：

54 孫昌武：《佛教與中國文學》（上海：人民出版社，1988），頁266。

眾生無始以來，旋轉于六道之生死，如車輪之轉而無窮也。《法華經方便品》曰：「以諸欲因緣，墜墮三惡道。輪迴六趣中，備受諸苦毒。」《心地觀經三》曰：「有情輪迴生六道，猶如車輪無始終。」《觀佛三昧經六》曰：『三界眾生，輪迴六趣，如旋火輪。』《身觀經》曰：『循環三界內，猶如汲井輪。』觀念法門曰：『生死凡夫罪障深重，輪迴六道。』」[55]

弘學《佛學概論》解釋「輪迴」：

輪迴梵語為「僧娑格」，具名生死輪迴，有情於貪、嗔、痴等根本繫縛，造種種與煩惱相聯結的行為，即所謂的「有漏業」，由於種種惑業的牽引，在三界、六道中生死流轉，無有了期，猶如車輪的轉動，周而復始，往來六趣，無有停息，不能解脫，所以名輪迴。[56]

《太上玄一真人說三途五苦勸戒經》說人類神魂往返，生死不斷：

吾於混沌無形之中，歷觀諸天梵炁，無鞅數量，天地成敗，生死報應，莫不有對，莫不有歸。天地運轉，四時交謝，亦有盛衰。日月光耀，一滅一生，亦有盈虧。人稟炁生，志有精麤，行有是非，心願如是，形迷跡是。功過相籍，纖毫不失，皆明於天地，其理甚分。故人死無數，生亦不止，皆以輪轉魂神，往返相加，莫非先身，以之無極。[57]

55 丁福保：《佛學大辭典》（北京：文物出版社，1984），頁1322。
56 弘學：《佛學概論》（四川：四川人民出版社，2012），頁326。
57 《太上玄一真人說三途五苦勸戒經》，收在《道藏》第6冊，頁869。

《大佛頂首楞嚴經》卷四：

> 富樓那。想愛同結，愛不能離，則諸世間父母子孫，相生不斷，是等則以欲貪為本。貪愛同滋，貪不能此，則諸世間卵化濕胎，隨力強弱，遞相吞食，是等則以殺貪為本。以人食羊，羊死為人，人死為羊，如是乃至十生之類，死死生生，互來相噉，惡業俱生，窮未來際，是等則以盜貪為本。汝負我命，我還汝債，以是因緣，經百千劫，常在生死。汝愛我心，我憐汝色，以是因緣，經百千劫，常在纏縛。唯殺盜婬三為根本。以是因緣，業果相續。[58]

> 阿難。如是地獄、餓鬼、畜生、人及神仙、天洎修羅。精研七趣，皆是昏沈諸有為相。妄想受生。妄想隨業。於妙圓明無作本心，皆如空華，元無所著。但一虛妄，更無根緒。阿難。此等眾生，不識本心，受此輪迴，經無量劫，不得真淨，皆由隨順殺盜婬故。[59]

所謂「六道」，一般是指天、人、阿修羅、畜生、餓鬼、地獄。前三者為善道，後三者為惡道。以「人」為中心，行十種善，因其程度輕重，往生上三道，十善是：（一）不殺生、（二）不偷盜、（三）不邪淫、（四）不妄語、（五）不惡口、（六）不兩舌、（七）不綺語、（八）不貪、（九）不瞋、（十）不癡；反之，則落下三道。弘學指出輪迴是由於眾生造業感果，因此輪迴不息，故又稱「業果輪迴」，即輪迴亦因眾生因果關係。「生死」與「解脫」之間是以業為樞紐。

---

58 〔唐〕天竺沙門・般剌密帝譯：《大佛頂首楞嚴經》卷四，見南懷瑾：《楞嚴大義今釋》（臺北：老古文化事業，1989），頁209。

59 〔唐〕天竺沙門・般剌密帝譯：《大佛頂首楞嚴經》卷九，見南懷瑾：《楞嚴大義今釋》，頁544-545。

如「人」修十善，即生天道，佛教的天道有欲界天、色界天及無色界天[60]。道教則有三十二，隨劫生滅，另有不受影響的三清天和大羅天，共三十六天。[61]佛、道所言的天均有不同形態的天人，佛教的欲界天天人仍有男女之欲，色界天則遠離欲望，以禪定為樂，無色界天則無色蘊，只有受、想、行、識。道教的大羅天總繫其他三十五天，是無極無限。人道即類似現在地球人類的眾生，有四洲之分，是修戒善而感報，是凡聖同居之處[62]。阿修羅是因存嗔、慢、疑念而生，常與帝釋爭戰，但信奉佛法，是佛教護法之一。

阿修羅道是比較複雜的眾生，阿修羅解作非天、非酒、無端正等。其意即謂阿修羅有著好像天人的福報，卻又不是天人，長相醜陋，好勇好鬥。然而卻相信佛法，是佛教護法之一。據佛經記載，阿修羅是九頭千眼，有九百九十九隻手，八足，身體大於須彌山。《楞嚴經》中將阿修羅依胎、卵、濕、化四生而分四種[63]：

---

60 欲界六層天，包括四天王天、忉利天、夜摩天、兜率天、化樂天、他化自在天。色界十八梵天（梵者淨也，此十八天中，以色蘊為界，無五欲，以禪定為樂，故又名四禪天）：初禪三天（梵眾天、梵輔天、大梵天）；二禪三天（少光天、無量光天、光音天）；三禪三天（少淨天、無量淨天、遍淨天）；四禪九天（無雲天、福生天、廣果天無想天，無煩天、無熱天、善見天、善現天、色究竟天。無色界天：空無邊處天、識無邊處天、無所有處天、非想非非想處天。

61 《雲笈七籤》卷二十一〈天地部〉載三十六天：太皇黃曾天、太明玉完天、清明何童天、玄胎平育天、元明文舉天、上明七曜摩夷天、虛無越衡天、太極蒙翳天（以上為東方八天）、赤明和陽天、玄明恭華天、耀明宗飄天、竺落皇笳天、虛明堂耀天、觀明端靖天、玄明恭慶天、太煥極瑤天（以上為南方八天）、元載孔昇天、太安黃崖天、顯定極風天、始皇孝芒天、太極翁重浮容天、無思江由天、上揲阮樂天、無極曇誓天（以上為西方八天）、皓庭霄度天、淵通元洞天、太文翰寵妙成天、太素秀樂禁上天、太虛無上常容天、太釋玉隆騰勝天、龍變梵度天、太極平育賈奕天（以上為北方八天）。另不劫影響四天：太清境大赤天、上清境禹余天、玉清境清微天及最高一天大羅天。

62 二十界中還有兜率天及淨居天是凡聖同居土，譬如地球，我們與菩薩、羅漢共處而不知。

63 〔唐〕天竺・沙門般剌密帝譯：《大佛頂首楞嚴經》卷九，見南懷瑾：《楞嚴大義今釋》，頁541-542。

一、有修羅於鬼道以護法力成通入空，此係從卵而生，鬼趣所攝。

二、若於天中降德貶墮，其所卜居隣於日月，此阿修羅從胎而出，人趣所攝。

三、有阿修羅執持世界，力剛無畏，能與梵王及天帝釋四天爭權，此係因變化而有，天趣所攝。

四、別有一分下劣阿修羅，生於大海心，沈於水穴口，此係因濕氣而有，畜生所攝。

《佛為首迦長者說業報差別經》卷一列舉十種能令眾生得阿修羅報之業因[64]：

一、身行微惡，
二、口行微惡，
三、意行微惡，
四、起憍慢，
五、起我慢，
六、起增上慢，
七、起大慢，
八、起邪慢，
九、起慢慢，
十、回諸善根向修羅趣。

「畜生道」與「人道」共存，倘依《楞嚴經》所說，阿修羅有依胎、

64 〔隋〕洋川郡守瞿曇法智譯：《佛為首迦長者說業報差別經》，網址：〈http://buddhism.lib.ntu.edu.tw/BDLM/sutra/chi_pdf/sutra1/T01n0080.pdf〉，瀏覽日期：2020年8月18日。

卵、濕、化四種化生，則阿修羅道亦應有畜生存在。畜生（梵文：Tiryag-yoni），又稱傍生（古字寫作旁生）或橫生（梵語：tiryañc；巴利語：tiracchāna；音譯底栗車）、畜生道、傍生趣。下三道之一，所以稱為傍生，是依附其他五趣而生存的意思。但佛經甚多神祇都是具在畜牲身體，如龍王、緊那羅等。畜生道大致分三大類：魚、鳥、獸，各因因緣壽命長短不一。

進入餓鬼道是因為貪念，大多數餓鬼的生活是飢饉貧乏，永遠無法飽足據《大智度論》載：

> 餓鬼者，腹如山谷，咽如針頭，唯有黑皮、筋、骨三事，無數百歲不聞飲食之名。

佛教及道教對地獄道記載很多，《長阿含經》有八熱地獄、十地獄及十六地獄之說。《地藏菩薩本願經》亦有無間地獄及其他地獄的描寫：

> 諸有地獄在大鐵圍山之內，其大地獄有一十八所，次有五百，名號各別，次有千百，名字亦別。無間獄者，其獄城周匝八萬餘里，其城純鐵，高一萬里，城上火聚，少有空缺。其獄城中，諸獄相連，名號各別。獨有一獄，名曰無間，其獄周匝萬八千里，獄牆高一千里，悉是鐵圍，上火徹下，下火徹上。鐵蛇鐵狗，吐火馳逐獄牆之上，東西而走。獄中有床，遍滿萬里。一人受罪，自見其身遍臥滿床。千萬人受罪，亦各自見身滿床上。眾業所感獲報如是。又諸罪人，備受眾苦。千百夜叉及以惡鬼，口牙如劍，眼如電光，手復銅爪，拖拽罪人。復有夜叉執大鐵戟，中罪人身，或中口鼻，或中腹背。拋空翻接或置床上，復有鐵鷹啗罪人目。復有鐵蛇絞罪人頸。百肢節內，悉下長釘，拔舌耕犁，抽腸剉斬，烊銅灌口，熱鐵纏

> 身。萬死千生，業感如是。動經億劫，求出無期。[65]

> 仁者，閻浮提東方有山，號曰鐵圍，其山黑邃，無日月光。有大地獄，號極無間，又有地獄，名大阿鼻。復有地獄，名曰四角；復有地獄，名曰飛刀；復有地獄，名曰火箭；復有地獄，名曰夾山；復有地獄，名曰通槍；復有地獄，名曰鐵車；復有地獄，名曰鐵床；復有地獄，名曰鐵牛；復有地獄，名曰鐵衣；復有地獄，名曰千刃；復有地獄，名曰鐵驢；復有地獄，名曰烊銅；復有地獄，名曰抱柱；復有地獄，名曰流火；復有地獄，名曰耕舌；復有地獄，名曰剉首；復有地獄，名曰燒腳；復有地獄，名曰啗眼；復有地獄，名曰鐵丸；復有地獄，名曰諍論；復有地獄，名曰鐵鈇；復有地獄，名曰多嗔。地藏白言：仁者，鐵圍之內，有如是等地獄，其數無限。[66]

至於道教對地獄的記載，可參考《太上玄一真人說三途五苦勸戒經》及《上清經．洞玄十二部．大劫經第四》的記載：

> 吾嘗歷觀諸天，出遊東門，見有百姓子、男女人，口面膿爛，血臭流出，頸如垂線，腹如懸鼓，身有鐵錐，口中銜火，大小相牽，流曳途炭，無復人形，足踐刀刃之上，身負鐵杖，痛不可負，毒不可忍。……出遊西門，見有百姓子、男女人，牛頭獸身拔出其舌，以鐵錐刺之，巨天力士鐵杖亂考，不有限數，身體膿壞，無復人形，足立刀山之上，痛不可堪，毒不可忍。見之悲傷，哀之無已。……出遊南門，見有百姓子男女人，裸身無衣，呑火食炭，為火所燒，

65 〔唐〕于闐國三藏沙門實叉難陀譯：《地藏菩薩本願經》〈觀眾生業緣品第三〉。

66 〔唐〕于闐國三藏沙門實叉難陀譯：《地藏菩薩本願經》〈地獄名號品第五〉。

頭面焦燎，舉體爛壞，無復人形，頭戴鐵鑊，足倚火山，痛非可忍，考不可瞻。見之悲傷，愍之在心。……出遊北門，見有百姓子男女人，裸形赤身，無大無小，相牽流曳，入鑊湯之中，身被煮漬，百毒之汁，以灌其上，五體爛壞，非可得忍，然後又入寒泉之池，或入北獄之中，頸腳鎖械，身負考掠，幽閉重檻，不覩三光。……出遊東北門，見有百姓子、男女人，身形髡截，鋃鐺鎖械，負山擔石，往返鐵針之上，食息不得，不捨晝夜，大小相率，無復數量，艱辛塗炭，非可忍視。……吾嘗歷觀諸天，出遊西南門，見有百姓子、男女人，裸形赤身、身抱銅柱，柱上火針，針其腹背，太山之獸，噉食其肉，足立鐵勒之上，大小流曳，無復人形，楚痛塗炭，非可忍見。……出遊東南門，見有百姓子、男女人，身被髡鉗，幽閉重檻，不覩三光，在五嶽之中，一日三掠，鐵杖亂考，無復數量，罪定方謫死魂，撻諸山土石填塞河海，大小流曳，五苦備嬰，塗炭艱毒，非可忍見……出遊西北門，見有百姓子、男女人，身被髡截，循上劍樹，八達交風，吹樹低昂，下則足履刀山，往返無數，手足傷爛，膿血流出，不可得見，痛不可忍。[67]

其諸來世男女，生於末劫，不遇明師，不親善教，生諸一切無量諸惡業，起一切念想，輕陷良善；作諸無量重罪，不能懺悔死入無邊大地獄，沉溺五苦諸惡道。身體抱銅柱，足履刀山，手攀劍樹，復入鑊湯，吞火食炭，頭面焦然。天道、地道、人道、畜生道、餓鬼道、地獄道。或胎生、或卵生、或溼生、或化生、無復有因緣、離諸惡趣、永不見光明、終不得出離。[68]

67　《太上玄一真人說三途五苦勸戒經》，收在《道藏》第6冊，頁869-871。

68　《大劫經》：〈taoismweb.myweb.hinet.net/b10/36-2.htm〉，瀏覽日期：2018年11月30日。

《大劫經》記載了六道，佛教的阿修羅道變為地道，其餘相同。其次，記載了無邊大獄的一些面貌，如劍樹、鑊湯、食炭等。其他經典更有詳細的記載，如《三洞珠囊》、《四極明科經》、《三十六尊經・洞真部・玉清經上・上鍊經第十》[69]。最早記載六天之鬼的居所在酆都或稱羅酆山，是南朝道士陶弘景編的《真誥・卷十五・闡幽微第一》：

> 羅酆山在北方癸地。山高二千六百里，周回三萬里。其山下有洞天，在山之下，周回一萬五千里。其上其下並有鬼神宮室。山上有六宮，洞中有六宮，輒周回千里，是為六天鬼神之宮也。上為外宮，洞中為內宮，制度等耳。第一宮名為紂絕陰天宮，以次東行，第二宮名為泰諒事宗天宮，第三宮名為明晨耐犯武城天宮，第四宮名為恬昭罪氣天宮，第五宮名為宗靈七非天宮，第六宮名為敢司連宛屢天宮。凡六天宮是為鬼神六天之治也。洞中六天宮亦同名，相像如一也。世人都知酆都六天宮門名，則百鬼不敢為害。[70]

---

69 一切諸法。有等不等。眾生亦等不等。復有無量不可思議。我常歷觀諸天。諸惡趣門。故有六宮。主其罪福。一曰紂絕陰天宮。二曰泰殺諒事宗天宮。三曰明晨耐犯武城天宮。四曰恬照罪氣天宮。五曰宗靈七非天宮。六曰敢司連宛屢天宮。復有二十四獄。一曰鑊湯地獄。二曰銅柱地獄。三曰鐵犁耕舌地獄。四曰刀上劍樹地獄。五曰剉碓地獄。六曰毒蛇食心地獄。七曰鎔銅灌口地獄。八曰爐炭地獄。九曰鐵輪地獄。十曰運石為山地獄。十一曰鐵床地獄。十二曰劍林地獄。十三曰寒冰地獄。十四曰猛大地獄。十五曰鐵杖亂拷地獄。十六曰大石壓身地獄。十七曰鐵錐刺身地獄。十八曰鐵丸地獄。十九曰吞火食炭地獄。二十曰磑磨碓擣地獄。二十一曰鐵汁地獄。二十二曰拔舌地獄。二十三曰鐵鎖地獄。二十四曰鋸解地獄。復有五苦之門。周圍二十四獄。一曰色累苦心門、二曰愛累苦神門、三曰貪累苦形門、四曰華競苦精門、五曰身累苦魂門。三塗上尸中尸下尸，三塗五苦八難之門。復有九幽九獄，分布四方：東風雷獄、南火翳獄、西金剛獄、北溟冷獄、中普掠獄、東南無間獄、西南屠割獄、西北火車獄、東北黑暗獄。復有男女，墮落此中，無有限數，非可堪忍，不捨晝夜。資料來源：〈http://www.360doc.com/content/10/0930/12/3290557_57523346.shtml〉，瀏覽日期：2019年12月10日。

70 網址：〈https://zh.wikisource.org/wiki/真誥/卷015〉，瀏覽日期：2018年11月30日。

「羅酆」一詞早見於《抱朴子・內篇》卷三。至於地獄數說法不一，以二十四層地獄說最為常見，其後有十層地獄，並有十殿陰司主理。其實道教，自漢以後，主張肉身修煉成仙，這是與佛教最大的分歧。道教修煉「精、氣、神」，以達至長生不老。人死後，仍可修煉，以達至成仙。佛教較重視精神，視身體為「臭皮囊」，而道教則較重視現有的身體。

明代輪迴思想應普遍植生於民眾意識中，從明代文言小說《輪迴醒世》可知：

> 人必去惡向善，及作善間有不昌，作惡有不亡，遂謂善惡無憑，而造孽者不止什九，修德者無什一，世界不幾盡為苦海哉！……以日月之升沉，必人之生死，以日月之則昃，必人之善有善驗，惡有惡驗。知所以生，即知所以死；知所以死，即知所以生，生而死，死而生，生生死死，夫是之謂輪迴。……至若施以報合，始與終合，幽與明合，如聲之應叩，影之應形，莫不由我之自作者之自受也。[71]

至於「三言」內提及有關輪迴的思想，無非是揚善警惡，或增加故事內容的吸引性，甚少有宣揚宗教的意圖。

二　「三言」與輪迴轉世

前節已介紹佛、道兩教的輪迴觀念，下表是從「三言」故事中，內容涉及輪迴的故事。

---

71 〔明〕秣陵也閒居士：《輪迴醒世・序》，轉引自薛亮：《明清稀見小說匯考》（北京：社會科學文獻出版社，1999），頁43。

表十七　「三言」所載有關輪迴故事

卷目	前世人物	轉世人物	事由
閒雲庵阮三償冤債（《喻》四）	妓女	玉蘭	阮三偶遇玉蘭，互通情意，茲後阮害相思病。張遠託閒雲庵尼姑王守長協助，引玉蘭至庵中幽會。阮三因而氣絕身亡。玉蘭竟有身孕，本想生子後殉情。後阮三報夢，知前世宿業。育子成才，終生不嫁。
	金陵少年	阮三	
月明和尚度柳翠（《喻》二十九）	玉通禪師	柳翠翠	玉通犯淫戒，圓寂轉世為柳宣教女兒，壞其門風。
明悟禪師趕五戒（《喻》三十）	圓澤和尚	〔唐〕早卒小兒，再轉世為牧童	三生相會故事。
明悟禪師趕五戒（《喻》三十）	五戒和尚	（宋）蘇東坡	犯淫戒，私藏紅蓮。寫畢「辭世詩」，合掌坐化轉世。
	明悟禪師	（宋）謝瑞卿（佛印和尚）	為助五戒和尚，緊隨轉世。
鬧陰司司長貌斷獄（《喻》三十一）	韓信	曹操	因漢初立國，一段段糾纏不清的恩恩怨怨，最後由司馬貌判定。
	劉邦	漢獻帝	
	呂后	伏后	
	蕭何	楊修	
	英布	孫權	
	彭越	劉備	
	蒯通	諸葛亮	
	許復	龐統	
	樊噲	張飛	
	項羽	關羽	

卷目	前世人物	轉世人物	事由
	紀信	趙雲	
	戚夫人	劉備正室甘夫人	
	劉如意	劉禪（甘夫人子）	
遊酆都胡毋迪吟詩（《喻》三十二）	越王錢鏐第三子	宋高宗趙構	錢俶入朝，被宋太宗留住，迫其獻出吳越之地。轉世為高宗，重掌南方。
	張飛	一世張巡	以承張飛，示忠心正氣
		二世岳飛	精忠報國
梁武帝累修歸極樂（《喻》三十七）	曲鱔	轉世為范道，再轉世為黃復仁，最後為蕭衍。	曲鱔因聽經因緣而得人身，再轉世富貴人家。
	摩訶迦葉祖師女侍	童太尉女兒，再轉世為支小姐。	最有佛緣，與黃復仁同修煉及轉世。
	郗后	大蟒蛇	郗后生前嫉妒心毒，故寄生蛇身。
宋小官團圓破氈笠（《警》二十二）	羅漢	轉世為宋金	宋金母親盧氏夢見一金身羅漢入室而懷宋金。
桂員外途窮懺悔（《警》二十五）	桂富五妻及二子	轉生為犬	桂富五賣田經商失敗，遇施濟得子欲酬神恩，並將三百兩銀交與桂生，及桑棗園及四十畝送給桂氏夫婦。後桂生在銀杏樹下得銀，回鄉買田地。後施家家道中落，到桂家救助，受盡白眼並拒認婚事。其後，桂夜來得夢，知其妻及二子轉生為犬，終信輪迴之報。桂遷善覺悟，將女嫁與施濟為妾，已

卷目	前世人物	轉世人物	事由
			則誠心向佛。
旌陽宮鐵樹鎮妖（《警》四十）	玉洞真仙	轉世為許遜。	先說老子、蘭期、諶母、許琰等成仙因緣，再述許遜求仙的經歷。許遜得吳猛真傳，斬魅除妖。
薛錄事魚服證仙（《醒》二十六）	神仙	薛偉	記薛偉夫婦本在仙籍，因動凡心，被謫世間。後經多番波折，再為仙人。
	神仙	薛偉妻顧氏	

上表所列，皆是前世今生的輪迴故事，反映出明代社會輪迴的觀念，分類如下：

（一）再續前生緣

《閒雲庵阮三償冤債》（《喻》四）的阮三前世是金陵人，到揚州訪親遇上前世是名妓的玉蘭。阮三許諾一年後必回揚州娶玉蘭為妻，惜懼怕父親而失約，終至玉蘭鬱鬱而死。閒雲庵的相遇私會，原是玉蘭藉前冤而向阮三索命。此中安排，是業力所致，非人能斷。

（二）三世輪迴

慧林寺首僧圓澤和尚因眷戀李源交情，不忍轉世。一日，圓澤與李源相約遊瞿塘三峽，見懷孕婦人而被逼投胎。三日後，李源往訪出世三日的小兒，一笑之後，再卒。十二、三年後，李源遊覽杭州西湖，再遇轉世圓澤，已為一牧童（〈喻〉二十九）。故事說三世轉生，沒有恩怨情仇，從高僧圓澤，而轉世成小牧童，其中因果難明，相信是表達有因果而已。最重要的是圓澤完全清楚自己來世的去向。究竟轉世為牧童的果，如何得來，難明白其原因。

（三）犯淫戒而輪迴

《月明和尚度柳翠》（〈喻〉二十九）柳宣教因玉通失迎接之儀，使紅蓮喬裝孀婦，誘惑玉通，以致玉通犯淫戒。被柳宣教揭發，羞憤圓寂，轉世為柳宣教女兒，成為妓女柳翠翠，以壞其門風。這與另一故事《明悟禪師趕五戒》（《喻》三十）類似，五戒和尚，私藏紅蓮，最後事發，圓寂轉世。五戒寫畢〈亂世詩〉後，即入滅轉世為蘇東坡。明悟和尚恐其來世謗佛，隨之轉世，成佛印和尚，一生引導東坡居士，免其再陷業網。

從兩個故事來看，兩位高僧都能自了生死，自主轉世，一位轉為妓女，以敗壞門風；一位轉世為才人，奔走官場。

（四）糾纏恩仇，輪迴息怨

《鬧陰司司長貌斷獄》（《喻》三十一）記載司馬貌到達地府，為的是解決百年來無法平息的恩怨。漢初立國前，劉邦、呂后、蕭何等出賣或殺戮曾經為漢賣力的軍士大臣，包括項羽、韓信、英布等；其次又因權力之爭，殘殺戚夫人、劉如意等。其間的恩怨，糾纏不清，最後出現輪迴漢末，三國之爭，各受業力所感，還報前生恩怨。故事吸引，各人後世際遇，又彷彿應對前生的業障，加強了讀者相信因果報應的力量。

（五）輪迴索債

《遊酆都胡毋迪吟詩》（《喻》三十二）記載了錢椒入宋被逼獻出吳越之地，轉世為趙構，再管治南宋，以報滅國之仇。另外又記張飛兩世均殉國，一世張巡，一世岳飛。

（六）人道與畜生

在「三言」的故事中，有兩則記載輪迴畜生道的敘述。《梁武帝累修歸極樂》（《喻》三十七）記載曲鱔因聽經的因緣而得到人身，再轉世富貴人家為范道，再轉世為黃復仁，經三世之後，成為梁武帝蕭衍。摩訶迦葉祖師身旁的女侍，轉世成為童太尉女兒，再轉世為支小姐，與黃復仁同修煉及轉世。這些都是前世修行的因，結出成帝成仙佛的果。而郗后則是生前嫉妒心，轉世成為蟒蛇。這裡傳遞了一個訊息，就是畜生可以因聽經而轉為人身，甚累世積德，更可成為帝王。相反，因嫉妒心要得蛇身。在佛經故事中，甚多因嗔心而輪迴為蛇的故事。

另外一則故事是有恩不報，轉落畜生道。《桂員外途窮懺悔》（《警》二十五）桂富五賣田經商失敗，遇施濟得子欲酬神恩，將三百兩銀交與桂生，並將桑棗園及四十畝送給桂氏夫婦。後桂生在銀杏樹下得銀，回鄉買田地。後施家家道中落，到桂家救助，受盡白眼並拒認婚事。其後，桂生夜來得夢，知其妻及二子轉生為犬，終信輪迴之報。桂遷善覺悟，將女嫁與施濟為妾，己則誠心向佛。

（七）神仙、羅漢輪迴

《旌陽宮鐵樹鎮妖》（《警》四十）記玉洞真仙轉世為許遜。許遜得吳猛真傳，斬魅除妖。《薛錄事魚服證仙》（《醒》二十六）記薛偉夫婦本在仙籍，因動凡心，被謫世間。後經多番波折，再為仙人。另外，《宋小官團圓破氈笠》（《警》二十二）記宋金母親盧氏夢見一金身羅漢入室而懷宋金。《宋小官團圓破氈笠》一節，只是加強故事吸引性，主角人物全與輪迴轉世之因果無關。

上列故事，主要分佛教或道教的輪迴觀念。〈鬧陰司司長貌斷獄〉（《喻》三十一）、〈遊酆都胡母迪吟詩〉（《喻》三十二）、〈旌陽宮鐵樹鎮妖〉（《警》四十）及〈薛錄事魚服證仙〉（《醒》二十六）都是道教的輪迴故事。陰司與酆都都是道教記載的幽冥境界，主掌人死後的善惡報應。前兩故事是「人」（司馬貌、胡毋迪）到達陰間，一判疑案，一知因果。無非是勸人為善，不可作惡。指出輪迴因果報應，冥冥中自有主載。後兩故事的主角（許遜、薛偉、薛偉妻）都是謫仙，因前世犯錯，被謫至凡間。這裡的情節，已吸收了因果輪迴概念，佛經言天人受福報，福盡而呈五衰，可因其果報，再落人道。幾位仙人雖然是道家之仙，等同天人。

道教《大劫經》所載的六道，亦是輪迴時所呈現的六個不同的空間。另一部經典，更說明今世親近道學，將世世不絕，與道有緣，如此，道教已視輪迴是生命流轉的一種形態。《太上玄一真人說勸誡法輪妙經》：

> 道言：夫輪轉福慶不滅，生而好學，宗奉師寶，與道結緣，世世不絕，皆由先身積行所致。……如此之行，一滅一生，志不退轉，尅成上仙……。[72]

《喻世明言》卷三十二〈遊酆都胡母迪吟詩〉所記，最能顯示明代對輪迴的觀念及看法：

> 胡母迪稽顙於階下。冥王問道：「子即胡母迪耶？」迪應道：「然也。」冥王大怒道：「子為儒流，讀書習禮，何為怨天怒地，謗鬼侮神乎？」胡母迪答道：「迪乃後進之流，早習先聖先賢之道，安貧守分，循理修身，並無怨天尤人之事。」冥王喝道：「你說『天道何曾識佞忠』，豈非怨謗之談乎？」……胡母迪道：「秦檜賣國和番，殺害忠良，一生富貴善終。其子秦熺，狀元及第；孫秦塤，翰林學士，三代俱在史館。岳飛精忠報國，父子就戮；文天祥，宋末第一個忠臣，三子俱死於流離，遂至絕嗣。其弟降虜，父子貴顯。福善禍淫，天道何在？賤子所以拊心致疑，願神君開示其故。」

72 網址：〈taoismdata.org/product_info.php?cPath=33&products_id=1721〉，瀏覽日期：2013年10月25日。

指出一般俗人，只看到現世的情況，不知道有輪迴報應，故由冥王說出輪迴報應：

> 當初錢鏐獨霸吳越，傳世百年，並無失德。後因錢俶入朝，被宋太宗留住，逼之獻土。到徽宗時，顯仁皇后有孕，夢見一金甲貴人，怒目言曰：「我吳越王也。汝家無故奪我之國，吾今遣第三子托生，要還我疆土。」醒後，遂生皇子構，是為高宗。他原索取舊疆，所以偏安南渡，無志中原。秦檜會逢其適，為主和議，亦天數當然也；但不該誣陷忠良，故上帝斬其血胤。秦熺非檜所出，乃其妻兄王煥之子，長舌妻冒認為兒，雖子孫貴顯，秦氏魂魄，豈得享異姓之祭哉？（《喻》三十二）

透過輪迴再生，為前世之惡業贖罪，故今世之行為實不得由己意，是前生習氣所致。本篇所描述的地獄，包括「普掠之獄」，有石垣高數仞，以生鐵為門、「風雷之獄」、「火車之獄」、「金剛之獄」、「溟冷之獄」，廣袤五十餘里，日光慘淡，其間有荷鐵枷者千餘人，所見受罪眾生皆被髮裸體，以巨釘釘其手足於鐵床。胡母迪於此間見秦檜、万俟卨、王俊等人受刑。其後又見不同朝代的奸臣在受刑，包括章惇、蔡京、賈似道等等。而受刑之後，尚要輪迴，如秦檜夫婦：

> 此曹凡三日，則遍歷諸獄，受諸苦楚。三年之後，變為牛、羊、犬、豕，生於世間，為人宰殺，剝皮食肉。其妻亦為牝豕，食人不潔，臨終亦不免刀烹之苦。今此眾已為畜類於世五十餘次了。（《喻》三十二）

獄吏還指出，其他各朝奸臣，亦同樣為畜類，如梁冀、董卓、盧杞、李林甫等。

《喻世明言》的其餘四篇故事，〈閒雲庵阮三償冤債〉(《喻》四)、〈月明和尚度柳翠〉(《喻》二十九)、〈明悟禪師趕五戒〉(《喻》三十)、〈梁武帝累修歸極樂〉(《喻》三十七）及〈桂員外途窮懺悔〉(《警》二十五）都是佛教的輪迴觀。述說前世今生的因果關係，解釋今世一切的噩運都是前世所作的後果。

〈閒雲庵阮三償冤債〉(《喻》四）阮三成鬼後得知因果宿業，報夢勸說玉蘭要將兒子撫育成人。〈月明和尚度柳翠〉(《喻》二十九)、〈明悟禪師趕五戒〉(《喻》三十）兩則故事都是說高僧犯淫戒，一轉世為妓女以報前仇，一轉世為名士，仍終生奉佛。故事有強烈的道德感，佛教五大戒：不殺生、不偷盜、不邪淫、不妄語、不飲酒。所謂淫，是「染情逸蕩，污穢交媾，名不淨行，與已妻之外一切男女，犯不淨行，是名邪」。一代高僧，竟犯淫戒，無疑是佛門恥辱，故事中兩位高僧犯淫而被揭發，均圓寂轉世，以避羞辱。玉通禪師被誘破戒，卒轉世為妓，敗壞柳宣教的門風，都有「如是因，如是果」的意味。明悟禪師轉世為佛印，以保五戒慧脈，成就一代文豪蘇東坡。因這傳奇而演成其他作品，包括《紅蓮債》、《眉山秀》[73]及《五戒禪師私紅蓮》[74]等，基本上是以佛教思想為背景。

〈梁武帝累修歸極樂〉(《喻》三十七）因嫉妒及惡行，轉投畜生道，亦是有勸善避惡的道德意義。郗后的嫉妒，其實是一般女性對丈夫的忠誠要求而出現的情緒。當然，及其過者，以致殺人害命，則應有此報應。嫉妒心，相信很難消除。至於惡意對待恩人，卻投畜生道，亦是有勸善的功能。

另一涉及輪迴畜生道是〈桂員外途窮懺悔〉(《警》二十五）中桂富五

---

73 見《曲海總目提要》卷二十《紅蓮債》及卷三十二《眉山秀》，轉引自譚正壁：《三言兩拍源流考上》，頁228-229。

74 故事見《清平山堂話本》，〔明〕洪楩輯、程毅中校注：《清平山堂話本校注》，卷三〈五戒禪師私紅蓮記〉，頁230-245。

的妻子及兩位兒子，投生為犬。

輪迴觀念已普遍在佛教、道教或印度教的地區得到認同。中國小說中，往往對佛教或道教的輪迴觀念，混為一談。例如「天人」，在佛教是六道之一，在道教是修煉成就之一，即神仙。輪迴觀念，往往在小說中有道德指引作用，亦即是透過故事中的輪迴因果關係，宣揚「善有善報、惡有惡報」觀念。故勿論輪迴是否存在，但對人心的正向發展，實有積極的作用。

本節所取材的故事，幾乎百分之百是有勸善的功能，例如嗔痴嫉妒將下畜生道，為惡將報於將來等。這些故事，在中國社會中，發揮維持道德的影響力，不可忽視。

第三節　人間異類

神仙、鬼物、精怪的概念，不論在中西各國，早已有之。人類智慧未啟之時，對自然界的突發現象都會出現驚恐，例如地震、雷電、水災等，繼之認定宇宙有統治者，控制人類禍福。至於人死後成鬼，甚至出現人間，古籍亦有紀錄。

人類透過巫、覡可以與鬼神接觸，《國語・楚語》載昭王問觀射父言：

> ……古者民神不雜，民之精爽不攜貳者，而又能齊肅衷正，其知能上下比義，其聖能光遠宣朗，其明能光照之，其聰能聽徹之，如是神明降之。在男曰覡，在女曰巫。……於是乎有天、地、神、明、類物之官，謂之五官，各司其序，不相亂也。[75]

---

75 徐元誥：《國語集解》（北京：中華書局，2002），頁512-513。

而萬物四方均有相關神祇負責，如《左傳·昭公二十九年》記五行之官：

> 夫物，物有其官，官修其方，朝夕思之，一日失職，則死及之，失官不食，官宿其業，其物乃至，若泯棄之，物乃坻伏，郁湮不育，故有五行之官，實列受氏姓，封為上公，賜為貴神，社稷五祀，是尊是奉。木正曰勾芒，火正曰祝融，金正曰蓐收，水正曰玄冥，土正曰后土。……

及《周禮》記祭祀之方：

> 以禋祀祀昊天上帝；以實柴祀日月星辰；以槱燎祀司中、司命、風師、雨師。[76]（祀天神）

> 以血祭祭社稷，五祀、五岳；以貍沉祭山川澤；以融辜祭四方百物。[77]（地祇）

> 以肆獻祼享先王！以饋食享先王，以祠春享先王，以禴夏享先王，以嘗秋享先王，以烝冬享先王。[78]（人鬼）

所謂「神」，是擬人的，是具有人格的神，神能降福受享。中國古代基本上是多神，有掌管自然現象的神，亦有掌管山水四方的神，所以說「制神之處外位次主」。先秦時，專門事神的官，應是部落中較高級的主

---

76 楊天宇：《周禮譯注》（上海：古籍出版社，2007），頁275，〈大宗伯〉。

77 同上註。

78 同上註，頁276。

權。《史記．封禪書》載「於是始皇遂東遊海上，行禮祠名山大川及八神，求僊人羨門之屬。」[79]

精怪之說，記載於不同典籍，如王充《論衡》，歷代討論不輟，一般是物老而成精。古代所指的「鬼」是祖先，《論語．為政》載：「子曰：非其鬼而祭之，諂也。」鬼，訓為祖先。當然，民間傳說，鬼類繁多，道教及佛教流行，「鬼」的種類，更見複雜。再加上政治的需要，鬼神之說，又受到管治者的支持，如漢武帝，是「尤敬鬼神之祀」（《史記》）。

一　神仙

神仙兩字，本來是有分別的，所謂「神」是先天的，有帶領或孕育萬物的功能，《說文解字．示部》載「天神引出萬物者也。」仙則是後天的，可修煉而至，《說文解字．人部》解釋「僊」：「長生僊去。」，段玉裁註「僊，昇高也。」是動詞。發展至秦漢，兩字開始連用，如《史記．封禪書》：「其明年，東巡海上，考神仙之屬，未有驗者。」[80]聞一多解釋「神仙」兩字聯用的原因是人經過修煉成仙，身體不壞，精神上昇，達至與神人共處的境界，故稱之。「神」，未必是人身，但可賜福人類。《墨子．明鬼下》載：

> 昔者鄭穆公，當晝日中處乎廟，有神入門而左，鳥身，素服三絕，面狀正方。鄭穆公見之，乃恐懼奔，神曰：『無懼！帝享女明德，使予錫女壽十年有九，使若國家蕃昌，子孫茂，毋失。鄭穆公再拜

---

79 〔漢〕司馬遷：《史記．封禪書》卷二十八（北京：中華書局排印本二十四史，1963），頁1367。

80 〔漢〕司馬遷：《史記．封禪書》，頁1403。

稽首曰：「敢問神名？」曰：「予為句芒。」[81]

《莊子．逍遙遊》提出「至人無己，神人無功，聖人無名」[82]的觀念，並指出神人是「肌膚若冰雪，綽約若處子，不食五穀，吸風飲露。乘雲氣，御飛龍，而遊乎四海之外。其神凝，使物不疵癘而年穀熟。」[83]「無己、無功、無名」是精神的境界，而人更可到達這境界可成為「真人」。真人是甚麼？據《莊子．大宗師》載：

何謂真人？古之真人，不逆寡，不雄成，不謨士。若然者，過而弗悔，當而不自得也。若然者，登高不慄，入水不濡，入火不熱。是知之能登假於道也若此。古之真人，其寢不夢，其覺無憂，其食不甘，其息深深。真人之息以踵，眾人之息以喉。屈服者，其嗌言若哇。其耆欲深者，其天機淺。古之真人，不知說生，不知惡死；其出不訢，其入不距；翛然而往，翛然而來而已矣。不忘其所始，不求其所終；受而喜之，忘而復之。是之謂不以心捐道，不以人助天。是之謂真人。若然者，其心志，其容寂，其顙頯，淒然似秋，煖然似春，喜怒通四時，與物有宜，而莫知其極。……古之真人，其狀義而不朋，若不足而不承，與乎其觚而不堅也，張乎其虛而不華也，邴乎其似喜也！崔乎其不得已也！滀乎進我色也，與乎止我德也，厲乎其似世乎！謷乎其未可制也，連乎其似好閉也，悗乎忘其言也。……故其好之也一，其弗好之也一。其一也一，其不一也一。其一，與天為徒；其不一，與人為徒。天與人不相勝也，是之謂真人。[84]

---

81 〔清〕孫詒讓著、小柳司氣太校訂：《墨子閒詁》卷八〈明鬼下〉，頁6-7。

82 陳鼓應注譯：《莊子今注今譯》（北京：中華書局，2001），頁14。

83 陳鼓應注譯：《莊子今注今譯》，頁21。

84 陳鼓應注譯：《莊子今注今譯》，頁168-170。

上文來看，真人基本上是與萬物化合，不受時間、自然現象所得影響，故其形與精神可永存於天地。莊子所說，亦是後世道教所重視的修煉，希望身體能長生不老。四類有成就的人（至人、聖人、神人、真人），都可以透過修煉而達至的精神境界，基本上沒有涉及輪迴的概念。神與鬼最大的分別是神本有的，鬼是人死後成鬼。由於莊子提出四種有成就的人，即後世所說的神仙，老子其後被奉為太上老君，而莊子被奉為南華真君，均表示他們已經從「人」昇華至「神仙」。人之所以能夠成仙，是因為「道」生「人」，故人能成道，《太平經》載：「道之生人，本皆精氣也，皆有神也，假相名為人」。眾生無非是道，所以可通過修煉，返源成仙。

據《史記・封禪書》載，神仙是在東方的三座仙山，亦即是在人世的空間中，而不是在天上。西漢時，仍有方士提出神仙之說，但遭到當時儒士的遏止。可是，神仙之說卻在民間逐漸流行。發展至魏晉南北朝，神仙說大盛，言及神仙的典籍，包括《抱朴子・內篇》、《外丹經》、《三洞經》（洞神三皇經系、洞真上清經系、洞玄靈寶經系）等。

《抱朴子・黃白》：「我命在我不在天，還丹成金億萬年。」[85]葛洪認為神仙是實有的，是可學的。發展至唐代，因皇帝偏好，神仙之說更熾，而道教的發展，無論在理論、儀軌及修煉成果各方面，已達至一定成就，兼且當時得到不少名人的支持，道教所以大興。白居易的〈長恨歌〉也記載了玄宗到仙山會太真一幕。唐代較著名的道教文人學者，有「仙宗十友」（陳子昂、盧藏用、宋之問、王適、畢構、李白、孟浩然、王維、賀知章、司馬承禎），其中李白的出世逍遙思想，更將道教的神仙色彩沁進文學領域內，影響深遠。

由宋代發展至明代，大量有關道教神仙的作品出現於選錄的總集中，如《太平廣記》、《太平御覽》等。其他如《三洞群仙錄》、《歷世真仙體道

85 李中華註譯：《新譯抱朴子・內篇・黃白》（臺北：三民書局，2018），頁406。

通鑑》等更是有系統彙集仙道傳記的作品。《金蓮正宗記》、《漢天師世家》等記錄各派祖師生平故事的著作，均在此時期出現。大致神仙傳可分三類：神仙的傳記，如《老君內傳》、《元君內傳》、《黃帝內傳》、《先天紀》、《穆天子傳》、《玄天上帝聖啟錄》等；集傳，如《十二真君傳》、《終南山說經臺歷代真仙碑記》、《金蓮正宗記》等；總傳，如《列仙傳》、《神仙傳》、《列仙圖》等。加上宋真宗、明世宗等皇帝篤信道教及鼓吹神仙，使道教神仙思想影響漸深。明世宗相信神仙的程度，更幾達失去理智，據記載世宗營建齋醮，所費驚人，歲費二、三百萬，一齋醮蔬食，可達萬八千錢[86]。世宗卻又好色，喜服春藥，苛虐宮女，以致超過二百宮女被殺。嘉靖二十一年（1542年）十月爆發「壬寅宮變」[87]幾乎招致殺身之禍。

道教的名人呂岩、陳搏、張三丰等道教人物，均被信眾尊奉為神仙，如呂祖在宋代被封為妙道真君，在元被封為純陽演正警化孚佑帝君。往後，民間忠義之士，亦有朝廷封誥，被尊為道教神祇，如關公、天后等。

神仙之說，發展至現代已漸漸式微，修道成仙，固有人為之，然不能成為社會風氣。如近代道教陳攖寧提出「仙學」理論，主張與三教分開「合精神與物質，同歸一爐以冶之」，陽神可以長生久視，就成仙了。惟陳氏之後，「仙學」未普及。

---

86 《明史・食貨志二》卷七十八，頁1907載：「世宗營建最繁，十五年以前，名為汰省，而經費已六、七百萬。其後增十數倍，齋宮、秘殿並時而興。工場二、三十處，役匠數萬人，軍稱之，歲費二、三百萬。其時宗廟、萬壽宮災，帝不之省，營繕益急，經費不敷，乃令臣民獻助；獻助不已，復行開納，勞民耗財，視武宗過之。」又《明史・鄭一鵬傳》卷二百六，頁5437中載：「臣巡視光祿，見一齋醮蔬食，為錢萬有八千。」

87 「壬寅宮變」是指嘉靖二十一（1542），宮女楊金英因飼養嘉靖帝五色神龜失敗，害怕降罪，連同王寧嬪圖謀殺嘉靖帝事。事件失敗，但嘉靖在後宮虐殺超過二百宮女，以致人人自危。

表十八　「三言」所載有關神仙、成仙、遇仙故事

卷目	人物	神仙、成仙、遇仙	事由
趙伯昇茶肆遇仁宗（《喻》十一）	宋仁宗	夢金甲神	趙旭試卷本入圍，只一字之差，仁宗見其面後，即黜其卷。 後仁宗夢見金甲神提示「旭」字，仁宗欲訪與旭有關者。旭在茶肆重遇仁宗，後授西川五十四州都制置。
張道陵七試趙昇（《喻》十三）	趙昇 王長	成仙	記述張道陵成道及七試其弟子趙昇經過。最後，與趙昇、王長兩弟子飛昇。
陳從善梅嶺失渾家（《喻》二十）	陳辛、 張如春	大慧真人護送赴任	紫陽真君感陳辛供齋志誠，知其夫婦有千日之災，特遣大慧真人護送至廣東南雄赴任。夫妻歷劫，最後仍能團圓。
張古老種瓜娶文女（《喻》三十三）	張古老	張古老及舉家十三口成仙	滋生駟馬監韋恕走失照殿玉獅子名馬，押曹依馬跡到張公處取回馬，並送上一箇甜瓜。韋恕親自上門答謝，張公求娶恕女，被恕毆打。後張公再遣媒求親，恕開出條件。張公竟能完成。後因張公之故，舉家十三口白日飛昇，都成神仙。恕子因曾用劍圖傷張公，不能成仙，偶見張公審案一日，回來卻是二十年後。
任孝子烈性為神（《喻》三十八）	任珪	坐化為神	任珪性格剛烈，知妻與周得通姦，殺其丈人、丈母、侍女，並其妻及周得。

卷目	人物	神仙、成仙、遇仙	事由
莊子休鼓盆成大道（《警》二）	莊子	成仙	因悟人生一場夢，夫妻亦然。雲遊遇老子，得大道成仙。
陳可常端陽仙化（《警》七）	陳可常	回歸仙境	前身是五百羅漢中的常歡喜尊者。
李謫仙醉草嚇蠻書（《警》九）	李白	星主還位	李白母夢長庚星入懷而生李白。
金令史美婢酬秀童（《警》十五）	張二哥	夜夢神人指點，救回秀童	金滿得管縣裡庫房，卻失銀二百兩。金滿迷信，請莫道人降神求知偷銀。莫道人指是秀童。金滿即著張陰捕審問秀童，張對秀童下重刑，最後屈打成招。張二哥在夢中得神人指點，知道此事與名陳大壽者有關。其後知道是盧智高及胡美所偷，縣官釋放秀童。金滿內疚，將美婢金杏嫁與秀童，並認為義子。
假神仙大鬧華光廟（《警》二十七）	魏宇	遇妖精所化神仙，被吸人氣。	魏宇遇呂洞賓及何仙姑，與之交合，騙魏宇可吸仙氣。魏生身體日差，得此二仙乃龜精所變。先有裴道士收妖，但失敗，最後，到華光廟救助，得五顯神之助，殺掉龜精。
福祿壽三星度世（《警》三十九）	鶴、鹿、龜三仙獸	下凡作弄前身是仙友的劉本道。	劉本道本是天界延壽司掌書記的仙官，因與鶴、鹿、龜玩耍，懶於正事，被貶下凡間為貧儒。謫期完結，三仙獸下凡作弄本道。最後，壽星喝令四仙同返天界。

卷目	人物	神仙、成仙、遇仙	事由
呂純陽飛劍斬黃龍（《醒》二十二）	呂岩	與黃龍鬥法，能喚山神	記呂岩與黃龍禪師鬥法，最後皈依黃龍禪師，大徹大悟。復歸鍾離師處修煉，數百年不下山，成地仙。
	慧南	即黃龍長老，已悟道，有神通。有護法韋馱。	
鄭節使立功神臂弓（《醒》三十一）	鄭信	遇日霞仙子，並結為夫妻，生一男一女。壽五十餘，由日霞仙子迎去。	記鄭信落井遇仙及發跡事件。最後，鄭亦成仙。
杜子春三入長安（《醒》三十七）	杜子春 杜子春妻	遇太上老君，與妻成仙而去。	寫杜子春豪爽敗家，最後洗心思慮，得遇太上老君，與其妻同歸於大道，眾目睽睽之下成仙而去。
李道人獨步雲門（《醒》三十八）	李清	屍解成仙	記李清開皇四年往雲門山求道，回來時已是永徽五年，已是七十二年後的事。他家道已沒落，合族子孫只餘一人。李清得道濟世，最後屍解成仙。
馬當神風送滕王閣（《醒》四十）	王勃	成仙	記王勃寫滕王閣記後，隨中源水君而去。

（一）佛道的神仙

從上列十六個故事中，我們察覺基本上是沒有記載因佛教修持而成羅漢、菩薩者。只有陳端常前生是羅漢（《警》七），還清宿業後而圓寂，但回歸是仙境。佛教視仙人是天人，屬六道眾生之一，仍受六道輪迴之苦。陳端常坐化後成仙而不回人間，似與佛教本義有分歧。當然，小說內容不必要與事實完全相符。從數量來看，除陳端常事外，其他幾近九成以上成仙故事都是出於道教。數字很明顯反映明代中晚期所創作的小說話本，涉及宗教色彩者，大部分是以道教為重心。或者可以這樣理解，佛教發展，在知識份子階層或上流社會，頗受歡迎，以至有明代理學內容，受佛家思想所影響，但民間，應該是以道教思想為主。

上列故事中，勉強說代表佛教思想的故事只有《呂純陽飛劍斬黃龍》呂純陽飛劍斬黃龍（《醒》二十二），黃龍禪師與呂岩鬥法，呂有殺黃龍之心。黃龍仍有心渡呂岩，出題點化，令呂岩大徹大悟。此故事有幾層意義：（1）佛道鬥法，最終是佛法勝，呂岩拜黃龍為師；（2）呂岩有殺心，代表道教，黃龍有慈悲心，代表佛教，兩者一正一反，明顯褒揚佛教；（3）呂岩最後還是回鍾離師處修煉，不正式入佛教系統，是此故事最難明之處。

據《三言兩拍源流考》指出，此故事的芻型本自兩個不同的版本，一是黃龍與呂岩對參話頭，黃龍勝，呂岩因黃言而悟道。（見《曲海總目提要》卷三十一《萬仙錄》）[88]另一故事是黃龍說法，遇呂祖，與之講論大道至數日，龍大折服，遂拜呂為師。呂授性命相修之理，騰空而去。黃龍在山中修煉，成仙。（見《孤本元明雜劇提要》一百二十二〈度黃龍〉）[89]兩本著作的作者不明，但有一點很清楚的是對宗教有取向，有學者認為此故事是佛道之爭。

若以上表故事作參考，正好反映明代民間是流行道教神仙思想。〈度黃龍〉創作於明代，其偏向佛教較優，解作揚佛抑道亦有理由的。可是，令人費解是故事末節，呂祖回歸鍾離師，是揚道或抑道？我們可以這樣理解，作者有意融和兩派矛盾，亦可以解釋為，發展至明代，佛道融和，已沒太大的爭端，非比魏晉南北朝，欲置對方於末路，偽書偽經頻出的現象，不可同日而語。一齣雜劇，亦不必看成是佛、道之爭。

---

88 譚正璧：《三言兩拍源流考》（上海：古籍出版社，2012），頁620。

89 轉引自譚正璧：《三言兩拍源流考》，頁619。

（二）遇仙

遇仙的故事有〈趙伯昇茶肆遇仁宗〉（《喻》十一）、〈張道陵七試趙昇〉（《喻》十三）、〈莊子休鼓盆成大道〉（《警》二）、〈金令史美婢酬秀童〉（《警》十五）、〈假神仙大鬧華光廟〉（《警》二十七）、〈鄭節使立功神臂弓〉（《醒》三十一）、〈杜子春三入長安〉（《醒》三十七）。其中亦有遇仙後，成仙的故事，如趙昇、莊子、鄭信、杜子春等。遇神仙而解困的是秀童（《警》十五），張二哥夜夢神人，告之秀童是被冤枉而得以解困。另外的故事是趙旭（《喻》十一），宋仁宗得金甲神提示，尋找趙旭，授以官職。兩個故事的共通點是由上而下的壓迫，秀童被主家冤枉，而趙旭被皇帝罷黜。如此，已經不是公平與否的問題，而是權力的問題。這裡明顯反映，在重重階級的社會中，低下的一層，受到上一層的屈辱，可以說是有冤無路訴。在故事中，正好反映出這種心態，為求公平正義，只有問於鬼神。而鬼神亦會因應大眾的痛苦不公，出手相助，例如金甲神及神人。雖然這些都是虛妄的故事，但畢竟是受屈者的清涼劑。也使大眾相信，世界畢竟是有公義的。

〈假神仙大鬧華光廟〉（《警》二十七）的魏宇，得五顯神之助，殺掉龜精。魏宇誤信假呂洞賓，精氣日損，有點諷刺人類迷信，不分真偽，受惑於表象。

（三）成仙

因前世因緣或坐化而成仙的有〈任孝子烈性為神〉（《喻》三十八）、陳可常端陽仙化（《警》七）、〈李謫仙醉草嚇蠻書〉（《警》九）、福祿壽三星度世（《警》三十九）。當中任孝子事（《喻》三十八）最能反映社會心態。任珪知妻與人通姦，竟殺妻、殺奸夫、殺丈人等，最後竟因性格剛烈而為神。若以現代普遍對道德要求的標準，相信大部分人認為任珪做得太過分。但若以明代道德標準來看，女性貞操及從一而終的規條來看，任珪所做在當時被認為是可接受事情。畢竟通姦的第一概念就是嚴重違反道德及出賣丈夫。

當然，〈張道陵七試趙昇〉（《喻》十三）中的趙昇及王長，得張道陵的接引，師棣均飛昇而成仙。道教之士，認為人類可以成仙，只是識見不夠：

> 若夫仙人，以藥物養身，以術數延命，使內疾不生，外患不入，雖久視不死，而舊身不改，苟有其道，無以為難也。而淺識之徒，拘俗守常，咸曰世閒不見仙人，便云天下必無此事。夫目之所曾見，當何足言哉？天地之間，無外之大，其中殊奇，豈遽有限，詣老戴天，而無知其上，終身履地，而莫識其下。形骸己所自有也，而莫知其心志之所以然焉。壽命在我者也，而莫知其脩短之能至焉。況乎神仙之遠理，道德之幽玄，仗其短淺之耳目，以斷微妙之有無，豈不悲哉？[90]

（四）神仙下凡與屍解

陳可常、李白、劉本道的前身均是天界中仙，各因其緣而到凡間走一趟，相信陳可常、劉本道應是杜撰人物。李白，是唐朝著名詩人，被譽為「詩仙」，詩風豪邁奔放，飄逸出塵，強烈的自由思想，深受道家思想影響。道士司馬承禎認為李白仙風道骨，可與神遊八表。而李白亦多與道家中人來往，如元丹丘、吳筠、賀知章等。李白於天寶三年（744）受籙，還作了〈奉餞高天師如貴道士傳道籙畢歸北海〉：

> 道隱不可見，靈書藏天洞。吾師四萬劫，歷世遞相傳。

---

90 〔東晉〕葛洪：《抱朴子・內篇卷二・論仙》，收在《道藏》第28冊，頁174。

> 別杖留青竹，行歌躡紫煙。離心無遠近，常在玉京懸。

可見李白篤信道教，相信李白本人有可能相信自己是上天星君降世，故有如此才華。

其他成仙的故事，很多是白日飛昇，或曰成仙而去，如杜子春、鄭信、莊子等；而坐化或屍解或身死，則有任珪、李清得、王勃。《抱朴子・內篇》將仙人分為三等：上士舉形昇虛，謂之天仙；中士遊於名山，謂之地仙；下士先死後蛻，謂之尸解仙。〈李道人獨步雲門〉（《醒》三十八）謂李清得道濟世，最後尸解而去，相信是屬於「先死後蛻」。對屍解的解釋，還有《後漢書・王和平傳》註：「屍解者，言將登仙，假託為屍以解化也。」[91]

《抱朴子・內篇卷二・論仙》：

> 按仙經云，上士舉形昇虛，謂之天仙。中士游於名山，謂之地仙。下士先死後蛻，謂之屍解仙。今少君必屍解者也。近世壺公將費長房去，及道士李意期將兩弟子去，皆託卒，死，家殯埋之。積數年，而長房來歸。又相識人見李意期將兩弟子皆在郫縣。其家各發棺視之，三棺遂有竹杖一枚，以丹書於枚，此皆屍解者也。[92]

《雲笈七籤》有關「屍解」的記載：

> 夫屍解托死者，正欲斷以死生之情，示民有終始之限耳！豈肯腐骸太陰，以肉餉螻蟻者哉。直欲遏違世之夫，塞兆民之源望也。[93]

---

91 〔劉宋〕范曄：《後漢書》（臺北：鼎文書局，1981），頁2751。

92 《抱朴子・內篇卷二・論仙》，收在《道藏》第28冊，頁176。

93 〔宋〕張君房：《雲笈七籤》卷八十四（北京：中華書局，2014年5次版），頁1893。

> 真人曰：凡屍解者，皆寄一物而後去。或刀或劍，或竹或杖，及水火兵刃之解。[94]

> 當取靈山陽向之竹，令長七尺有節，作神杖，使上下通直，甘竹乃佳。……若欲屍解，杖則代形，倏歘之間，已成真人。[95]

> 白日去謂之上屍解，夜半去謂之下屍解，向曉暮之際去者，謂之地下主者也。[96]

《雲笈七籤》所言的「屍解」，是道者托死者，以斷人情，只為順乎人道而已。方法是將身寄於一物，而真身飄然而去。白日屍解者，稱為「上屍解」，夜半屍解者，稱為「下屍解」，近早晨或日落而去者，稱為「地下主」。如此，屍解的時間會表示修道者的成就。

《太平御覽》亦有「屍解」的紀錄：

> 《寶劍上經》曰：屍解之法，有死而便生者，有頭斷從一旁生者，有形存而無骨者。又曰：夫屍解者，本真之練蛻也，五屬之隱適也。雖仙品之下弟，其稟授亦不輕也。所謂隱回三光，白日陸沉者也。夫修下屍解者，皆不得返望故鄉，此謂下解之道也。名配紫簡，三官不得復窺其間隙，雖獲隱遁，世志未厭，又不得返歸，故游栖不定也。[97]

---

94 〔宋〕張君房：《雲笈七籤》八十五卷引《太極真人遺帶散》，頁1905。

95 〔宋〕張君房：《雲笈七籤》卷八十四引《赤書玉訣》，頁1898。

96 〔宋〕張君房：《雲笈七籤》卷八十四，頁1897。

97 〔宋〕李昉等編：《太平御覽》卷六六四．道部六，〈https://zh.wikisource.org/wiki/太平御覽〉，瀏覽日期：2020年8月18日。

> 《登真隱訣》曰：屍解者，當死之時，或刀兵水火，痛楚之初，不異世人也。既死之後，其神方得遷逝，形不能去爾。……《真誥》曰：……劉平河者，無名字，漢末為九江平河長。行醫術，有功德，救人疾患如己之病。行遇仙人周正時，授以隱存之道。居于方山洞室，常服日月晨氣，顏貌術少。後屍解而去。又曰：授大戒者死，滅度煉神，上補天宮，謂之屍解。又曰：人死，必視其形如生人，視足不青，皮不皺，目光不毀者，皆屍解也。白日屍解，自是仙也，非屍解之例，其用藥得屍解，非是。用靈丸之解化者，皆不得返故鄉，三官執之也。白日去謂之上屍解，夜半去謂之下屍解，向晚暮之際去者，謂之地下主者也。《瓊文四紀篇》曰：得九真中經者，白日屍解。或曰：飛行羽經輕也。[98]

> 若欲潛遁名山，隨時觀化，不願真官，隱浪自足者，當修劍屍解之道。[99]

> 夫修下屍解者，皆不得返望故鄉。上解之道名配紫簡，三官不得復窺其隙，但畜神劍，與之起居相隨。[100]

《太平御覽》解釋的「屍解」是有不同的成就，上屍解可補天宮，下屍解可能會游走於人間。分上屍解、下屍解及地下主，與《雲笈七籤》同。簡單解釋，屍解是假借他物，如竹、杖、劍等物，代替屍身死亡，而

98 同上註。

99 《太平御覽》卷六百六十五・道部七，〈https://zh.wikisource.org/wiki/太平御覽〉，瀏覽日期：2020年8月18日。

100 《太平御覽》卷六百六十五・道部七，https://zh.wikisource.org/wiki/太平御覽〉，瀏覽日期：2020年8月18日。

精神可遊歷他處。至於上天補位或遊走人間，則各自修行。《萬曆野獲編》有一則明代屍解的記載：

> 太陰煉形，異人屍解，儒者以為必無之事，而亦不盡然。如嘉靖間，洛陽劉晦庵健少師，以九十餘告終，嗣後遊行人間，聞至今尚在。又如近年江右羅近溪汝芳大參，卒於家久矣。一日忽至其同鄉曾見臺同亨司空寓，連日快談，曾以語同鄉吏部郎劉直洲文卿，初訝不信，偵之果然。蓋晦庵德業冠絕一時，近溪學問照映百世，宜其仙去不死也。又近年有無賴妄人，自稱醒神子者，詭為故威寧伯王越，遍游東南至湖州，而茅鹿門坤酷信愛之，求其長生之術。[101]

上述紀錄了兩位人物劉晦庵、羅近溪死後仍出現與人交往的故事，甚至相信劉晦庵仍在。可見，連茅鹿門這樣的學術名流，都信奉長生之術，可推斷明代社會道教思想的流行。

二　精怪

至於精怪，自莊子的寓言始，魍魎對話、骷髏發聲等等，引發後世對精怪的疑惑。道教流行，驅神敕鬼，更成為部分流派的功法。干寶《搜神記》已有神仙鬼魅、精物化人的記載，民間普遍相信有鬼神精怪。往後，各家筆記小說，如張讀《宣室志》、蒲松齡《聊齋誌異》、袁枚《子不語》等，不乏怪力亂神的記載，也無非是借鬼怪勸善。「三言」記載的精怪故事，也正是反映出民間的信仰與因果等意識。

所謂精怪，〔東晉〕葛洪《抱朴子・內篇・登涉》載：

---

101 〔明〕沈德符：《萬曆野獲編》美卷二十七〈神仙・尸解〉，頁706。

萬物之老者，其精悉能假託人形，以眩惑人目而常試人，唯不能於鏡中易其真形耳。[102]

王充《論衡》載：

夫物之老者，其精為人；亦有未老，性能變化，象人形。人之受氣，有與物同精者，則其物與之交；及病精氣衰劣也，則來犯陵之矣。何以效之？成事，俗間與物交者，見鬼之來也。夫病者所見之鬼，與彼病物何以異？人病見鬼來，象其墓中死人來迎呼之者，宅中之六畜也。及見他鬼非是所素知者，他家若草野之中物為之也。[103]

葛洪解釋，凡物老而能為精，象人形。王充解釋更加透澈，凡物老，其精可離開物本身，而成為人形。他舉例，人生病，精氣衰退，與他氣基相近的精怪，就會前來侵犯。若人生病時，見到自己的家人或熟識的人前來，那就是自家的六畜所化成的精神，若是不熟識的，就是別家的物的精怪。葛洪及王充皆認為萬物經過了長年的歲月或壽命，就能幻化成人類的模樣。

山中山精之形，如小兒而獨足，走向後，喜來犯人。人入山，若夜聞人音聲大語，其名曰蚑，知而呼之，即不敢犯人也。一名熱內，亦可兼呼之。又有山精，如鼓赤色，亦一足，其名曰暉。又或如人，長九尺，衣裘戴笠，名曰金累。或如龍而五色赤角，名曰飛飛，見之皆以名呼之，即不敢為害也。……山中有大樹，有能語

102 〔東晉〕葛洪、《抱朴子・內篇卷十七・登涉》，收在《道藏》第28冊，頁236。
103 （東漢）王充著、袁華忠、方家常譯注：《論衡全譯》（貴州：人民出版社，1993），頁1384。

者，非樹能語也，其精名曰云陽，呼之則吉。山中夜見火光者，皆久枯木所作，勿怪也。山中夜見胡人者，銅鐵之精。見秦者，百歲木之精。勿怪之，並不能為害。山水之間見吏人者，名曰四徼，呼之名即吉。山中見大蛇著冠幘者，名曰升卿，呼之即吉。山中見吏，若但聞聲不見形，呼人不止，以白石擲之則息矣；一法以葦為矛以刺之即吉。山中見鬼來喚人，求食不止者，以白茅投之即死也。山中鬼常迷惑使失道徑者，以葦杖投之既死也。山中寅日，有自稱虞吏者，虎也。稱當路君者，狼也。稱令長者，老狸也。卯日稱丈人者，兔也。稱東王父者，麋也。稱西王母者，鹿也。辰日稱雨師者，龍也。稱河伯者，魚也。稱無腸公子者，蟹也。巳日稱寡人者，社中蛇也。稱時君者，龜也。午日稱三公者，馬也。稱仙人者，老樹也。未日稱主人者，羊也。稱吏者，獐也。申日稱人君者，猴也。稱九卿者，猿也。酉日稱將軍者，老雞也。稱捕賊者，雉也。戌日稱人姓字者，犬也。稱成陽公者，狐也。亥日稱神君者，豬也。稱婦人者，金玉也。子日稱社君者，鼠也。稱神人者，伏翼也。丑日稱書生者，牛也。但知其物名，則不能為害也。[104]

葛洪列出不同精怪的稱呼及特性，不同時辰出現不同的精怪。劉仲宇《中國精怪文化》[105]認為中國的精怪是自然物老而成精，能通靈變化，也是一切鬼神的原型，這裡是與人鬼的區別。鬼，是人死後，無身體依附的亡魂，而精怪是隨原物而化成，物滅而精亡。《抱朴子．內篇．登涉》記載有關精怪的事：

昔張蓋蹋及偶高成二人，並精思於蜀雲臺山石室中，忽有一人著黃

104 〔東晉〕葛洪、《抱朴子．內篇卷十七．登涉》，收在《道藏》第28冊，頁238。
105 劉仲宇：《中國精怪文化》（上海：人民出版社，1997）。

> 練單衣葛巾，往到其前曰：「勞乎道士，乃辛苦幽隱！」於是二人顧視鏡中，乃是鹿也。因問之曰：「汝是山中老鹿，何敢詐為人形？」言未絕，而來人即成鹿而走去。林慮山下有一亭，其中有鬼，每有宿者，或死或病，常夜有數十人，衣色或黃或白或黑，或男或女。後郅伯夷者過之宿，明燈燭而坐誦經，夜半有十餘人來，與伯夷對坐，自共樗蒲博戲，伯夷密以鏡照之，乃是群犬也。伯夷乃執燭起，佯誤以燭燼爇其衣，乃作燋毛。伯夷懷小刀，因捉一人而刺之，初作人叫，死而成犬，餘犬悉走，於是遂絕，乃鏡之力也。[106]

上述故事，指出用照妖鏡可看穿精怪的本來面目。自是而始，中國的小說多了人、神、妖的爭鬥，也是中國的小說主要內容之一。

表十九　「三言」所載有關精怪故事

卷目	人物	所遇精怪	事由
李公子救蛇獲稱心（《喻》三十四）	李元	西海龍君 龍子 龍女	記述宋代時有李元者，於蘇州吳江三高士祠救了一條赤色小蛇，其後小蛇報恩的故事。原來小蛇是西海龍君之子，龍君感激李元救回兒子一命，特將女兒許配李元，三年為期。其後，李元得龍女之助盜出試題，令其屢試皆捷，除吳江縣令。李元突發善心求回小蛇，所得的福報可謂不淺。

106 〔東晉〕葛洪：《抱朴子・內篇卷十七・登涉》收在《道藏》第28冊，頁236。

卷目	人物	所遇精怪	事由
崔衙內白鷂招妖（《警》十九）	崔亞	遇妖，陷色網。酒保班犬是大蟲所化，紅衫美娘子是紅兔子所化，骷髏人是晉代將軍所化。	崔亞借得新羅白鷂，到城外放鷂。竟遇上妖怪，陷於色網中。最後得羅真人捉去三妖，救出崔亞。
樂小舍拚生覓偶（《警》二十三）	龍王子 樂小舍	龍王子化成金色鯉魚及樂小舍遇潮王	龍王子酒醉化成金色鯉魚，被錢王捕獲，錢王見其特異，不忍殺害，將之放生。後得龍王回報。 又記樂和下水救順娘，得潮王（唐人，死後受後人立祠）之助，兩人成就美眷。
假神仙大鬧華光廟（《警》二十七）	魏宇	遇龜精，吸人氣。	魏宇遇呂洞賓及何仙姑，與之交合，騙魏宇可吸仙氣。魏生身體日差，得此二仙乃龜精所變。先有裴道士收妖，但失敗，最後，到華光廟救助，得五顯神之助，殺掉龜精。
白娘子永鎮雷峰塔（《警》二十八）	白娘子 青青	蛇精 青魚精	白娘子是西湖上的蛇精，而青青則是青魚精。白娘子因愛慕許宣，結為夫婦，後被法海禪師收伏，並將白蛇與青魚鎮於西湖雷峰塔下。
皂角林大王假形（《警》三十六）	欒巴 皂角大王	狸精 地方妖精，被九子母收服。	老狸精冒充天官，受百姓血食，欒巴看破，追至齊郡，將老狸斬首。

卷目	人物	所遇精怪	事由
			主要故事是趙再理授廣州新會知縣，到任知有皀角林大王在地方受人祭祀。一怒之下，毀其廟，破其身。皀角大王到趙家冒認趙再理，並偷去其官告文憑。害得趙被斷配兖州。中途防送公人要殺趙，得神靈九子母幫助而倖免。再到龍宮借物收伏皀角大王。
福祿壽三星度世（《警》三十九）	鶴、鹿、龜三仙獸	下凡作弄前身是仙友的劉本道。	劉本道本是天界延壽司掌書記的仙官，因與鶴、鹿、龜玩耍，懶於正事，被貶下凡間為貧儒。謫期完結，三仙獸下凡作弄本道。最後，壽星喝令四仙同返天界。
旌陽宮鐵樹鎮妖（《警》四十）	許遜	得吳猛真傳，在人間斬魅除妖。	先說老子、蘭期、諶母、許琰等成仙因緣，再述許遜求仙的經歷。許遜得吳猛真傳，斬魅除妖。
小水灣天狐詒書（《醒》六）	王臣	被狐妖所戲	王臣在樊川打狐得書，狐妖在客店變人詒騙。狐妖又變成王臣家人，氣得王臣大病。

從上述故事的內容來看，精怪是非常人性化，有感情，有害人的也有保護人類的。這些精怪，除由動物或老物而變化人型外，其他的情緒與行

事，基本與人類無異。

（一）龍的地位

〈表十九〉所引故事，有兩則屬於與龍有關的。〈李公子救蛇獲稱心〉（《喻》三十四）寫李元曾救小蛇，而小蛇是由龍所化。最後，龍王將龍女配給李元，屬因果報應中的善報。第二個故事是〈樂小舍拚生覓偶〉（《警》二十三）載龍王子，化成金鯉魚，險被烹煮的事情。兩則故事龍的身分都不同於精怪，是類似神仙的地位，這與中國傳統對龍敬仰的關係。故龍女嫁與李元，是天大的幸福。錢王放過龍王子，亦得到善報。

龍神在中國受到祭祀，旨在祈雨，有助農業。龍神掌握是興雲降雨，至於水運、水利等，則祀天妃、河神、漕神等，清代時，更由政府遣官致祭，這與民生有莫大關係之故。[107]

（二）貽害人類的精怪

有害人之心的精怪故事，包括〈崔衙內白鷂招妖〉（《警》十九）、〈假神仙大鬧華光廟〉（《警》二十七）、〈旌陽宮鐵樹鎮妖〉（《警》四十）。崔亞誤入森林隱處，遇骷髏怪，再因迷失方向，遇紅衣娘子及班犬，三者均為精怪。其實衝突是來自白鷂，骷髏精亦未必先有傷害之心，只因崔亞以彈丸先傷骷髏，因而結冤。然而，紅衣娘子對崔亞是一往深情，認為是數百年前的因緣，力勸骷髏精勿傷崔亞。至於最終是否有加害之心，故事沒有交代（見《警》十九）。

大鬧華光廟的龜精，明顯要吸盡魏宇的精氣，最後得五顯神之助，殺掉龜精，保著魏宇的性命（《警》二十七）。至於許遜，更是人妖不兩立，受道於吳猛，以消取妖怪為天職（《警》四十）。你這些故事明顯將人與妖

107　《皇朝文獻通考》卷一〇五及一〇六，轉引自王爾敏：《明清時代庶民文化生活》（臺北：中央研究院史語所，2000），頁19。

放在對立面，前提是妖怪必定害人。究竟妖怪是不是一定害人，在眾多故事中，無法下判斷。

（三）人性化的精怪

白娘子遇見許宣，一往情深，與姊妹青魚共同侍奉許宣。幾經波折，歷兩次官司，終結為夫妻。可惜，被發現是蛇妖後，被法海和尚收於雷峰塔下。文末奉勸世人切勿貪色，以至遇妖（《警》二十八）。倘若白娘子不是蛇妖，整個故事就是一個愛情故事，當然其吸引力會減低。故事的前提是人妖不兩立，白蛇與青魚從來沒有傷害人類，但就因為是妖，就不被接納。

另外兩個故事，較人性化，福祿壽三星度世（《警》三十九）述說鶴、鹿、龜三仙獸下凡戲弄前生道友劉本道，小水灣天狐詒書說狐精失天書而戲弄王臣（《醒》六）。兩則故事都趣味盎然，令人啼笑皆非。這裡有一問題，同樣是龜，假神仙大鬧華光廟裡的龜精，吸人精氣，最後被殺（《警》二十七）。《警》卷三十九的龜仙卻已成道，進入天界。相信中國社會的心目中，萬物均可經過修煉而成仙，例如白娘子，修煉千年而有人身，若果不是對許宣動情，相信也可成仙。

三　鬼物

商周時期，相信人死後會成為「鬼」，商周尊神先鬼，是社會風氣。湯之征葛[108]，周之伐殷[109]，皆以「弗祠」為由。由此可見，當時是如何重視祭祀鬼神。古代亦相信侍奉鬼神會得到庇佑。

---

108 《書序》：「葛伯不祀，湯始征之，作湯征。」

109 《尚書．牧誓》：「昏棄厥肆祀弗答。」

先秦的「鬼」，與佛教傳入後的鬼的概念，是有分別的。所謂「鬼」，梵语 preta，巴利語 peta，通常指死者或死者的精魂。我們所理解的鬼，在佛教稱為「中陰身」，即死後精神離開身體，卻又未到輪迴時候，其精神仍停留於人世空間。另外，六道中的「餓鬼道」，不等同於「鬼」，即中陰身。餓鬼道是六道中的一個空間，有可能同人間重疊。

魔又與鬼不同，魔的梵語、巴利語 māra，全稱「魔羅」，簡稱「魔」，意思是殺生者、奪命者、造成障礙者。摩羅是原始佛教神話獨創的惡魔，不等同於婆羅門教神話中的死神閻摩（Yama）。阻礙人棄惡從善的內在欲望和心理力量被人格化為惡魔摩羅。在佛教故事中，摩羅的主要惡行是擾亂佛陀或其他比丘和比丘尼修道。佛教中最大的魔是住在欲界第六天（他化自在天）的天子魔（也稱為天魔波旬或魔王波旬）。二魔：內魔（自身所生之障礙）和外魔（來自外界之障礙）。至於餓鬼道的狀況，據《阿毘達磨藏顯宗論》記載：

> 鬼有三種：謂無、少、多財。無財，復三：謂炬、針、臭口。少財，亦有三：謂針、臭毛、瘿。多財亦有三：謂希祠、棄、大勢，廣釋此九，如順正理。然諸鬼中，無威德者，唯三洲有，除北俱盧。若有威德，天上亦有。贍部洲西渚有五百，於中有二，唯鬼所居。渚各有城，二百五十。有威德鬼住一渚城，一渚城居無威德鬼。諸鬼多分，行竪而行。於劫初時皆同聖語，後隨處別種種乖訛。[110]

先秦文獻中，亦有記載鬼魂出現的事情，墨子《明鬼》記載杜伯無辜被殺，三年後出現報仇的事情：

---

110 〔唐〕玄奘譯：《阿毘達磨藏顯宗論》，〈http://tripitaka.cbeta.org/T29n1563_001〉，瀏覽日期：2020年8月20日。

> 若以眾之所同見，與眾之所同聞，則若昔者杜伯是也。周宣王殺其臣杜伯而不辜，杜伯曰：「吾君殺我而不辜，若以死者為無知則止矣；若死而有知，不出三年，必使吾君知之。」其三年，周宣王合諸侯而田於圃，田車數百乘，從數千，人滿野。日中，杜伯乘白馬素車，朱衣冠，執朱弓，挾朱矢，追周宣王，射之車上，中心折脊，殪車中，伏弢而死。當是之時，周人從者莫不見，遠者莫不聞，著在周之春秋。為君者以教其臣，為父者以警其子，曰：戒之慎之！凡殺不辜者，其得不祥，鬼神之誅，若此之憯遫也！以若書之說觀之，則鬼神之有，豈可疑哉？[111]

《左傳》記載甚多與鬼神有關的事情，茲舉二例，如《莊公・三十二年》載：

> 秋七月，有神降于莘。惠王問諸內史過曰：「是何故也？」對曰：「國之將興，明神降之，監其德也；將亡，神又降之，觀其惡也。故有得神以興，亦有以亡，虞、夏、商、周皆有之。」王曰：「若之何？」對曰：「以其物享焉。其至之日，亦其物也。」王從之。內史過往，聞虢請命，反曰：「虢必亡矣。虐而聽於神。」神居莘六月。虢公使祝應、宗區、史嚚享焉。神賜之土田。史嚚曰：「虢其亡乎！吾聞之：國將興，聽於民；將亡，聽於神。神，聰明正直而壹者也，依人而行。虢多涼德，其何土之能得？」[112]

記載神降於莘，惠王遣使享之，論及聽於民、聽於神的結果。故事是

---

111 孫詒讓著、小柳司氣太校訂：《墨子閒詁》卷八〈明鬼下〉（臺北：驚聲文物供應，1970年），頁4-6。

112 楊伯峻編：《春秋左傳注》（北京：中華書局，2016），頁274-275。

將人類的施政與神是否干涉拉上關係。又《僖公・十年》記載狐突遇申生鬼魂事：

> 晉侯改葬共大子。秋，狐突適下國，遇大子。大子使登，僕，而告之曰：「夷吾無禮，余得請於帝矣，將以晉畀秦，秦將祀余。」對曰：「臣聞之：『神不歆非類，民不祀非族。』君祀無乃殄乎？且民何罪？失刑、乏祀，君其圖之！」君曰：「諾。吾將復請。七日，新城西偏將有巫者而見我焉。」許之，遂不見。及期而往，告之曰：「帝許我罰有罪矣，敝於韓。」[113]

敘說晉太子申生被讒而自縊死，夷吾繼位，改葬太子，郤淫辱申生妃賈君。申生不忿而告之天帝，懲罰晉國的一段事蹟。

傳統上中國人對鬼的理解，是根據佛、道兩教的概念。道教的鬼，據《太清玉冊》載：

> 雖修道而成，不免有死，遺枯骨於人間者，縱高不妙，終為下鬼之稱。故曰鬼[114]

而所有仙家，是不會附上人身，故能上身的，稱為鬼仙，是指有神通力的鬼，《道法會元・太上天壇玉格》有明確記載：

> 一切上真天仙神將，不附生人之體，若輒附人語者，決是邪魔外道，不正之鬼，多是土地及司命能作此怪，行法之士當審察之。[115]

---

113 楊伯峻編：《春秋左傳注》，頁365-366。

114 網址：〈https://zh.wikipedia.org/zh-hk〉，瀏覽日期：2017年12月11日。

115 網址：〈https://blog.xuite.net/zaq2795/twblog/148595239〉，瀏覽日期：2019年11月26日。

表二十　「三言」所載有關鬼物故事

卷目	人物	鬼物形態	事由
新橋市韓五賣春情（《喻》三）	吳山 金奴	被鬼纏	吳山與金奴幽會，白晝交歡，被胖和尚鬼魂纏身。後超渡其魂，得免於難。
閒雲庵阮三償冤債（《喻》四）	阮三	死後成鬼	阮三偶遇玉蘭，互通情意，茲後阮害相思病。張遠託閒雲庵尼姑王守長協助，引玉蘭至庵中幽會。阮三因而氣絕身亡。玉蘭竟有身孕，本想生子後殉情。後阮三報夢，知前世宿業。育子成才，終生不嫁。
羊角哀捨命全交（《喻》七）	左伯桃 羊角哀	成鬼	左伯桃欲到楚國求進，途遇羊角哀，二人一見如故，共往楚國。途中遇雪，伯桃身殉以全羊命。後羊被楚王重用，並為左建祠受香火。不意其祠在荊軻之上，左魂受荊魂脅迫。羊欲助之而不得，後乃自刎，與左同在陰界抗荊。
史弘肇龍虎君臣會（《喻》十五）	閻招亮	曾到陰間	東嶽神將王氏兄弟所燒獻的龍笛材送與第三子，令人找閻招亮開笛。閻在陰間得知史弘肇被換成銅膽鐵心，且為四鎮令公。回陽後，撮合自己妹子與史弘肇的姻緣。
	史弘肇	換成銅膽鐵心	

卷目	人物	鬼物形態	事由
范巨卿雞黍死生交（《喻》十六）	范式	自刎而成陰魂到張劭家赴約	張劭赴京應舉，遇范式，並結為兄弟。約定來年到訪張家，定以雞黍以待。來年范到訪，卻已是陰魂。范忘記一年之約，當憶起時，已過約期，遂自刎，以陰魂踐約。張知悉，速到山陽，為范殮葬。葬後，又自刎而死。
楊思溫燕山逢故人（《喻》二十四）	韓思厚夫婦	被鄭意娘鬼魂所困，死於江上。	述楊思溫在燕山重遇東京舊人，其嫂鄭意娘被撒八太尉所擄，再賣至祖氏倡家。自裁被救，成撒八太尉韓夫人近侍。原來鄭氏已殉節。思溫重遇韓思厚，取回骨灰遷葬。後韓思厚再娶，鄭氏鬼魂現身。韓與劉氏遊鎮江，遇鄭氏魂，卒身殉江上。
遊酆都胡母迪吟詩（《喻》三十二）	胡母迪	遊陰間，見奸臣、權閹受苦。	胡母迪讀罷《秦檜東窗傳》及《文文山丞相遺稿》，憤懣難平。後被閻君請到陰間，親睹歷代奸臣、權閹、貪財、姦淫者在陰間的苦況。自此，胡氏絕意仕途。
崔待詔生死冤家（《警》八）	璩秀秀	死後成鬼，與崔寧生活。	秀秀賣與郡王，得郡王曾許配婚與崔寧。後郡王府失火，崔寧與秀秀同離去，並結成夫婦，在湖南潭州生活。被郡王知道，問其私逃

卷目	人物	鬼物形態	事由
			罪，將崔寧罪杖，發還建康府居住府處理，秀秀卻被殺。崔寧不知秀秀已死，途上重遇，在建康生活。朝廷因崔寧所造碾玉觀音有損，囑找崔寧補損。郡王遣郭立尋崔寧，見秀秀仍在，告之郡王。秀秀知自己已死無法隱瞞，與崔寧一同死去。
錢舍人題詩燕子樓（《警》十）	關盼盼	唐代鬼魂出現宋朝	關盼盼死後，至朝，有錢希白者偶遊燕子樓而遇盼盼鬼魂。
三現身包龍圖斷冤（《警》十三）	大孫押司	死後成鬼	因被小孫押司謀害，三次鬼魂現身申冤。
一窟鬼癩道人除怪（《警》十四）	李樂娘	產亡的鬼	吳洪前世是甘真人的弟子，因凡心不淨，墮落塵世為貧儒，甘真人令其嘗鬼趣，看破世情。
	從嫁錦兒	自割殺的鬼	
	王婆	害水蠱病死的鬼	
	陳乾娘	池裡死的鬼	
	朱小四	害癆病死的鬼	
	開酒店的	害傷寒死的鬼	
小夫人金錢贈少年（《警》十六）	小夫人	小夫人死後成鬼	小夫人初嫁大員外，卻對張勝特別關顧，死後投靠張勝。張勝不貪淫貪財，鬼亦不侵。
金明池吳清逢愛愛（《警》三十）	盧愛愛	死後成鬼，與吳清交歡。	吳清在金明池遊玩，遇見酒家小女兒盧愛愛，頓生愛慕之情。翌年往訪，盧父告之愛愛已死，但吳清卻重遇愛

卷目	人物	鬼物形態	事由
			愛，且多番恩愛。吳清身體日差，吳父請得皇甫真人，知遇鬼。吳清誤殺小廝阿壽，與二友共陷獄訟。愛愛報夢，告之得太元夫人憐憫其情，令其神魂仍住人間，與吳清交歡，以完其心事。阿壽復生，吳得脫。後用愛愛所贈藥救回褚家小姐愛愛，兩人成婚。褚愛愛與盧愛愛容貌相似，盧女報夢，吳生延高僧超渡。
喬彥傑一妾破家（《警》三十三）	喬俊	投河而死，鬼魂附王青身上報仇。	喬俊往東京賣絲，在南京上新河遇建康周巡檢新亡，家小扶靈回山東。戀上其小妾春香，納之為妾。喬往外做生意失敗，回家後知道娘子、小娘子及女兒因董小二被殺，身死於牢裡。喬一無所有，投河而死，並魂附王青之身，以報此仇。
王嬌鸞百年長恨《警》三十四	穆廿二娘	自縊而死，成鬼魂與張乙交歡，並報楊川欺騙之仇。	穆廿二娘為娼婦，與楊川相厚。楊川承諾娶穆為妾，穆贈百金以助。楊三年不返，穆受鴇母所迫，自縊而死。死後鬼魂於店內遇張乙，並交歡。後穆隨張而歸，與張妻同侍張乙。後鬼魂殺楊川，一報欺騙之仇。

「三言」所談及的鬼物，全是人死後所化身。其間的恩怨情仇，涉及中國的傳統道德，如義、守信等也有不捨人間關愛，停留於鬼身的境界。鬼故，自古就有其吸引力，因大部分聽眾或讀者對「鬼」都是一件未知的事情，任由作者發揮，結果亦因此而可出人意表。

（一）道德的鬼

〈羊角哀捨命全交〉（《喻》七）左伯桃死後受祠，卻遭到荊軻的鬼魂欺壓。羊角哀雖已顯貴，卻為報柏桃當日捨生存的恩義，竟然自刎而死，到陰間與左柏桃共同對付荊軻。全義以至自刎，在中國傳統道德內，是大仁大義。當然，用現代觀念來看，近於無知。

〈范巨卿雞黍死生交〉（《喻》十六）記載范式因忘記與張劭之約，竟自刎，令魂魄可依時赴約。最後，張劭知道此事，執葬范式後，自己亦自殺。兩則故事，說明人死後，有另外一個世界，而此空間，卻又如人類現實世界差不多，仍然有仇恨與道義。

（二）報仇的鬼

受屈或含冤而死，因而借機或上身，報雪前仇。這些鬼故事在「三言」中占的比率很高。〈楊思溫燕山逢故人〉（《喻》二十四）載鄭意娘被撒八太尉所擄，再賣至祖氏倡家。後成撒八太尉韓夫人近侍，原來鄭氏已殉節，成鬼出沒。後來重遇韓思厚，取回骨灰遷葬。思厚再娶，鄭氏鬼魂不甘，自己殉節而自刎，夫婿竟另娶。乘韓思厚與新妻劉氏遊鎮江，鄭氏鬼魂興波而令韓劉二人溺於江上，卒身殉江上。自己身死，前夫另娶，其實是合於情理，如此報復，似是過烈，有失殉節之義。

〈三現身包龍圖斷冤〉（《警》十三）載大孫押司被小孫押司串通自己妻子害死，鬼魂三次現身，得家婢迎兒及其夫王興，告之包拯，為其伸冤。

〈喬彥傑一妾破家〉(《警》三十三) 喬俊往東京賣絲，在南京上新河遇建康周巡檢新亡，家小扶靈回山東。戀上其小妾春香，納之為妾。喬往外做生意失敗，回家後知道娘子、小娘子及女兒因董小二被殺，身死於牢裡。喬一無所有，投河而死，並魂附主犯王青之身，以報此仇。

〈王嬌鸞百年長恨〉(《警》三十四) 穆廿二娘為娼婦，與楊川相厚。楊川承諾娶穆為妾，穆贈百金以助。楊三年不返，穆受鴇母所迫，自縊而死。死後鬼魂於店內遇張乙，並交歡。後穆隨張而歸，與張妻同侍張乙。後鬼魂殺楊川，一報欺騙之仇。

上述四個故事，大孫押司一事，受屈而現身報仇，及穆廿二娘報仇殺楊川，是合於情理。至於鄭氏興波殺前夫，所報亦甚，少了眷顧之情，男歡女愛，死後仍糾纏不去，可謂至死仍執著。喬俊因貪色以致破家，其實喬俊並無特別惡行，只在於好色，亦不是強奪人婦，其報亦算甚烈。此故事與中國傳統道德觀念有莫大關係，無論佛教、道教及儒家思想，均強調戒色，所謂「色字頭上一把刀」、「萬惡淫為首」等都是不斷強調貪色，必有惡報。中國人對性的禁忌，情欲的解放，萬分憂慮。

至於穆廿二娘，一個受欺騙的女人，心有不甘而報仇。這些鬼故事中，有一種強烈感覺，就是在陽世得不到公平合理的對待，而現世環境又無力反抗。死，然後變鬼，報仇，在某程度上來說，只是心靈的安慰而已，給在世受委屈的人們，有最終的心靈棲息所。

(三) 為情的鬼

愛情故事，往往令人盪氣迴腸，人鬼的愛情故事更吸引。〈崔待詔生死冤家〉(《警》八) 中的璩秀秀雖然身死，仍追隨崔寧回建康生活。若不是被識破，相信可以終生廝守。〈錢舍人題詩燕子樓〉(《警》十) 述錢希白在燕子樓緬懷唐時張建封愛姬關盼盼，並責白居易之無知，作詩諷刺關盼盼，使盼盼鬱鬱而終。

〈小夫人金錢贈少年〉（《警》十六）中的小夫人，暗戀張勝，對張亦特別眷顧。小夫人死後，欲投張勝處，以了心結。張勝為人正直，始終不及於亂。至遇到大張員外，才知悉小夫人已自吊身死。由於不惑於色，張勝得以全身而退，不及於小夫人的官司。小夫人雖然為鬼，追求本愛。當然，在明代社會，不被接受。但作者，暗地裡同情小夫人。小夫人被媒人所騙，嫁於年齡相差數十年的大張員外。諷刺了媒人誤人的傳統，為小夫人私戀張勝埋下可原諒的原因。眾多的愛情故事中，筆者以此故事最婉轉浪漫，不帶一點色情。

〈金明池吳清逢愛愛〉（《警》三十）有如倩女離魂的故事。盧愛愛與褚愛愛相貌相似，最後與褚愛愛續緣，並超渡盧愛愛。只要是愛情專一，上天是會安排。問題是，始終是不同的女子，只因相貌相似，就以此續緣。畢竟是貪色，較小夫人的追尋愛情，層次似乎較低。王鴻泰評此故事：

> 正話部分敘述多情女子愛愛因「一點春心動了，按捺不下」而與吳清結下杯酒之緣，卻因此致死——據其父言，她的死因是：「去年今日合家去上墳，不知何處來三個輕薄廝兒（吳清即其中之一），和她喫酒，見我回來散了。中間不知（事實上，也只是同桌共飲杯而已）。老拙兩個薄薄罪過她兩句言語，不想女兒性重，頓然悒怏，不喫飲食，數日而死。」這個死因頗有可疑，……，及由愛愛死後猶戀戀於吳清推測：愛愛之死也極可能是情慾相思纏綿所致。[116]

（四）纏身的鬼

〈新橋市韓五賣春情〉（《喻》三）記吳山與金奴幽會，白晝交歡，卻觸動了犯淫戒而死的胖和尚鬼魂。先後纏擾，希望奪吳山魂魄，在陰司多

116 王鴻泰：《「三言二拍」的精神史研究》（臺北：臺灣大學出版中心，民83〔1994〕），頁93。

一個淫鬼。後因超渡胖和尚鬼魂，得免於難。故事亦是以勸戒色為中心，吳山得遇金奴，戀愛其色，不理環境而行淫，卒招鬼纏。

（五）陰司與因果

〈史弘肇龍虎君臣會〉（《喻》十五）的史弘肇在陰司換了銅膽鐵心，在世間屢立功勳，成一代名臣。〈遊酆都胡母迪吟詩〉（《喻》三十二）記胡母迪埋怨世間不公，後遊酆都，得見歷朝權閹奸臣的地獄報應，方信天地間有因果報應，從此絕意仕途。〈一窟鬼癩道人除怪〉（《警》十四）寫誤落凡間的吳洪，被其前世師父癩道人，引至鬼界，得見各式各樣鬼物，終於覺悟，還回本性，重新入道。〈閒雲庵阮三償冤債〉（《喻》四）載阮三與玉蘭幽會，阮三氣絕。後來，玉蘭有孕，本計畫生子後自殺，後得阮三報夢，得知前生業報，取消自殺念頭。

上列故事，都提到陰司、鬼界。此概念與佛家的六道輪迴相近，相信地獄和六道觀念，發展至明朝，已普遍被民間接受。其次是因果報應，此概念始於先秦時，《易經．坤卦．文言》：「積善之家，必有餘慶；積不善之家，必有餘殃。」至佛家思想傳入中國，此因果觀念便流行於中國。

中國民間普遍相信因果，故此，歷代小說大都向著這重點發展故事內容。倘涉及神怪佛道，除加強故事內容的吸引力外，更有「勸善」作用。從神仙、精怪，以至鬼物，其實人類都是不太了解。作者們通過自己的想像與認知，賦予人格化的性情。神仙、精怪與鬼物，都有人的感情，會愛會恨，也會調皮。透過「三言」有關的故事，我們會發現，當人類在正常的環境下得不到公平的對待，就會借托鬼神替我們出一口氣。我們亦可透過這些故事，了解當時的社會道德標準及思維模式。

結論

結論

「三言」多是虛構的小說故事，但也有改編自真實事件的故事，甚至是當時哄動一時的社會大案，如李玉英、黃善聰、桑茂等人的案件。故事內容可以是虛構，但其中的社會狀態、結構，時人的思想、觀念、風氣、感情等都能透過故事中的人和物表露出來。本書多角度分析明代社會結構，包括經濟、政治、地方制度、選仕、女性地位、宗教思想等，分析明代的社會狀態。筆者在結束本書前，總結從「三言」所看到的明代整體型態與發展，希望讀者對明代有一立體概念。

明代富商巨賈甚多，其中以徽商最著，其次是秦商、晉商等商賈。此間商賈，非有數十萬金不能稱富。商人的出現及貿易的繁盛應是由東南經濟蓬勃而帶動起來，商品除本銷外，最重要的是海外貿易。在「三言」的故事內甚少提及海外貿易，明初實施海禁，幾乎斷絕一切海外貿易。學者范德（E. L. Farmer）直接指出「朱元璋對於通過海上力量來擴展其帝國幅員或擴大其影響不感興趣」[1]，估不到結果是成祖開展海上活動，改變了全球的經濟格局，令中國成為全球貿易網絡的重心，巨富之源頭。范德（E. L. Farmer）稱這種治國觀念為消極帝國觀念。當然，客觀來說，明太祖是勤奮而專制的統治者，相信一般學者都接受這論定。

由明太祖開始，容許周邊的國家來華朝貢，可算是另一類的貿易。中國貨品透過呂宋一帶的東南亞國家與葡萄牙及西班牙商人交易，有學者甚

1 E. L. Farmer（范德）：〈一國之家長統治：朱元璋的理想社會秩序觀念〉，收在朱鴻林：《明太祖的治國理念及其實踐》（香港：中文大學出版社，2010），頁2。范德是美國明尼蘇達州大學教授，專研明史、城市史等。

至認為此海上路線是海上絲綢之路。由於商業的繁榮，導致西班牙的白銀大量流入中國，令到明政府有足夠的白銀數量進行改革，如張居正的「一條鞭法」，全是用白銀來納稅。據估計從萬曆元年（1573）至崇禎十七年（1644）這七十二年間，從葡萄牙、西班牙、日本等諸國流入中國的白銀超過一億銀元以上[2]。白銀廣泛使用，一方面節省運輸及服役時間，另一方面，促進商業繁榮，豐富民眾的物質生活。[3]特別要留意的是白銀成為貨幣，並不是由中央頒布，而是由下而上，影響中央的政策，使整個社會改變。

明代商人與土地仍脫離不了關係，商人可以經土地兼併而致富，繼而進行貿易之事；另一方面，亦有遠涉外地為客商，致富後，回鄉購買土地作投資之用。當然，退休官員亦多投資田產以維生。在「三言」中屢屢記載此種情況，如〈宋小官團圓破氈笠〉（《警》二十二）的宋敦、宋金，〈錢秀才錯占鳳凰儔〉（《醒》七）的高贊等。

工業發展迅速，所僱用傭工數目大幅提升，如嘉興石門鎮的二十家油坊，有杵油工八百人；萬曆時蘇州全城織工染工各數千人之多；天啟年間，佛山鐵冶業中，炒鐵之肆數十，工人有數千等，可知其盛。其次是富商亦大量役使僱工、奴僕及傭人，如徽商吳學勉，單是刻工的工資已高達十萬兩之多。至於紡織業，以南方為例，蘇州、杭州、南京三大絲織城市約有五萬張織機以上，盛澤等市鎮和鄉村約有一萬五千張以上，合共約七萬張機。如果加上鎮江、嘉興、湖州等地，總數在八萬張以上[4]。商業活動與中央政府有密切關係，例如行會與牙行代表政府收稅。部分商業活動是來自政府，可以說是官民合作，故此，當地方有亂，商人多願出資協助。

最值得辯論的問題是：明代是否資本主義萌芽時期？國內甚多學者一

2 萬明主編：《晚明社會變遷問題研究》（北京：商務印書館，2005），頁53。

3 同上註。

4 同上註，頁51。

直認為明代是資本主義萌芽期，例如謝國楨編輯《明代社會經濟史料選編》時，第五章就是〈商品經濟的發展和資本主義萌芽的出現〉，似乎已肯定明代是從封建經濟走向資本主義。其實，「萌芽」一詞很籠統。在上世紀五、六十年代已有許多學者就此問題作出研究。李龍潛〈試論明代礦業中資本主義因素的萌芽及特點〉[5]分析及認同晚明是具有資本主義萌芽的特徵。當然，亦有學者提出反對意見，如胡嘉〈評傅衣凌著明清時代社會經濟史研究論文集兩種〉[6]從四方面分析傅衣凌認為明代是資本主義萌芽時期的誤點。曾參與討論的學者包括鄧拓、尚鉞、柯建中等等，本文不細引。

資本主義近代權威學者黃仁宇對明代是資本主義萌芽的理論持反對意見，這就值得討論。黃氏認為明代商人仍不能脫離傳統的交易模式，全部重點為現金交易。小生產戶的絲織品交易更是即織即賣，中間並沒有仲介人，商人直接與小生產戶交易。期間，雖然出現了富商，但尚未符合資本主義的實情。黃仁宇解釋說：

> 資本主義是一種組織，一種系統。即馬克思在《資本論》第二卷中論述資本主義的流通方式，其的公式亦為 C-M-C，即商品（Commodity）交換貨幣（Money），貨幣又交換為商品川流不息。[7]

即商人如何擴大資本，如何運用資金發展，如何獲取信貸等？在明代都未見其跡象。由於明代的銀行體制未臻完善，民眾對銀號普遍缺乏信任，大量金銀私下儲存，例如倪守謙將金銀藏於舊屋（〈喻〉十）等等，甚多

5 李龍潛：〈試論明代礦業中資本主義因素的萌芽及特〉，收在《明清資本主義萌芽研究論文集續編》（臺北：谷風出版社，1987），頁253-270。

6 胡嘉：〈評傅衣凌著明清時代社會經濟史研究論文集兩種〉，收在《明清資本主義萌芽研究論文集》（臺北：谷風出版社，1987），頁475-487。

7 黃仁宇《萬曆十五年》（北京：中華書局，1997）〈自序〉，頁3。

例子證明銀行業尚未開動。試問在這種觀念下，資金如何發揮其作用？

黃氏指出商業資本是工業資本先驅，即商業發展不理想，工業亦很難順暢地擴展下去。論者很多時引用張瀚家族的發跡史及王世懋記載江西景德鎮的燒造瓷器之盛，以至有「四時雷電鎮」之稱等二事說明資本主義萌芽。黃氏希望學者認真思考這個例子，張瀚家族起家是其祖先夜夢神人贈銀一錠，因以購買織機開展其事業，實情是一錠銀不足購買織機。張氏之所以論及其發跡史，主要是說明因果報應，不能以信史視之。景德鎮例子更是王世懋以堪輿師的眼光為出發點，認為這樣是破壞該處地脈，難出科甲之士。[8]

還有，資本主義亦是一種思維方式。即在沒有犯法之下賺取金錢是應受到尊重的，可是，中國傳統的思想「為富不仁」卻普遍存在中國人的心中，商人亦普遍受到歧視，列入末業。當然，明代中晚期商人與士人的身分起了變化，令到商人的地位提高。政府能否容許私人財產不斷擴大，甚至影響統治者的意願，中國的帝皇思想是不容許的。其次是訂立有關保障商人的相關法例，《大明律》中提及的商業條例都是有關詐騙、欺壓等，卻不是保障投資者的資金。龐大的資金運作，買賣雙方如何恪守合約就是資本主義能夠發展的主因之一。並不是單一句「說了就算」作為貿易依據，雖然這種商德令人津津樂道，可是這也是阻礙資本主義發展的原因。明代農民人口占九成以上，要發展資本主義實在很困難。

黃仁宇從「三言」故事中，分析明末並不是資本主義，甚至沒有資本主義的特徵，引其所論給讀者思考：

> ……吳山為當地巨富，但對其主管云：「我入城收拾機戶賒帳，回來算你日逐賣帳。」則其所收絲，仍係零星賣與生產者，或以賒帳

---

8 同前書，頁3-4。

方式而附行高利貸……。又張瀚為1535年進士，後任吏部尚書，其敘述彼祖先在十五世紀及十六世紀之交以織絲致富。……其所敘商人，則又與小生產者機戶直接接觸，商業經營仍不出傳統方式，即織即賣，全部重點為現金交易，無資本主義象徵。[9]

上引所言，即當時並未有全面發展企業，擴大資本運的意圖，仍停留實買實賣的狀態中。另外，黃氏又指出，坐商未能蛻變成批發商，未能促進資本主義之形成：

三言故事中，罕有提及客商所購物資出售於消費地坐商之詳情。但其略有提示者，如前稱阿寄販漆於蘇州及杭州，南昌布商之販布於贛州石城縣，及呂玉之販布於山西，均以零星出賣為主，暗示當地坐商，亦以極為緊縮之資本，逐日經營，無力大規模收購囤集，以掌握市場。[10]

未能大規模收購囤集的結果是甚麼？就是無法集中資金，使客商為坐商服務，最終是坐商逐漸減少，成為財力豐厚的坐商，投資生產。可惜，依「三言」故事發展的背景，商業的運作，無法促進資本主義成形。

黃氏更進一步闡述，「其癥結又不在商業本身，而係中國傳統政治制度及社會風氣所拘束。其最大障礙為否定私人財產的絕對性。次之則發行貨幣全部為政府職權」[11]。從「三言」故事可看到，仗勢強購平民田產，放貸盤算小民，這基本上是明代社會的普遍現象；加上商人需攜帶大量銀兩作實物交易，已經是商業發展的大障礙。資本主義的精神，韋伯（Max

9 黃仁宇：《放寬歷史的視界》，頁26-27。
10 同上註，頁27。
11 同上註，頁37。

Weber）認為是賺錢不是壞事，賺錢不僅是手段，而且是人生目的，賺得越多越好。[12]中國社會能接受這個意識形態嗎？

國內有很大部分學者認為明代是漢族專制皇朝最後一個朝代，是封建制度的末期。明代中期的「原始工業化」，最後以失敗收場，楊國楨、陳支平分析：

> 從根本上說，是中國傳統社會多元結構的影響和制約。中國傳統的社會結構具有既早熟又不成熟的特徵，它包容多種生態環境、歷史發展背景、經濟文化發展程度等各不同的民族、區域於一體，互為補充……。一方面，它可以比較靈活地改變自己的表層結構以適應各種變化；另一方面，又善於抵禦各種變化，保持深層結構的不變。[13]

兩位學者推測，若無外圍變化因素，如戰爭、飢荒等，明代有可能自行發展與歐洲資本主義研究截然不同的「近代化」。當然，這是推測，但社會風氣及觀念不改，改變現實是較困難的。

晚明南方的經濟發展蓬勃，造成了社會享樂風氣的轉變，徐泓以江浙為例，分析江浙的社會風氣轉變是由明初的「儉樸淳厚、貴賤有等」，至中期的「渾厚之風少衰」，至明末的「華侈相高、僭越違式」的競奢社會。[14]徐氏引不少資料證明江浙之風尚奢，茲據氏著原文引證：

> 今天下風俗，惟江之南靡而尚華侈，人情乖薄，視本實者競嗤鄙

12 同上註，頁112-113。

13 傅衣凌主編、楊國楨、陳支平著：《明史新編》（北京：人民出版社，1993），頁5。

14 徐泓：〈明代社會轉型之一——以江浙為例〉，收在鄭凱培主編：《明代政治與文化變遷》，頁79-123。

> 之。(《吳興掌故集》)[15]

> 宴會、室廬、衣帽,今皆違式,奢侈無忌。(天啟本《淮安府志》)[16]

> 邇來法紀蕩廢,膠序之間,濟濟斌斌,多奴隸子,而吳之蘇、松、常,浙之杭、嘉、湖為最。甚至有登甲第,入翰苑,獵取清華秩者。(伍袁萃《林居漫錄》)[17]

明人王錡亦記下吳中奢華之風:

> 吳中素號繁華,自張氏之據,天兵所臨,雖不被屠戮,人民遷徙實三都、戍遠方者相繼,至營籍亦隸教坊。邑里蕭然,生計鮮薄,過者增感。正統、天順間,余嘗入城,咸謂稍復其舊,然猶未盛也。迨成化間,余恆三、四年一入,則見其迥若異境,以至于今,愈益繁盛,閭簷輻輳,萬瓦甃鱗,城隅濠股,亭館布列,略無隙地。輿馬從蓋,壺觴罍盒,交馳於通衢。水巷中,光彩耀目,游山之舫,載妓之舟,魚貫於綠波朱閣之間,絲竹謳舞與市聲相雜。凡上供錦綺、文具、花果、珍羞奇異之物,歲有所增,若刻絲累漆之屬,自浙宋以來,其藝久廢,今皆精妙,人性益巧而物產益多。至於人材輩出,尤為冠絕。作者專尚古文,書必篆隸,駸駸兩漢之域,下逮唐、宋未之或先。此固氣運使然,實由朝廷休養生息之恩也。人生見此,亦可幸哉。[18]

---

15 轉引自徐泓:〈明代社會轉型之一——以江浙為例〉,收在鄭凱培主編:《明代政治與文化變遷》,頁99。

16 同上註,頁105。

17 同上註。

18 〔明〕王錡:《寓圃雜記》卷五〈吳中近年之盛〉,頁42。

王氏所見吳中之景，是三、四年而一變，其繁榮之瞬變，經濟之發達，奢侈之風極盛，可於此見一斑。最後，連中國傳統以士、農為職守的觀念也改變，張又渠的《課子隨筆》明言，「農商工賈之間，務執一業」[19]，則社會視商賈為業，並沒有了傳統鄙視的態度。徐泓對此的分析：

> 隨著商品經濟的發展與擴大，社會風氣轉變的地區擴大，而且奢侈日甚一日，越奢侈的地區，也因消費所提供的工作機會與商品貿遷的機會增多，人民生活水準普遍提高，商品經濟更形繁榮。[20]

生活奢侈與商品經濟發展擴大互為因果，造成南方奢靡之風極盛。人生的追求是甚麼？當收入豐富，是不是很容易傾向滿足慾望，因此，嫖妓、男寵、享樂，盡量滿足精神及覺受的快感。當然，風氣如此，漸漸出現過分的行為。筆者在〈緒論〉提及過王守仁的學說影響晚明的社會風氣，陳捷先有這樣的見解：

> 明代後期，心學極盛一時，程朱之學變得沉寂。王守仁的學說到後來雖然傳播極廣，但是產生的流弊也極為可怕，因為有不少人只侈言良知而忽略知行合一，以致習靜談性以求頓悟，或作謬論以驚世駭俗，甚至還放浪自恣，毀棄名教，王學也就終於被正統學者們所厭棄。[21]

當人類認為放縱自己的道德底線是追求個性解放，甚至認為自己在求道，

19 轉引自徐泓：〈明代社會轉型之一──以江浙為例〉，收在鄭凱培主編：《明代政治與文化變遷》，頁99

20 徐泓：〈明代社會轉型之一──以江浙為例〉，收在鄭凱培主編：《明代政治與文化變遷》，頁100。

21 陳捷先：《明清史》，頁106。

未免誤入歧途。但是，王學畢竟影響了晚明的社會風氣，有積極和消極的影響層面。

明太祖確立了中央及地方制度，後人不能不佩服他的毅力與識見。朱元璋要建立一個由皇帝獨斷獨行的王國，用盡心思去平衡權力。廢相之後，逐漸形成內閣制。內閣掌實權，可是這個權是來自皇帝。皇帝可以怠懶、可以不理政事，可四處出遊，但國家仍能正常運作。一旦皇帝不高興，就可以收回權力。當然，中間所經過的權力鬥爭，必經一番周旋。但根據事實，皇帝多是最終的勝利者，如世宗與楊廷和、神宗與張居正、思宗與魏忠賢等。

首輔與群輔之間又為自己的利益集團，不斷與對立者交鋒傾軋，產生多次腥風血雨的鬥爭。如沈鍊的剛猛，得罪了嚴嵩，幾弄至全家盡亡，一場權力遊戲，又令他的家族重新起來。自宣宗三楊之後，歷任的首輔，大都是飽經歷練的官僚，在行政上不致犯太嚴重的錯誤。嚴嵩是較貪婪與卑鄙的首輔，其無恥真令讀書人汗顏。內閣的權力源於皇帝，皇帝身邊的太監就成為保障權力的籌碼。嚴嵩要籠絡小太監，張居正亦要內結於馮保。內閣首輔無疑是恢復相權，所以筆者稱之「不是宰相的宰相」，黃仁宇也認為是名不副實。黃仁宇曾評述內閣大臣與皇帝之間的關係：

> 表面看來，閣臣沒有甚麼權力。但由於皇帝的原因使他們有相當大的實際影響力。對於成年的皇帝而言，新任命的閣臣一般更願意奉承迎合皇帝。但是，按照明朝的傳統，閣臣任期很長，在正常情況下，他們被期望終身在任。他們中的一些人甚至是逮事幾朝的老臣。這些人宿德重望，深受信任，在皇帝和各部官員之間充當調解者，是朝廷的穩定力量。……有理由的相信，閣臣在實施深得人心的政策和恢復公眾信任方面能夠起到很大作用。不過，如果皇帝藐視道德、祖制、民意以及有聲望老臣的意見，執意濫用權力，卻沒

有任何辦法能夠遏制皇帝的行為。[22]

明代皇帝的權力是至高無上，其實一切臣下的命運都是控制在皇帝手中，昏庸的君主可以隨一己之喜惡，舞弄整個天下。所以，能臣是非常重要的昇平的日子，幾乎全由能臣執政。

明代太監的專橫，比擬唐代，部分學者甚至認為明宦官之禍較唐代尤烈。可是唐代的宦官的權力及於皇位的廢立，但明代的宦官基本上是皇帝的下人。他們的權力全來自皇帝，劉瑾、魏忠賢橫行於一時，但皇帝一收權，可以令他們不得善終。朝廷的內鬥，影響官員的升降，整個官僚架構似乎是一個大的利益集團。

中國是農業國家，農民的人口在九成以上。讀書為官就是飛黃騰達的捷徑，讀書人考取科舉，揚名聲，顯父母。自此要忠心耿耿的為皇帝做事，當然，朱氏家族亦給予的相對的回報。「耕、讀」就成為整個民族的向心力，並以此成為大部分民眾生活的終極追求。黃仁宇在其《中國大歷史》中形容明代是一個內向和非競爭性的國家，其中堅份子為縉紳。他認為自明宣宗朱瞻基死後，明朝已不可能由上而下的隨意控制國家行政。明初的「申明亭」和「旌善亭」有評定善惡、解決糾紛的功能。經過七十多年後，文官組織擴大，較明初高出二至三倍。地方出現了「縉紳」階層，內裡包括文職官員及他們的家人、貢生、監生等人物。政府稱其「冠帶榮身」。[23]這階層與一般百姓有別，他們與在朝官員互通聲氣，或為其中成員。黃仁宇指出這情況：

所以他們是全國中等地主或大地主，既為朝廷的執事人物，也是鄉

---

22 黃仁宇：《十六世紀明代中國之財政與稅收》（北京：生活・讀書・新知三聯書店，2001），頁8。

23 黃仁宇：《中國大歷史》，頁224。

> 村間的地方領袖，因之構成了高層機構和低層機構間的聯繫。他們公認，良好之政府植基於保持傳統的社會價值，並且這一個優秀分子集團的成員又因為社會之向上及向下的流動不時更換。[24]

另外，中央的都察院，以左右都御史為長官，掌劾百官，辨明冤獄之事。王順卿是都御史，為自己的愛人玉堂春雪冤（《警》二十四）。明代的御史權力很廣，是代天子巡狩，上自藩王，下至縣官，無不受其糾舉。

明代的地方政制參照元代的十二行省，明太祖於洪武九年（1377）改十二省為「承宣布政使司」，成為四級地方制，下有府、州、縣。終明之世，有兩直隸及十三布政使司。布政使司有左右布政使各一人，分管地方民政與財政。表現優異者入為中央尚書、侍郎者，大不乏人。

里甲制本可算是良制，後來卻成為富戶破家的源頭。可知這制度的發展，成為苛索的途徑。本來里甲及糧長制都是根據人丁田糧的多寡而產生，這是非政府人員擔任，而卻具有政府統治功能的職位。萬壽仙分析其功能：

> 一方面是可以發揮他們（地主富戶）作為民間權威的固有作用，以順利地實現社會控制的目標，另一方面是通過將他們納入由官府主導的組織框架，以加強對他們的約制和控制。……（糧長、里長）既是一種權利，也是一種義務；既是一種榮耀，也是一種負擔。[25]

所謂「是一種榮耀，也是一種負擔」，指糧長、里長可以藉本身的職能，從中漁利，也因有此職能，在地方有一定的勢力及影響力，獲得地方

24 同上註，頁225。

25 萬壽仙：〈晚明的地方精英與鄉村控制〉，收在萬明主編：《晚明社會變遷問題研究》〈第四章〉，頁257。

的尊重。可是，一旦糧長或里長，不能完成政府的指派任務，可以破家敗業。有學者以「政府經紀」形容糧長、里長，也有一定的理由。

衛所制是明太祖自滿的兵制，考之史實，其流弊叢生，本文已分析，此處不贅。特別要討論的是遼東「鎮守內臣」，在廣寧設有「鎮守太監府」辦公，由成祖設置。正統元年（1436），於廣寧設欽差巡撫遼東地方都察院，至嘉靖八年（1529），則置廢不常。明代遼東軍制與內地不同，有贊理軍務、管理吏治、糧儲、夷務、安推軍民等職責。可是，「三言」故事沒有提及此軍制。衛所制基本上達不到太祖的願望，以兵養兵，減低中央的軍費負擔。實質上是一旦戰爭開始，國庫的收入無法支付長期戰爭，遼事開始，明中央即陷入不可自拔的軍費支出漩渦中。直至明亡，前線軍士仍汲汲於籌措軍費的政策上。顧誠曾作出結論：

> 英宗以後，沿邊的戰事逐漸增多，「疆場戒嚴」，相應而來的是軍隊訓練和戍守的時間增加，農事自然受到影響。還有不少屯地被持敵對態度的少數民族所占領，出現「田在敵外」的情況。軍屯既敗壞得有名無實，商屯又由於開中鹽法的廢弛而破壞無遺，朝廷只有從國家財政中撥給餉銀。萬曆以後，國家財政入不敷出，拖欠軍餉的情況越來越嚴重。加上官吏的剋扣，士卒能領到的餉銀就很少了。[26]

科舉選仕，現代很多學者認為是封閉士人思想的制度。筆者在內文已討論，亦引用不少學者的意見。我相信一個公平的考試制度，是選拔人才的重要一環。一旦不公平，整個社會及政府必然出現問題。以「九品中正制」為例，何嘗出現過平民人才，平民如何有出身的一天？科舉，先不論考試內容，最低限度，達至公平選拔。平民學子一旦中式，授官辦事，其影響力就形成。

26 顧誠：《明末農民戰爭史》（北京：光明日報出版社，2013），頁18。

平民任官，並以此身分，成為地方縉紳，有一定的影響力。這不是世族或貴族、軍人等所能把持，這亦是中國選仕公平的結果。「三言」的故事中，所謂發憤圖強，就是為官，就是要成為縉紳。曹可成、鮮于同、徐繼祖之能夠發跡，都是在官場中營運而得。明代士子取得功名後，經過各種途徑成為官僚，成為地方上有身分，有影響力的縉紳。倘若說中國社會是絕對封建，是絕對專制，似乎不太公平。況且，朱元璋定立選仕制度，有他一套理念：堅持「試職」的做法，特別重要的官職，需試職合格才實授。「監生歷事、進士觀政與庶吉士研讀三者，均為授職前之培訓或見習，所重在熟悉典制及政務，以備將來任官之用。」[27]即除科舉取士外，還要候任官員試職，不可謂不審慎。

晚明紳士約可分三個層次：上層紳士，影響力超出其出身地方，甚至國家層面；中層紳士，影響力及於省級；下層紳士，局限於本身人事圈及出身地或本縣。致仕高官及官僚，一般屬中、上層，生員屬下層，也是數目最龐大的。[28]因為如此，中國的普遍家庭，都是耕讀並重。若家族中有讀書種子，未來家族的聲望都是靠此人提升。時至今日，中國社會都是對讀書人普遍尊重。

明代科舉的考選內容，有一定的限制，有一定的思想內容，美其名「為聖人立言」，實質是封殺了士人的個性，專心做皇室的「跑腿」。有謂明亡是亡於科舉，是耶？非耶？明代學者致力科舉，埋首八股，對於經學，可謂沒有特別卓越的成就。比較突出的著作，包括汪克《春秋經傳附錄纂疏》、《禮經補逸》等；趙訪《春秋集傳》、《春秋屬辭》、《左氏補注》；曹端〈孝經述解〉、〈周易乾坤二卦解義〉等文。[29]對後世有影響的應

27 邱仲麟：〈明太祖的任官理念與洪武朝文官試職制度〉收在收在朱鴻林：《明太祖的治國理念及其實踐》，頁169。

28 萬壽仙：〈晚明的地方精英與鄉村控制〉，收在萬明主編：《晚明社會變遷問題研究》〈第四章〉，頁253。

29 陳捷先：《明清史》，頁106。

是梅鷟的《尚書考異》、《尚書譜》，開清代考據《尚書》真偽之先河。

至於對科舉制度的評價，錢穆先生認為此乃立國的大憲大法：

> 談者又疑中國政制無民權，無憲法。然民權亦各自有其所以表達之方式與機構，能遵循此種方式而保全其機構，此即立國之大憲大法，不必泥以求也。中國自秦以來，既為一廣土眾民之大邦，如歐西近代所運行民選代議士制度，乃為吾先民所弗能操縱。然誠使國家能歷年舉行考試，平均選拔各地優秀平民，使得有參政之機會；又立一客觀的服務成績規程，以為官位進退之準則，則下情上達，本非無路。晚清革命派，以民權憲法為推翻滿清政府之一種宣傳，固有效矣。若遂認此為中國歷史真相，謂自秦以來，中國惟有專制黑暗，若謂「民無權，國無法」者已二千年之久，則顯為不情不實之談。[30]

此制的用意，是以一客觀標準，挑選社會上的精英，參與國家的政治，消融社會上階級之存在，令社會文化向上。此制培植人民對政治的興味及提高其愛國心，成為一般平民出身及進入中央統治層面的制度。科舉制成隋唐至清代，公平選仕的制度。不受地方官吏限制：

> 此外則地方官不再加以限制，即申送中央，由尚書禮部舉行考試。考試合格，即為進士及第。進士及第便有做官的資格了。至於實際分發任用，則須吏部之再考試。[31]

同時，亦是平民預政的制度。有明一代，進士人數為二萬四千八百六

---

30 錢穆：《國史大綱・引論》（臺北：臺灣商務印書館，2006），頁15。

31 錢穆：《中國歷代政治得失》（北京：生活・讀書・新知三聯書店，2004），頁55。

十六（24,866）人[32]。過去千多年的科舉中，出現狀元七百多人，進士超過十一萬，不問出身，只問成績，是客觀與公平的選仕制度。

明代的司法制度，平心而論，力求公平，無論受理、審理、判刑及執行都有一定程序。可惜，中國大部分農民知識水平甚低，根本不清楚自己的權利。雖然有申明亭的設立，但對日出而作，日入而息的農民幫助不大。一旦有事發生，就投訴無門；因此，地方鄉紳的公正與否，直接影響平民的生活。衙蠹胥吏是中國社會最難解決的問題，政府需要下僚，可惜這類員佐吏掾，竊位以求財，裡外連成一氣，魚肉鄉民。甚至借勢謀取利益，貪贓枉法，沈小霞的解吏，盧柟的衙差，秀童的陰捕等，數之不盡。這正好反映中國社會的低下層百姓，他們所受的不公平及無理對待，往往使人掩卷嘆息。在明代的筆記小說裡，記載此等蠹害，可謂舉目皆是。此外，明清兩代出現了把持司法系統的師爺，影響之大，不可忽視。但「三言」沒有記載，只好放下不論。

明代的女性生活在不公平，不自主的社會中。女性沒有經濟能力，不能獨立生活，因而缺乏個性及獨立人格，一切道德及行為跟隨社會的要求而行。最不人道者，莫過於纏足。其禍及於貴家婦女，小足被認為是高貴美麗的象徵，婦女不纏足，就難嫁得佳婿。這樣，終生的肉體痛苦就纏繞於這一群可憐的婦女中，可是，大部分婦女竟以纏足為美，徒歎奈何？一群無聊腐儒敗類，甚至撰文讚賞小足。並為欣賞纏足著書立說，如清代方絢的《香蓮品藻》、李漁的《閒情偶寄》都對品足有敘述，以今日眼光視之，無異於「變態」，並非常人舉止。

婦女受制於貞潔觀念，以此為女性一生的大節所在，比生命還重要，本文已分析過這種思想出現的原因。我無意批評女性守節或守貞的行為，

32 吳宣德：《明代進士的地理分布》（香港：中文大學，2009），頁50。此數包括崇禎十六年（1643）未參加殿試的十一人及交趾、高麗二人。

從另一角度看，可以說是人類有異於禽獸的高尚道德，令人欽佩折服。倘若是過猶不及，則是作繭自縛。可是，翻開了〈列女傳〉，部分行為幾可以譏之為「愚不可及」。我相信人與人之間有堅貞不二的感情，但絕對是相對的，不是條例，規律，更不是宗教。

明代大儒歸有光已有超越時代的見解，歸有光在《貞女論》一文中大力鞭撻未適而守節的荒謬行為，認為這是違背天地常理的事情。逮至清代，亦出現為女性辯護的士人，如戴震《孟子字義疏證》以理性的分析指出人類的欲望是與生俱來，飲食男女乃人之常情。其後俞正燮更有多篇文章批評傳統男性認為婦女善妒的錯覺，如〈妒非女人惡德論〉、〈貞女說〉、〈節婦說〉等明確指出女性的妒意來自男性的多妻妾，是男性咎由自取。倘若女性能豢養多位面首，試問又有幾多男性不妒？女子有七出之條，無非是要鞏固男性的主導地位及維持家族利益。明末至清代出現多位為女性執言的學者，可知此種不近人情的觀念已到不能忍受的地步。

從整個社會的發展著眼，就是男尊女卑的社會，的確帶來社會及家族的安定。雖然這見解有點可笑，但又似乎是事實。中國社會將女性作為傳宗接代的媒介，忽略了人性，亦忽略了為「人」的基本尊嚴。有關明代女性的章節，我先引用西方女性主義者的言論，是因為中國缺少這一類言論，其次是解釋貞操觀念出現的原因之一。男女平等，是人類追求公義之一，但這條路在中國，還遠！

明代婚姻的從一而終及貞潔觀念，實在有它的社會功能。但卻造成不少的悲劇，如袁素文（袁枚妹），堅守從一而終，落得不得不歸寧，飲恨而終。到現在，筆者每看〈祭妹文〉，都有不忍卒讀的感覺，茫茫然，無言以對。這故事令筆者再想起民初教育家蔡元培在續絃徵婚啟事中，竟有兩項是丈夫死後，妻子可以改嫁及意見不合，可以離婚。單是這一項創舉，已值得後人肅然起敬，一再感動。無疑是對舊式婚姻男尊女卑的關係給了一記棒喝[33]。

妓女是社會的最下層，卻又可以接觸社會的最上層。我們可以想像明代的妓女的心理負擔，一方面要笑面迎人，另一方面要接受隨時被侮辱，還要懂得自我解嘲，如齊雅秀。沒有嫖客，就沒有妓女，最可恥是部分文人，一面嫖妓，一面罵人低賤。每次讀到杜十娘遇人不淑，自沉於江的情節，內心總是戚戚然。究竟女性的地位都是操縱在男人的手上，只有自盡，可以自己選擇。我在最後一段引出幾位殉節的妓女，就是要說明殉節不在於身分，而在於人情，就算是妓女，也可以有高尚的情操。

明代艷情小說特多，反映了人性的好色。當然，有學者認為王學流行，率性而行的觀念普及，也可造成性解放的現象。無論如何，明代過分抑壓性欲感覺，出現了一方要求貞潔，一方卻解放性抑鬱的分裂情況。

教育不普及，宗教思想就成社會道德的支柱。筆者在內文，一再指出宗教思想有其社會功能。正如小說的功能，除可自娛外，更可勸善。中國古代社會教育並不普及，諸葛亮的鞠躬盡瘁、關羽的義薄雲天、岳飛的精忠報國等故事，使他們都成為中國民間嚮往的人物。這些人物都成為神，受萬眾膜拜，並以此行為作為道德標準。現代很多不同的宗教團體，都奉關羽、岳飛為神，這不僅僅是迷信，是以關羽的「義氣」作為行事的準則。中國各階層，包括黑社會、抗日軍人、知識份子、高官等都有忠信關羽、岳飛的人物。

「三言」有關宗教的故事，都是宣揚中國傳統道德價值。整個明代社會存著因果報應思想，在明代筆記小說中，屢見不鮮。其目的，無非勸人行善。明代流行的勸善書《太上感應篇》、《文昌帝君陰騭文》和《了凡四訓》成為經典的勸善作品，加上清代《關聖帝君覺世經》，成為道教的勸善聖經。中國的社會道德，很大程度是受到這些作品的支持。道教的思

---

33 《蔡元培女兒憶父親：曾兩登徵婚啟事》，網址：〈http://big5.china.com.cn/culture/renwu/2010-02/23/content_19460287.htm〉，瀏覽日期：2020年8月18日。

想，其道德標準基本上是與儒家的道德思想結合。管子〈牧民〉提倡四維「禮、義、廉、恥」，這成為中國國本的道德指引。至宋代，提出「孝、悌、忠、信」四德，將對家族的道德列為首位，再及於國與上司，再及於朋友，列出人際關係中應有的態度。至此，「四維八德」成為中國民眾道德的依持。我們在眾多的道教文獻中，可以看到儒、道所採取及推廣的道德標準，幾乎一致。

佛教自漢代傳入中國，當然受到本土思想的抗拒，佛教的不拜君主，斷髮出家、不取後代等都與儒家傳統思想相違背。佛教的流播，不得不適應中國人的思想，超渡、祭鬼、祈福等儀式都是與儒、道思想相磨合的結果。儒家的「殺身成仁」被視為菩薩行為，道家的「無為、逍遙」被視為「涅槃、法身」等都是例子。另外，佛教的「諸惡莫作、眾善奉行，自淨其意，是諸佛教」與傳統儒、道成聖得道不謀而合；加上儒家思想的核心理念是「致中和」、「和而不同」、「天下同歸而殊途」等[34]，成就佛教融入中國社會的基因。

超過千年的相互統攝與融和，儒家的「元、亨、利、貞」，比配佛教的「常、樂、我、淨」，其餘如「五常」、「五戒」，以至「明心見性」等，互相接受。再者，宋、明理學加入了佛教的理念，更促使三教融和。發展至現代的寺廟，不難看見內裡同祠儒、道、佛的聖人、賢者、菩薩。在「三言」的故事中，可看見佛教故事的中國化，如陰司、地獄。梁漱溟在〈儒佛異同論〉中指出儒、佛有兩點共通[35]：

> 一、兩家為說不同，然其為對人而說話則一也（佛說話的對象或不止於人，但對人仍是其主要的）。

---

34 方立天：《中國佛教文化》〈代序〉，頁7。

35 梁漱溟：〈儒佛異同論〉，收在張廣保、楊浩主編：《儒釋道三家關係——研究論文選粹》（北京：華夏出版社，2016），頁179-180。

二、兩家為說不同，然其所說內容為自己生命上一種修養的學問則一也。其學不屬自然科學，不屬社會科學，亦非西洋古代所云「愛智」的哲學，亦非文藝之類，而同是生命上自己向內用功的進修提高的一種學問。

梁氏認為佛家思想與儒家思想同樣是對人的說話，講求個人修身，並且是從內在改變，逐漸提至另一高境界。由於如此的共同的修養目的，必然自然磨合。發展至宋、明道學，儒家已不得不承認在某些地方，兩家所倡者相同，如程頤弟子問華嚴宗的法界觀時，程頤亦承認二者有相似性。[36] 三家合流，是經歷了過千年的融和，如蒙培元說：

中國哲學有儒、道、佛三大流派，三派有一個共同點，就是主張境界說而反對實體論。……它們各自又提出了不同的理想境界以及實現理想境界的不同方法，這又是同中有異。雖然如此，它們在其歷史發展中又是互相影響、互相滲透的，並且最終達到了某種程度的融合，這又是異中之同。[37]

湯一介分析三家思想的融和，認為是世界史上極難得的現象，「十字軍東征」綿延了二百多年，現在的中東、非洲地區仍存著猶太教、基督教、伊斯蘭教的衝突和戰事。中國的三教的思想理論卻不斷的磨合，達至互相尊重承認的地步：

---

36 有關二者關係的相似性，可參考〔日〕土田健次郎著、吳華譯：〈道學與佛教〉，收在張廣保、楊浩主編：《儒釋道三家關係——研究論文選粹》頁257-262。

37 蒙培元：〈儒、道、佛的境界說及其異同〉，收在張廣保、楊浩主編：《儒釋道三家關係——研究論文選粹》，頁85。

> 南北朝佛儒、儒道之間的互相批評與問難頗為激烈（見《弘明集》），但中國之士大夫多有信奉佛教或贊同佛教者，甚至有梁武帝欲捨身入佛門，但仍設五經博士，並說：「朕思闡治綱，每敦儒術」。……劉宋時有顧歡作《夷夏論》辨二教，執夷夏之界，崇道而抑佛，以印土俗惡，華風本善立論，但仍以孔、老、釋同為聖人……。[38]

湯氏認為無論儒、道、佛三家思想如何的爭辯，但大都認同三家思想的創始人為聖人。即從行為及思想來說，三教創始者俱因環境不同而創立其教思想理論，但憐憫人類，提升自我，則如出一轍。久之，必將三教互相排斥的程度減低。以香港的「玄圓學院」為例，就是供奉三教聖人的地方，三教出現相互融和的情況。

至於馮夢龍的成就，筆者以寧宗一的一番評語作結：

> 馮夢龍不是一個藝匠，而是個心底有生活的獨具慧眼的藝術家。他對於這一百二十篇小說，並不是單純的收藏和交付書商刻印，而是進行了一次矜慎的去蕪存菁的遴選工作。[39]

馮夢龍是別有懷抱，至於讀者能領悟否？真是各見功力。本書期望將明代的經濟狀況、思想理念、社會運作及政制選仕等等，能建立一個清晰的輪廓呈現在讀者眼前。故採用了大量的原始資料，希望能文史互證。一者可證小說之誤傳，二者可補正史之不足。結尾希望讀者透過古典小說的內容，認真思考，中國的社會路向應從哪裡走？

---

38 湯一介：〈論儒、釋、道「三教歸一」問題〉，收在張廣保、楊浩主編：《儒釋道三家關係——研究論文選粹》，頁49。

39 寧宗一：《「三言」和「二拍」》，收在中華書局編輯部編：《古典小說十講》（北京：中華書局，1999），頁84。

附錄

附錄

一　《喻世明言》各卷內容大要

卷目	主角	發生年代／地點	主要內容
卷一 蔣興哥重會珍珠衫	蔣興哥：湖廣襄陽府人，商人。 王三巧兒：蔣興哥妻。 陳大郎：徽州新安縣人，商人。	明成化年間 湖廣／廣東／蘇州	王三巧兒與陳大郎私通，被蔣興哥發現，蔣休妻。王改嫁吳傑，吳是廣東潮陽縣知縣。陳大郎身故，其妻平氏再婚，嫁蔣興哥。蔣因誤殺宋老兒，重遇巧兒。吳傑判案後，並歸還王氏。
卷二 陳御史巧勘金釵鈿	魯學曾：魯廉憲子 顧阿秀：顧僉事女	（明代） 江西贛州府石城縣	魯學曾與顧阿秀自少有婚約，顧僉事嫌棄學曾貧窮，欲悔婚。顧氏妻孟夫人欲成好事，私贈財物與魯學曾。梁尚賓冒充魯學曾身分親到顧家，騙財騙色。顧阿秀知悉實情，自縊身亡。陳御史偵查此案，假裝布販，緝拿梁尚賓，判監後處決。魯學曾後與梁尚賓妻田氏再婚。
卷三 新橋市韓五賣春情	吳山 金奴	宋代	吳山與金奴幽會，白晝交歡，被胖和尚鬼魂纏身。後超渡其魂，得免於難。
卷四 閒雲庵阮三償冤債	阮華（阮三） 陳玉蘭	宋政和年間，首都兔演巷	阮三偶遇玉蘭，互通情意，茲後阮害相思病。張遠託閒雲庵尼姑王守長協助，引玉蘭至庵中幽會。阮三因而氣絕身亡。玉蘭竟有身孕，本想生子後殉情。

卷目	主角	發生年代／地點	主要內容
			後阮三報夢，知前世宿業。育子成才，終生不嫁。
卷五 窮馬周遭際賣䭔媼	馬周：博州人氏 王媼：嫁趙一郎，在新豐開店。趙一郎早死，後嫁與馬周。	唐代貞觀年間	馬周上長安求官，於新豐市遇店主王公，得其賞識及推薦往王媼家寄住。值太宗訪求賢士，由常何將政見呈於太宗前。太宗愛其才，拜為監察御史，後獻平虜策，改為給事中。王媼嫁馬周，周官至吏部尚書。
卷六 葛令公生遣弄珠兒	葛周：後梁中書令兼節度使，守兗州。 申徒泰：葛令公手下	五代梁朝	申徒泰為葛令公在郯城立大功，葛將寵妾珠兒配泰為妻，重賢輕色。
卷七 羊角哀捨命全交	左伯桃 羊角哀	春秋，楚國	左伯桃欲到楚國求進，途遇羊角哀，二人一見如故，共往楚國。途中遇雪，伯桃身殉以全羊命。後羊被楚王重用，並為左建祠受香火。不意其祠在荊軻之上，左魂受荊魂脅迫。羊欲助之而不得，後乃自刎，與左同在陰界抗荊。
卷八 吳保安棄家贖友	郭仲翔：行軍判官，負責征勦群蠻。 吳保安：東川遂州方義尉，得仲翔之薦，入李蒙軍中討蠻。	唐代開元年間	郭仲翔被蠻首擄去，要求贖款。吳保安傾力營救，又得楊安居之助，得以脫險。吳保安夫婦身故，家貧。仲翔留其子天祐同居，並教以經書，並擇宗女妻之。義行後為朝廷所褒揚。
卷九 裴晉公義	裴度：唐憲宗時宰相	唐代元和年間	晉州刺史廣求美女以進裴度，萬泉縣令強奪小娥以進。唐璧任滿會稽，得知此

卷目	主角	發生年代／地點	主要內容
還原配	唐璧：晉州萬泉縣人，任會稽丞。 黃小娥：唐璧未過門妻子		事，上京打探小娥事，並在到吏部報名。後授湖州錄事參軍，赴任時被劫。回京稟報，巧遇裴度，並述及小娥事。裴度著其到府，並歸還小娥。
卷十 滕大尹鬼斷家私	倪守謙：字益之，家累千金，年七十九。 梅氏：年十七，父是府學秀才。 倪繼善：倪守謙長子。 滕大尹：知縣	明永樂年間北直隸順天府香河縣	倪守謙娶梅氏為繼室，生子善述。守謙死，害怕長子毒害，將現成家財盡與長子；另將金銀埋於舊屋中，埋藏的方法隱喻於「行樂圖」中。善述長大後與大哥爭產，滕大尹明白圖中隱喻，暗中挪走部分金銀，再偽稱得到倪守謙鬼魂知會，起出餘金，由善述繼承。
卷十一 趙伯昇茶肆遇仁宗	趙旭：西川成都府人。 宋仁宗 苗太監：侍奉仁宗出訪。	宋代仁宗朝，東京。	趙旭試卷本入圍，只一字之差，仁宗見面後，即黜其卷。 後仁宗夢見金甲神提示「旭」字，仁宗欲訪與旭有關者。旭在茶肆重遇仁宗，後授西川五十四州都制置。
卷十二 眾名姬春風弔柳七	柳永：建寧府崇安縣人。 謝玉英：江州名妓。	宋代仁宗朝，東京	柳永流連秦樓楚館，名妓多傾慕其才。永到江州，與謝玉英繾綣。後到姑蘇餘杭上任。並助妓女周月仙與黃秀才婚事。 任滿還京，玉英已隨大賈孫員外。玉英得知耆卿曾到訪，信守前約，偷離孫員外，到東京尋耆卿。 後耆卿被劾下官，如此數年，病故，玉英以親妻主喪，其餘行首，以陳師師為首，以親人身分守孝。

卷目	主角	發生年代／地點	主要內容
卷十三 張道陵七試趙昇	張道陵：沛國人。 趙昇：吳郡人	漢代	記述張道陵成道及七試其弟子趙昇經過。最後，與趙昇、王長兩弟子飛昇。
卷十四 陳希夷四辭朝命	陳摶：亳州真源人。	宋初	陳摶成道，堅拒唐明宗、周世宗、宋太祖、宋太宗四朝出任官職。
卷十五 史弘肇龍虎君臣會	史弘肇 郭威 柴夫人 符令公 劉知遠	五代後唐	東嶽神將王氏兄弟所燒獻的龍笛材送與第三子，令人找閻招亮開笛。閻在陰間得知史弘肇被換成銅膽鐵心，且為四鎮令公。還陽後著其為妓妹子越英嫁史。史與郭威是結拜兄弟，威到訪，兄弟終日嬉戲。遇唐明宗內人柴夫人，後柴嫁與郭威。 郭威到西京河南府柴氏母舅符令公家謀事，因心中不願，自謀出路。因撲魚事毆傷李霸，再遇符令公。被符委為部署，因路見不平，殺尚衙內。符令公要救郭威，承吏王琇以失火放走郭威。往開封投靠殿前都指揮使劉知遠，後劉出鎮太原府，史弘肇以侍衛司差軍校護送劉。史後任四鎮令公。
卷十六 范巨卿雞黍死生交	張劭：汝州南城人 范式：字巨卿，楚州山陽人。	漢代明帝朝	張劭赴京應舉，遇范式，並結為兄弟。約定來年到訪張家，定以雞黍以待。來年范到訪，卻已是陰魂。范忘記一年之約，當憶起時，已過約期，遂自刎，以陰魂踐約。張知悉，速到山陽，為范殮葬。葬後，又自刎而死。

卷目	主角	發生年代／地點	主要內容
卷十七 單符郎全州佳偶	邢春娘 單飛英	宋代宣和年間	邢、單兩家有婚約。邢公選鄧州知縣，斡離不入侵，邢家遇害，邢春娘被賣入全州樂戶。單家隨高宗南渡。單飛英受父蔭，授全州司戶。得鄭司理之介，遇妓女楊玉，輾轉間知道楊乃邢春娘。乃修書其父，重定婚配。後更納春娘姊妹李英為妾。
卷十八 楊八老越國奇逢	楊復：小名八老，西安府盩厔人。 王興：年少時為楊復小廝，叫隨童。 楊世道：復長子 檗世德：復次子，楊復入贅檗家，其子從母姓。	元代（事在明代） 陝西西安府	楊復有妻李氏及一子世道，欲改善家境，故經商。往漳浦，遇檗媽媽獨女剛守寡週年，與之聯姻，後生一子，檗世德。回鄉期間，遇倭寇。被擄往日本十九年，後隨倭寇回國。寇大敗，八老避入順濟廟。遇隨當年童王興，證其身分。王老千戶將楊復及倭寇解往見楊郡丞，原來郡丞是楊世道，父子相認。紹興府檗太守設宴道賀，將此事告之其母，發現原來自己是楊復之子。
卷十九 楊謙之客舫遇俠僧	楊益：字謙之，浙江永嘉人。	南宋代建炎年間 貴州安莊	楊往貴州安莊縣赴任，船上遇李姓僧人，僧人敬重其人，願同往任所。船上楊益買了蒟醬，後知蒟醬是盜回來。同行李氏用法阻止追兵，避過嫌疑。到任後又與土人鬥法，令楊益能完任回京。
卷二十 陳從善梅嶺失渾家	陳辛：字從善，文武雙全。 張如春：陳辛妻	宋代宣和年間 東京	紫陽真君感陳辛供齋志誠，知其夫婦有千日之災，特遣大慧真人護送至廣東南雄赴任。夫妻歷劫，最後仍能團圓。
卷二十一 臨安里錢婆留發跡	錢鏐：杭州臨安人	唐末五代初	敘述錢鏐由出生至成一方之主的發跡事蹟。

卷目	主角	發生年代／地點	主要內容
卷二十二木綿庵鄭虎臣報冤	賈似道：賈貴妃弟，理宗時丞相，弄權誤國。 鄭虎臣：太學生鄭隆子	南宋嘉定年間	賈似道因賈貴妃之故，受理宗重用，禍國殃民。鄂州城破，襄陽失守，恭宗知似道誤國，籍沒其家財，謫為高州團練副使，仍命循州安置。押官鄭虎臣請纓押送似道，鄭父乃太學生鄭隆子，隆被似道黥配而死。鄭虎臣於木棉庵槌殺似道。
卷二十三張舜美燈宵得麗女	張舜美：越州人氏。 劉素香：與張舜美私奔	宋代徽宗朝東京汴梁	張舜美元宵遇謝素香，兩人歡好後私奔。後張舜美與素香失散，三年後舜美中解元，重遇素香，再續前緣。
卷二十四楊思溫燕山逢故人	楊思溫：本是肅王府使臣，流寓燕山。 韓思厚：與楊為異姓兄弟。 鄭意娘：韓思厚妻	南宋初 燕山	述楊思溫在燕山重遇東京舊人，其嫂鄭意娘被撒八太尉所擄，再賣至祖氏倡家。自裁被救，成撒八太尉韓夫人近侍。原來鄭氏已殉節。思溫重遇韓思厚，取回骨灰遷葬。後韓思厚再娶，鄭氏鬼魂附身。由朱法官平息。韓與劉氏遊鎮江，遇鄭氏魂，卒身殉江上。
卷二十五晏平仲二桃殺三士	晏仲平：齊景公相	春秋	述晏子借分食二桃，殺死田開疆、顧冶子及公孫接事。
卷二十六沈小官一鳥害七命	沈昱：東京機戶，有財。 沈秀：沈昱子	宋代宣和年間 海寧郡武林	張公殺沈秀，奪去畫眉鳥，賣與李吉。沈昱出賞尋求害兒之首，並緝凶，因而發生連串害命事件。
卷二十七金玉奴棒打薄情郎	莫稽：太學生，入贅金家。 金玉奴：杭州團	南宋紹興年間 杭州	金玉奴嫁夫莫稽，其後莫稽嫌棄金玉奴出身，暗加殺害。金玉奴最後被淮西轉運使許德厚所救，並收為義女，輾轉之

卷目	主角	發生年代／地點	主要內容
	頭金老大女兒。		間再嫁莫稽為妻。莫稽有殺害之心，可以說是喪心病狂，但金玉奴最後仍是委身再嫁，只對莫稽略加懲戒而已。
卷二十八 李秀卿義結黃貞女	黃善聰：黃老實幼女。黃家以販線香為業，兼帶雜貨，走江北一帶地方。 李秀卿：同是應天府人，與善聰結拜為兄弟。	明弘治年間 南京應天府上元縣	善聰女扮男裝，善化名張勝，與父親到江北販香。黃老實突染疾身亡，善聰無依無恃之下，與同鄉李秀卿結拜為兄弟，互相扶持，共同經營生意。數年後，善聰運父親遺體回鄉安葬，秀卿始知善聰為女兒身。秀卿執意求親，均被善聰拒絕。後得李太監出計，有情人才成為夫妻。
卷二十九 月明和尚度柳翠	柳宣教：祖籍溫州，授寧海軍臨安府府允。 玉通禪師：水月寺主持。 吳紅蓮：上廳行首，歌妓。 柳翠：玉通禪師的後世。 月明和尚：顯孝寺主持 法空長老：淨慈寺長老	南宋紹興年間 臨安府	柳宣教怪責玉通禪師不來參見，使歌妓吳紅蓮用計破玉通戒身。玉通知道真相後，入滅轉世為柳宣教女兒，並身入妓院，賣身渡日。 後由法空長老接引，見月明和尚，月明三喝柳翠，令其往水月寺。柳翠洞悉因果，即夜坐化。
卷三十 明悟禪師趕五戒	五戒禪師：南山淨慈孝光禪寺主持。 明悟禪師：五戒	宋英宗治平、仁宗、神宗年間 浙江路寧海	五戒禪師收養棄嬰紅蓮，紅蓮長大後，五戒竟迷戀其色，犯下色戒，被師弟明悟知悉，羞愧之下，入定辭世。 明悟知道後，同日坐化，希望來世再渡

卷目	主角	發生年代／地點	主要內容
	師弟。 蘇東坡：五戒之後世。 佛印：明悟之後世。	軍錢塘門 汴京	五戒。五戒轉世為蘇東坡，明悟轉世為謝瑞卿，即佛印和尚。 佛印終生與東坡為友，點化其愚頑，希望能覺悟前生，重修佛果。最後東坡飽歷離亂，覺悟前生，與佛印同日而逝。
卷三十一鬧陰司司馬貌斷獄	司馬貌：字重湘，蜀郡益州人。	東漢靈帝 蜀郡益州	司馬貌埋怨懷才不遇，憤而寫〈怨詞〉，被閻王請到陰間審理漢初劉邦、呂后、韓信、彭越、英布、丁公、戚氏等人的案件。卒造成東漢末的局面。
卷三十二遊酆都胡母迪吟詩	胡母迪：屢試不第，隱居威鳳山。	元末	胡母迪讀罷《秦檜東窗傳》及《文文山丞相遺稿》，憤懣難平。後被閻君請到陰間，親睹歷代奸臣、權閹、貪財、姦淫者在陰間的苦況。自此，胡氏絕意仕途。
卷三十三張古老種瓜娶文女	張古老：八十歲，娶韋恕十八歲女兒。 韋恕：本為諫議大夫，因諫武帝奉持釋教，被謫為滋生駟馬監。	南朝梁武帝	滋生駟馬監韋恕走失照殿玉獅子名馬，押曹依馬跡到張公處取回馬，並送上一箇甜瓜。韋恕親自上門答謝，張公求娶恕女，被恕毆打。後張公再遣媒求親，恕開出條件。張公竟能完成。後因張公之故，舉家十三口白日飛昇，都成神仙。恕子因曾用劍圖傷張公，不能成仙，偶見張公審案一日，回來卻是二十年後。
卷三十四李公子救蛇獲稱心	李元：字伯元，陳州人。杭州判官李懿子。 稱心：西海龍君之女	宋朝神宗	記述宋代時有李元者，於蘇州吳江三高士祠救了一條赤色小蛇，其後小蛇報恩的故事。原來小蛇是西海龍君之子，龍君感激李元救回兒子一命，特將女兒許配李元，三年為期。其後，李元得龍女

卷目	主角	發生年代／地點	主要內容
			之助盜出試題，令其屢試皆捷，除吳江縣令。李元突發善心求回小蛇，所得的福報可謂不淺。
卷三十五 簡帖僧巧騙皇甫妻	皇甫松：左班殿直 楊氏：皇甫妻	東京開封府	洪姓官人，本是和尚，利用落索環兒、一雙短金釵及簡帖兒騙得皇甫松以為自己妻子與別人有私。皇甫松休了楊氏，後楊氏嫁與洪氏。夫妻在大相國寺重遇，因五戒和尚，得知洪氏奸計。最後洪氏伏法，夫妻重聚。
卷三十六 宋四公大鬧禁魂張	宋四：鄭州奉寧軍人。 張富：因貪錢，被稱禁魂張員外。 趙正：平江府人，宋四師弟。	東京開封府	宋四劫走張員外財物，且殺了人。投靠其師弟趙正。宋四要到東京，趙正要求同往，宋四要考驗趙四的技巧才准同往。趙四兩番成功偷取宋四劫回的細軟包兒，宋四便著趙正到東京找侯興。宋四附信要侯興殺死趙四，但失敗，反令侯興兒子喪命。 後趙四與到京與王秀去劫錢大王，成功劫得財物。滕大尹著緝捕使臣馬翰緝拿。宋四與趙正均能逃離，各失主出賞緝拿二人，而張員外出賞錢最少。宋、趙二人再到張府偷竊，並將錢府偷得的盤龍羊脂白玉帶寄於張府，嫁禍張富為匪。令王秀假名王保插贓王遵、馬翰家小。最後張富自縊，王、馬二人死於獄中。宵小橫行東京，直至包龍圖出。
卷三十七 梁武帝累修歸極樂	蕭衍：梁武帝	南朝蕭梁	述說梁武帝前世今生的故事。

卷目	主角	發生年代／地點	主要內容
卷三十八 任孝子烈性為神	任珪：張員外所開川廣生藥鋪主管。 梁聖金：任妻，嫁任前已與周待詔子周得有姦。	南宋 臨安	任妻觀潮時重遇周得，假冒姑表之親，兩人再通姦。其後，周得常到任家通姦，而任珪老實，全不起疑。任父提醒任珪，任珪起疑。周得教任妻假裝受任父之辱，回娘家再私通。任珪回娘家探妻，被周得作弄，任被打了一頓。任珪後知此事，心中憤恨，到梁家殺死妻子、周得等五人。任珪自首，被判淩遲處死。臨刑前坐化為神，受鄉眾香火。
卷三十九 汪信之一死救全家	汪革：字信之，汪孚弟。 汪世雄：汪革子。 程彪、程虎：投靠汪革，最後誣陷汪革謀反。	宋乾道年間 嚴州遂安縣	汪革與哥哥爭論，立志致富才回家。汪革到安慶府麻地坡，作炭買鐵，逐漸致富，且雄踞一方。洪恭特薦程虎、程彪兩兄弟與汪革。後汪往臨安辦事，二程將所學教與汪子世雄。惟汪久未回家，世雄所給又不多。二程投靠洪恭，又得不到善待。二程一怒，誣害汪革，洪恭謀反。汪革火燒產業，遣散部眾，以保全家。最後汪革飲毒酒自盡，世雄流配，遇赦還鄉。
卷四十 沈小霞相會出師表	沈鍊：浙江紹興人，錦衣衛經歷，為京官。 沈小霞：沈鍊幼子。 賈石：沈鍊於保安州朋友。 馮主事：沈鍊故友。	明嘉靖年間	沈鍊得罪嚴世蕃，上表彈劾嚴嵩父子，反被誣害，發去關外為民。沈鍊到達保安州（屬宣府），結識賈石，並得其照應。嚴嵩命其義子楊順到宣大補總督缺，卻被沈鍊作詩諷刺虛報戰功。地方發生白蓮教之亂，楊順借勢誣害沈鍊，問成死罪。其後更捉拿沈鍊兒子沈衮、沈褒，並死於杖下。楊順再緝拿沈小霞，其母孟氏則遠徙極邊。孟氏遠徙途

卷目	主角	發生年代／地點	主要內容
	楊順：嚴嵩乾兒子，宣大總督。 嚴嵩：閣老，權傾朝野。 嚴世蕃：嚴嵩兒子。		中，用計避開差人謀害。八年後，嚴嵩失勢，被御史鄒應龍彈劾。嚴嵩回籍，世蕃判充軍。得沈鍊舊友馮主事幫助，沈鍊復舊官稱，沈襄則准貢。沈襄回保安州處理先父遺骨，重遇賈石，並重遇其父遺墨〈出師表〉。

二　《警世通言》各卷內容大要

卷目	主角	發生年代／地點	內容大要
卷一 俞伯牙摔琴謝知音	俞瑞：字伯牙，楚國大臣，郢都人。 鍾子期：樵夫。	春秋	述伯牙與鍾子期的一段知音情緣。子期死，伯牙摔琴，從此不奏琴。
卷二 莊子休鼓盆成大道	莊周：字子休，宋國蒙邑人。	周末	莊周病危，妻田氏應允從一而終。莊周化成楚國王孫試妻，田氏與王孫通。田氏欲取莊周腦與王孫治病，始發覺王孫是莊日周化身。莊周離開棺木，與妻分離，雲遊四方。
卷三 王安石三難蘇學士	蘇軾：字子瞻，四川眉州眉山人。 王安石：神宗時宰相。	北宋	述王安石與蘇軾因緣。蘇軾得罪王安石，被貶官在外。最後蘇知王安石才華勝己。王亦愛才，復其翰林學士之職。
卷四	王安石：神宗時	北宋	述王安石離任宰相，回家途中知道國人

卷目	主角	發生年代／地點	內容大要
拗相公飲恨半山堂	宰相。		對己的政策甚為不滿，最後在半山堂逝世。
卷五 呂大郎還金完骨肉	呂玉：呂家長子，江南常州無錫縣，商人。 陳朝奉：徽州人，在揚州開糧食坐舖。	江南常州無錫縣 山西 陳留	先說因果：金冷水想毒死福善庵老僧，反毒死自己的兒子。再述呂玉妻王氏生下兒子喜兒，六歲時看神會失蹤。呂玉經商，在陳留拾得白銀二百。其後歸還物主陳朝奉，重遇己子，並與陳家結親。
卷六 俞仲舉題詩遇上皇	俞良：字仲舉，成都人，妻張氏。	南宋 臨安	俞仲舉到臨安應試，不第；在西湖豐樂樓題下一首鵲橋仙。上皇高宗夜夢賢人懷才不遇，後見俞良所題詞，知是才人。命孝宗授官與俞良，俞衣錦還鄉。
卷七 陳可常端陽仙化	陳義：字可常，溫州府樂清縣秀才，年二十四，眉清目秀。 郡王：高宗母舅吳七。 新荷：郡王家妓。	宋高宗紹興年間	陳可常三舉下第，棄俗出家，在靈隱寺任侍者。吳七郡王曾見可常詩，喜與其結交。後誤會可常與其歌姬新荷私通，將其杖責，轉發寧家當差。新荷實與錢原私通，冤屈可常。可常於端陽圓寂。
卷八 崔待詔生死冤家	崔寧：昇州建康府人，在咸安郡王府任事。 璩秀秀：郡王府養娘。 郭立：關西人，郡王府軍校。	南宋紹興年間	秀秀賣與郡王，得郡王曾許配婚與崔寧。後郡王府失火，崔寧與秀秀同離去，並結成夫婦，在湖南潭州生活。被郡王知道，問其私逃罪，將崔寧罪杖，發還建康府居住府處理，秀秀卻被殺。崔寧不知秀秀已死，途上重遇，在建康生活。朝廷因崔寧所造碾玉觀音有損，

卷目	主角	發生年代／地點	內容大要
			囑找崔寧補損。郡王遣郭立尋崔寧，見秀秀仍在，告之郡王。秀秀知自己已死無法隱瞞，與崔寧一同死去。
卷九 李謫仙醉草嚇蠻書	李白：字太白，西川錦州人。	唐玄宗	敘述李白在朝中與高力士、楊國忠及楊貴妃的過節。
卷十 錢舍人題詩燕子樓	錢易：字希白，任中書舍人。	宋初	希白節制武寧軍，到訪唐名妓關盼盼之燕子樓，題詩懷念關盼盼。在樓中遇一女子相互唱詠，此女子當為關盼盼之魂。
卷十一 蘇知縣羅衫再合	蘇雲：北直隸涿州人，殿試二甲，除授浙江金華府蘭谿縣大尹。 蘇泰：出生後被徐能收養，少聰慧，少年登科，十九歲任御史。 徐能：五霸上街私商，海盜。	明永樂年間 儀真縣 南京	蘇雲往金華府蘭谿縣赴任，途上遇徐能等人劫殺。蘇雲在海上漂流，被陶公救回。妻鄭氏懷孕，被徐用救出，逃難中，近婢朱婆殉主。鄭氏誕下嬰兒後出家。徐能追之，以為天賜兒子，抱回撫養，改名徐繼祖（蘇泰）。十九年後，繼祖遷御史，鄭氏出狀紙告徐能。繼祖查探之後，得知自己身世。為父復官，並重判當日強盜。
卷十二 范鰍兒雙鏡重圓	范希周：小字鰍兒。 呂順哥：福州監稅呂忠翊女。	南宋	故事分兩節，前節述南宋徐信逃難南避，與妻子失散，得遇女子王進奴，繼而結為夫妻。徐信妻到建康城外訪親，卻遇上妻子前夫列俊卿，而徐信前妻崔氏卻嫁與列俊卿。兩對夫妻，重新相認。 後節述順哥與家人失散，與希周結為夫

卷目	主角	發生年代／地點	內容大要
			妻。希周叔汝為犯謀逆罪，夫妻逃難失散。順哥以為丈夫已死，欲自縊，重遇父親。後因鴛鴦寶鏡，與夫重遇。
卷十三 三現身包龍圖斷冤	孫押司：被害至死，鬼魂現身求伸冤。 迎兒：孫家婢女。 王興：迎兒丈夫。 包拯：知縣。	北宋	孫押司信算命先生之言，害怕自己會在三更身亡。被小孫押司利用，將押司勒死，並假裝投河自盡。孫押司鬼魂現身，令迎兒代其伸冤。包拯接管此案，從鬼魂所寫讖語破案。
卷十四 一窟鬼癩道人除怪	吳洪：福州威武軍人，一舉不中，於小學堂當教授。	南宋紹興十年 臨安	吳洪欲娶妻，得王婆引線，娶得李樂娘及從嫁錦兒。一夕與不王七三官人喝酒，回家途中遇雨。在墓園上得知，所遇妻子、錦兒、王婆等皆為鬼身。後得癩道人收服群鬼，吳洪後隨道人雲遊。
卷十五 金令史美婢酬秀童	金滿：蘇州府崑山縣人，將銀援例納了令史之職。 秀童：金家小廝。	明代	金滿得管縣裡庫房，卻失銀二百兩。金滿迷信，請莫道人降神求知偷銀。莫道人指是秀童。金滿即著張陰捕審問秀童，張對秀童下重刑，最後屈打成招。張二哥在夢中得神人指點，知道此事與名陳大壽者有關。其後知道是盧智高及胡美所偷，縣官釋放秀童。金滿內疚，將美婢金杏嫁與秀童，並認為義子。
卷十六 小夫人金錢贈年少	張士廉：年過六十，開線鋪的員外。 小夫人：張員外	東京汴州開封府	小夫人被王招宣府逐出，改嫁張員外。嫁後知道被騙，張員外已六十來歲的老人。小夫人對張勝有意，生前死後仍多次幫忙，惟張勝心正，不曾有染。

卷目	主角	發生年代／地點	內容大要
	妻。 張勝：張士廉鋪主管。		
卷十七 鈍秀才一朝交泰	馬德稱：吏部給事中馬萬群子。 黃六媖：黃勝親妹，許配馬德稱，矢志不移。	明天順至景泰年間 福建延平府將樂縣 北京	鈍秀才馬德稱二十一歲至三十二歲間，雖然學富五車，文才出眾，但屢遇歹運，顛沛流離。黃勝親妹自少許配馬德稱，黃勝欲逼黃六媖改聘。六媖矢志跟隨德稱，終得美好良緣。其後交運，德稱方登科名，官至尚書。
卷十八 老門生三世報恩	鮮于同：廣西桂林府興安縣，八歲舉神童，至五十七歲才遇蒯遇。屢次誤點中舉。 蒯遇：浙江台州府仙居縣人，興安縣知縣。愛少賤老，卻屢次點中鮮于「先輩」。	明正統年間	蒯遇時愛少賤老，鮮于同五十七歲尚未中舉。蒯遇偶選鮮于同為首卷，後悔不已。考禮經一節，蒯原想選個後生，誰知又是選中鮮于同。會試鮮于同因夢改選詩經，蒯遇不批禮經，以避鮮于同，卻又選了鮮于同為第十名正魁。 蒯遇得罪劉吉，得鮮于同幫助，得輕判。蒯氏家鄉爭墳地，亦得鮮于同公正處理。其後更力薦蒯悟神童，三代報恩。
卷十九 崔衙內白鷂招妖	崔亞：崔丞相子，年二十餘。	唐玄宗時期	崔亞借得新羅白鷂，到城外放鷂。竟遇上妖怪，陷於色網中。最後得羅真人捉去三妖，救出崔亞。
卷二十 計押番金鰻產禍	計安：北司官廳押番。	宋徽宗時期	計押番釣得金鰻，金鰻開口說若加害於己，卒令計家死於非命。計妻誤殺金鰻，玆後引出多人喪命。
卷二十一	趙匡胤：父曾仕	五代末	趙匡胤救出京娘，承諾護送京娘回家。

卷目	主角	發生年代／地點	內容大要
趙太祖千里送京娘	漢，為嶽州防禦使，人稱趙公子。 京娘：被歹人擄走，得趙匡胤護送回家。		其間得山神幫助，逃過劫難。京娘對趙匡胤有意，趙拒絕而離去。京娘被家人誤會已損貞節，自殺而死。
卷二十二宋小官團圓破氈笠	宋金：蘇州府崑山縣人，官宦子弟，父母雙亡後，落拓不定。 宜春：劉有才女，船家，誓死為宋金守節。	明正德年間	宋敦乃官宦之家，妻盧氏。宋敦夢羅漢轉世，即生子，名宋金。金六歲時，宋敦身死，自此家道中落。母盧氏死後，金隨飄盪，曾助范舉人寫算，被逐；後與宜春婚姻，卻被岳丈棄於異地。最後發現賊人所留財寶致富。
卷二十三樂小舍拚生覓偶	樂和：樂美善子，開雜色貨鋪子。 喜順娘：喜將仕女。	南宋 臨安	樂和與順娘自小青梅竹馬，同往觀潮。順娘失足墮海，樂和拚死救回。在潮王廟內帶走順娘，成就美眷。
卷二十四玉堂春落難逢夫	王順卿：南京金陵人，禮部尚書王瓊三子，後官正都御史。 玉堂春：蘇三，人稱玉姐，本姓周，家本良人。玉堂春自少被賣至一秤金家。	明正德年間 北京 南京 山西	王順卿慕玉堂春美貌，到春院胡同探訪。對玉堂春一見傾心，年來散盡資財，被鴇母騙走。流落北京，得金哥協助，再見玉姐。玉堂春設計贖回身價，並立誓等候王三官。順卿回家後，矢志讀書，中舉。玉堂春卻被騙嫁與馬販沈洪，被騙往山西。沈妻皮氏與監生趙昂有染，毒死沈洪，並嫁禍玉堂春。王順卿往山西赴任，處理玉姐案。得劉推官審出真相，惡人伏法，王、玉兩人重認。

卷目	主角	發生年代／地點	內容大要
卷二十五桂員外途窮懺悔	施濟：蘇州府人。 桂富五：幼時與施濟是同窗，後改名遷。	元大順年間江南蘇州府吳趨坊 會稽樂和：樂美善子，開雜色貨鋪子。 喜順娘：喜將仕女。	桂富五賣田經商失敗，遇施濟得子欲酬神恩。將三百兩銀交與桂生，並將桑棗園及四十畝送給桂氏夫婦。後桂生在銀杏樹下得銀，回鄉買田地。後施家家道中落，到桂家救助，受盡白眼並拒認婚事。元末，天下大亂，桂生又受尤滑稽所騙。夜來得夢，知其妻及二子轉生為犬，終信輪迴之報。桂遷覺悟，將女嫁與施濟為妾。已則誠心向佛。
卷二十六唐解元一笑姻緣	唐寅：字伯虎，吳中第一才子。	明 蘇州	述唐寅於閶門遊船之上，偶遇華府婢女秋香的一段姻緣。
卷二十七假神仙大鬧華光廟	魏宇：杭州人，秀才，生得丰姿俊雅，促儷如處子。	至正以後	魏宇遇呂洞賓及何仙姑，與之交合，騙魏宇可吸仙氣。魏生身體日差，得此二仙乃龜精所變。先有裴道士收妖，但失敗，最後，到華光廟救助，得五顯神之助，殺掉龜精。
卷二十八白娘子永鎮雷峰塔	許宣：父親開生藥店，父母雙亡後，在表叔李將仕家生藥鋪作主管。 白娘子：西湖蛇精。 青青：青魚精。	宋高宗紹興年間 杭州臨安府	白娘子是西湖上的蛇精，而青青則是青魚精。白娘子因愛慕許宣，結為夫婦，後被法海禪師收伏，並將白蛇與青魚鎮於西湖雷峰塔下。
卷二十九宿香亭張浩遇鶯鶯	張浩：西洛入，承祖遺業，家藏鏹數萬。	缺時代 河南	張浩在宿香亭遇李鶯鶯，私訂終生。後時有通訊，且曾約定在宿香亭見面，鶯鶯失身於張浩。張浩季父迫其與孫氏

卷目	主角	發生年代／地點	內容大要
	李鶯鶯：年十五，美貌非常，為張浩東鄰。		婚。鶯鶯興訟，提出訂情信物重羅及花箋二詩。官判二人完婚。
卷三十 金明池吳清逢愛愛	吳清：風流博浪，喜結友尋花。父吳子虛員外。 盧愛愛：金明池酒家小女兒，年十五六，乃絕色佳人。	宋 東京開封府	吳清在金明池遊玩，遇見酒家小女兒盧愛愛，頓生愛慕之情。翌年往訪，盧父告之愛愛已死，但吳清卻重遇愛愛，且多番恩愛。吳清身體日差，吳父請得皇甫真人，知遇鬼。吳清誤殺小廝阿壽，與二友共陷獄訟。愛愛報夢，告之得太元夫人憐憫其情，令其神魂仍住人間，與吳清交歡，以完其心事。阿壽復生，吳得脫。後用愛愛所贈藥救回褚家小姐愛愛，兩人成婚。褚愛愛與盧愛愛容貌相似，盧女報夢，吳生延高僧超渡。
卷三十一 趙春兒重旺曹家莊	曹可成：曹家莊大戶曹太公子，揮金如土。 趙春兒：揚州名妓。	（明代） 揚州	曹可成敗家，氣死妻子。趙春兒念關顧之情，與之婚配。曹習性不改，盡花春兒貲財。春兒從不嫌棄，多番鼓勵。春兒紡織，可成為童蒙師。如是十五年，可成欲以監生入官，春兒試其誠意。將己十五年來所藏財，與可成捐官。可成三任民牧而退，曹家重興。
卷三十二 杜十娘怒沈百寶箱	李甲：浙江紹興府人，李布政三子，監生。 杜媺：教坊司名妓，號十娘。	北京	杜十娘鍾情李甲，自資贖身，以身相許，並甘願為妾。誰知李甲情短志衰，不仁不義，為了金錢，竟有意將十娘賣予孫富，不顧十娘千萬種情意。最後，十娘將陪嫁價值連城的財寶盡投江中，然後自殺。
卷三十三	喬俊：字彥傑，	宋仁宗明道	喬俊往東京賣絲，在南京上新河遇建康

卷目	主角	發生年代／地點	內容大要
喬彥傑一妾破家	錢塘人，年四十，商人，好色貪淫。	年間 浙江路寧海軍	周巡檢新亡，家小扶靈回山東。戀上其小妾春香，納之為妾。喬往外做生意失敗，回家後知道娘子、小娘子及女兒因董小二被殺，身死於牢裡。喬一無所有，投河而死，並魂附王青身，以報此仇。
卷三十四王嬌鸞百年長恨	王嬌鸞：臨安指揮王忠長女，舉筆成文，才貌出眾。 周廷章：蘇州府吳江縣人，父為司教。	明天順年間 河南南陽衛中所	先說廿二娘死後報冤，再入題。 王嬌鸞隨父到衛，周廷章亦隨父到任河南。衛署與學宮一牆之隔，王、周二人一見傾心，自是詩歌唱酬。後王嬌鸞與周廷章私訂終生，以曹姨為媒。周回鄉後，與富家小姐魏氏成婚。王屢促周回河南，後知其再婚。周將訂情羅帕及詩歌交回，王傷心欲絕，最後自經而死。死前將訂情羅帕、詩歌及誓詞寄與蘇州府吳江堂，察院樊祉追查此事，判周亂棒打死。
卷三十五況太守斷死孩兒	邵氏：丘元吉妻，年輕守寡，姿容出眾。 得貴：丘家小廝。 支助：破落戶，不務正業。 況太守：吏員出身，被薦為太守，有政聲。	明宣德年間 揚州府儀真縣	邵氏夫死，矢志守貞。十年後，其幼僕受歹人支助誘使，與主母有姦。其後有孕，生子後，邵氏親溺死其子。支助得孩兒屍，往求姦於邵氏。邵氏羞憤，殺死其僕得貴，後自盡。支助將孩屍投江，被況太守遇上。追查此事，包九親見支助棄屍，遂破此案。
卷三十六	趙再理：東京	宋宣和年間	趙再理授廣州新會知縣，到任知有皂角

卷目	主角	發生年代／地點	內容大要
皂角林大王假形	人。		林大王在地方受人拜祭。一怒之下，毀其廟，破其身。皂角大王到趙家冒認趙再理，並偷去其官告文憑。害得趙被斷配兗州。中途防送公人要殺趙，得神靈九子母幫助而倖免。再到龍宮借物收伏皂角大王。
卷三十七 萬秀娘仇報山亭兒	萬秀娘：襄陽萬員外女兒，夫死。 陶鐵僧：萬家茶博士。 尹宗：小偷以孝義聞。	（宋人作品）	陶鐵僧在萬員外的茶鋪偷錢，被萬員外驅逐。陶聯絡五里頭群盜，要劫萬秀娘。萬秀娘被群盜劫掠，殺死萬小員外及隨人周吉。秀娘被苗忠收為紮寨夫人。秀娘原想自盡，卻遇上尹宗，尹宗助秀娘回襄陽。途遇雨，避雨莊舍，巧過群盜。後合哥知秀娘在苗忠家，萬員外告官救出秀娘。
卷三十八 蔣淑真刎頸鴛鴦會	蔣淑真：浙江杭州府武林人。	（宋人作品）	蔣淑真生得美貌，幼時已與阿巧相通。歡好時，被鬨破，阿巧因而身喪。後嫁李二郎，日夜盤纏，李氏早死。再嫁張二官，卻又私通朱秉中。最後，二人通姦時，被張二官所殺。
卷三十九 福祿壽三星度世	劉本道：科舉失敗，以捕魚為生。	宋真宗景德年間 江州定江軍	劉本道本是天界延壽司掌書記的仙官，因與鶴、鹿、龜玩耍，懶於正事，被貶下凡間為貧儒。謫期完結，三仙獸下凡作弄本道。最後，壽星喝令四仙同返天界。
卷四十 旌陽宮鐵樹鎮妖	許遜：許肅子，乃玉洞真仙轉世。	吳赤烏年間	先說老子、蘭期、諶母、許琰等成仙因緣，再述許遜求仙的經歷。許遜得吳猛真傳，斬魅除妖。

三 《醒世恆言》各卷內容大要

卷目	主角	發生年代／地點	內容大要
卷一 兩縣令競義婚孤女	石月香：石壁女兒，聰明伶俐。 賈昌：曾受石壁恩。 鍾義、高大尹：將月香作己女完婚。	南唐 江州德化縣	石月香因天火燒損官糧，父親石壁憂病而死。月香被牙婆官賣在外，最後賈昌用八十兩買回。賈昌曾入獄，因石壁查明其冤而獲釋。賈妻不滿丈夫對石小姐照料有加，囑牙婆再賣月香。後得鍾義及高大尹兩縣令成就美滿姻緣。鍾、高兩家子孫昌盛，多至高第。
卷二 三孝廉讓產立高名	許武、許晏、許普：舉孝廉。	漢 會稽陽羨縣	許武一門孝弟的事蹟。
卷三 賣油郎獨占花魁	王美：原名莘瑤琴，汴梁人。因戰亂，被卜喬以五十兩賣到王九媽家，改名王美。 秦重：汴京人，因戰亂避地臨安，父母早喪。過繼油店主人朱十老。	宋高宗年間	記載臨安名妓美娘不願相接吳八公子的事情。吳八公子乃隨其父福州太守於任上回京，廣有金銀，搜括地方。美娘逆其意，則吳八公子竟公然領狠僕十餘人，強把美娘脅走去陪飲酒遊湖，迫得美娘赤腳回家。 秦重戀上美娘，儲了十兩銀子要見美娘。等了多天之後，卒與美娘同房。美娘醉酒要吐，秦重以袖相承。美娘感秦重忠厚誠意，甘心下嫁，最後更骨肉團圓。
卷四 灌園叟晚逢仙女	秋先：莊家，喜栽花種果。 張委：宦家子弟，奸狡詭譎。	宋仁宗 江南平江府長樂村	秋先愛花惜花，雖被惡霸迫害，最後成仙。

卷目	主角	發生年代／地點	內容大要
卷五 大樹坡義虎送親	勤自勵：福州人，好使鎗掄棒。	唐天寶年間 福州漳浦縣	記述勤自勵在大樹坡救虎，終獲善報的故事。
卷六 小水灣天狐詒書	王臣：長安人。	唐玄宗	王臣在樊川打狐得書，狐妖在客店變人詒騙。狐妖又變成王臣家人，氣得王臣大病。
卷七 錢秀才錯占鳳凰儔	錢青：字萬選，飽讀詩書。 顏俊：錢青表兄，貌醜，好妝扮。	蘇州吳江縣	顏俊騙婚不成，反成就表弟錢青的姻緣。
卷八 喬太守亂點鴛鴦譜	劉璞：劉秉義子，已聘孫寡婦女珠姨。秉義業醫。 劉慧娘：璞妹。已受裴九老家聘。 裴政：裴九老子。 孫潤：孫寡婦子，與。 徐雅：孫潤未過門妻子。	宋景祐年間 杭州	裴九老催婚，劉秉義要兒子先完婚才嫁女。劉璞結婚前大病，與新婦不能同眠，新婦遂與慧娘同睡。孫寡婦怕女婿誤了女兒，將兒子孫潤扮成女子出嫁，竟與慧娘有雲雨之情。喬太守權宜配婚，卻造就三段良緣。慧娘配孫潤，徐雅配裴政，珠姨配劉璞。
卷九 陳多壽生死夫妻	陳多壽：陳青子。 朱多福：朱世遠女，已受陳青家之聘。	江西分宜縣	述多壽多福早已有婚約，朱妻欲退婚，多壽、多福幾經波折，卒之成就美滿姻緣。

卷目	主角	發生年代／地點	內容大要
卷十 劉小官雌雄兄弟	劉方：龍虎衛軍士方勇之女，後為劉德養子。 劉奇：山東張秋人，隨父三考在京，父死，回鄉途中遇險。	明宣德年間 河西務鎮	先說成化年間桑茂男易女身，姦騙女性事。 劉德為人慷慨好義，無子。方勇回京取餉，在劉公所開小酒店身故。劉認方申兒為子，改名劉方。主持店中事務。後遇劉奇，方與之結為兄弟。奇回鄉，其鄉被水所淹，重回劉家酒店。認劉德為父；德夫妻先後身故，兄弟主持酒店，並販布。奇欲娶妻，輾轉間知道劉方原來是女子，兩人結為夫婦。
卷十一 蘇小妹三難新郎	秦觀：字少游，高郵人。 蘇小妹：眉州眉山人，蘇東坡妹。	宋朝	記蘇小妹的才華及新婚之夜留難夫婿秦少游的故事。
卷十二 佛印師四調琴娘	佛印：原名謝端卿，江西饒州府梁縣人。 琴娘：長於蘇東坡家，善知音樂。	宋神宗	謝端卿想偷看皇帝，由蘇東坡帶往。誰知因誤會而出家，佛印四次情調琴娘，最後竟悟出佛理。
卷十三 勘皮靴單證二郎神	孫神通：廟祝。	宋徽宗	孫神通假扮二郎神姦污韓夫人，並騙去玉帶，騙財騙色。孫神通最後伏法，被判淩遲。韓夫人則改嫁良民。
卷十四 鬧樊樓多情周勝仙	范二郎：與哥哥范大郎開酒肆樊樓。 周勝仙：曹門周大郎女兒。	宋徽宗	周勝仙於茶坊遇范二郎，兩情相悅。周父反對，勝仙氣死。朱真欲劫陰司，卻無意救回勝仙一命。最後，有情人終成眷屬。

卷目	主角	發生年代／地點	內容大要
卷十五 赫大卿遺恨鴛鴦縧	赫大卿：名應祥，監生，有家業，好色。 空照：非空庵尼姑，年十九。 靜真：非空庵西院尼姑。	明宣德年間 江西府新淦縣	赫大卿好色，到非空庵漁色。與尼姑空照纏上，後又與西院尼姑靜真相通。並與二尼的服侍女童有染，致身體日弱，卒至於死。空照等害怕事洩，葬之後園。後被蒯待詔訪知，起回屍身，眾尼依律受刑。
卷十六 陸五漢硬留合色鞋	張藎：浙江杭州府，大富之家，慣風月。 潘壽兒：潘用女。 陸五漢：殺豬賣酒，是箇撒潑兇徒。	明弘治年間 杭州府	張藎貪花好色，遇潘壽兒，即神魂顛倒，期與交合。張知壽兒亦有意，並暗贈合色鞋。張央陸婆撮成好事。陸五漢得知其事，冒張藎夜會壽兒，連夜宣淫。後潘用夫婦得知，與壽兒易房而睡，慘被陸五漢所殺。壽兒誤會是張藎所為，告官揭發。最後得知乃陸五漢所為，壽兒羞愧自殺，陸被判死刑。
卷十七 張孝基陳留認舅	過遷：過善子，遊手好閒，不務正業。 張孝基：張仁子，相貌魁梧，廣讀詩書。過贅過家。	漢末 許昌	過善富有，但兒子過遷不務正業。後過遷改過，張孝基認舅還財。
卷十八 施潤澤灘闕遇友	施復：機戶。 朱恩：原為後生，逐漸家富。	明嘉靖年間 蘇州府吳江縣	施復執金不昧，歸還物主。其後家中事業日盛。冥冥中均獲庇佑，家中漸富。最後與其曾遇後生朱恩結成姻親。
卷十九 白玉娘忍苦成夫	程萬里：字鵬舉，彭城人，父官拜尚書。以父	宋末	白玉娘父親抗金，不屈而死。白玉娘淪為奴婢，與同為被擄為奴的程萬里結婚。因勸夫婿逃歸，因而帶出一連串的

卷目	主角	發生年代／地點	內容大要
	蔭國子生員。 白玉娘：被張萬戶擄回，配與程萬里為妻。		誤會和不幸。最後，夫妻二人亦團聚。
卷二十 張廷秀逃生救父	張權：早上為糧長，家道中落，為木匠。 張廷秀：王員外義子，欲招贅為婿。王女玉姐貞忠之女。 張文秀：張權二子，過繼褚衛。	明萬曆 江西南昌進賢縣	張權二子廷秀、文秀生得眉清目秀，氣宇不凡。王員外認廷秀為義子，後更欲招贅為婿。王女婿趙昂害怕廷秀占其利益，設計謀害。著捕人楊洪將張權牽連入盜罪，被判極刑。二子往鎮江告狀，中途被楊氏兄弟投入長江。廷秀淪落南京作戲子，被禮部邵承恩認做螟蛉。文秀被褚衛救起，亦認做義子。二人後會試相見，俱中式。二人回鄉為父訴冤。趙昂、楊氏兄弟被判斬刑。
卷二十一 張淑兒巧智脫楊生	楊延和：字元禮，祖籍四川成都，流寓南直隸揚州府。 張淑兒：年十三，設計救延和。	正德年間 河南府榮縣	楊延和中得舉人，與同年六人共往京會試。途至河南，借宿於寶華寺，被賊和尚悟石劫殺。延和得保命逃離，求救於一老嫗，原來老嫗與和尚是一道人。幸得老嫗女張淑兒設計脫險，並贈以盤川。延和高中，剷除黑寺外，娶淑兒為妻。
卷二十二 呂純陽飛劍斬黃龍	呂岩：字洞賓，道號純陽子。鍾離先生弟子。 慧南：黃龍山黃龍寺黃龍長老。	唐朝（原文不載時代）	記呂岩與黃龍禪師鬥法，最後皈依黃龍禪師。
卷二十三 金海陵縱	海陵王：金廢帝，初名迪古，	金	敘述海陵王與諸仕女包括阿里、重節母女等的荒淫故事。海陵王攻南方時被已

卷目	主角	發生年代／地點	內容大要
欲亡身	後改名元功。性格則善飾詐，殘忍猜忌。		軍所殺，世宗廢其為庶人，不得與諸王同葬。
卷二十四隋煬帝逸遊召譴	隋煬帝：楊廣，文帝二子，狡黠陰險。	隋	記煬帝以狡獪得國，繼之恣意淫逸，幾至無所不用其極，建迷樓，開運河，立陪都，卒被臣下迫其自經。
卷二十五獨孤生歸途鬧夢	獨孤遐叔：住洛陽城東崇賢里，精通經史。 白娟娟：遐叔妻，司農白行簡女兒，通文墨，善刺繡。	唐德宗貞元年間	敘述獨孤遐叔及妻子白娟娟夫妻情深。遐叔就外為官，夫妻分隔，終在夢中相遇而不能相語。最後遐叔以文揚名，夫妻和偕終老，白氏被封魏國夫人。
卷二十六薛錄事魚服證仙	薛偉：吳縣人，天寶末進士，後官青城縣主簿。 顧氏：薛偉妻，吳縣大族女，性格婉柔。	唐肅宗乾元間	記薛偉夫婦本在仙籍，因動凡心，被謫世間。後經多番波折，再為仙人。
卷二十七李玉英獄中訟冤	李雄：順天府旗手衛蔭戶百戶，因戰功遷千戶。 崔氏：李雄繼室，有兄崔榕，品格甚劣。 李玉英：李雄長女，玉英有妹桃英、月英，弟承祖、阿奴。	明正德年間至嘉靖年初北京順天府	順天府旗手衛百戶李雄因妻早喪，復娶崔氏為妻，以為可照顧前妻三女一男。誰知崔氏過門後不斷虐待子女。李雄因戰事離家，其子女更慘受凌虐。李雄戰死，崔氏詭騙雄子承祖往尋父骨，意圖謀害。輾轉間，卻遇父舊部，得回父骨。回鄉後，竟被崔氏毒死，並圖蔭己子出為官；復誣陷李玉英犯奸淫，屈打成招。遇嘉靖登基，得以上書訟冤，取回公道。

卷目	主角	發生年代／地點	內容大要
卷二十八 吳衙內鄰舟赴約	吳彥：汴京人，長沙府通判吳度子。博通經史，風流瀟灑。 賀秀娥：建康人，荊州司戶賀章女兒。生有沈魚落雁之容。	宋神宗	賀秀娥對吳彥一見傾心，更在夢中幽會，其後夢境成真的一段姻緣。
卷二十九 盧太學詩酒傲王侯	盧柟：大明府濬縣人，輕財傲物。 汪岑：濬縣知縣貪婪無比。 陸光祖：濬縣繼任知縣，清廉正直。	嘉靖年間 大明府濬縣	盧柟家財豐厚，文才出眾，惜屢試不中。濬縣知縣汪岑，為人貪瀆，欲結交於盧。幾次不遇，且被盧柟輕慢，卒結成怨。遇盧柟家人盧才涉殺人命案，汪知縣藉此構陷，問成死罪。後得繼任知縣陸光祖，查明實況，釋放盧柟。然而此案已歷十餘年之久，後盧家道中落，依附陸公。盧柟一日遇一道士，飄然而去。
卷三十 李汧公窮邸遇俠客	房德：長安人，家貧落拓。 李勉：字玄卿，宗室之子，性忠貞尚義。	唐玄宗	房德落拓，與歹人劫富主王元寶家，被拿，交畿尉李勉審理。李勉被恩將仇報，最後能逢凶化吉。
卷三十一 鄭節使立功神臂弓	鄭信：鄭州泰寧軍富戶子，家道中落。	宋代 東京汴梁開封	記鄭信落井成仙及發跡事件。
卷三十二 黃秀才徼靈玉馬墜	黃損：字益之，揚州人，學富五車，父母早喪，	唐乾符年間	述黃損家傳玉馬墜及胡僧的神異事情，最後黃損能與韓玉娥白頭到老。

卷目	主角	發生年代／地點	內容大要
	家道零落。 韓玉娥：與父歸維揚，船上遇黃生，願托終生。		
卷三十三十五貫戲言成巧禍（宋本作《錯斬崔寧》）	劉貴：字君薦，祖上讀書人，至劉貴轉營商業。 崔寧：販賣絲品，途上遇小娘子，陪同回家，卻惹上官非。	南宋 臨安	劉貴在丈人家取得十五貫，回家卻戲言賣掉小娘子。劉貴後被殺，小娘子在途上遇上崔寧，被誤會姦夫淫婦，謀殺親夫。因而引出連串冤危。
卷三十四一文錢小隙造奇冤	楊氏：因不忿兒子輸掉一文錢，與孫大娘對罵，因而帶出多宗命案。	江西饒州府浮梁縣景德鎮	敘述爭一文錢，結果十三人命喪。
卷三十五徐老僕義憤成家	阿寄：徐家老僕。	明嘉靖年間 浙江嚴州府淳安縣 蘇州 杭州	徐家三兄弟因三弟病歿，要求分家，將老僕阿寄分與三弟妻顏氏。顏氏埋怨阿寄老而無用。阿寄知道後，要求主母依他做生意，希望興家，顏氏從其言。阿寄買賣漆及米於蘇杭間。卒至大富，阿寄至死亦不多貪主母一分一毫，鄉里稱為義人。
卷三十六蔡瑞虹忍辱報仇	蔡瑞虹：南直隸淮安府人，指揮蔡武女兒，生得十二分顏色。 陳小四：強盜。	明宣德年間 南直隸	淮安衛指揮蔡武往湖廣荊襄赴任，遇海盜陳小四、白滿等七人劫殺。蔡氏夫婦及二個兒子被殺，女兒瑞虹則被陳小四姦污。瑞虹忍辱，伺機報仇。誰知陳小四怕被揭發，圖將瑞虹勒死。瑞虹未

卷目	主角	發生年代／地點	內容大要
	朱源：浙江溫州府人，年四旬以外，納瑞虹為妾，為瑞虹報仇。		死，遇商人卞福（漢陽人氏，專在江湖經商），獲救。卞福乘人之危，納瑞虹為妾。卞福大娘嫉妒瑞虹，賣與煙花之地。瑞虹欲尋死，被鴇子嫁與紹興人胡悅。胡悅欲借瑞虹美色騙人，遇上舉人朱源。瑞虹感朱源正直，告之真相，二人逃離。朱源娶瑞虹為妾，生一子。源後中進士，授武昌知縣。赴任時，瑞虹重遇陳小四。夫婦二人乘案處理舊日冤情，陳小四等人被判死刑。瑞虹為父尋回子嗣後，自殺而死。
卷三十七 杜子春三入長安	杜子春：長安人，世代揚州鹽商，生性豪俠。	隋文帝開皇年間 長安	寫杜子春豪爽敗家，最後洗心思慮，得遇太上老君，與其妻同歸於大道，眾目睽睽之下成仙而去。
卷三十八 李道人獨步雲門	李清：家住青州，世代開染坊，家富。	隋文帝開皇年初	記李清開皇四年往雲門山求道，回來時已是永徽五年，也是七十二年後的事。他家道已沒落，合族子孫只餘一人。李清得道濟世，最後屍解成仙。
卷三十九 汪大尹火焚寶蓮寺	汪旦：福建泉州晉江人，到永淳縣為地方官。	〔明〕 陝西南寧府永淳縣	寶蓮寺用計姦淫求子婦女。汪大尹計破淫窟，使風俗轉淳。
卷四十 馬當神風送滕王閣	王勃：字子安，山西晉州龍門人，幼有大才。	唐高宗 江西南昌	記王勃寫滕王閣記後，隨中源水君而去事。

參考書目

參考書目分「前人著作」及「近人著作」兩類，「前人著作」包括原始資料及清或以前各家論著；「近人著作」包括民國至今各學者論著，分兩部分：中文論著（包括專書、論文、網上評論等）及外文及翻譯論著。

一　前人著作

作者	書名	出版項
〔漢〕于吉、楊寄林譯注	太平經今注今譯	河北：人民出版社，2002
〔明〕于慎行	穀山筆麈	北京：中華書局，1997
〔明〕方岳貢修、陳繼儒纂	松江府志	北京：書目文獻出版社據日本藏崇禎三年本影印，1991
〔明〕王士性	廣志繹	北京：中華書局，1997
〔明〕王世貞	嘉靖以來首輔傳	網址：《維基文庫》《四庫全書》本
〔清〕王弘撰	山志	北京：中華書局，1999
〔明〕王錡	寓圃雜記	北京：中華書局，1997
〔東漢〕王充著、袁華忠、方家常譯注	論衡全譯	貴州：人民出版社，1993

作者	書名	出版項
〔漢〕司馬遷	史記	北京：中華書局排印本，1962
〔漢〕司馬遷著、〔日〕瀧川資言考證	史記會注考證	臺北：中新書局影印本，1977
〔明〕申時行等修	明會典	萬曆朝重修本，北京：中華書局排印本，2007
〔明〕江盈科、黃仁生校注	雪濤小說（外四種）	上海：古籍出版社，2000
〔明〕朱長祚	玉鏡新譚	北京：中華書局，1997
〔明〕沈德符	萬曆野獲編	北京：中華書局，1997
〔明〕沈榜	宛署雜記	北京：中華書局，1982
〔唐〕房玄齡注、〔明〕劉績補注	管子	上海：古籍出版社，2015
李宗侗註譯	春秋左傳今註今譯	臺北：臺灣商務印書館，1976
〔宋〕李昉等編	太平御覽	網址：〈https://zh.wikisource.org/wiki/太平御覽〉
〔明〕李清	三垣筆記	北京：中華書局，1997
〔明〕李詡	戒庵老人漫筆	北京：中華書局，1997
〔明〕李贄	焚書	北京：中華書店，1974
〔明〕李贄、陳仁仁校釋	焚書、續焚書校釋	湖南：岳麓書社，2011

作者	書名	出版項
〔明〕余繼登	典故紀聞	北京：中華書局，1997
〔清〕谷應泰	明史紀事本末	臺北：三民書局，1962
〔明〕何良俊	四友齋叢說	北京：中華書局，1997
〔清〕吳長元	辰垣識略	北京：古籍出版社，1981
〔漢〕竺法蘭譯	佛說四十二章經	收在《佛教十三經》（北京：國際文化出版社，1993）
〔明〕洪楩輯 程毅中校注	清平山堂話本校注	北京：中華書局，2012
〔劉宋〕范曄	後漢書	臺北：鼎文書局，1981
〔清〕查繼佐	罪惟錄	浙江：古籍出版社，1986
〔明〕胡宗憲	籌海圖編	網址：《維基文庫》《四庫全書》本
〔明〕俞汝楫編	禮部志稿	欽定四庫全書本
〔明〕郎瑛	七修類稿	上海：上海書店，2009
〔明〕凌濛初 劉本棟校注、繆天華校閱	拍案驚奇	臺北：三民書局，二版四刷，2018
〔明〕凌濛初、徐文助校注、繆天華校閱	二刻拍案驚奇	臺北：三民書局，三版，2020
〔明〕徐光啟、石聲漢校注、石定枎訂補	農政全書校注	北京：中華書局，2020

作者	書名	出版項
徐元誥	國語集解	北京：中華書局，2002
〔唐〕柳宗元	柳宗元集	北京：中華書局，1979
〔清〕孫承澤	春明夢餘錄	香港：龍門書局影印古香齋本，1965
〔清〕孫詒讓、小柳司氣太校訂	墨子閒詁	臺北：驚聲文物供應，1970
〔清〕夏燮	明通鑑	臺北：宏業出版社，1977
〔晉〕常璩、劉琳校注	華陽國志	成都：巴蜀書社，1984
陸學藝、王處輝主編	中國社會思想史資料選輯——宋元明清卷	廣西：人民出版社，2007
郭厚安編	明實錄經濟資料選編	北京：中國社會科學院出版社，1989
〔清〕張廷玉等	明史	北京：中華書局排印本，1984
〔宋〕張君房	雲笈七籤	北京：中華書局，2014 年 5 次版
〔明〕張岱	琅嬛文集	北京：故宮出版社，2012
〔清〕張潮、馮保善注譯	幽夢影	臺北：三民書局，2004
〔明〕張瀚	松窗夢語	北京：中華書局，1997
〔明〕張學顏	萬曆會計錄	北京：書目文獻出版社影印明刊本
〔明〕陳子龍等	皇明經世文編	北京：中華書局影印明刊本，1990
〔明〕陳仁錫	皇明世法錄	臺北：臺灣學生書局，1965 年版
〔明〕陳洪謨	治世餘聞	北京：中華書局，1997
〔明〕陳洪謨	繼世紀聞	北京：中華書局，1997

作者	書名	出版項
〔明〕陳威、顧清纂修	正德松江府志	正德年間刊本，有顧清序
〔晉〕陳壽、裴松之注、盧弼集解	三國志集解	臺北：藝文印書館影印本
〔明〕陸人龍	型世言	臺北：中央研究院影印韓國漢城大學奎章閣藏明刊本，2004
〔明〕陸容	菽園雜記	北京：中華書局，1997
〔清〕黃宗羲	南雷文定	北京大學藏清版，有康熙年間黃氏門人鄭梁序
〔清〕黃宗羲、李廣柏注譯	明夷待訪錄	臺北：三民書局，2001
〔明〕黃佐	南雍志（又作《南廱志》）	浙西蔡綸於光緒元年購得明版，頁首有朱逑之跋語
〔明〕黃瑜	雙槐歲鈔	北京：中華書局，1999
黃彰建校	明實錄	臺北：中央研究院史語所校印明抄本
〔東晉〕葛洪	抱朴子內篇、外篇	收在〔明〕正統《道藏》，北京：文物出版社、天津：古籍出版社，1988。第28冊，太清部。
〔東晉〕葛洪、王明校釋	抱朴子內篇校釋（增訂本）	北京：中華書局，2002
〔東晉〕葛洪、李中華註譯	新譯抱朴子	臺北：三民書局，2018

作者	書名	出版項
楊天宇	周禮譯注	上海：古籍出版社，2007
楊伯峻編	春秋左傳注	北京：中華書局，2016
〔明〕畢自嚴	度支奏議	臺灣中央研究院藏明版本
〔明〕馮夢龍選輯	太霞新奏	明版，香月居主人輯本，有天啟年間顧曲散人序
〔明〕馮夢龍	古今小說	臺北：世界書局，珍本宋明話本叢刊，1959
〔明〕馮夢龍	警世通言	臺北：世界書局，珍本宋明話本叢刊，1959
〔明〕馮夢龍	醒世恆言	臺北：世界書局，珍本宋明話本叢刊，1959
〔明〕馮夢龍 徐文助校注	喻世明言	臺北：三民書局，1998
〔明〕馮夢龍 徐文助校訂	警世通言	臺北：三民書局，2001
〔明〕馮夢龍 廖吉郎校訂	醒世恆言	臺北：三民書局，1995
〔明〕葉盛	水東日記	北京：中華書局，1997
〔明〕葉權	賢博編	北京：中華書局，1997
〔清〕葉夢珠	閱世編	上海：古籍出版社，1981
〔明〕焦竑	玉堂叢語	北京：中華書局，1997
〔清〕褚人獲	堅瓠集	浙江：人民出版社影印柏香書屋校印本，1986

作者	書名	出版項
楊天宇	周禮譯注	上海：古籍出版社，2007
〔明〕鄭曉	今言	北京：中華書局，1997
〔清〕趙翼	二十二史劄記	臺北：洪氏出版社，1978
〔漢〕劉向	新譯戰國策	臺北：三民書局，2018
〔宋〕黎靖德編、王星賢點校	朱子語類	北京：中華書局，2004
〔清〕錢大昕	十駕齋養新錄	臺北：世界書局，民 66
〔清〕錢謙益	列朝詩集小傳	上海：古籍出版社，1983
懷效鋒校	大明律	遼寧：遼瀋書社，1990
謝國楨編	明代社會經濟史料選編	福建：人民出版社，2004，校勘本
〔明〕謝肇淛	五雜俎	上海：上海書店，2001
〔清〕龍文彬	明會要	臺北：世界書局，1963
〔戰國〕韓非著、張覺譯注	韓非子全譯	貴州：人民出版社，1992
〔明〕顧起元	客座贅言	北京：中華書局，1997
〔明〕顧炎武、〔清〕黃汝成集釋	日知錄集釋	上海：古籍出版社影印清道光十四年家刻本，1985
〔明〕顧炎武	天下郡國利病書	臺北：臺灣商務印書館，四部叢刊本重印上海涵芬樓影印崑山圖書館本

作者	書名	出版項
龔德柏句讀	歷代通鑑輯覽	影印清版，原稱《御批歷代通鑑輯覽》
	感應篇新注	據民國北京天華館版排印，有民國九年程景垣序
	太上感應編	收在〔明〕正統《道藏》，北京：文物出版社、天津：古籍出版社，1988。第27冊，太清部。
	〔明〕正統《道藏》、《續道藏》	北京：文物出版社、天津：古籍出版社，1988，全36冊。

二　近人著作

（一）中文論著

作者	書名	出版項
丁福保	佛學大辭典	北京：文物出版社，1984
十四院校《文學理論基礎》編寫組撰	文學理論基礎	上海：文藝出版社，1981
〔日〕土田健次郎著、吳華譯	道學與佛教	收在張廣保、楊浩主編：《儒釋道三家關係——研究論文選粹》（北京：華夏出版社，2016）
方立天	中國佛教文化	香港：三聯書店，2008

作者	書名	出版項
五石	馮夢龍之生平	收在朱一玄編《明清小說資料匯編》天津：南開大學出版社，2012
牛建強	明代中後期社會變遷研究	臺北：文津出版社，1997
王友三	中國宗教史	山東：齊魯書社，1991
王向峰	現實主義的美學思考	文化藝術出版社，1988
王昕	話本小說的歷史與敘事	北京：中華書局，2002
王書奴	中國娼妓史	北京：團結出版社，2004
王毓銓	明代的軍屯	北京：中華書局，1989
王毓銓主編	中國經濟通史——明代經濟卷	北京：經濟日報出版社，2001
王夢鷗等	中國文學的發展概述	臺北：中央文物供應社，1982
王爾敏	明清時代庶民文化生活	臺北：中央研究院史語所，2000
王鴻泰	「三言二拍」的精神史研究	臺北：臺灣大學文學院，1994
尤韶華	明代司法初考	廈門：廈門大學出版社，1998
田兆元 田亮	商賈史	上海：文藝出版社，1997
左東嶺	王學與中晚明士人心態	北京：人民文學出版社，2000

作者	書名	出版項
江曉原	性張力下的中國人	上海：華東師範大學出版社，2011
合山究、蕭燕婉譯	明清時代的女性與文學	臺北：聯經出版事業公司，2016
全漢昇師	中國經濟史研究	香港：新亞研究所，1976
全漢昇師	中國經濟史論叢	香港：新亞研究所，1972
朱一玄編	明清小說資料匯編	天津：南開大學出版社，2012
朱東潤	詩三百篇探故	上海：古籍出版社，1981
朱倩如	明人的居家生活	宜蘭：明史研究小組，2003
朱鴻林編	明太祖的治國理念及其實踐	香港：中文大學出版社，2010
曲彥斌	行會史	上海：文藝出版社，1999
汪玢玲、陶路	俚韵惊塵	黑龍江：人民出版社，2003
李文治	李文治集	北京：中國社會科學出版社，2000
李文海、夏明方主編	《中國荒政全書》第一輯	北京：古籍出版社，2003
李中華註譯	新譯抱扑子	臺北：三民書局，2018
李孝悌	明清的上層社會與宗教	收在鄭培凱主編：《明代政治與文化變遷》（香港：城市大學出版社，2006）
李伯重	江南的早期工業化（1550-1850）	北京：社會科學文獻出版社，2000
李悔吾	中國小說史漫稿	湖北：教育出版社，2001

作者	書名	出版項
李剛	陝西商幫史	陝西：西北大學出版社，1997
余英時	現代儒學的回顧與展望	北京：生活・讀書・新知三聯書店，2004
余英時	中國近世宗教倫理與商人精神	臺北：聯經出版事業公司，2008
余嘉錫	余嘉錫論學集著	臺北：河洛圖書出版社，1976
那思陸	明代中央司法審判制度	臺南：正典出版文化，2002
周明初	晚明士人心態及文學個案	北京：東方出版社，1997
周策縱	傳統中國的小說觀念及宗教關懷	收在《文學遺產》，第五期，1996
吳存存	明清社會性愛風氣	北京：人民文學出版社，2000
吳宣德	明代進士的地理分布	香港：中文大學出版社，2009
吳晗	吳晗論明史	北京：北京理工大學出版社，2016
吳晗	讀史劄記	北京：生活・讀書・新知三聯書店，1961
吳艷紅	明代充軍研究	北京：社會科學文獻出版社，2003
邱仲麟	明太祖的任官理念與洪武朝文官試職制度	收在朱鴻林：《明太祖的治國理念及其實踐》（香港：中文大學出版社，2010）
范金民	商業文化與明清地方文化	收在鄭培凱主編：《明代政治與文化變遷》（香港：城市大學，2006）

作者	書名	出版項
范德（E. L. Farmer）	一國之家長統治：朱元璋的理想社會秩序觀念	收在朱鴻林：《明太祖的治國理念及其實踐》（香港：中文大學出版社，2010）
南炳文、何孝榮	明代文化研究	北京：人民出版社，2006
南炳文 湯綱	明史	上海：人民出版社，1991
南懷瑾	楞嚴大義今釋	臺北：老古文化事業，1989
胡士瑩	宛春雜著	浙江：文藝出版社，1984
胡士瑩	話本小說概論	北京：中華書局，1980 北京：商務印書館，2011
胡俊林主編	中國古典小說集粹·明代卷	北京：學苑出版社，2001
胡從經	中國小說史學長編	香港：中華書局，1999
苟波	「三言二拍」中的仙蹤道影	http://www.taoism.org.hk/religious-studies/9903/art8.htm
唐力行	明清以來徽州區域社會經濟研究	安徽：安徽大學出版社，2001
涂公遂	文學概論	香港：千秋書館，1961
徐泓	明代社會轉型之一──以江浙為例	收在鄭凱培主編：《明代政治與文化變遷》（香港：城市大學出版社，2000）
徐朔方	小說考信編	上海：古籍出版社，1997
孫昌武	佛教與中國文學	上海：人民出版社，1988

作者	書名	出版項
孫楷第	小說旁證	北京：人民出版社，2000
晁中辰	明代海外貿易研究	北京：故宮出版社，2010
章義和、陳春雷	貞節史	上海：文藝出版社，1999
許滌新、吳承明	中國資本主義萌芽	北京：人民出版社，1985
卿希泰、唐大潮	道教史	江蘇：人民出版社，2006
梁方仲	明代糧長制度	上海：世紀出版集團，2001
梁方仲	梁方仲文集	廣州：中山大學出版社，2004
梁方仲	梁方仲文集：明清賦稅與社會經濟	北京：中華書局，2008
梁方仲	梁方仲經濟史論文集集遺	廣東：人民出版社，1990
梁漱溟	儒佛異同論	收在張廣保、楊浩主編：《儒釋道三家關係——研究論文選粹》（北京：華夏出版社，2016）
郭成偉、田濤整理	明清公牘秘本五種	北京：中國政法大學出版社，1999
童慶炳主編	文學概論	武漢：武漢大學出版社，1995
程宇昂	明清士人與男旦	上海：古籍出版社，2012
萬明主編	晚明社會變遷問題研究	北京：商務印書館，2005
萬壽仙	晚明的地方精英與鄉村控制	收在萬明主編：《晚明社會變遷問題研究》（北京：商務印書館，2005）

作者	書名	出版項
張立文	朱熹評傳	南京：南京大學，1998
張兆裕	早期啟蒙思想的湧現	收在張顯清主編：《明代後期社會轉型研究》〈第七章〉（北京：中國社會科學出版社，2008）
張治安	明代政治制度	臺中：五南圖書，民 88
張英聘	文學藝術與市民文學的興盛	收在張顯清：《明代後期社會轉型研究》〈第八章〉（北京：中國社會科學出版社，2008）
張建仁	明代教育管理制度研究	臺北：文津出版社，1993
張家駒	兩宋經濟重心的南移	湖北：人民出版社，1957
張祥浩	王守仁評傳	南京：南京大學出版社，1997
張廣保、楊浩主編	儒釋道三家關係——研究論文選粹	北京：華夏出版社，2016
張德信	明朝典章制度	吉林：文史出版社，2001
張錦池	中國古典小說心解	黑龍江：人民出版社，2000
張學智	明代哲學史	北京：北京大學出版社，2000
張顯清主編	明代後期社會轉型研究	北京：中國社會科學出版社，2008
陳明光	錢莊史	上海：文藝出版社，1997
陳捷先	明清史	臺北：三民書局，2016
陳鼓應	莊子今注今譯	北京：中華書局，2001

作者	書名	出版項
陳學文	明清社會經濟史研究	臺北：稻禾出版社，1991
黃仁宇	十六世紀明代中國之財政與稅收	北京：生活・讀書・新知三聯書店，2001
黃仁宇	放寬歷史的視界	臺北：允晨文化實業公司，2001
黃仁宇	萬曆十五年	北京：中華書局，1997
黃仁宇	中國大歷史	臺北：聯經出版事業公司，2000
黃仁宇	明代的漕運 1368-1644	臺北：聯經出版事業公司，2013
黃東陽	世俗的神聖——古典小說中的宗教及文化論述	臺北：臺灣學生書局，2011
曹樹基	中國人口史（第四卷）	上海：復旦大學出版社，2000
湯一介	論儒、釋、道「三教歸一」問題	收在張廣保、楊浩主編：《儒釋道三家關係——研究論文選粹》（北京：華夏出版社，2016）
傅衣凌	明清時代商人及商業資本——明代江南市民經濟試探	北京：中華書局，2007
傅衣凌主編、楊國楨、陳支平著	明史新編	北京：人民出版社，1993
寧宗一	中國小說學通論	安徽：教育出版社，1995

作者	書名	出版項
寧宗一	「三言」和「二拍」	收在中華書局編輯部編：《古典小說十講》（北京：中華書局，1999）
楊永漢	論晚明遼餉收支	臺北：天工書局，1998
蒙培元	儒、道、佛的境界說及其異同	收在張廣保、楊浩主編：《儒釋道三家關係——研究論文選粹》
戴不凡	小說見聞錄	浙江：人民出版社，1990
葛劍雄	中國人口發展史	福建：人民出版社，1991
鄧紹基、史鐵良	明代文學研究	北京：北京出版社，2001
熊秉真、余安邦編	情欲明清——遂欲編	臺北：麥田出版社，2004
趙文林、謝淑君	中國人口史	北京：人民出版社，1988
趙景深	中國小說叢考	山東：齊魯書社，1980
趙景深主編	中國古典小說戲曲論集	上海：古籍出版社，1985
齊裕焜	明代小說史	浙江：古籍出版社，1997
劉日重、左雲鵬	對「牙人」「牙行」的初步探討	收在《明清資本主義萌芽研究論文集》（臺北：谷風出版社，1987）
劉秋根	明清高利貸資本	北京：社會科學文獻出版社，2000
鄭培凱主編	明代政治與文化變遷	香港：城市大學出版社，2000
魯迅撰、郭豫适導讀	中國小說史略	上海：古籍出版社，2001
魯德才等	古典小說十講	北京：中華書局，1999

作者	書名	出版項
（錢杏村）阿英	說小說	上海：古籍出版社，2000
錢穆	國史大綱	臺北：商務印書館，2006
錢穆	中國歷代政治得失	北京：生活·讀書·新知三聯書店，2004
薛亮	明清稀見小說匯考	北京：社會科學文獻出版社，1999
繆咏禾	馮夢龍和三言	臺北：萬卷樓圖書公司，1993
聶付生	馮夢龍研究	上海：學林出版社，2002
龐德新	從話本及擬本所見宋代兩京市民生活	香港：龍門書店，1974
譚正璧	話本與古劇	上海：古典文學出版社，1957
譚正璧	三言兩拍源流考	上海：古籍出版社，2012
譚正璧編	三言兩拍資料	上海：古籍出版社，1981
顧誠	明末農民戰爭史	北京：光明日報出版社，2013
龔篤清	馮夢龍新論	湖南：人民出版社，2002
	明清資本主義萌芽研究論文集	臺北：谷風出版社，1987
	明清資本主義萌芽研究論文集續編	臺北：谷風出版社，1987
	「三言」中女性的个性魅力	http://gx8u8.com/Info_Show.asp?ArticleID=21

（二）外文、翻譯論著

Argyle, M. & Beit-Hallahmi, B. 著，李季樺、陸洛譯：《宗教社會心理學》（臺北：巨流圖書公司，1996）。

Brook, Timothy (1998) *The Confusions of Pleasure: Commerce and Culture in Ming Chin.* Published by agreement with Beverley Slopen Literary Agency. 中譯本：〔加〕卜正民著、方駿、王秀麗等譯：《縱樂的困惑──明代的商業與文化》（廣西：廣西師範大學出版社，2016）

〔法〕 愛彌爾・涂爾幹（Émile Durkheim）：《宗教生活的基本形式》（北京：商務印書館，2011）。

〔美〕費正清、薛絢譯：《費正清論中國：中國新史》（臺北：正中書局，1998）。原書：Fairbank, J. K. (1992) *China: A New History*. The Belknap Press of Harvard University Press.

〔德〕安德烈・貢德・弗蘭克（Frank, A. G.）、劉北城譯：《白銀資本》（北京：中央編譯出版社，2000）。

Freud, Sigmund (2004) *Selected Works of Sigmund Freud.* 中譯本：車文博主編：《弗洛伊德文集》，長春：長春出版社，2004。

Gerrig, R. J. & Zimbardo, P. G. (et al) (2004) *Psychology and life*. 中譯本：〔美〕理查德・格里格、菲利普・津巴多著：《心理學與生活》，北京：人民郵電出版社，2004。

Haralambos, M. & Holborn, M. (1991) *Sociology: themes and perspectives.* London: Collins Educational.

〔英〕安格斯・麥迪森（Maddison, Angus）：《世界經濟千年史》（北京：北京大學出版社，2003）

包爾丹（Pals, D. L）：《宗教的七種理論》（上海：古籍出版社，2005）。

Selden, Raman (2000) *The Theory of Criticism—from Plato to the Present.* 中譯本:〔英〕拉曼·塞爾登 編、劉象愚等譯《文學批評理論——從柏拉圖到現在》,(北京:北京大學,2000)。

Skinner, G.William (2002) *The City in Late Imperial China.* 中譯本:〔美〕施堅雅主編、葉光庭等譯:《中華帝國晚期的城市》(北京:中華書局,2002年第2次版)。

〔美〕夏志清著、胡益民等譯《中國古典小說史論》,江西:人民出版社,2001。

〔日〕斯波義信:〈寧波及其腹地〉,收在〔美〕施堅雅主編、葉光庭等譯:《中華帝國晚期的城市》(北京:中華書局,2002年第2次版)。

新亞文商學術叢刊 1707004

虛構與史實——從話本「三言」看明代社會（增修版）

作　　者　楊永漢
責任編輯　呂玉姍
特約校對　林秋芬

發 行 人　林慶彰
總 經 理　梁錦興
總 編 輯　張晏瑞
編 輯 所　萬卷樓圖書股份有限公司
排　　版　林曉敏
印　　刷　百通科技股份有限公司
封面設計　菩薩蠻數位文化有限公司

發　　行　萬卷樓圖書股份有限公司
臺北市羅斯福路二段 41 號 6 樓之 3
電話 (02)23216565
傳真 (02)23218698
電郵 SERVICE@WANJUAN.COM.TW
香港經銷　香港聯合書刊物流有限公司
電話 (852)21502100
傳真 (852)23560735

ISBN 978-986-478-426-4
2021 年 3 月初版二刷
2021 年 1 月初版
定價：新臺幣 720 元

如何購買本書：

1. 劃撥購書，請透過以下郵政劃撥帳號：
   帳號：15624015
   戶名：萬卷樓圖書股份有限公司
2. 轉帳購書，請透過以下帳戶
   合作金庫銀行 古亭分行
   戶名：萬卷樓圖書股份有限公司
   帳號：0877717092596
3. 網路購書，請透過萬卷樓網站
   網址 WWW.WANJUAN.COM.TW

大量購書，請直接聯繫我們，將有專人為您服務。客服：(02)23216565 分機 610

如有缺頁、破損或裝訂錯誤，請寄回更換

國家圖書館出版品預行編目資料

虛構與史實——從話本「三言」看明代社會（增修版）/楊永漢著. -- 初版. -- 臺北市：萬卷樓圖書股份有限公司, 2021.01
面；　公分. -- (新亞文商學術叢刊；1707004)
ISBN 978-986-478-426-4(平裝)
1.社會生活 2.生活史 3.明代

636　109019560